縄紋時代早期

押型紋土器の広域編年研究

岡本東三 著

雄山閣

序　文

　退職後、雑務や肩書からも解放され、自由な立場からライフワークの一つである押型紋土器に関する連作に取り組んできた。締め切りにも煩わされず、頁の制限もなく、思いのままに執筆できることが何と楽しいことか。今までの遅筆の原因も奈辺にあったに違いない。

　地域的な特徴をもつ押型紋土器について、各地の研究誌に寄稿しながら探索の旅を続け、その連作も十編近くに及んだ。北は北海道渡島半島から南は鹿児島まで広く分布する押型紋土器の様相を日本列島全体から俯瞰することができた。また、その成果については数年にわたって明治大学大学院で継続的に講義する機会を得ることができた。そして古稀とともに、押型紋土器をめぐる旅も終りを迎えようとしている。早速、書き溜めた連作を単著にすべき編集作業に取りかかったが、矛盾点の手直しや一書としての体裁を整える時間を要した。ようやく退職後にまとめた一連の押型紋土器の研究を『縄紋時代早期　押型紋土器の広域編年研究』と題し、上梓するに至った次第である。

　押型紋土器は戦前から「古式縄紋土器」として、縄紋文化を探る重要な尖底土器の一つであった。今日、押型紋土器は草創期と早期を区分するメルクマールとされている。本書の表題にも押型紋土器に‘縄紋時代早期’と冠した。大局的には正しいが、押型紋土器は草創期の表裏縄紋土器や撚糸紋土器と同様に「回転施紋」の一種であり、草創期の伝統の中で生まれた装飾手法である。事実、押型紋土器の起源は撚糸紋土器後半期まで遡る。草創期と早期の時期区分は装飾史的にみると、回転手法から描線手法が出現する沈線紋土器を基準にすべきというのが持論である。

　前時期の撚糸紋土器と同時代の沈線紋土器との縦・横の対比関係を検証しながら、押型紋土器の変遷と位置づけを試みた。土器研究の基本ともいうべき伝統的な編年学的方法である。型式学的系統観に基づく編年研究は、決して ^{14}C 年代で組み立てることはできない。なぜなら年代の多寡を当て嵌めるだけでは、押型紋土器がどのように出現し、どのように消滅するのかといった歴史的背景を解明することはできないからである。編年学研究は「編年する」ことが目的ではない。「編年する」ことによって、はじめて盤上のコマは動きだし、押型紋人及びその集団・社会の姿が浮かび上がるのである。^{14}C 年代に依拠する研究者は、そのことを知らないだけである。

　本書の目的は、押型紋土器を中心とした縄紋時代早期の広域編年研究の構築である。早期初頭の日本列島に投網を掛けた編年網は末尾の押型紋土器編年表をみても、その網の目はまだまだ粗い。多くの魚を取り逃がしているに違いない。批判のあることは承知しつつも、共通の盤上で真摯に対局することを願っている。

　2017 年 5 月吉日

岡　本　東　三

縄紋時代早期　押型紋土器の広域編年研究

目　次

目　次

序　文 ……………………………………………………………………………………… i

序　章 ……………………………………………………………………………………… 1

1　広域編年をめざして ………………………………………………………………… 1

　　　「型式」とは　2　　広域編年　2

2　押型紋土器について ………………………………………………………………… 3

　　　押型紋の種類　3　　彫刻原体　3　　文様の単位　5　　施紋の構成　5

第1章　東北の押型紋土器 —北の日計式土器—

　はじめに ………………………………………………………………………………… 6

1　戦後、新しい縄紋起源論をめざして ……………………………………………… 6

　　　戦後の上限の制定　7　　沈線紋土器研究の動向　7　　北の押型紋土器　9
　　　日計式押型紋土器をめぐって　10

2　日計式押型紋土器の前と後 ………………………………………………………… 11

　　　蛇王洞Ⅱ式と唐貝地下層ｃ類　12　　日計式押型紋土器以前　13

3　日計式・三戸式・細久保2式の互換性 …………………………………………… 14

　　　日計式と三戸式　15　　日計式と細久保2式　17

4　日計式押型紋土器の編年的位置 …………………………………………………… 19

　　　日計式押型紋土器の起源　19　　日計式押型紋の細分　24

5　貝殻・沈線紋土器出現期の問題点 ………………………………………………… 25

　　　五つの変遷案　26　　白浜式の位置　27

　おわりに ………………………………………………………………………………… 28

第2章　関東の押型紋土器 —異系統としての押型紋土器—

　はじめに ………………………………………………………………………………… 31

1　撚糸紋土器と押型紋土器 …………………………………………………………… 32

　　　回転原体　32　　撚糸紋土器の編年　33　　稲荷台式と押型紋　33

2　撚糸紋土器のなかの押型紋土器 …………………………………………………… 35

　　　稲荷台型押型紋　35　　稲荷原型押型紋　37　　花輪台型押型紋　38　　平坂型押型紋　40
　　　ネガティヴ押型紋　42　　異方向帯状施紋　44

3　撚糸紋土器から沈線紋土器へ ……………………………………………………… 44

　　　回転から描線へ　44　　沈線紋の出自　47

iv

目　次

　　4　沈線紋土器の細分と押型紋土器 ……………………………………………… 47

　　　　三戸式細別とⅠ文様帯　48　　三戸式と押型紋　49　　田戸下層式と押型紋　52
　　　　田戸上層式と押型紋　54

　　おわりに ………………………………………………………………………………… 56

第3章　中部の押型紋土器 —樋沢式土器・細久保式土器—

　　はじめに ………………………………………………………………………………… 59

　　1　帯状施紋の押型紋土器 ………………………………………………………… 59

　　　　帯状押型紋の分類　60　　沢遺跡　64　　はつや遺跡　65　　向陽台遺跡　68
　　　　沢式の定義　68

　　2　樋沢式土器の再検討 …………………………………………………………… 69

　　　　樋沢式と沢式　69　　樋沢式と卯ノ木1式　72　　樋沢式と細久保式　72　　楕円紋の出現　74

　　3　樋沢式土器の細別型式 ………………………………………………………… 74

　　　　三つの「樋沢式」　75　　樋沢1式　76　　樋沢2式　76　　樋沢3式　78

　　4　細久保式土器の細分 …………………………………………………………… 80

　　　　細久保1類a群の理解　80　　細久保1式・2式　81　　細久保式以降　83

　　5　細久保2式押型紋と三戸3式沈線紋 ……………………………………… 87

　　　　押型紋と沈線紋　87　　細久保2式・「塞ノ神式」　88　　細久保2式のⅠ文様帯　89

　　6　中部沈線紋土器の出現と展開 ……………………………………………… 92

　　　　田戸上層式併行期の理解　93　　下荒田式の位置　94　　中部沈線紋の変遷　95
　　　　子母口式併行期　96

　　おわりに ………………………………………………………………………………… 99

第4章　西日本の前半期押型紋土器　その1—大鼻式土器・大川式土器—

　　はじめに ……………………………………………………………………………… 102

　　1　大鼻式土器の編年的位置 …………………………………………………… 102

　　　　大鼻式の内容　103　　大鼻式の出自　107

　　2　大川式土器の編年的位置 …………………………………………………… 108

　　　　大川1式　109　　大川2式　109

　　3　西部ネガティヴ押型紋と立野式成立の事情 ………………………… 114

　　　　立野式をめぐって　114　　立野式成立前　115　　立野1式　118　　立野2式　119

　　4　大川式・立野式と東部押型紋との対比 ………………………………… 122

　　　　大川1式と樋沢2式　122　　大川2式・立野1式と樋沢3式　123

v

目　次

　　　　神宮寺式・立野2式と細久保1式　124

　おわりに——再び二系統論—— ………………………………………………… 125

第5章　西日本の前半期押型紋土器　その2——神宮寺式土器・桐山和田式土器——
　はじめに ………………………………………………………………………… 129
　1　神並遺跡11層と12層の評価 ……………………………………………… 130
　　　　調査者の弁　130　　関野の層位的批判　131　　自説の再論　132　　矢野の編年　134
　2　神宮寺式土器の再吟味 …………………………………………………… 135
　　　　神宮寺式ネガティヴ紋　137　　異系統の山形紋　137　　施紋・カタチの流儀　145
　　　　波状口縁・乳房状尖底　146
　3　桐山和田式土器の理解 …………………………………………………… 148
　　　　「神並上層式」の変質　149　　桐山和田式　149　　雲井遺跡と二宮東遺跡　154　　鳥浜貝塚　154
　4　北白川廃寺下層式土器の理解 …………………………………………… 158
　　　　その評価をめぐって　158　　ネガティヴ紋の終焉　161
　おわりに ………………………………………………………………………… 161

第6章　西日本の前半期押型紋土器　その3——北白川廃寺下層式土器——
　はじめに ………………………………………………………………………… 165
　1　東部押型紋土器文化圏への交差の旅 …………………………………… 166
　　　　三戸式と日計式　166　　三戸式と細久保式　166
　2　旅立ちの前に——そのガイドライン—— ……………………………… 167
　　　　「早期」の枠組　168　　押型紋の上限　168　　九州島の事情　171
　3　細久保2式からの旅立ち ………………………………………………… 173
　　　　越後の押型紋　173　　信州の細久保2式　173　　飛・濃の細久保2式　179
　　　　関東の細久保2式　182　　東海の細久保2式　187
　4　細久保2式から北白川廃寺下層式へ …………………………………… 187
　　　　北白川廃寺下層式　187　　楕円紋の成立時期　192　　中・四国の異形紋　192
　おわりに ………………………………………………………………………… 195

第7章　西日本の後半期押型紋土器——黄島式土器・高山寺式土器——
　はじめに ………………………………………………………………………… 198

目　次

1　瀬戸内海の成立と押型紋　………………………………………………………… 198
　　瀬戸内海の形成　198　　縄文海進の変遷　199　　瀬戸内海のハマ遺跡　200

2　小蔦島・黒島そして黄島　………………………………………………………… 201
　　小蔦島貝塚の発掘　201　　黄島貝塚の発掘　203　　黄島式とその細分　204

3　中・四国における押型紋土器の変遷　…………………………………………… 205
　　ネガティヴ押型紋　205　　黄島式前段階　207　　黄島1式・2式　207
　　黄島式と高山寺式のあいだ　215

4　高山寺式土器をめぐって　………………………………………………………… 215
　　高山寺式土器　216　　高山寺式の細分　218　　高山寺式と穂谷・相木式　221

5　穂谷・相木式と判ノ木山西式の関係　…………………………………………… 222
　　判ノ木山西式と穂谷・相木式　222　　田戸上層式か子母口式か　224

おわりに　……………………………………………………………………………… 226
　　中・四国の前半期押型紋　226　　黄島式土器　226　　高山寺式土器　227
　　判ノ木山西式土器　227

第8章　九州島の押型紋土器―押型紋土器と円筒形貝殻紋土器―

はじめに　……………………………………………………………………………… 230

1　いわゆる「大分編年」について　……………………………………………… 230
　　川原田式　231　　稲荷山式　231　　早水台式　234　　下菅生B式　234　　田村式　234
　　ヤトコロ式　234　　編年の問題点　235

2　押型紋土器の出現前夜　………………………………………………………… 236
　　隆起線紋と押型紋のあいだ　236　　円形刺突紋土器　238　　撚糸紋土器　238
　　条痕紋土器　241　　貝殻刺突紋土器　241　　円筒形条痕紋土器　244　　該期の編年的枠組　244

3　九州島における押型紋土器の変遷　…………………………………………… 246
　　横方向帯状施紋　246　　柵状紋の出現　248　　弘法原式の位置づけ　248
　　南部の押型紋事情　251

4　大分編年後半期の再編成　……………………………………………………… 254
　　田村式の再編　254　　ヤトコロ式の再生　256　　高山寺式と手向山式　258

おわりに　……………………………………………………………………………… 258
　　草創期後半期土器群　258　　早期押型紋土器　259

第9章　押型紋土器の終焉―手向山式土器と穂谷・相木式土器―

はじめに　……………………………………………………………………………… 263

vii

目　次

1　手向山式をめぐる九州島の押型紋土器事情 ……………………………… 263

九州島へのまなざし　264　　戦前の手向山式　264　　戦後の動向　266　　手向山式の設定　266
前期・手向山式　267　　手向山式の追究　268　　アカホヤ火山灰　269　　早期・手向山式　269

2　手向山式の型式学的分析 ………………………………………………… 270

手向山式の表象　270　　手向山式の細分　272　　手向山式の位置　276　　手向山式以降　277

3　本州島の穂谷式・相木式 ………………………………………………… 278

穂谷・相木式　278　　弘法滝洞穴遺跡の二者　279　　分類・細別　279
高山寺式との関係　288

おわりに ……………………………………………………………………… 289

終　章　総括と展望

1　押型紋土器の起源 ………………………………………………………… 292

2　東北の押型紋土器 ………………………………………………………… 293

3　関東の押型紋土器 ………………………………………………………… 293

4　中部の押型紋土器 ………………………………………………………… 294

5　西日本の前半期押型紋土器 ……………………………………………… 295

6　西日本の後半期押型紋土器 ……………………………………………… 296

7　九州島の押型紋土器 ……………………………………………………… 297

8　押型紋土器の終焉 ………………………………………………………… 297

9　まとめにかえて …………………………………………………………… 298

［引用・参考文献］ ………………………………………………………… 299

あとがき ……………………………………………………………………… 323

［索引］ ……………………………………………………………………… 326

英文要旨 ……………………………………………………………………… 337

付　図―1　押型紋土器の広域編年表　　2　押型紋土器の地域性と変遷
　　　　3　押型紋土器の広域編年図　　　　　　　　　　　……………… 巻末

viii

目　次

［図表目次］

第 1 図　押型紋土器の原体と文様 …………… 4

第 2 図　押型紋原体の単位文様・
　　　　器面と原体・端部の加工 ……………… 5

第 3 図　唐貝地貝塚・追館遺跡出土の
　　　　日計式・縄紋・沈線紋土器 …………… 10

第 4 図　唐貝地貝塚出土の日計式土器 ……… 11

第 5 図　蛇王洞洞穴遺跡出土の蛇王洞Ⅱ式土器 … 12

第 6 図　唐貝地下層 c 類土器 ………………… 13

第 7 図　東北地方における撚糸紋土器 ……… 14

第 8 図　三戸 2 式と日計式の互換性 ………… 16

第 9 図　三戸 3 式と大新町 b 式の互換性 ……… 17

第 10 図　関東沈線紋・中部押型紋・
　　　　　東北日計式の対比 …………………… 18

第 11 図　卯ノ木遺跡出土の卯ノ木 1 式 …… 19

第 12 図　松ヶ峯 No.237 遺跡出土の
　　　　　細久保 2 式・日計式 ……………… 19

第 13 図　日計式土器の単位文様 …………… 20

第 14 図　日計式土器の単位文様の変遷 ……… 21

第 15 図　日計式土器の変遷（1） ………… 22

第 16 図　日計式土器の変遷（2） ………… 23

第 17 図　三戸式と日計式の分布変遷 ……… 25

第 18 図　田戸下層 2 式土器の片側突起 ……… 26

第 19 図　中野平第 101 号住居跡出土の
　　　　　蛇王洞Ⅱ式土器 …………………… 27

第 20 図　貝殻沈線紋土器の変遷
　　　　　［白浜式～根井沼式］ …………… 28

第 21 図　稲荷台遺跡出土の撚糸紋・押型紋土器 34

第 22 図　多摩ニュータウン No.205 遺跡出土の
　　　　　押型紋土器 ………………………… 36

第 23 図　多摩ニュータウン No.200 遺跡出土の
　　　　　押型紋土器 ………………………… 36

第 24 図　二宮神社境内遺跡出土の撚糸紋土器と
　　　　　押型紋土器 ………………………… 37

第 25 図　花輪台型押型紋土器 ……………… 39

第 26 図　平坂型押型紋土器 ………………… 41

第 27 図　楡木Ⅱ遺跡出土の押型紋土器 …… 42

第 28 図　異方向帯状施紋土器 ……………… 43

第 29 図　帯状異方向施紋の文様構成 ……… 44

第 30 図　撚糸紋終末期の撚糸紋・沈線紋・
　　　　　押型紋土器 ………………………… 45

第 31 図　異方向密接施紋土器 ……………… 50

第 32 図　三戸式土器と細久保式土器 ……… 51

第 33 図　三戸 2 式以降の耳状突起 ………… 52

第 34 図　煤ヶ谷二天王遺跡出土の
　　　　　田戸下層 1 式土器と楕円押型紋土器 … 54

第 35 図　田戸下層式土器に伴う押型紋土器 …… 55

第 36 図　帯状押型紋土器の分類 …………… 61

第 37 図　沢遺跡の出土土器（1） ………… 62

第 38 図　沢遺跡の出土土器（2） ………… 63

第 39 図　はつや遺跡の帯状押型紋土器 …… 66

第 40 図　向陽台遺跡の帯状押型紋土器 …… 67

第 41 図　帯状押型紋土器の三段階〔飛騨〕 …… 70

第 42 図　帯状押型紋土器の三段階〔信州〕 …… 71

第 43 図　卯ノ木遺跡出土の卯ノ木式土器 …… 73

第 44 図　樋沢式土器の復元図 ……………… 75

第 45 図　樋沢遺跡出土の樋沢 1 式土器・
　　　　　2 式土器 …………………………… 77

第 46 図　「暖簾状」構成の樋沢 3 式土器 … 78

第 47 図　樋沢遺跡出土の樋沢 3 式土器 …… 79

第 48 図　細久保 1 類 a 群土器［樋沢 3 式］ …… 81

第 49 図　細久保遺跡出土の細久保 1 式・
　　　　　2 式土器 …………………………… 82

第 50 図　細久保式土器の耳状突起 ………… 83

第 51 図　細久保 1 式土器 …………………… 84

第 52 図　細久保 2 式土器 …………………… 85

第 53 図　細久保式土器以降の押型紋土器 …… 86

第 54 図　塞ノ神遺跡出土の押型紋土器 …… 88

第 55 図　松ヶ峰 No.237 遺跡出土の押型紋土器 … 89

第 56 図　三戸 3 式土器の文様構成をもつ
　　　　　押型紋土器（1） ………………… 90

第 57 図　三戸 3 式土器の文様構成をもつ
　　　　　押型紋土器（2） ………………… 91

第 58 図　向畑遺跡出土の田戸上層式・
　　　　　穂谷・相木式・高山寺土器 ……… 94

第 59 図　田戸上層 2 式土器の渦巻紋 ……… 95

第 60 図　田戸上層 2 式土器段階 …………… 96

第 61 図　貫ノ木式土器・下荒田式土器 …… 97

第 62 図　平石式土器・鍋久保式土器 ……… 98

第 63 図　信州の沈線紋土器の三段階 ……… 99

ix

目　次

第 64 図　粟津湖底遺跡出土の大鼻式土器 …… 104
第 65 図　大鼻式土器 (1) ……………………… 105
第 66 図　大鼻式土器 (2) ……………………… 106
第 67 図　北貝戸遺跡出土の撚糸紋土器 ……… 107
第 68 図　大川 1 式土器 (1) …………………… 110
第 69 図　大川 1 式土器 (2) …………………… 111
第 70 図　大川 2 式土器 (1) …………………… 112
第 71 図　大川 2 式土器 (2) …………………… 113
第 72 図　立野式土器の 3 細分案 ……………… 115
第 73 図　立野式土器成立以前の大鼻式・
　　　　　大川 1 式土器 ………………………… 117
第 74 図　大川 2 式土器と立野 1 式土器の
　　　　　施紋規範 ……………………………… 118
第 75 図　美女遺跡出土の立野 1 式土器 ……… 120
第 76 図　小田原遺跡出土の立野 2 式土器、
　　　　　沢・樋沢 1 式土器 …………………… 121
第 77 図　大川式土器と沢・樋沢式土器の文様の
　　　　　互換性 ………………………………… 123
第 78 図　立野 2 式の楕円紋土器と
　　　　　細久保 1 式土器 ……………………… 124
第 79 図　片山の原図版と土肥の逆転引用図 … 127
第 80 図　ネガとポジ …………………………… 130
第 81 図　神並遺跡の層位と堆積の変遷 ……… 133
第 82 図　神宮寺遺跡出土の神宮寺式土器 …… 136
第 83 図　神並遺跡 11 層の出土土器 …………… 138
第 84 図　神並遺跡 12 層の出土土器 (1) ……… 139
第 85 図　神並遺跡 12 層の出土土器 (2) ……… 140
第 86 図　神並遺跡 12 層の出土土器 (3) ……… 141
第 87 図　神並遺跡 12 層の出土土器 (4) ……… 142
第 88 図　神並遺跡 12 層の出土土器 (5) ……… 143
第 89 図　神並遺跡 12 層の出土土器 (6) ……… 144
第 90 図　粟津湖底遺跡出土のキメラ土器 …… 145
第 91 図　暖簾状施紋土器 ……………………… 146
第 92 図　西部押型紋土器の波状口縁 ………… 147
第 93 図　東部押型紋土器の波状口縁 ………… 148
第 94 図　桐山和田遺跡の出土土器 (1) ……… 150
第 95 図　桐山和田遺跡の出土土器 (2) ……… 151
第 96 図　桐山和田式土器の守屋変遷案 ……… 152
第 97 図　蛍谷遺跡の出土土器 ………………… 153
第 98 図　雲井遺跡の出土土器 ………………… 155

第 99 図　二宮東遺跡の出土土器 ……………… 156
第 100 図　鳥浜貝塚の出土土器 ………………… 157
第 101 図　北白川上終町遺跡の出土土器 (1) … 159
第 102 図　北白川上終町遺跡の出土土器 (2) … 160
第 103 図　日計式押型紋と異形押型紋 ……… 167
第 104 図　福岡県原遺跡出土の押型紋土器と
　　　　　刺突紋土器 …………………………… 172
第 105 図　異形押型紋の基本単位文様 ……… 173
第 106 図　新潟県八斗蒔原遺跡・関川谷内遺跡 174
第 107 図　長野県市道遺跡 …………………… 175
第 108 図　長野県湯倉洞穴遺跡・戻場遺跡 …… 176
第 109 図　長野県山の神遺跡 ………………… 177
第 110 図　長野県浜弓場遺跡 ………………… 178
第 111 図　岐阜県宮ノ前遺跡・ひじ山遺跡・
　　　　　牛垣内遺跡・岡前遺跡・西田遺跡 … 180
第 112 図　岐阜県諸岡遺跡・塚原遺跡・九合
　　　　　洞穴遺跡・愛知県嵩山蛇穴洞穴
　　　　　遺跡・三重県川上中縄手遺跡・
　　　　　滋賀県粟津湖底遺跡 ………………… 181
第 113 図　千葉県内出土の日計式押型紋土器 … 182
第 114 図　神奈川県三戸遺跡・千葉県
　　　　　下根田A遺跡 ………………………… 183
第 115 図　群馬県飯土井二本松遺跡・
　　　　　石畑岩陰遺跡・中棚遺跡…………… 184
第 116 図　静岡県長井崎遺跡 ………………… 185
第 117 図　静岡県上ノ段遺跡 ………………… 186
第 118 図　京都市北白川上終町遺跡 ………… 188
第 119 図　奈良県宮ノ平遺跡・高塚遺跡・布留
　　　　　遺跡・別所大谷口遺跡・越町遺跡・
　　　　　大川遺跡 …………………………… 190
第 120 図　兵庫県福本遺跡・神鍋遺跡・
　　　　　福井県鳥浜貝塚 …………………… 191
第 121 図　岡山県六番丁場遺跡・
　　　　　愛媛県上黒岩岩陰遺跡 …………… 193
第 122 図　徳島県宝伝岩陰遺跡 ……………… 194
第 123 図　後氷期初頭の瀬戸内海 …………… 199
第 124 図　西部押型紋土器文化後半期の遺跡 … 200
第 125 図　黄島貝塚の各発掘地点 …………… 203
第 126 図　ネガティヴ押型紋土器 …………… 206
第 127 図　黄島式土器前段階 (1) …………… 208
第 128 図　黄島式土器前段階 (2) …………… 209

目　次

第 129 図　黄島 1 式土器 (1)……………………　211
第 130 図　黄島 1 式土器 (2)……………………　212
第 131 図　黄島 2 式土器 ………………………　213
第 132 図　黄島式と高山寺式の中間式土器 …　214
第 133 図　高山寺貝塚 …………………………　217
第 134 図　上福万遺跡 …………………………　219
第 135 図　高山寺 1〜3 土器 …………………　220
第 136 図　胴下半に屈曲をもつ高山寺式土器…　221
第 137 図　判ノ木山西式土器 …………………　223
第 138 図　沈線紋土器から条痕紋土器へ ……　225
第 139 図　大分編年の集成図 (1)………………　232
第 140 図　大分編年の集成図 (2)………………　233
第 141 図　円形刺突紋土器 ……………………　239
第 142 図　撚糸紋土器 …………………………　240
第 143 図　条痕紋土器 …………………………　242
第 144 図　貝殻刺突紋土器 ……………………　243
第 145 図　円筒条痕紋土器 ……………………　245
第 146 図　帯状施紋押型紋土器 ………………　247
第 147 図　壺形注口土器 ………………………　249
第 148 図　弘法原式土器 ………………………　250
第 149 図　平底円筒形押型紋土器 ……………　252
第 150 図　下菅生 B 式土器 …………………　253
第 151 図　田村式土器 …………………………　255
第 152 図　ルーズな土器 ………………………　256
第 153 図　ヤトコロ式土器 ……………………　257
第 154 図　寺師による手向山式土器 …………　267
第 155 図　手向山 1 式土器 ……………………　273
第 156 図　手向山 2 式土器 ……………………　274
第 157 図　手向山 3 式土器 ……………………　275
第 158 図　刻目突帯をもつ山形紋土器 ………　276
第 159 図　手向山式→天道ヶ尾式→平拵式土器の
　　　　　　文様変遷 …………………………　277
第 160 図　弘法滝洞穴遺跡出土

穂谷・相木式土器の A・B 二系列 …　280
第 161 図　穂谷・相木式土器の文様変遷 ……　281
第 162 図　穂谷・相木式土器 (古) 段階………　282
第 163 図　穂谷・相木式土器 (中) 段階 (1) …　283
第 164 図　穂谷・相木式土器 (中) 段階 (2) …　284
第 165 図　穂谷・相木式土器 (新) 段階 (1) …　285
第 166 図　穂谷・相木式土器 (新) 段階 (2) …　286

第 1 表　戦後の縄紋時代早期の発掘調査年表 …　8
第 2 表　各地の日計式押型紋の変遷 ………　21
第 3 表　芹沢編年 ……………………………　33
第 4 表　田戸下層式・田戸上層式・
　　　　　子母口式土器の細分案 ……………　48
第 5 表　帯状施紋の分類基準 ………………　60
第 6 表　美女遺跡・立野遺跡・小田原遺跡の
　　　　　文様別比率 …………………………　116
第 7 表　矢野旧編年 …………………………　135
第 8 表　「神並上層式」の変遷過程 ………　149
第 9 表　矢野新編年 …………………………　162
第 10 表　熊谷編年 ……………………………　163
第 11 表　「早期」初頭の較正歴年代 ………　168
第 12 表　西部ネガティヴ押型紋各時期の
　　　　　^{14}C 年代 (B.P.)　………………　169
第 13 表　押型紋土器の ^{14}C 年代と較正年代 …　170
第 14 表　九州島における草創期・早期の
　　　　　各編年案 ……………………………　237
第 15 表　縄紋時代早期前半土器編年対比表 …　246
第 16 表　九州島における草創期〜早期の編年　260
第 17 表　縄文文化の年代的組織 ……………　265
第 18 表　日本各地に於ける縄文式文化の変遷　265
第 19 表　九州の縄文式土器編年表 …………　266
第 20 表　手向山式土器の文様分類 …………　272
第 21 表　東日本の縄紋早・前期の編年対比 …　276
第 22 表　穂谷・相木式土器の分類 …………　287

xi

◆ 凡　例 ◆

◆本書は千葉大学定年退職後の 2012（平成 24）年以降、新たに書き下ろした押型紋土器に関する論考を中心に編集した。

◆「縄文」と記すのが一般的であるが、本書では「文」に糸偏をつけ「縄紋」と表記する。

◆本書で扱う押型紋土器は、北海道島渡島半島から九州島鹿児島に至る広い範囲に分布し、時期的には草創期後半期から早期前半期に存続する。

◆草創期と早期の区分は、提唱者の山内清男による撚糸紋土器までを草創期とする区分原理に従った。

◆広域の押型紋土器は、その型式学的特徴によって東・西二大別することができる。それぞれ東部押型紋土器文化圏、西部押型紋土器文化圏と表記する。

◆押型紋文化前半期・後半期の区分は細久保 2 式前・後を基準とする。後半期は西部押型紋土器文化圏を中心に存続するが、東部は次第に沈線紋土器文化に推移する。

◆樋沢・細久保式の表記は中部押型紋土器、沢・樋沢式の表記は帯状施紋押型紋土器、大川・神宮寺式の表記はネガティヴ押型紋土器、黄島・高山寺式の表記は後半期押型紋土器、それぞれの総称として用いている。

◆穂谷・相木式に表記は、西部押型紋土器文化圏の穂谷式と東部押型紋土器文化圏の相木式を同一の広域型式とみなし、一つの型式名として用いている。

◆本論各章の記述の理解にあたり、末尾の付図 3「押型紋土器の広域編年図」の折り込みを開き、地域間の型式対比を参照しながら読み進めて欲しい。

◆本書の図版については原報告に当たることを心掛け、図版の引用文献の教育委員会名等を表記をし、その所在地がわかるように配慮した。

◆図版作成にあたり、破片資料は 1/3、1/4 に縮尺することを心掛け、図版のスケールは原報告をもとに表示を統一した。

◆版面を縮小（A4→B5 版）した図版や複数遺跡の拓本や復元図を組み込んで一図版としたものは不統一・縮尺不同となった。

◆遺跡名称のうち「洞穴遺跡」について、国指定史跡名称は「洞窟遺跡」と表記されるが、本論では日本考古学協会洞穴遺跡調査特別委員会（1962〜64 年）の用語表記に従い、「洞穴遺跡」に統一した。

◆本論各章に記載した研究者名は、学史上の氏名として敬称をすべて省略した。

序　章

　学生時代、敬愛する先史考古学者佐藤達夫から「考古学の真髄は？」という質問を受けた。この本質的な問いに、たじろぎながらも「モノの研究です」と答えるのがやっとであったことを今でも鮮明に思い出す。佐藤の答えは、「モノ」ではなく「ヒト」だという。「モノ」は「ヒト」によってつくられ、「ヒト」とともに動き、「ヒト」が用い、伝えられるのだという。「ヒト」とは集団であり、社会である。しかし「ヒト」の心性や行動を直接読み取ることはできない。レヴィー゠ストロースがカドゥヴェオ族の装飾文様を通して、その社会構造の心性に迫ったように、「モノ」の研究を通して、はじめて「ヒト」の歴史や社会を知ることができるのである。考古学が歴史学であり、人文科学である由縁である。縄紋土器の文様や彼らが残した「モノ」から縄紋人の歴史や社会を考察し、直線紋から曲線紋への変化や器形・器物の豊かさを通して、縄紋人の心性や社会の変化に迫ることができるのである。

　本論を述べる前に、まず「編年研究の意義」、「押型紋土器とは何か」といった基本的問題について考えてみたい。

1　広域編年をめざして

　考古学をはじめた頃、「門前の小僧、経を読む」式で『ドルメン教材社』の青図をもとに土器型式を覚えたものである。しかし、それは「小破片にいたるまで、何々式・何々式と当てるクイズ」でもなく、編年のための編年ではないのだ。発掘してみると土器型式は、電車や自動車の型式を覚えたようにマニュアル通りには出てこない。遺跡や遺物は多様な姿を映し出す。

　私たちが考古学を始めた 1960 年代、藤森栄一によって「いつまで編年をやるのか」と刺激的な批判がなされた。今日、縄紋土器の編年表は時期ごと・地域ごとに一見、整備されたようにみえる。しかし各地域内の変遷（縦軸）をみても、ましてや地域間の対比関係（横軸）も十分に検証されたとは言い難く、どの時期・地域をとっても解決すべき課題が多い。

　ここに取り上げる押型紋土器についても、立野式と樋沢式のどちらが古いのか、地域の異なる撚糸紋土器と押型紋土器の対比関係、西部ネガティヴ押型紋と中部ポジティヴ押型紋の対比関係など、その課題は何一つ解決していない。「編年学は確かに行くところまで来たわけである」との藤森の言説は、編年学を無視して文化的解釈に走った党派の誤った認識である。山内清男は学史に照らして、改めて編年学の正当性を主張し「「余り分け過ぎる」というブレーキは落伍者の車についていた」と手厳しく反論する〔山内 1969〕。「型式」という名のコマは盤上に正しく配置され、慎重に操作すればするほど、ヒトの動きが自然とみえてくる。藤森のいう土器型式におけ

る「可搬性」と「定着性」の解釈論も、正しい編年的手続きを経て始めて検証できるのである。佐原　眞は「いつまで編年やるのか、と問われれば、考古学が続く限り」と答えたように、その編年網は縦横に限りなく整備していかなければならない。

「型式」とは　　では「型式とは何か」。佐藤流にいうならば、「モノのカタチ」は「ヒトのカタチ」、すなわちモノを作り出したヒトの意思や行動や伝統が、そのカタチに反映されているのである。土器作りの作法は、製作の流儀、施紋の流儀、胎土の流儀の三要素から成り立っている。その意味において「型式は実存するのである」。仏師がノミで精魂込めて「仏」を削り出すように、発掘者は遺跡から「型式」を丁寧に掘り起こす作業からはじめなければならない。これは以前にも述べたが、千葉県城ノ台南貝塚の発掘で「幻の型式」といわれた子母口式土器を、閉じ込められた貝層の腐敗臭とともに検出した時の実感でもある。型式は遺跡や遺物から学ぶものであって、高邁な理論から学ぶものではない。

　型式は「人・時・空」を共有する一定の拡がりをもった単位として認定することができる。型式の細別は、ちょうどルービック・キューブのワンピースの立方体と同じと考えればよい。最小の立方体は縦軸にも横軸にも連結し、色分けされた大きな立方体をつくる。それが大別であり、それぞれの色分けされた六面は時期を表す。また土器型式の平均存続期間は等質であって、ある型式の存続幅だけが長く、他の型式が短いというわけにはいかない。キューブは作動しないし、編年も成り立たない。だからこそ、山内が提示した編年の方針は「細別型式は十進法を用いて整理しうる」のである。

広域編年　　九州島から北海道渡島半島に広域に分布する押型紋土器は、縄紋時代早期前葉に列島に拡がった回転施紋の土器である。その出現期は草創期後半まで遡るが、縄紋土器の装飾史上、回転施紋から描線施紋への転換期を迎えた時期に拡がっている。それは縄紋人が自由に自分の意思で文様を描き、多様な器形を生み出す華やかな縄紋土器の前段階にあたる。押型紋土器の広域編年にあたり、草創期から早期への転換期を沈線紋土器（三戸式）の出現を基準として、三戸式土器以前を草創期、以降を早期とする。

　押型紋土器は回転の軌跡による簡単な装飾ではあるが、それぞれの地域性をもっている。大きくは西部押型紋土器と東部押型紋土器の二つの文化圏に分かれる。さらに西部押型紋土器文化圏はネガティヴ押型紋の圏外にあたる九州島に円筒形貝殻紋土器、東部押型紋土器文化圏には東北の日計式、中部の樋沢・細久保式の地域的な押型紋土器が、関東では回転施紋（撚糸紋土器）から描線施紋に転換した沈線紋土器が出現し、地域的特性をもった型式として展開するのである。列島に拡がる押型紋土器をみると、九州島押型紋土器文化圏・西部ネガティヴ押型紋土器文化圏、中部押型紋土器文化圏・東北押型紋文土器化圏の四つの地域的特質がみえてくる。こうした押型紋土器の地域的特質を通して、列島各地の縄紋社会にも独自な地域社会が形成しはじめたことを確認できる。押型紋土器の出自と終焉、各地域の在地と搬入土器の関係、沈線紋土器との関係など、回転手法から描線手法への転換期における縄紋社会の構造的変化を解き明かさなければならないのである。それが広域編年研究の目的でもある。

2　押型紋土器について

　縄紋土器は、縄または縄を巻いた原体を回転施紋した「縄紋」に由来している。「縄紋学の父」と呼ばれる山内清男は多種多様な縄紋原体を復元し、縄紋土器の「縄紋」が先史世界でも例をみない発達と展開を遂げたことを明らかにした〔山内1939〕。こうした縄紋の回転施紋の長い伝統の中からもう一つの回転施紋、押型紋土器が生まれたのである。押型紋土器は縄に代わって、彫刻した円棒を回転施紋した土器である。稀には自然界の巻貝ウナタリ、魚骨の背骨、植物の茎・穂先などを原体に用いたものもある。押型紋土器の原体についても山内清男によって復元・図解された〔山内1934〕。そして「縄紋」に較べて押型紋原体の変化は単純であり、「縄紋」が長い間存続するのに対し、「押型紋」が一般化する時期は短かったと推定した。あわせて、その時期は層位学的にみても縄紋時代早期に限定的に用いられた文様であることを明らかにした。今では早期の押型紋土器は九州島から北海道島渡島半島まで広く分布している。ほかに北海道島東部の神居式・温根沼式と呼ばれる時期の異なる押型紋土器や本州島東部の晩期に押型紋土器が知られている。

押型紋の種類　　彫刻された原体文様は、山形紋・楕円紋・格子目紋・平行線紋・複合鋸歯紋などと視覚的な形状で分類されることが多い［第1図］。しかし、原体の彫刻された凹面が器面では凸紋に表出されるものと、逆に原体の凸面が器面に凹紋として表出される二系統のものがある。前者のポジティヴ押型紋は本州島東部、後者のネガティヴ押型紋は本州島西部に分布する。楕円紋でいえば器面の凸楕円紋がポジ紋であり、凹楕円紋がネガ紋となる。格子目紋と市松紋もポジ紋とネガ紋の関係である。しかし山形紋は凸山形紋と凹山形紋が交互に表出されており、ポジ紋かネガ紋か判定できないが、通常はポジティヴ押型紋としている。

　また器面に回転した文様を頭に描きながら原体を彫刻しているのか、原体彫刻そのものに意味があったのか定かではない。「縄紋」の場合、独特の撚り方が型式を表象する例があることから、撚りの流儀すなわち独自の縄紋原体が重要であった。このことから回転施紋は原体そのものが第一義的な意味をもち、施紋された文様は第二義的な軌跡でしかなかったとも考えられる。

彫刻原体　　彫刻原体の素材は一般的に木の枝と考えられている。その理由は長軸方向にささくれた剥離の痕跡が認められることからである。竹や骨角製の彫刻原体であったかもしれない。

　原体彫刻の流儀は、円周に沿って刻む横刻原体、長軸方向に垂直・斜位に刻む縦刻原体、螺旋状に刻む螺旋原体の三種がある。通常の押型紋は横刻原体であるが、西部ネガティヴ押型紋と東部東北の日計式押型紋では縦刻原体の流儀をとる。前者の横刻原体は直径5mm以下と細いが、後者の縦刻原体は直径1cm前後と太い。また原体の長さも横刻原体がほぼ3.5cm以下であるのに対し、縦刻原体には5cm前後の長いものもある。原体両端の加工については、加工せず平坦なもの（a）と加工する（b）二種のものがある。前者は回転施紋の両端が平行した直線的軌跡となる。後者の両端加工はV字形（b1）、逆V字形（b2）、斜めに切り落とすもの（b3）があり、いずれも回転施紋の両端が山形ないし波形となる［第2図3］。

序章

第 1 図　押型紋土器の原体と文様

2 押型紋土器について

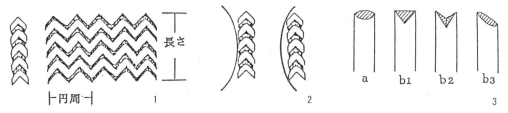

第2図　押型紋原体の単位文様 (1)・器面と原体 (2)・端部の加工 (3)

文様の単位　押型紋は彫刻原体を回転施紋した文様で構成されるが、原体を一回転した文様を「単位文様」と呼ぶ。単位文様は「単位」（一山・一粒）とその連なりの「条」から構成される［第2図1］。条は通常原体の円周に沿って横方向に彫刻される例が多いが、縦方向（長軸）に彫刻される例や螺旋状に彫刻した例もある。独立した楕円紋や格子目紋は横長のもの（正円・正方を含む）を横方向、縦長のものを縦方向に条を数える。例えば、横方向3条3単位の楕円紋、縦方向3条4単位の山形紋、螺旋状2条5単位の山形紋などと表記することができる。しかし柔軟な縄紋原体とは異なり、押型紋原体は棒状の硬直的原体であり、施紋時に器面の円弧に沿って単位文様が表出されない場合がある［第2図2］。

施紋の構成　自由に描くことのできる描線手法とは異なり、回転施紋はその軌跡でしか文様を表出することができない制約をもっている。すなわち土器の円周に沿って、横方向に施紋するか、土器の上下に縦方向に施紋するしかない。また不規則に施紋しているようにみえても、必ず施紋の流儀をもっている。

　押型紋土器の施紋流儀は、大きく帯状施紋と全面施紋に分かれる。帯状施紋とは原体長の幅で間隔を開けて施紋するもので、原則的に口縁部は横方向に、胴部は縦方向に帯状施紋する。中には横方向のみで構成するものもある。これらは中部押型紋土器前半期にみられる施紋流儀である。

　西部ネガティヴ押型紋は施紋方向は同じであるが、全面施紋となる。西部ネガティヴ押型紋系統の立野式土器は口縁部が縦方向、胴部が横方向と逆転した施紋流儀となっている。押型紋土器後半期の黄島式・高山寺式・手向山式では、原則的に口縁部内面に文様を施す。黄島式は柵状紋＋押型紋、高山寺式は凹線紋、手向山式は押型紋を口縁内面に施紋する。

　押型紋土器は一つの原体で施紋するのが原則であるが、複数の原体を併用して施紋する異種原体併用紋もある。日計式押型紋と縄紋の併用例、山形紋と楕円紋を併用する卯ノ木2式例、楕円紋・山形紋と複合鋸歯紋を併用する細久保2式例などがある。

　以上のような観察視点を踏まえ、縄紋時代早期に九州島から北海道島渡島半島にまで広域に分布する押型紋土器の地域性と地域間の交差関係を明らかにしてみたい。

第1章　東北の押型紋土器
― 北の日計式土器 ―

はじめに

「ミネルヴァ論争」の発端となった座談会―日本石器時代文化の源流と下限を語る―が『ミネルヴァ』創刊号を飾ったのは、1936（昭和11）年のことであった〔甲野編 1936〕。話が最古の縄紋土器（押型紋土器）に及ぶと、江上波夫は「それが九州にもあるんですね。それから東北はどうでせう」と山内清男に尋ねる。「東北には楕円の捺型文はない。しかしこれと関連あるものがある。北海道にもある」と山内は答えている。北海道島の押型紋土器とは、戦後、朱円式・温根沼式と呼ばれた時期の異なる北海道島独自の押型紋土器のことであろう。東北の押型紋土器については楕円紋ではないといっていることから、おそらく重層山形紋のような日計式押型紋を指しているのであろう。遺跡名は明らかにしていないが、山内は古式縄紋土器を究明する中で、「北の押型紋」の存在を確認していたに違いない。

東北の押型紋土器が本格的に知られるようになったのは、青森県唐貝地貝塚・日計（高館）遺跡の調査が行われた 1950 年代以降のことである〔吉田 1951、佐藤・渡辺 1958、笹津 1960〕。その後しばらくして、長年にわたって日計式押型紋土器を追究する相原淳一は学生時代、師芹沢長介の「北海道にも日計式があるらしい」との助言をもとに、函館北高校の考古学部に所在を確かめに行ったという。しかし残念ながら、日計式押型紋土器も遺跡の確認もできなかったと回想している〔相原 2015〕。それから数十年後を経た 1989（昭和64）年、ようやく南茅部町の川汲遺跡発掘調査で、住居跡に伴って日計式押型紋土器が確認されたのである〔阿部千春ほか 1990〕。長年、追い求めてきた相原の夢が叶った瞬間の出来事でもあった。

現在、海峡を渡った日計式押型紋土器は北海道島渡島半島で 4 遺跡、本州島東部（東北～関東）で約 150 遺跡にも及ぶ広域に展開する「北の押型紋」土器である。

1　戦後、新しい縄紋起源論をめざして

1939（昭和14）年、稲荷台遺跡の撚糸紋土器の発見は、押型紋に代わる最古の尖底土器として位置づけられることになる。後藤守一の指導のもと、江坂輝弥のプロパガンダによる撚糸紋土器の変遷と南北二系統論が華々しく発表される。しかし、紀元二千六百年を迎える戦時下、肇国史の起源の一端を担う「稲荷臺文化」構想は、敗戦によって皇国史観とともに脆くも瓦解する。

戦後、新しく民主的文化国家の建設を象徴するかのように、登呂遺跡の国家的発掘調査が行われる（1947～50年）。弥生の登呂遺跡に対し、縄紋の世界では北の大湯遺跡環状列石の国営発掘

（1951・52 年）が実施される。そして、山内清男が体系化した「日本遠古之文化」の枠組みをもとに、戦後の科学的な先史時代の体系が再構築されていくのである。

戦後の上限の制定　終戦直後、江坂の南北二系統論はいち早く芹沢長介よって批判されることになる〔芹沢 1947〕。芹沢の批判は戦前の山内編年の上限の制定に立ち戻り、新たに科学的な縄紋文化起源を解明しようという宣言でもあった。そして戦後の新たな上限の制定は多くの若手の研究者によって、活発な縄紋早期の発掘が全国的に繰り広げられていく。関東の撚糸紋土器の調査は、花輪台貝塚（1946・48 年）、平坂貝塚（1949 年）・夏島貝塚（1950・56 年）・大丸遺跡（1951・52 年）などが発掘調査される。その結果、戦前の江坂撚糸紋編年は是正・修正され、層位的検証による編年（井草・大丸式→夏島式→稲荷台式→大浦山・花輪台 1 式→平坂・花輪台 2 式）が制定される。

　一方、押型紋土器の調査は普門寺遺跡（1948 年）の発掘をはじめ、西日本では多くの研究者によって黄島貝塚（1947〜49・64 年）の発掘が、九州島では早水台遺跡（1953 年）の発掘が行われる。なお、御領貝塚（1951 年）や出水貝塚（1954 年）の発掘では貝層下に押型紋土器の出土が確認される。また、関西では特殊なネガティヴ押型紋の神宮寺遺跡（1957 年）大川遺跡（1957 年）の発掘が行われる。中部では標式遺跡となる立野遺跡（1950 年）・細久保遺跡（1950 年）・樋沢遺跡（1952 年）が発掘される。そして戦後の撚糸紋土器編年との対比関係から押型紋土器の位置づけが議論されていく。

　関東の撚糸紋土器や西日本の押型紋土器の早期研究の動向に呼応するかのように、東北でも貝殻・沈線紋土器の追究が活発に行われていく。こうした調査よって「北の押型紋」すなわち日計式押型紋土器が発見されるのである。

沈線紋土器研究の動向　江坂輝弥は戦後もしばらくの間、稲荷台式を最古とする撚糸紋編年に固執し、撚糸紋系文化と貝殻・沈線紋系文化との南北二系統論を堅持し続ける。江坂は 1948（昭和 23）年、八幡一郎に伴って参加した最花貝塚の調査を契機として、東北の貝殻・沈線紋土器の調査に精力的に取り組むことになる。早期発掘年表［第 1 表］をみても、1950 年代以前の沈線紋土器の発掘は標式遺跡となる物見台・吹切沢・白浜・ムシリ遺跡など、そのほとんどが江坂の独壇場であり、下北及び八戸地方は江坂の占有化したフィールドとなっていた。それらの発掘成果をもと、白浜式→物見台式→吹切沢式→ムシリ式という貝殻・沈線紋土器の編年がつくられていくのである。また最古の白浜式は「関東地方の田戸下層 2 式前後に併行する文化で、1 式より多少下降した年代」あるいは「白浜式文化は稲荷台式や拝島式文化より下降した時代のもの」として位置づけられている〔江坂 1952〕。しかし、江坂の編年は 1955（昭和 30）年を境に、重大な変更が加えられることになる〔江坂 1956a〕。それ以前を江坂旧編年、以降を江坂新編年と呼び分ける。

　この変更は何を意味するのであろうか。おそらく稲荷台式を最古とする撚糸紋編年が破綻し、それに伴う南北二系統論の整合性を見直す必要が生じたためであった。その前年の 1954（昭和 29）年暮、戦後の縄紋文化起源の枠組みを規定する芹沢論文が発表される〔芹沢 1954〕。戦後の

第1表　戦後の縄紋時代早期の発掘調査年表（1946年～1967年）

西暦	東　　北	中　　部	関　　東	西　日　本
1946			花輪台貝塚（9）	
1947			千歳遺跡（春）	黄島貝塚（8）
1948	常世遺跡（11）	下り林遺跡（10）	普門寺遺跡（2）	黄島貝塚（8）
1949	物見台遺跡（6）		明神山遺跡（3）	黄島貝塚（1）
	吹切沢遺跡（7）		平坂貝塚（6）	黄島貝塚（1）
	ムシリ遺跡（8）		岩宿遺跡（9）	石山貝塚（8）
	長者久保遺跡（8）		城ノ台貝塚（11）	
1950	吹切沢遺跡（8）	立野遺跡（1）	夏島貝塚（3）	
		九合洞穴（7）	二ッ木貝塚（8）	
		細久保遺跡（11）		
1951	白浜遺跡（3）		大丸遺跡（11）	御領貝塚（1）
	ムシリ遺跡（8）			
	小船渡平遺跡（8）			
1952		樋沢遺跡（8）		
1953	寺ノ沢遺跡（11）	野辺山丸山（9）		早水台遺跡（8）
		矢出川遺跡（12）		
1954	唐貝地貝塚（8）		西之城貝塚（12）	出水貝塚（7）
1955	唐貝地貝塚（8）			
	日向洞穴（10）			
1956	早稲田貝塚（8）	卯ノ木遺跡（8）	平根山遺跡（12）	
		本ノ木遺跡（12）		＊『日本考古学講座』3
1957	日計遺跡（8）	椛の湖遺跡（4）	馬の背山遺跡（10）	神宮寺遺跡（8）
	日向洞穴（7）	本ノ木遺跡（8）	鴇崎貝塚（5）	大川遺跡（11）
1958	早稲田貝塚（8）	小瀬が沢遺跡（8）	大浦山遺跡（6）	
	日向洞穴（8）	神子柴遺跡（11）		＊『世界考古学大系』1
1959		柳又遺跡（8）		福井洞穴（7）
1960		室谷洞穴（11）		
1961				上黒岩岩陰（10）
1962	長者久保遺跡（8）			
1963	岩井堂洞穴（8）	石小屋洞穴（7）	西之城貝塚（11）	
1964	蛇王洞洞穴（10）			黄島貝塚（9）
1965				＊『日本の考古学』II
1966			三戸遺跡（2）	
1967		沢遺跡（8）		

撚糸紋遺跡（貝塚）の発掘成果をもとに、井草式を最古とする撚糸紋編年が確定し、撚糸紋→無紋→沈線紋→条痕紋への早期の系統的変遷が提示されるのである。さすがに江坂もこの時点で、新たな撚糸紋編年を受け入れざるを得なくなった。以降、江坂の編年表は、井草式を最古とする撚糸紋編年に塗り替えられている〔江坂1956b〕。しかし、層位的事実によって撚糸紋編年は変更されたが、江坂のもつ思想性（南北二系統論）は替えることはできなかった。

　この撚糸紋編年の変更に伴って、必然的に貝殻・沈線紋編年も新たな再構築の必要性に迫られたのであった。1956（昭和31）年、新たな標式遺跡を加え、白浜式→小船渡式→下松苗式→蕪島式→吹切沢式→物見台式→ムシリ式へと、一見整備された改定編年が提示される〔江坂1956〕。それに合わせて、第一の変更点は最古の白浜式の位置づけである。それまで田戸下層式に対比した白浜式を、江坂は「稲荷台式文化の後半頃には、奥羽南部から北関東まで、奥羽北部からすでに田戸・住吉町系文化が到達し、＜中略＞二つの型式の文化が併存することがないとは断言し得ないと思うのである」〔江坂1956〕と述べ、貝殻・沈線紋の位置づけを稲荷台式に遡らせる。南北二系統論を成立させるためには、是が非でも撚糸紋文化と貝殻・沈線紋文化とを併行させる必要があったのである。変更の二つ目は、吹切沢式と物見台式を逆転させる点である。文様・器形の変化から吹切沢式を田戸下層式に、物見台式を田戸上層式に想定対比させている〔江坂1955〕。物見台式と吹切沢式の関係は、その後の編年的位置づけをめぐって大きな課題を残すことになる。なお、江坂が新編年を解説した、同じ『日本考古学講座』に掲載された芹沢長介の「縄文文化」の編年表には、白浜→吹切沢→物見台→舘前の編年が提示されている[1]〔芹沢1956〕。江坂新編年とこの芹沢編年はどのような関係をもっているのであろうか。

　いずれにしても、旧編年も新編年も層位的な検証は一例もない。江坂は「稲荷台→拝島→井草の想定が逆であったごとく、＜中略＞型式推移の想定は、今後の新遺跡発見によって、若干の増補改訂は起こり得るものと考えている」と自虐的に語っている〔江坂1959b〕。

北の押型紋土器　　佐藤達夫が下北の考古学調査に携わるようになったのは、1953（昭和28）年のことであった。六カ所村史編纂のための唐貝地貝塚の調査は、二年間の予備調査につづき、1955（昭和30）年に本格的な発掘調査が行われた。発掘には地元の二本柳正一・角鹿扇三はじめ、加藤晋平・渡辺兼庸が加わっている。その報告は「青森県の埋蔵文化財調査書」に集録される予定であったが、どういう理由か刊行されることはなかった[2]〔佐藤・二本柳1956〕。それが刊行されたのは、四半世紀過ぎた佐藤没後の1983（昭和58）年のことである〔佐藤1983〕。

　さらに佐藤は唐貝地貝塚の成果を検証するため、おなじ小川原湖に面した早稲田貝塚の発掘調査を1956・57（昭和31・32）年、二次にわたり行う〔佐藤・二本柳・角鹿1957、佐藤・二本柳・角鹿・渡辺1960〕。その翌1958（昭和33）年、両貝塚の成果を踏まえ佐藤は「この地域で＜中略＞どの型式の土器よりも古いと思われ、またこの地域の早期文化の性質を考える上でかなり重要な意味を持つ」資料を紹介する[3]〔佐藤・渡辺1958〕。そこには日計式押型紋とそれに関連する縄紋土器、白浜式以前の沈線紋の拓本が図示され、合わせて両貝塚の層位に基づいた早期編年がそっと副えられていた［第3図］。この短報と同じ『考古学雑誌』掲載号には、当時注目されていた「卯ノ木

第1章　東北の押型紋土器

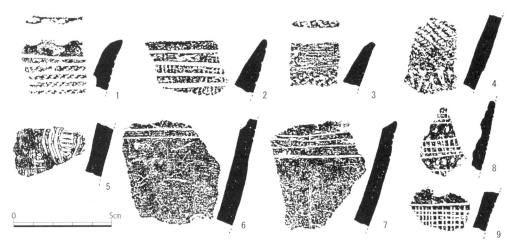

第3図　唐貝地貝塚（1〜4・6〜9）・追館遺跡（3）出土の日計式・縄紋・沈線紋土器

押型文遺跡」が報告されている〔中村1958〕。関心は卯ノ木式押型紋に集まり、わずか数頁の「北の押型紋」の重要性に気づく研究者は少なかったに違いない。その後「長らく等閑視されていた感もあった」〔領塚1996〕が、今日、東北の早期編年の指標の一つとして議論がなされている〔西川1989、成田1990、金子1994、領塚1996a・b〕。

　この佐藤の「資料紹介」は、唐貝地貝塚の貝層下出土の資料を中心にした僅か九点の土器片の解説とその編年的位置づけであった。これらの縄紋ある土器、日計式押型紋、無紋土器、沈線・刺突紋土器が、当時、最古とされる白浜式以前の土器群として位置づけられたことに重要な意義を見出すことができる。縄紋ある土器が、関東の花輪台1式に最も類似すること。縄紋＋押型紋併用土器の斜縄紋が花輪台1式の羽状縄紋の施紋流儀（縦位・横位）に関係すること。口縁部直下に無紋帯を設け、口縁断面・色調・焼成・器壁ともに一致すること。相違点は口端部の施紋、胎土に繊維を含む点、関東の撚糸紋土器には押型紋を伴わないことをあげ、「花輪台1式に近いものがあるとしても、年代的にはやや下り、花輪台2式以降に編年的位置を求めなければなるまい」と的確に位置づけたのである。これは、当然、日計式押型紋土器の位置づけでもあった。沈線・刺突紋土器については、江坂旧編年に従って田戸下層式の古い部分に併行するものとした。

日計式押型紋土器をめぐって　　佐藤の日計式押型紋土器の位置づけに、いち早く反応したのは江坂輝弥である。ムシリⅠ式の成立を東北海道の浦幌系土器文化の波及と捉える一方、日計式押型紋の成立を根室の温根沼式押型紋系文化と捉え、北海道島から二系統の文化が南進するというミニ二系統論を展開する〔江坂1959〕。すなわち江坂は日計式をムシリ式以降に位置づけたことになる。戦後初めて日計式押型紋を紹介した吉田　格も特殊な菱形紋であることから、北海道方面の押型紋との関係を示唆している〔吉田1956〕。

　江坂が標式遺跡となる日計遺跡を発掘したのは1957（昭和32）年のことである。その報告が笹津備洋によってなされたが、師江坂の系統論に従い、日計式押型紋を温根沼式押型紋に求め、ムシリ（Ⅰ・Ⅱ）式に位置づける。縄紋ある土器はムシリ遺跡や長七谷地貝塚・赤御堂貝塚に同

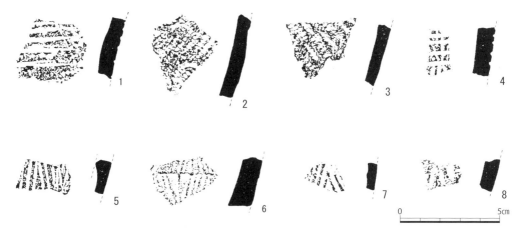

第4図　唐貝地貝塚出土の日計式土器

類のものがあり、ムシリ（Ⅱ・Ⅲ）式に対比すべきこと。刺突・沈線紋はムシリ（Ⅱ）式であること。以上の点から日計式押型紋は早期末葉に位置せしむべきものであり、佐藤の見解を全面否定するのである〔笹津1960〕。この「日計遺跡報告」に、いち早く言及した芹沢長介は「笹津によれば、青森県日計の捺型紋土器は朱円式に関係あり、早期末から前期初頭におかれるらしい。これらが西日本に分布する捺型紋土器と関連するものか、あるいは大陸方面の土器に結びつくものか、今のところ結論は与えられていない」と論評している〔芹沢1961〕。日計式押型紋土器を北海道島に関連させ、早期末とする江坂・笹津の見解に対し、佐藤は「早期縄紋土器（追加）」として唐貝地貝塚資料［第4図］を示し、毅然として反論する〔佐藤1961〕。行間には怒りを抑えた心情さえ感じることができる。日計式押型紋土器はムシリⅠ式類似のものや貝層出土のものと、容易に弁別できること。温根沼式押型紋とは原体が異なること。「おそらくそれ以前に位置し、貝殻紋ある土器への推移の中に、沈線紋の変遷をたどりうるもののごとく考える」と裁断したのである。

　日計式押型紋土器の位置づけが決着するのは、およそ五年の歳月を経た1964（昭和39）年のことである。岩手県蛇王洞洞穴遺跡の発掘によって、佐藤編年の正しさが証明されたのである。江坂の貝殻・沈線紋土器の編年は撚糸紋土器の編年同様、層位的事実に基づかない、江坂が思い描いた南北二系統論に沿った型式変遷でしかなかったのである。東北早期編年の混乱の問題点は、江坂自身の型式学に内包していたともいえよう。

2　日計式押型紋土器の前と後

　日計式押型紋をめぐる佐藤達夫に対する江坂輝弥らの反動形成は、その位置づけだけに留まらず、貝殻・沈線紋土器の編年、上北考古学会結成に至る事情、その後の「佐藤達夫の立ち位置」とも関連していると考えられる。また、佐藤が下北に入る前後、野辺山における細石器文化の発

第1章　東北の押型紋土器

見に関わる芹沢長介との確執とも連動しているのである。感動的に語られる「矢出川遺跡の発見」の裏には、語られぬ学史が存在していることを知る人は少ない〔岡本2015d〕。戦後の石器時代研究を主導してきた芹沢・江坂らの「正統」な先学からみれば、新進の佐藤の言説や行動は「異端」な振る舞いとして映っていたに違いない。そして「負」の烙印を押されることになる。それは戦前のミネルヴァ論争における「山内清男の立ち位置」と同じものであった。佐藤編年が「長らく等閑視されていた感もあった」理由も正にここにある。その後の「本ノ木論争」や「丹生旧石器問題」、「長者久保遺跡」の評価、「北方文化編年」をめぐっても、こうした学史的背景が内包されているのである。

蛇王洞Ⅱ式と唐貝地下層c類　日本考古学協会洞穴遺跡調査特別委員会の一環として、芹沢長介・林　謙作によって、蛇王洞洞穴遺跡が発掘された〔芹沢・林1965・1967〕。この調査の意義は、日計式押型紋の編年的位置づけを明らかにしたばかりでなく、貝殻・沈線紋土器の変遷にも一石を投じることになる。層位はⅠ～Ⅶに分層され、下層から日計式→蛇王洞Ⅱ式→物見台式・明神裏Ⅲ式→（＋）→吹切沢式・大寺Ⅰ式（貝殻紋＋沈線紋）→槻ノ木式→舟入島下層式の変遷が明らかになる［第5図］。蛇王洞洞穴遺跡発掘以前、林は貝殻・沈線紋土器編年について、江坂新

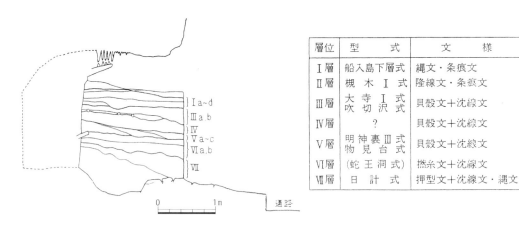

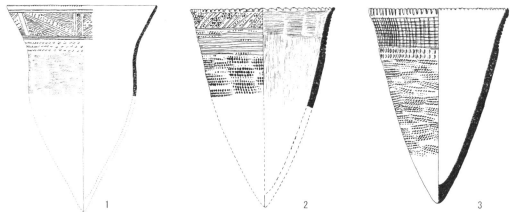

第5図　蛇王洞洞穴遺跡出土の蛇王洞Ⅱ式土器［縮尺不同］

2 日計式押型紋土器の前と後

編年の最古の白浜式と小船渡平式の関係に疑問を呈するとともに、物見台式→吹切沢式への変遷を考えていた〔林 1962〕。しかし、この時点では、佐藤が報告した日計式押型紋（唐貝地下層 a・b）、刺突・沈線紋（唐貝地下層 c）については言及がなく、ムシリⅠ式に対比する江坂・笹津説を紹介するに留まっている。

日計式押型紋土器の上層（Ⅵ層）から出土した沈線紋は地紋に撚糸紋・縄紋を施し、口縁部施紋帯に沈線紋をもつものであり、三戸式や小船渡式に共通した文様構成であることが指摘された。これらの沈線紋を蛇王洞Ⅱ式[4]と名付け、貝殻紋を施さないことから三戸式、白浜式・小船渡式以前に位置づけられたのである〔芹沢・林 1965・1967〕。そして、林は蛇王洞Ⅱ式を貝殻・沈線紋土器の遡源とし、東北南部の大平式、関東の三戸式に波及する東北起源説を展開した[5]〔林 1965〕。一方、同じ『日本の考古学』で「関東」を担当した岡本 勇は、学史上から三戸式が抹殺されたことを嘆くとともに、復活した三戸式が東北南部の大平式に、更に北上を示唆する関東起源説を提示した〔岡本・戸沢 1965〕。この点については改めて後述することにしよう。

蛇王洞Ⅱ式が最古の沈線紋とする東北起源論を検証するためには、先に提示されていた唐貝地下層から出土した刺突・沈線紋（唐貝地下層 c 類）との型式学的な検討が必須であったはずである。不思議なことに、唐貝地下層 c 類との比較はなされず、無視されたままに留め置かれた。しかし両者は貝殻紋をもたず、格子目沈線紋をもつ点では共通する。違いは蛇王洞Ⅱ式が地紋に縄紋をもっていることである。この時点では、唐貝地下層 c 類も蛇王洞式も検討に耐えうる類例がなかったのも事実である。今日、対比し得る資料は徐々にではあるが増加しつつある。

唐貝地下層 c 類の類例は、三戸 3 式に対比しうる大新町 b 式・秋田県岩井堂洞穴遺跡に認められる［第 6 図］。一方、大新町 b 式には下半部に縄紋を施す例があり、蛇王洞Ⅱ式に近い。盛岡市西黒石野遺跡や屠牛場遺跡では、大新町 b 式より施紋帯が狭い蛇王洞Ⅱ式が出土している〔神原 2006〕。林のいう「マクレ返りをもつ刺突紋」も多くみられ、白浜式の特徴にも類似する。とするなら、唐貝地下層 c 類が古く、蛇王洞式は新しいと考えられる[6]。唐貝地下層 c 類は三戸 3 式、蛇王洞Ⅱ式は田戸下層 1 式に位置づけられよう。大新町 b 式には日計式押型紋が伴い、蛇王洞Ⅱ式は層位的にも日計式押型紋に後出する型式であることは明らかである。

日計式押型紋土器以前　　日計式押型紋はおそらく三戸式の範疇に収まる時期の所産であるから、それ以前の土器群は草創期に位置する。青森県大平山元Ⅰ遺跡からは、神子柴文化に最古の

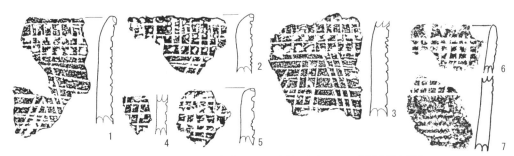

第 6 図　唐貝地下層 c 類土器　1～5：大新町遺跡　6・7：岩井堂洞穴遺跡

第1章　東北の押型紋土器

「縄紋土器」が伴ったとして話題になった。東北地方は縄紋土器出現に関わる由緒ある土地柄である。それはともかく、日計式押型紋土器も出土した山形県日向洞穴遺跡をはじめとする高畠町洞穴遺跡群からは、列島的にひろがる隆起線紋はじめ、爪形紋・押圧紋・多縄紋土器に至る草創期前半の土器群が出土し、編年の指標となるべき資料を提供している。

青森県表館1遺跡出土の隆起線紋土器は、爪形紋を装飾的にあしらう隆起線紋の中でも新しい微隆起線紋の段階のものである。爪形紋土器は青森県鴨平2遺跡・黄檗遺跡、盛岡市大新町遺跡、秋田県岩瀬遺跡など、絡条体圧痕紋を含む押圧縄紋土器は岩手県馬場野Ⅱ遺跡、仙台市野川遺跡など、室屋下層式類似の多縄紋系土器は青森県櫛引遺跡などで出土している。

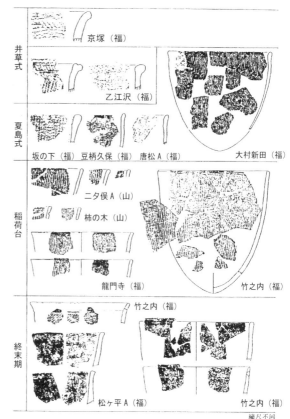

第7図　東北地方における撚糸紋土器〔原田1991　改図〕

これら草創期前半の土器群はほぼ出揃っているが、その変遷の詳細についてはここでは述べない。

草創期後半は関東の撚糸紋土器に対比すべき段階である。井草式・夏島式は東北南部の福島県、稲荷台式は米沢盆地（二夕俣遺跡）に分布している［第7図］。撚糸紋土器と接触した東北の縄紋人は存在するが、その実体はよく判らない。1960年代の林　謙作の想定以来、現在でも東北の研究者の多くは無紋土器を対比させようと考えている[7]〔熊谷2013〕。しかし、その成果は充分に上がっていない。日計式押型紋に伴う縄紋土器の系譜を遡って追究する必要があろう。しかし草創期前半の多縄紋系土器（櫛引遺跡例）から「縄紋ある土器」（唐貝地下層a類）へつなぐ道筋は、未だ明らかになっていない。関東の撚糸紋土器に対比すべき編年上の空白は、東北地方だけでなく西日本でも同じ問題を抱えている。戦後70年を経た今日、この空白の解明が草創期・早期編年研究の最大の課題となっているのである。

3　日計式・三戸式・細久保2式の互換性

相原淳一の調べによれば、日計式押型紋土器は東北太平洋側を中心に、北は北海道島渡島半島

から南は関東、越後を経て信州に及ぶ。その出土遺跡は150遺跡を越えている〔相原2008a〕。相原が指摘するように、日計式押型紋土器の中心的文化圏は那珂川水系以北であり、関東の三戸式沈線紋文化圏、越後・信州の細久保2式押型紋文化圏に波及している。この事実は日計式押型紋が一方的に波及したのではなく、三戸式沈線紋文化圏あるいは細久保2式押型紋文化圏の双方向の交差を意味している。巨視的にみれば、「東北の押型紋」・「関東の沈線紋」・「中部の押型紋」の三つの文化圏が地域を違え、対峙した三つ巴の文化圏を形成していたことを示している。また、言い換えるならば二つの押型紋文化圏に挟まれた関東にこそ、沈線紋土器出現の要因があったと考えられる。日計式押型紋に先立ち、東北に貝殻・沈線紋土器を位置づけない限り、関東沈線紋起源説は動かし得ない。

日計式と三戸式　　山内清男は「文化の方向性を定めてから論じるべからず」と強く誡めている〔山内1937〕。まずは、日計式押型紋と三戸式沈線紋の交差・対比関係について、個々の資料から検証してみたい。日計式押型紋文化圏と三戸式沈線紋文化圏の緩衝地帯である那珂川水系から福島県南部かけて、元来、由来の異なる三戸式と日計式が一体となったキメラ土器が存在する。

　すでに指摘した点であるが、茨城県ムジナⅡ遺跡と刈又坂遺跡には三戸式と日計式の併用紋土器が出土している〔岡本1997〕。両遺跡は日計式文化圏の南限域にあたり、日計式と三戸式が交差する地域である。これら併用紋土器は短沈紋と平行沈線の多帯構成の沈線紋で、クランク状の文様帯をもつ三戸2式段階のものである。このクランク状沈線帯の部位が、異系統の日計式の重層山形紋に互換されている［第8図1〜4］。千葉県青山勘太山遺跡出土の日計式は、上・下の平行押型紋の区画内を変形重層山形紋で数段施す施紋帯となっている。下段の平行押型紋の直上は格子目状となっている[8]。一方、千葉県庚塚遺跡の三戸2式は口縁部はないが、施紋帯の上・下を平行沈線紋を廻らせた区画内にクランク状の格子目沈線を配し、区画の直下に斜格子目沈線紋を、さらに平行沈線紋を廻らす多段構成のものである。同じ文様構成をとる青山勘太山遺跡例は、庚塚遺跡例のクランク状施紋帯の沈線紋を日計式押型紋に置き換えている。［第8図5・6］。千葉県今郡チカ内遺跡は三戸2式が主体であり、ともに出土した日計式押型紋は共伴関係を傍証する資料といえるであろう。

　日計式押型紋土器の中心域にある盛岡市大新町遺跡には、胎土に繊維を含み、器形も日計式に近い尖底の沈線紋土器の一群（大新町a式）がある。この大新町a式には日計式押型紋と併用するものがある［第8図4］。口縁部から平行沈線紋・格子目沈線紋・重層菱形押型紋・平行沈線紋の横帯施紋構成の沈線紋である。次の大新町b式が三戸3式に対比されることから、大新町a式はおそらく三戸2式段階の資料であろう。沈線紋土器は三戸2式段階には北上川流域まで波及することが判明する。

　同じく福島県獅子内遺跡出土の併用紋土器は三戸3式段階のものである［第9図1〜5］。この地域では大平式と呼ばれている。口縁部は欠損しているが、文様帯としての格子目状沈線によるクランク紋は上・下の平行線紋で区画され、以下、格子目押型紋を施紋するものである［第9図5］。下半の格子目紋は樋沢・細久保式の格子目紋とも考えられるが、相原のいうように日計式押

第1章　東北の押型紋土器

型紋の「菱形格子目紋」の仲間であろう〔相原1978〕。つぎに南諏訪原遺跡出土の日計式押型紋である。上半に重層山形紋、下半に横走する太沈線が施されている。三戸1式・2式の胴部下半部は無紋であることから、胴部下半の太沈線紋は三戸3式の胴部下半の調整痕と共通する[9]。千葉県西の台遺跡の三戸3式、塩喰岩陰遺跡の大平式［第9図6］、大新町b式の下半部［第9図8］と共通して認められる。また、三戸3式に対比される大新町b式には口縁部上半に副文様帯のように沈線による鋸歯紋を施している例がある［第9図9］。領塚正浩も指摘しているが、同じような文様を沈線紋＋日計式の併用紋［第9図10］で構成するキメラ土器が確認できる〔領塚1996〕。主体が沈線紋土器（大新町b式）になっても日計式を残存していることが判る。風林遺跡にも同様なものがある。

　以上の点から三戸2式・3式段階は、日計式押型紋と交差する関係にあったことが確認できる。大新町遺跡は三戸3式段階の沈線紋土器（大新町b式）が多量に出土し、当該期の拠点的な遺跡を形成している。さらに北上して東北北部にも青森県林ノ前遺跡・中野平遺跡・小船渡平遺跡などに、三戸3式の痕跡を残している。おそらく唐貝地下層c類もこの仲間であろう。

　問題は三戸1式と日計式押型紋との対比である。三戸1式の文様構成と日計式押型紋の横帯構

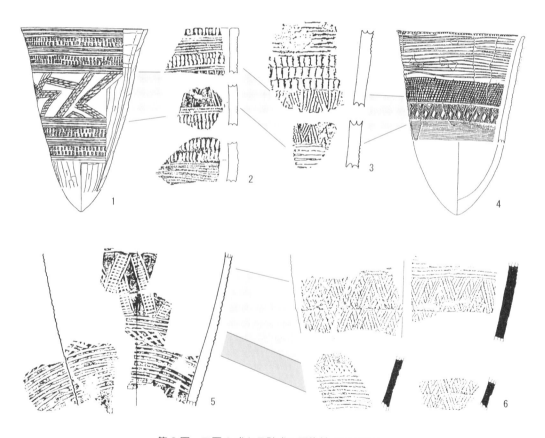

第8図　三戸2式と日計式の互換性［縮尺不同］
1：多摩ニュータウンNo.207遺跡　2：ムジナⅡ遺跡　3：刈又坂遺跡　4：大新町遺跡　5：庚塚遺跡　6：青山勘太山遺跡

3 日計式・三戸式・細久保2式の互換性

成、山形モチーフなどの類似点から、日計式押型紋の中に沈線紋の出自を見出そうとする東北起源説も示されている。確かに文様構成の共通性は認められるが、これも南北二系統論の呪縛から解かれていない証拠でもあろう。三戸1式段階には現在のところ文様の互換性やキメラ土器は確認されていないが、文様構成やモチーフの共通項は多い。竹之内遺跡では、三戸1式は日計式押型紋や樋沢式押型紋とともに出土している[10]。共伴関係の保証はないが、この三者は竹之内遺跡で出会った可能性は高い［第10図］。この出土状況は三戸1式と日計式押型紋の両文化圏が竹之内遺跡を境に対峙しているようにみえる。それだけではなく中部地方の樋沢式押型紋も波及し、交差しているようにもみえる。

日計式と細久保2式　日本海側にはあまり分布していない日計式押型紋ではあるが、新潟県室谷洞穴遺跡・扉山遺跡・松ヶ峯遺跡 No.237 などで僅かに確認することができる。日計式押型紋は会津から阿賀野川水系に沿って、越後に南下したと考えられる。越後は元来、中部押型紋

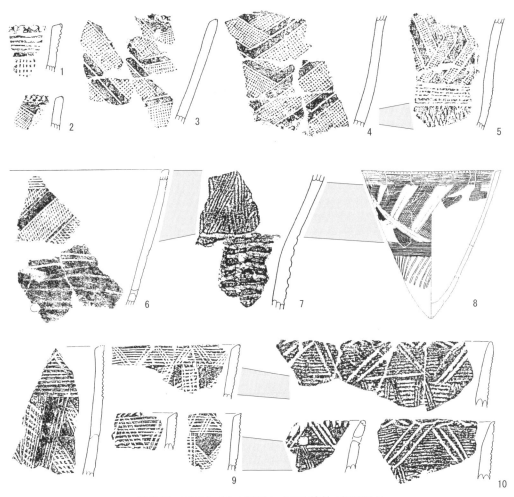

第9図　三戸3式と大新町b式の互換性［縮尺不同］
1~3・5：獅子内遺跡　6：塩喰岩陰遺跡　7：南諏訪原遺跡　4・9・10：大新町遺跡

第 1 章　東北の押型紋土器

土器文化圏にあり、横帯施紋の菱目紋による独自の卯ノ木1式押型紋が存在している［第11図］。後述するように卯ノ木遺跡の押型紋は帯状施紋の卯ノ木1式と横方向密接施紋の卯ノ木2式に分かれ、前者は樋沢2式段階、後者は細久保2式段階である（第3章2節参照）。卯ノ木1式押型紋も逆に北上して、会津の塩喰岩陰遺跡・南原遺跡・石橋遺跡に広がっている。このルートはその後も東北と北陸・中部をつなぐ縄紋時代の情報と交易の重要な幹線路となっている。

また越後と信州をつなぐ妙高東山麓沿いに位置する松ヶ峯遺跡 No.237 からは、多くの楕円紋に混じって日計式押型紋が採集されている。日計式押型紋は重層菱形紋・重層山形紋＋V字内平行線紋などである。楕円＋山形併用紋もあり、細久保2式段階の資料である［第12図］。信州側

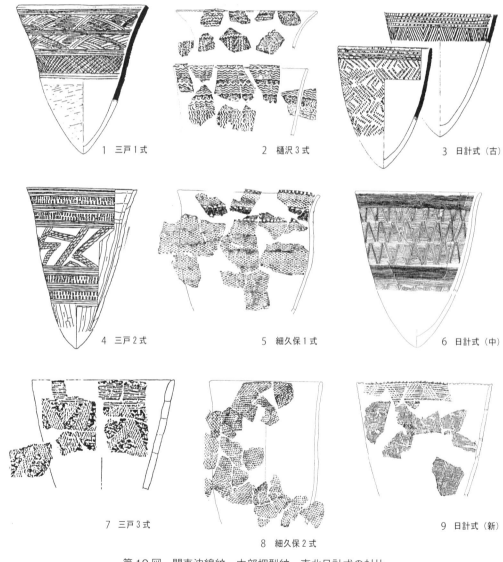

第10図　関東沈線紋・中部押型紋・東北日計式の対比
1～3：竹之内遺跡　4：多摩ニュータウンNo.207　5：諏訪ノ木V遺跡　6・9：大新町遺跡　7：荏原第10遺跡　8：市道遺跡

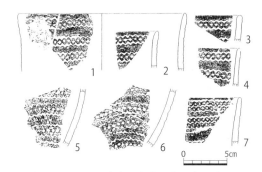

第 11 図　卯ノ木遺跡出土の卯ノ木 1 式

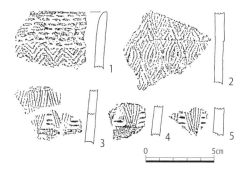

第 12 図　松ヶ峯 No.237 遺跡出土の
　　　　細久保 2 式 (1)・日計式 (2～5)

には塞ノ神遺跡があり、楕円＋日計式（重層菱形紋）併用紋などのキメラ土器が存在する。細久保2式の複合鋸歯紋は日計式押型紋の変容によって生まれたものであり、細久保2式の西部押型紋土器文化圏への波及とともに西にも広く分布している〔岡本1997・2013〕。また市道遺跡の細久保2式の分析から、三戸3式との交差関係は動かないことが検証されている〔岡本2010〕。すなわち日計式押型紋は三戸式とのキメラ関係のみならず、中部の細久保式押型紋とのキメラ関係をもっている。この事実は日計式―細久保2式―三戸3式の交差関係が「鉄のトライアングル」であることを物語っている［第10図］。

　三戸遺跡出土の押型紋の中にも、日計式との類似性が指摘されている〔領塚1985〕。しかし三戸遺跡は日計式押型紋の南限を超えており、この日計式押型紋は直接、関東の沈線紋文化に波及したものではない。おそらく山形＋日計式併用紋であることをみれば、細久保2式を介して信州経由で間接的にもたらされたものであろう。

4　日計式押型紋土器の編年的位置

　日計式押型紋は確実に三戸2式・3式段階と併行関係にあり、前述したように二細分できることは明らかである。あとは三戸1式との併行関係であろう。竹之内遺跡での三戸1式―日計式の共伴関係を検証できれば、さらに細分することができる。しかし現在のところ、東北北部には三戸1式段階[11]の沈線紋はみられない。また、竹之内遺跡以南でも三戸1式と日計式の共伴関係を見出だすことはできない。両者は無関係のようにもみえるが、見方を変えれば日計式文化と沈線紋文化は対峙した緊張関係にあったとも見做すことができる。交差関係は検証できないが、日計式と三戸1式のモチーフや構成が共通していることも事実であろう。日計式押型紋を遡源とする沈線紋東北起源説はともかく、日計式押型紋出現の契機を探ることから始めなければならない。

日計式押型紋土器の起源　　広く列島に分布する押型紋土器は、地域によって独自性をもっている。西部ネガティヴ押型紋・高山寺式押型紋、九州島南部の手向山式押型紋なども同様、東北の日計式押型紋も独自のカタチ・文様・胎土の流儀をもっている。しかし、いずれも彫刻棒を回転させた特殊な文様であり、こうした施紋流儀がそれぞれの地域で別々に出現するとは考えがた

第1章　東北の押型紋土器

い。押型紋土器の出現の基盤は一つであり、広がりゆく過程や地域によって変容した独自の姿を映し出しているのであろう。

　日計式押型紋を生み出す母体は、縄紋を全面に施し、口縁部に平行沈線紋を廻らす「縄紋土器」である。相原淳一が「原日計式」と位置づけたものである〔相原1982〕。この「縄紋土器」は、すでに佐藤達夫が指摘するように、撚糸紋文化最終末の花輪台1式と共通性をもっている〔佐藤・渡辺1958〕。事実、撚糸紋の稲荷台式が米沢市二タ俣A遺跡で住居跡（ST2）を伴って検出されている。また、別の住居跡（ST5）からは三戸1式の特徴である横帯沈線紋や日計式押型紋も住居跡（ST19）から出土している。佐藤が推察したように、撚糸紋最終末の花輪台1式が東北北部にも影響を与えたとしても不思議ではない。その当否は資料の増加を俟って検討しなければならないが、日計式押型紋の出現時期を撚糸紋終末期に求めることは充分に妥当性をもっていると考えられる。

　次に考えなければならない点は、日計式押型紋と共伴する「縄紋土器」の中から内在的な独自の要因で出現するのか、隣接した中部押型紋土器の影響により出現したのかという問題である。列島に拡がる彫刻原体による回転施紋の流儀が、再三述べるように東北独自の中で生成されたとは考え難い。隣接した中部押型紋の胎動が関東の撚糸紋の世界に波及したように、東北にも伝わり、独自の日計式押型紋文化を形成したのであろう。広く分布する押型紋土器が地域ごとに編み出されたのではなく、押型紋文化の地域間交流の中で在地特有の押型紋を生み出したと考えられる。これがモノと情報が行き交う「開かれた縄紋社会」の実相といえよう。

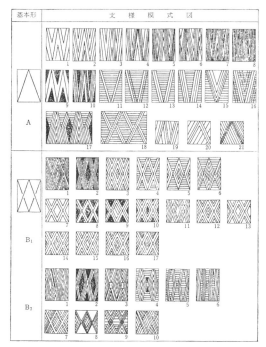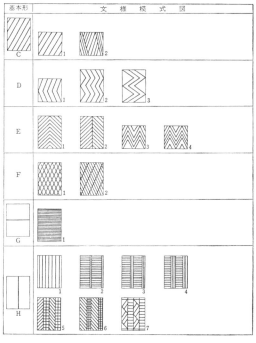

第13図　日計式土器の単位文様〔原川1988〕

4 日計式押型紋土器の編年的位置

　では、交差関係があるとすれば、中部押型紋土器のどの段階であろうか。有力な候補の一つは、中部押型紋土器文化圏にあって独自の文様をもつ越後の卯ノ木1式押型紋であろう〔第11図〕。可児通宏は「卯の木式はさらに東北地方へと影響を与えて、やはり特殊な文様割り付けに方法で原体がつくられる日計式の成立にかかわった可能性がある」と指摘している〔可児1989〕。卯ノ木1式押型紋は越後を中心に西は飛騨・越中、北は会津にまで広がっている。会津の塩喰岩陰遺跡・石橋遺跡・南原遺跡は菱目紋を主体に山形紋が伴う。卯ノ木1式押型紋の単位文様は菱目紋と山形紋で、帯状構成をとる。この単位文様は日計式の重層菱目紋と重層山形紋と共通する。日計式押

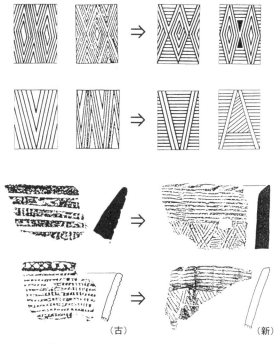

第14図　日計式土器の単位文様の変遷

型紋はこの二つの単位文様を変容させているように考えられる。小暮信之は東北南部の福島県獅子内遺跡・入トンキャラの三戸式と日計式を検討し、「三戸Ⅱ式＝日計式後葉＝卯ノ木押型文第Ⅱ類型（細久保式併行）」の交差関係を提示している[12]〔小暮2002〕。南原遺跡では終末期の撚糸紋土器とともに日計式押型紋や卯ノ木式押型紋が出土している〔芳賀1992〕。卯ノ木1式押型紋の位置づけは樋沢2式段階であろうから、時間的にはほぼ撚糸紋終末期に一致する。ここでは仮説として、日計式押型紋の出現の契機を卯ノ木1式押型紋に求め、その成立を三戸3式（樋沢3式）に位置づけておきたい。

第2表　各地の日計式押型紋の変遷

時期＼県別	青森県	岩手県	宮城県	福島県
古段階	唐貝地貝塚 日計遺跡 新納屋(2)遺跡 根井沼遺跡(古)	大館町遺跡 大日向Ⅱ遺跡 馬場野Ⅱ遺跡 法誓寺遺跡	松田遺跡(古) 下川原子A遺跡(古)	竹之内遺跡 中山金山遺跡 西之作A遺跡
中段階	根井沼遺跡(中) 幸畑遺跡 平船Ⅲ遺跡	大新町遺跡 風林遺跡	松田遺跡(中) 下川原子A遺跡(中) ごふく沢遺跡	観音谷地遺跡 塩喰岩陰(中)
新段階		大新町遺跡		獅子内遺跡 塩喰岩陰(新) 大枝遺跡

第1章　東北の押型紋土器

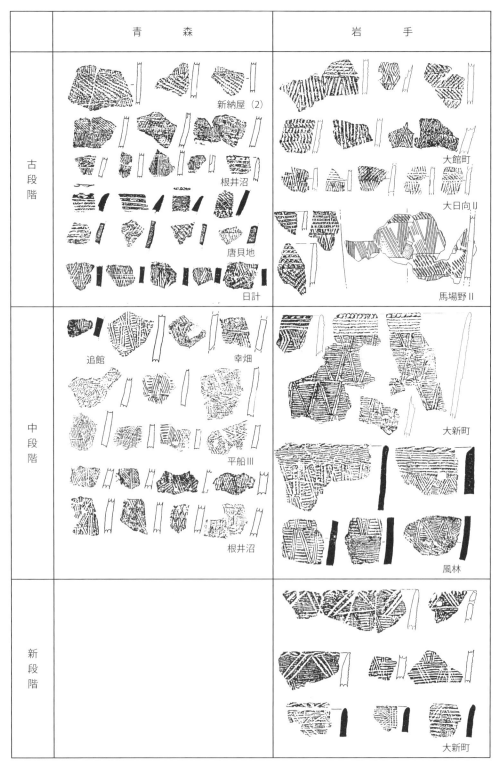

第15図　日計式土器の変遷（1）

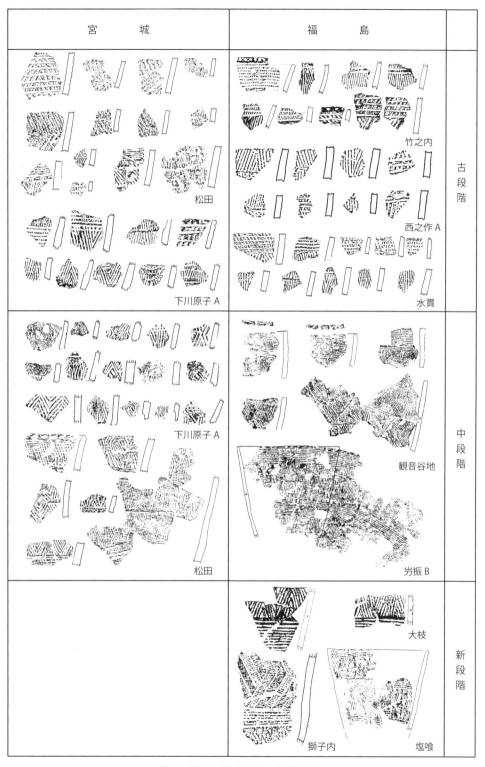

第16図 日計式土器の変遷（2）

第1章　東北の押型紋土器

日計式押型紋の細分　日計式押型紋を追究した相原純一は原日計式期→日計式前葉→日計式後葉→過渡期の四段階〔相原1982〕、のちに消失期を加え五期編年〔相原2008a〕に改定している。中村五郎は金谷中平→観音谷地→大新の三段階を提示している〔中村1986〕。原川雄二は単位文様を図解し、A~Hの基本形とする八種に分類する［第13図］。A・Bを基本として、第一群A（1~10）・C→第二群A（1~10）・B₁（1~3・7~17）・B₂（1~4・7・8）→第三群A~B₁・B₂に大別した。さらに第二群と第三群のあいだに中間式の可能性を示唆している〔原川1988〕。領塚正浩は三戸Ⅰ式に伴う段階、三戸Ⅱ式に伴う段階の二分案〔領塚1997a〕、同じく神原雄一郎も沈線紋を伴わない段階と大新町a式の段階の二分に大別し、三段階に細別している〔神原2009〕。神原は基本的に大新町b式（三戸3式）には伴わないという立場である。いずれの細分案も多少の違いはあるものの、大局的な日計式押型紋の流れはほぼ一致している。しかし、日計式は最初から終焉まで施紋方向や口縁部と胴部に沈線を廻らす規範は一貫しており、弁別の条件とはならない。唯一の手がかりは単位文様の形態的変化である。

　日計式押型紋の基本形は、前述の通り重層山形紋（A）と重層菱形紋（B）の二種であったと考えられる。これにしばしば格子目紋（C）が加わる。基本形の二種は地域や時期によって多様に変化しており、文様の変化だけ細別することは難しいが、山形区画内や菱形区画内を平行線で充填するものは新しい要素である。また口縁部と胴部に施される平行線紋が沈線紋（Ⅰ）か、平行押型紋（Ⅱ）かによって大きく古・新に二分される［第14図］。しかし施紋方向や口縁部と胴部に平行線紋を廻らす文様構成には変化がなく、弁別の基準[13]にはならない。こうした新旧の目安と三戸式との互換的関係から、三戸式の細分型式（1・2・3式）に合わせ、日計式も三段階（古・中・新）に弁別できよう[14]。最も出土例の多い大新町遺跡では大新町a式（三戸2式）に伴う中段階が主体であるが、古段階の重層山形紋（A）と重層菱形紋（B）も、大新町b式（三戸3式）に伴う新段階のものもある。しかし単位文様の違いで中段階と新段階を識別することは難しい[15]。県別に三段階に細別すると次のようになる［第2表、第15・16・17図］。

　日計式押型紋の施紋流儀はいずれも横方向密接施紋であり、押型紋施紋後に口縁部と胴部に平行線紋を施す。共伴する「縄紋土器」の流儀と一致し、日計式押型紋同様、胎土には繊維を含む。この「縄紋土器」は日計式押型紋の母胎となったもので、無節・単節・複節縄紋や0段多条を用い、斜縄紋や羽状縄紋を構成する。羽状縄紋は花輪台1式同様、同一原体を縦方向+横方向で施紋するものが多い[16]。この縄紋と押型紋をともに施紋した重層押型紋+縄紋の併用紋がある。唐貝地貝塚例・根井沼遺跡・新納屋(2)遺跡例、岩手県馬場野Ⅱ遺跡例・大日向Ⅱ遺跡、宮城県松田遺跡例、秋田県岩井洞洞穴遺跡例などにあり、日計式押型紋土器のなかでも、最も古い要素であろう。表にはない北海道島渡島半島の川汲遺跡例は古段階、秋田県物見坂Ⅲ遺跡例は古段階、岩井堂洞穴遺跡例は古・中段階のものがある。

　日計式押型紋の分布域について再度、述べておきたい。北は津軽海峡を越えて川汲遺跡、南は利根川水系の下総台地の今郡チカ内遺跡・青山勘太山遺跡などである。北限を海峡ライン、南限を利根川ラインと呼ぶ。三戸式の対比関係からみると、三戸1式と日計式古段階が対峙する境界

5 貝殻・沈線紋土器出現期の問題点

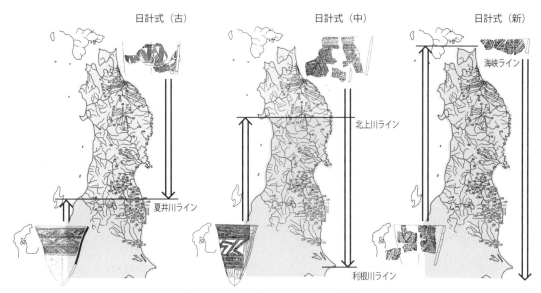

第17図　三戸式と日計式の分布変遷

は竹之内遺跡であり、これを夏井川ラインと呼ぶ。三戸2式段階には北上して日計式中段階との境界は大新町遺跡であり、この境界を北上川ラインと呼ぶ。さらに三戸3式の北限は日計式の海峡ラインにほぼ一致し、以降、日計式押型紋は終焉を迎えるのである。また日計式押型紋南限は那珂川流から更に南下し利根川ラインに達している。三戸2式以降の活発な関東北の交流に伴って日計式が南下したのであろう。事実、南限域から出土する日計式押型紋は中段階以降のものが多い〔小笠原2009〕。一方、沈線紋文化は夏井川ライン→北上川ライン→海峡ラインへと北上したと考えられる［第17図］。

5　貝殻・沈線紋土器出現期の問題点

　日計式押型紋の終焉とともに、東北では三戸3式段階の大新町b式を母胎として、新たな貝殻腹縁紋を多用する貝殻・沈線紋文化が栄える。これらと交差する関東の沈線紋文化は田戸下層式と田戸上層式の段階が対応する。

　東北南部の山形県須刈遺跡からは田戸下層2式が出土している。また名久井文明や西川博孝が指摘した片側を抉るような突起状口縁は、田戸下層2式段階の城ノ台北貝塚例、茨城県西谷A遺跡例・常陸伏見遺跡例と共通する［第18図］。しかし田戸下層式段階の交差関係はあまり顕著ではない。これに較べて田戸上層式段階の関東北の交流は顕在化し、田戸上層式・物見台式を通して広域型式が成立する。

　僭越ではあるが、関東からのまなざしから貝殻・沈線紋土器出現期の問題点を指摘しておきたい。ここでいう出現期とは大新町b式後から物見台式に至る期間で、関東の田戸下層式・上層式段階にほぼ一致する。

第1章　東北の押型紋土器

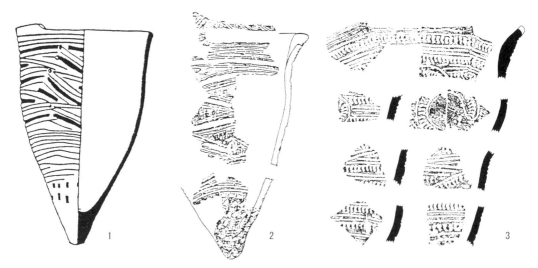

第18図　田戸下層2式土器の片側突起
1：城ノ台北貝塚　2：西谷A遺跡　3：常陸伏見遺跡

五つの変遷案　　唐貝地貝塚の発掘事実に基づき、佐藤達夫によって弁別された唐貝地下層c類の沈線・刺突紋土器は、今日、大新町b式つまり三戸3式段階であることは動かしがたい。しかし唐貝地下層c類については、今日でも貝殻・沈線紋出現をめぐる議論の対象にはなっていない。また1950年代の江坂編年の白浜式・小船渡平式、60年代の林　謙作よって蛇王洞Ⅱ式とされた最古の貝殻・沈線紋土器はいずれも資料的制約や類例も少なく、その「最古性」が充分に担保されている状況にはない。その後に提唱された「根井沼式」・「寺の沢式」に包括され、その実体がよく掴めないのが現状であろう。その後の吹切沢式と物見台式の系統観の違いはあるものの、五つの変遷案が提示されている。

1. 名久井案 ……… 貝殻紋出現期→「小船渡平式」・「白浜式」→根井沼式→（＋）→寺の沢式

〔名久井1989〕

2. 石　川　案 ……… 根井沼式→小船渡平式→白浜式→寺の沢式→吹切沢式　〔石川1990〕
3. 領　塚　案 ……… 大新町式→寺の沢式→白浜式→物見台式　〔領塚1996〕
4. 長　尾　案 ……… 白浜・小船渡平式→根井沼式→寺の沢式　〔長尾2000〕
5. 小保内案 ……… 蛇王洞Ⅱ・白浜式→根井沼式→寺の沢式　〔小保内2006〕

こうした編年案を検討する前に、まずは提示された貝殻・沈線紋の諸型式を整理しておこう。貝殻腹縁紋を多用する寺の沢式と根井沼式は一連の型式的流れをもっている。口縁部区画と胴部区画の列点紋が根井沼式の型式表象一つであり、根井沼式→寺の沢式の型式的変遷は多くの研究者が認めるところであろう。また、小船渡平式については標式資料の提示が少なく型式要件が充分ではないが、貝殻腹縁や短沈線を平行沈線で区切った文様構成のものは、しばしば白浜式に混じって出土している。白浜式も資料的には多いとはいえないが、貝殻腹縁紋や捲れた爪形紋の口縁部施紋帯をもち、胴部は貝殻腹縁による条痕を施す一定の型式表象が認められる。ここでは

一括して小船渡平・白浜式と記して置きたい[17]。

白浜式の位置　根井沼式→寺の沢式への変化は連続性を示しており、その間に小船渡平・白浜式を介在させる石川案はやや無理があろう。次に小船渡平・白浜式の位置づけを後続させる領塚案を検討してみよう。領塚案は根井沼遺跡から出土した白浜式に蕨手紋が見られること唯一の根拠として田戸下層Ⅱ式段階に併行させ、それ以前に寺の沢式を位置づける。しかし寺の沢式と白浜式の前後関係や寺の沢式と田戸下層Ⅰ式の対比関係を検証するための型式学的手続きは充分にとられているとは言い難い。また、根井沼（1）遺跡における寺の沢式と白浜式の層位的事実にもふれていない。さらに領塚のいう「寺の沢式」は根井沼式をも包括した型式内容をもっている。型式学的には容易に弁別できるのに、細分しないのは根井沼式と寺の沢式を一括して田戸下層Ⅰ式に対比させたいからであろう。領塚案は田戸下層式の変遷を下敷きにした「カソウ」編年となっている。また領塚が日計式のモチーフとの連続性を示すとされる沈線紋のモチーフも一概に寺の沢式とは言い難い資料である[18]。

最後に小船渡平・白浜式を先行させる名久井・長尾・小保内案をみてみよう。名久井案ではでは小船渡平・白浜式の前に貝殻紋出現期を、根井沼式と寺の沢式の間に中間式を想定する慎重さを期している。また根井沼式と寺の沢式をつなぐ型式として、長尾案では小田内沼（4）遺跡資料を介在させて考えようとしている〔長尾2000〕。長尾が小船渡平・白浜式を先行させる根拠は根井沼（1）遺跡の層位的事例である。下層から小船渡平・白浜式（Ⅳ層）→根井沼式（Ⅲ層下半）→寺の沢式（Ⅲ層上半～Ⅱ層）の順に出土する。また第2号住居跡内の覆土中の焼土層を境に下層から小船渡平・白浜式が、上層から根井沼式が出土し、第1号住居跡からは小船渡平・白浜式が単独で出土することを根拠にする。また小保内案が提示した小船渡平・白浜式と蛇王洞Ⅱ式との併行関係である。同じく神原雄一郎は大新町b式の後続型式として、蛇王洞Ⅱ式につづく西黒石野遺跡例や屠牛場遺跡例を大新町c式として位置づけている〔神原2006〕。近年、蛇王洞Ⅱ式は青森県西張（2）遺跡・根井沼遺跡・中野平遺跡からも出土している。

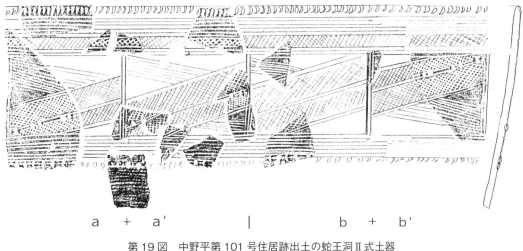

第19図　中野平第101号住居跡出土の蛇王洞Ⅱ式土器

第1章　東北の押型紋土器

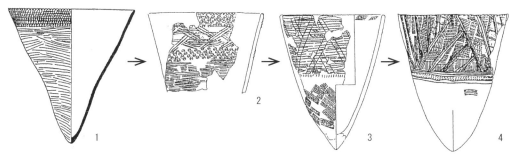

第20図　貝殻沈線紋土器の変遷［白浜式～根井沼式］
1：館平遺跡　2：中野平遺跡　3：田向遺跡　4：根井沼遺跡

　中野平第101号住居跡からは多量の小船渡平・白浜式とは異なる格子目斜行沈線紋が出土している。報告者は大新町式や三戸式に対比しているが、施紋帯幅がやや狭く、口縁部形態や文様構成からみて、明らかに蛇王洞Ⅱ式である［第19図］。細部の復元は定かではないが、文様構成は四単位（a＋a＋a＋a）で構成される。あるいは単位文様を反転させる襷掛け構成（a＋b＋a＋b）かもしれない。この中野平遺跡例も大新町c式も白浜式に特徴がみられる「捻れ爪形紋」を有しており、蛇王洞Ⅱ式・大新町c式と白浜式とは交差関係を示していると考えられる。捻れ爪形紋は大新町b式からの文様要素[19]であり、胴部下半の縄紋も同じである。

　一方、大新町b式と直結するモチーフは根井沼式にもみられる。館平遺跡例や田向遺跡例には胴部下半が貝殻条痕紋で調整するものがあり、小船渡平・白浜式の調整流儀とも共通する。とすれば、白浜式・小船渡平式→館平・中野平・田向遺跡例→根井沼式の変遷も考えられる［第20図］。根井沼（1）遺跡の層位的傾向とともに型式的変遷が検証できれば、小船渡平・白浜式→根井沼式→寺の沢式の変遷は説得性をもつであろう。また小船渡平・白浜式や蛇王洞Ⅱ式はすべて平縁に対し、根井沼式や寺の沢式には突起状口縁や片口注口のような口縁部形態があり、新しい要素といえよう。しかし小船渡平式・白浜式と根井沼式の間には、なお型式学的な隔たりがあるようにみえる。貝殻・沈線紋出現期の変遷については、その問題点の指摘に留め、資料の増加を俟って今後の課題としておきたい。

おわりに

　日計式押型紋は列島に拡がる押型紋土器からみれば、単位文様や押型紋施紋後に平行沈線紋を上書する文様構成は独自性をもっている。同様に、九州島南部の手向山式押型紋もかなり独特な文様や器形を有している。しかし西日本の穂谷・相木式とも共通する要素をもっている。日計式押型紋も中部の細久保2式に受容され、西へ影響を与えている。繊維を含む特徴は高山寺式にもみられる。地域の独自性だけを強調するのではなく、同時代における地域間の普遍性にも目を向けなければならない。日計式押型紋を生み出した前段の土器文化の実体や日計式押型紋の細分も明示できるまでには至っていない。不十分な点もあるが如上の論旨を要約し、おわりに替えたい。

おわりに

1. 日計式押型紋は重層山形紋と重層菱形紋を単位文様とし、原体は太く（約1cm）両端は加工しない。横方向に施紋したのち口縁部と胴部に平行沈線紋を廻らす。伴う縄紋土器にも平行沈線紋を施す。同一原体による羽状縄紋が特徴である。胎土には繊維を含む。

2. 日計式押型紋の分布は東北を中心に越後・関東に及び、150遺跡を超える。北限は北海道島渡島半島（川汲遺跡）から、南限は利根川流域の下総台地（今郡チカ内遺跡ほか）・荒川流域の大宮台地（稲荷原遺跡）である。

3. 東北の日計式押型紋文化は、関東の三戸式沈線紋文化に対比される。両者には文様構成やモチーフの共通点（三戸1式）、文様の互換性やキメラ土器（三戸2・3式）が存在する。また中部押型紋文化との併行関係が認められ、細久保2式の異形押型紋（綾杉・重郭紋）は日計式押型紋から変容したものであろう。

4. 日計式の細別は三戸式や樋沢・細久保式の細別にほぼ対応し、三段階（古・中・新）に弁別できる。日計式（古）—三戸1式—樋沢3式、日計式（中）—三戸　2式—細久保1式、日計式（新）—三戸3式—細久保2式、三段階の交差は「鉄のトライアングル」となっている。

5. 日計式押型紋は東北独自で生成したのではない。おそらく同時期に広く展開した彫刻棒による回転施紋の共通の施紋流儀から生まれたと考えられる。その有力な候補は南東北にも拡がる卯ノ木式押型紋であろう。

6. 沈線紋土器は三戸式を祖源とし、三戸1式（夏井川ライン）、三戸2式（北上川ライン）、三戸3式（海峡ライン）と日計式押型紋文化圏へ北進し、やがて日計式押型紋は終焉を迎える。その逆の東北沈線紋起源説は、やや無理があろう。

7. 日計式押型紋の終焉後、貝殻腹縁紋を多用した東北独自の貝殻・沈線紋土器が花開く。その変遷については成案を得られるまでには至っていないが、小船渡平・白浜式が古く、根井沼式・寺の沢式が新しいとみられる。

　東北の日計式押型紋土器は、列島に拡がる他の押型紋土器同様、縄紋土器装飾史上の大きな画期となる回転施紋から描線手法への過度期に出現している。彫刻原体を用いる装飾法は、縄紋社会のモノの流通や情報の伝達を契機として列島各地に拡がり、東北にも日計式押型紋が出現する背景となった。回転施紋から描線手法による沈線紋土器出現は、単一な平縁尖底土器から波状口縁や器形の変化へと、縄紋土器の多様な文様や器形を生み出す第一歩となる。その前夜の胎動が列島各地の押型紋文化であり、東北の日計式押型紋もその一員である。そして広域に拡がった押型紋文化は早期縄紋社会の新しい幕開けでもあった。

［註］
　1）その二年後の1958年芹沢編年表では白浜式の前に、熊ノ平式を位置づける〔芹沢1958〕。熊ノ平式は大平式の誤認であると江坂は指摘している〔江坂1959a〕。1960年芹沢編年では白浜式の前は大平式と訂正されている〔芹沢1960〕。
　2）おそらく唐貝地貝塚報告の未刊行、下北考古学事情と関連していると考えられる。また、江坂はわざわざ「佐藤達夫が同村（六ヶ所村）中心に所在する縄文の施紋された尖底土器の貝塚を発掘されてお

29

り」と記し、その成果を注視していることが窺える〔江坂1956a〕。

3）この「資料紹介」は僅か九片の早期土器の短報であったが、丹念な土器の観察から導き出された編年的位置づけと考察は佐藤型式学の真髄を表している。

4）芹沢・林1965報告では「蛇王洞Ⅱ式」と称したが、1967年報告では「蛇王洞式」とする。多くは初出型式名で呼ばれている。

5）東北の研究者は、南北二系統論の影響であろうか、漠然と貝殻・沈線紋土器を「北からの流れ」と捉える傾向にある。

6）唐貝地下層c類は格子目沈線が重畳しており、施紋帯は広いようにみえる。それに比して蛇王洞Ⅱ式の施紋帯は狭い。

7）熊谷は福島県松平A遺跡や岩手県上台Ⅰ遺跡の平底の無紋土器をこの時期に充てている〔熊谷2013〕。

8）格子目状を呈する部分は、重層山形紋が重複して押捺されている可能性も考えられる。

9）胴部下半の太沈線による調整痕は、田戸下層1式の古い段階に顕著になる。

10）竹之内遺跡に伴う異方向施紋の土器は樋沢3式に対比できよう。

11）撚糸紋土器や日計式土器が出土した山形県二夕俣A遺跡から数段の平行線紋による横帯区画をもつ沈線紋土器が出土している（ST2）。三戸1式に対比する可能性もある。

12）小暮が提示した交差関係は、著者の「三戸3式─日計式（新）─卯ノ木2式（細久保2式）」に対比でき、日計式押型紋の下限を示す。上限は「三戸1式─日計式（古）─樋沢3式の交差関係であり、日計式押型紋の成立と展開は、三戸式の三段階、中部押型紋の三段階（樋沢3式〜細久保1式・2式）の範疇に収まるものと考えられる。

13）繊維の有無や胎土・器厚の違いも基準になるかもしれない。

14）かつて古段階・新段階に二分し四細別〔岡本1997〕したが、日計式の単独段階（古）、大新町a式段階（中）、大新町b式段階（新）の三細分とする。

15）新段階は第9図に示した三戸3式と互換性をもつ獅子内遺跡例、南諏訪原遺跡例、大新町遺跡例から日計式土器が存続していることが判明する。

16）日計式の羽状縄紋が同一原体か否かは重要な問題であり、こうした点から観察・記載された報告書は少ない。

17）林は小船渡平式と白浜式の関係について蛇王洞Ⅱ式の存在を考慮すれば、小船渡平式がより古い様相を示すものと考えている〔林1965〕。その註で、佐藤達夫の教示によると示す。

18）これらの沈線紋は、白浜・小船渡平や根井沼式にものものであろう。

19）捲れ爪形紋は三戸3式には少ないが、千葉県鶴塚遺跡例は捲れ爪形紋と貝殻腹縁紋で構成される〔鷹野1974〕。

第2章　関東の押型紋土器
── 異系統としての押型紋土器 ──

はじめに

「隗よりはじめよ」との諺通り、押型紋土器の起源を考える前に、その編年的基準となるべき、撚糸紋土器の編年のガイドラインを提示しておこう。撚糸紋土器文化圏の窓から見える、押型紋土器の原風景はどのように映るのであろうか。関東地方の押型紋土器は、撚糸紋土器・沈線紋土器段階において常に客体的であり、異系統としての型式として存在する。

撚糸紋土器がはじめて確認されたのは、東京都稲荷台遺跡である。その究明は、白崎高保・芹沢長介・江坂輝彌ら次代を背負う考古ボーイらの活躍によって進められる。1939（昭和14）年の稲荷台遺跡の発掘調査によって、撚糸紋土器が山形押型紋と共伴することやローム層に一部食い込んで発見される事実が判明した。この事実をもとに撚糸紋土器が最古の縄紋土器として位置づけられることになる。すなわち、古式縄紋土器としての押型紋土器が撚糸紋土器の古さを証明したのである。そして、いよいよ撚糸紋土器を軸とする新たな縄紋土器の起源論の幕開けだ。

稲荷台遺跡の発掘を当初、主導したのは山内清男であったが、なぜか、その後の起源論は「戦時下の考古学」を組織した日本古代文化学会会長後藤守一によって推進されることになる。更に考古ボーイたちの手によって大原遺跡・新井遺跡・井草遺跡など精力的に撚糸紋土器の探求がなされ、「古代文化」誌上に華々しく報告されることになる〔吉田1941、江坂1942、矢島1942〕。稲荷台遺跡の報告にあたっては、後藤を中心に周到な事前協議がなされる〔矢島1942〕。その内容は稲荷台式→栗原式→石神井式→赤塚式とする撚糸紋土器の編年と、共伴関係をもとに山形紋（稲荷台式）→格子目紋（栗原式・石神井式）→楕円紋（石神井式・赤塚式）の押型紋土器の変遷に基づく日本最古の「稲荷臺文化」の構想であった〔白崎1941〕。この大本営（日本古代文化学会）発表による「稲荷臺文化」は、その後の江坂輝弥の回転押捺紋土器論や南北二系統論によってプロパガンダされていくのである〔江坂1942・44〕。

日本古代文化学会が「稲荷臺文化」の解明にこだわった理由は、縄紋文化の起源論が「八紘一宇」をいただく我が皇国史の淵源を闡明にする重要な考古学的使命を負っていたからに他ならない。こうして純粋無垢な考古ボーイは愛国少年として動員されていったのである。戦時下の状況と言ってしまえばそれまでであるが、こうした体質が戦後の考古学を規定することになる。その経緯については詳しく述べたことがある〔岡本1998〕。

しかし敗戦とともに、日本文化の淵源を「稲荷臺文化」に求めた皇国史観的起源論は脆くも破綻するのである。

第2章　関東の押型紋土器

1　撚糸紋土器と押型紋土器

まず撚糸紋土器と押型紋土器の型式学的検討を行う前に、両者に共通する施紋流儀ともいうべき回転施紋について考えてみたい。縄紋土器の装飾の原点は、縄を回転させることから始まった。縄紋原体を彫刻棒原体に持ち替えたのが押型紋土器であり、縄紋時代早期に広く列島に隆盛することになる。やがて縄紋人は描線手法を獲得し、押型紋による装飾は廃れるが、回転縄紋は縄紋時代全時期を通じて装飾紋として用いられる。これが総体として「縄紋土器」と呼ばれる由縁である。

回転原体　　原体を回転して施紋する方法は、縄紋原体による縄紋土器と彫刻原体による押型紋土器に大きく大別できる。中には魚骨の背骨、植物の茎や穂先などを回転したものも知られているが、これらは稀である。縄紋原体には撚った縄をそのまま回転させたものと、軸に縄を巻付けた絡条体を回転したものに分かれる。後者には自縄自巻にしたものもある。彫刻原体には軸の円周にそって刻まれた横刻原体と、軸にそって刻まれた縦刻原体に分かれる。関西地方の大川式、中部地方の立野式は縦刻原体、中部地方の樋沢式・細久保式は横刻原体、東北地方の日計式は縦刻原体が特徴的である。

土器の器面を飾る表出法は、浮紋・沈紋・彩紋の三種に大別できるが、凹凸の回転軌跡で表出された回転紋が、浮紋の系譜なのか、沈紋の系譜なのか俄に決し得ない。ネガティヴ押型紋、ポジティヴ押型紋と呼ぶが、ネガとポジの関係が実は原体なのか施紋なのかよく判らない。突き詰めればトントロジーに陥るであろう。草創期の爪形紋や押圧縄紋から回転施紋が生成されたとするならば、その表出法は沈紋の系譜にあるといえよう。このことは早期に至り、沈線紋が創出される背景を考える上で重要な視点であると考えられる。

縄紋施紋の土器は、その撚り方によって多様な縄目を作り出していることが知られている。縄紋が「装飾」として生まれたのか、「文様」として意識されていたのか、はたまた土器製作上の器面調整の技法として施紋されたのか。まずはこの問題について考えてみよう。山内清男は草創期前半の「古文様帯」を除いて、文様が出現するのは早期からであると述べている〔山内1964〕。すなわち回転施紋の縄紋土器や押型紋土器には文様がなく、「Ⅰ文様帯」の生成する沈線紋土器に文様が成立し、その後、多様な文様の系統的変遷と展開が認められる。この「文様帯系統論」こそが山内型式学の核心でもある。表裏縄紋土器や撚糸紋土器・押型紋土器は底部まで全面施紋され、裏面や口縁部にも施される。このことは回転施紋が器面調整の仕上げの工具として創出されたことを物語っている。ちょうど、そば打ちの麺棒としての役目をもつとともに、結果として凹凸の回転軌跡が装飾性を有することになる。

回転施紋は一度に装飾できる範囲が原体の長さや器面の円弧に規制されるため、多くの装飾の変化は望めない。そこで、装飾法に二つの側面から工夫がなされていく。一つは原体自身の変化すなわち縄の撚り方による装飾の変化である。その延長線に、押型紋の彫刻原体も創出されたのであろう。もう一つが回転方向の変化すなわち口縁部に併行に施紋する横位施紋、直交に施紋す

32

る縦位施紋といった施紋方位による装飾の変化である。いずれにしても、道路を走る自動車のように定められた軌道を回転する施紋法では、装飾の表出法に限界があり、文様の創設には至らなかったと考えられる。

撚糸紋土器の編年　同じ回転施紋をもつ撚糸紋土器と押型紋土器の編年的関係については、古くして新しい課題でもある。戦前の東京都稲荷台遺跡の発掘による撚糸紋土器の最古性を保証したのは出土層位と押型紋土器の共伴であった。最古としてのプライオリティは押型紋土器にあった。

戦後の撚糸紋土器の研究は、「縄紋土器の底」を打ち抜いて新領域（無土器文化）の存在と、花輪台貝塚・夏島貝塚・大丸遺跡・平坂貝塚の層位的発掘の成果をもとに、撚糸紋土器の新たな秩序が提示されることになる〔芹沢 1954〕。それが芹沢編年[1]である［第3表］。芹沢は層位的検証から押型紋土器の出現を撚糸紋土器以降の平坂式に求め、沈線紋土器（三戸式・田戸下層式）に併行するものとして位置づけた。押型紋土器は山形紋・格子目紋（平坂式）→山形紋・格子目紋・楕円紋（三戸式）→山形紋・楕円紋（田戸下層式）の順に変遷する新たな押型紋土器出現期の定点を示したのである。これが戦後の押型紋土器研究における編年的枠組みとなってきた。

その後、稲荷台式に続く型式として稲荷原式が、花輪台式に併行する型式として大浦山式が加えられた。また撚糸紋文化終末期には、木の根式・金堀式、東山式など「地域性の強い小型式群」が分立し、崩壊期の複雑なカオス的様相を示している。稲荷台式以降の終末期の状況については、前後の型式との共伴・併行関係が議論され、今日、必ずしも一致した見解が提示されているわけでもない[2]。しかし大局的には、井草式→大丸式→夏島式→稲荷台式→稲荷原式・花輪台式・大浦山式の型式学的変遷は多くの人の認めるところであろう。更に五細別編年は古・新に細分され、議論が展開している。

稲荷台式と押型紋　稲荷台遺跡で確認された稲荷台式と押型紋との共伴関係については、戦後の芹沢編年で白紙に戻されることになった［第21図］。芹沢は「資料は殆んど表面採集の零細なものであったし、私の見るところでは確実なデータをひとつも持っていない」とし、「南関東の撚糸文遺跡から捺型文土器が発掘された唯一の例として稲荷台遺跡があるだけである。これさえも、撚糸文土器（稲荷台式）と共に無文土器（花輪台II式も含む）が発掘されているのであるから、果たして何れに伴ったか確言できない」と戦前の押型紋との共伴関係を精算したのである〔芹沢 1954〕。しかし芹沢編年以降、半世紀を過ぎた現在、撚糸紋土器と押型紋土器が共存する事例は確かに増加しつつある。また今日、近畿地方の大川式・神宮寺式や東北地方の日計式など多様な

第3表　芹沢編年（芹沢による訂正に注意）〔芹沢 1954〕

関西	中　部	関　　東	東北
(＋)	(＋)	茅　　山 ↑ 口	(＋)
(＋)	大根平 ↑	子 ↑ 母戸	(＋)
(＋)	細久保・ひじ山・桝上沢層	田戸 II ↑ 戸	(＋)
(＋)	(立野)?	田戸 I ↑ 戸	(＋)
?	下り林 樋下沢層	田戸三	
	普門寺 ?	平坂・花輪台 II	
		大浦山・花輪台 I	?
		稲　荷　台 ↑	
		夏　　島 ↑	
		大丸・井草 ?	

第2章　関東の押型紋土器

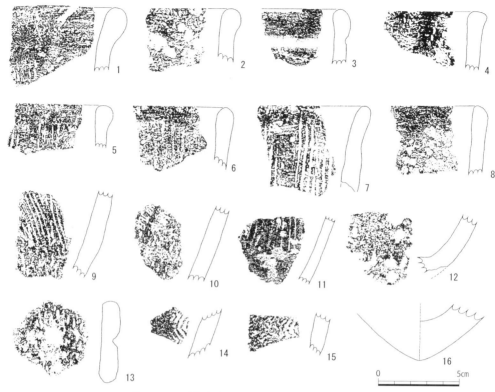

第21図　稲荷台遺跡出土の撚糸紋・押型紋土器

　押型紋土器が発見されことによって、また中部地方の立野式の位置づけをめぐって、撚糸紋土器との関係が再度問われることになる。

　しかし、地域性を有する撚糸紋土器と押型紋土器の編年的位置や相互の関係については現在のところ一致した見解は得られていない。端的に言えば、撚糸紋土器が古いのか、押型紋土器が古いのかということである。中部地方の立野式を古くすれば、近畿地方に押型紋土器の出自を求めなければならない。樋沢式を古くすれば、関東地方の撚糸紋土器より古くならない。痛し痒しである。最古性を保証できなければ、中部地方の押型紋土器の独自性は失われるとでもいうのであろうか。地域主義といったら聞こえが良いが、郷土愛とかアイデンティティといった願望論では解決できない。おそらく ^{14}C 年代の羅列によっても両者の編年的関係を解き明かすことはできないであろう。層位的検証が充分でない現状においては、個々の型式学的な検討を積み上げていくしかないのである。

　共伴事例が常に同時期性を示すとは限らない。そのことは学史を繙いてもても、発掘の経験則からも明らかである。芹沢長介は夏島貝塚の報告の中で、戦前の稲荷台遺跡の共伴関係を清算し、「井草式・夏島式・稲荷台式・花輪台式土器は、本来の状態にあっては捺型文土器を共伴しないと考えるのが妥当なのである」と述べた。そして「捺型文土器は現在までの確実な所見にてらして、無文土器群から沈線文土器群にかけて伴存したといえるであろう」と結論づけたので

ある。さらに「捺型文土器が平坂式土器以前にまでさかのぼって伴出するか否か、もし伴出するとすればその文様は何かという問題は、今後さらに資料の増加をまたなければ解明することができないであろう」と提起した〔杉原・芹沢1957〕。

すでに夏島貝塚の発掘から半世紀を過ぎているものの、層位的事例は依然として夏島貝塚と平坂貝塚のみである。稲荷台式土器とともに出土した押型紋土器の事例は、神奈川県東方第7遺跡・寺谷戸遺跡、東京都多摩ニュータウンNo.205遺跡・はけうえ遺跡、埼玉県大原遺跡、福島県竹之内遺跡など、その事例は増加しつつある。多くの押型紋は山形紋が主体で、若干、格子目紋が伴っている。しかし、確かに共伴した根拠はない。多摩ニュータウンNo.205遺跡例をみると、稲荷台式とともに、撚糸紋土器の口縁部形態をもつ縦位の山形押型紋や樋沢式の帯状山形紋、従来の撚糸紋にはあまりみられない縄紋施紋の土器も出る。これらが共伴とすれば、樋沢式は稲荷台式から平坂式まで間、継続して共伴することになる。依然として状況証拠か解釈論の域を脱し得ないが、戦後いったん否定された稲荷台式と押型紋土器の共伴関係について再検討してみたい[3]。

2　撚糸紋土器のなかの押型紋土器

関東における押型紋の出現は、戦後長らく撚糸紋終末期の「平坂式」に求めてきた。しかし近年の撚糸紋土器との伴出事例を踏まえ、その出現期を「稲荷台式」に定点を据え、改めて再編成してみたい〔岡本1987・2010・2015b〕。撚糸紋と押型紋の共存事例の中で、共伴関係を示す条件についてはすでに提示している〔岡本2015b〕。一つが撚糸紋土器の口縁部形態と胎土が共通すること。二つが撚糸紋と押型紋を施紋した併用紋土器の存在である。

撚糸紋文化に伴う押型紋土器は、原田昌幸が「撚糸紋土器ナイズされた押型紋土器」と称したように、特殊化した押型紋が多く認められる〔原田1987・1991〕。一つは撚糸紋土器の施紋規範に則して文様を施した押型紋であり、もう一つが中部押型紋にはないタイヤ痕のような独自の彫刻文様と原体をもっている点である。中部押型紋土器の波及により変容・在地化した押型紋には違いないが、本来の姿（型式）を追究することは甚だ難しい。このため一系統論者は立野式に、二系統論者は沢・樋沢1式に、その波及を求める〔神村1968・1969、大野・佐藤1989〕。この点については後述することとして、まずは撚糸紋土器のなかの押型紋をみてみよう。撚糸紋土器の型式に共伴したとみられる押型紋を原田の提唱により「○○型押型紋」と呼ぶことにする〔原田1991〕。「型」とは撚糸紋土器の形態的特徴と施紋流儀を有するという意味合いである。

稲荷台型押型紋　　稲荷台式に共存する事例は多く報告されるが、いずれも状況証拠にすぎない。稲荷台式の口縁部に押型紋を施紋した「稲荷台型押型紋」と呼ぶことのできるものは、多摩ニュータウンNo.205遺跡出土のものが唯一の例である［第22図］。口唇部に無紋帯を残し、縦方向に「通常の刻印」とは異なる「螺旋状原体」の施紋流儀をもった押型紋である。報告者は同一層位から出土した帯状施紋山形や縄紋施紋と共伴と見なしている〔原川1982a〕。稲荷台型押型

第2章 関東の押型紋土器

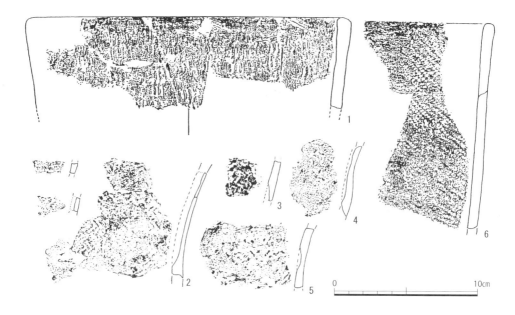

第22図 多摩ニュータウンNo.205遺跡出土の押型紋土器
1：縦位螺線状山形紋　2〜5：帯状山形紋　6：縄紋

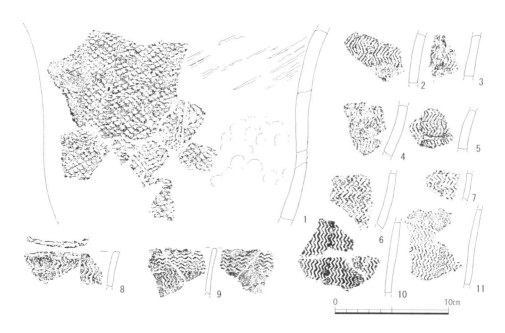

第23図 多摩ニュータウンNo.200遺跡出土の押型紋土器
1：格子目紋　2〜11：山形紋（2〜5：大振り山形紋　8・9：帯状紋）

紋」に伴った帯状施紋山形紋や縄紋施紋は明らかに「樋沢式」に対比すべき資料である[4]。

一方、多摩ニュータウン No.200 遺跡の稲荷台式の住居跡（15号A）では格子目押型紋が共存している［第23図］。また、遺構外からは大振りの山形紋が出土している。これらの格子目紋や大振りの山形紋を、神村　透は立野式起源と考える[5]〔神村 2003a・2003b〕。しかし、帯状施紋の樋沢式も出土しており、一概に「立野式」の影響とみるわけにはいかない。

多摩ニュータウン No.205 遺跡例も No.200 遺跡例も厳密には稲荷台式と共伴事例とはいえない。しかし自己の見解に合わせ、一方の共伴例だけを取り上げ、他方の共伴例を否定することは正しい方法ではない。視点を変えれば両遺跡の共伴事例は、稲荷台式の時期に系統の異なる「樋沢式」と「立野式」が影響したとみなすこともできる。大局的には立野式も樋沢式も同時存在としての二系統論も成り立つのである。現在のところ、稲荷台式期を遡る押型紋は見あたらない。あるのは立野式を古くみる一系統論者の願望のみである。

稲荷原型押型紋　東京都二宮神社境内遺跡の稲荷原式撚糸紋と同じ流儀をもつ「稲荷原型押型紋」が出土する［第24図］。稲荷原型押型紋は山形紋とやや変則的な平行線紋の二種がある。肥厚した口縁部直下が括れ、凹線状の沈線によって無紋帯をもち以下、幅広の山形紋を縦位に施紋するものである。同じように口縁部の無紋帯を沈線で区画し以下、節の太い撚糸紋を縦位に施紋する撚糸紋土器が出土する。おそらく稲荷原式の仲間である。撚糸紋・押型紋・無紋とも施紋方位・器面調整・胎土・色調・口縁部形態が共通し、ともに2号住居跡から出土している。この

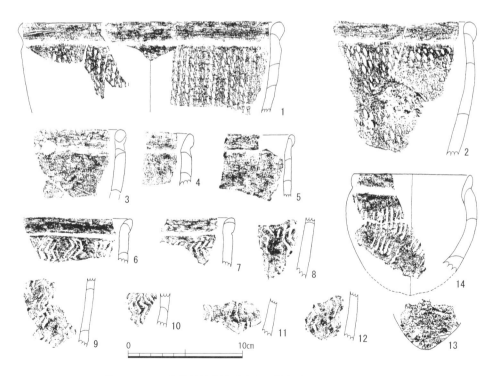

第24図　二宮神社境内遺跡出土の撚糸紋土器と押型紋土器

第2章　関東の押型紋土器

時期の撚糸紋人が縄紋原体を彫刻原体に持ち替えて、撚糸紋土器に転写したことを物語る資料であろう。

　なお、群馬県八木沢清水遺跡の撚糸紋期住居跡（稲荷台式・稲荷原式）の覆土中からは帯状施紋押型紋（Ⅰ群1～2類）は樋沢式である。確実に共伴とはいえないが、普門寺式よりは古い[6]。

花輪台型押型紋　撚糸紋終末期の花輪台式の時期には、「木の根式」・「金堀式」・「石神式」など呼ばれる独自の文様構成をもつ多様な撚糸紋が展開する。こうした多様性は縦の関係ではなく、撚糸紋文化の「型式」が崩壊する地域（集団）の動向を反映していると考えられる。終末期に伴う押型紋を、ここでは一括して「花輪台型押型紋」と呼んでおく。花輪台型押型紋は千葉県の撚糸紋期遺跡に多くみられ、東京都椚田遺跡・尾崎遺跡からも出土する［第25図24・25］。終末期に伴う押型紋土器は、撚糸紋土器の胎土や器形に押型紋が転写されている例である。もう一つが撚糸紋と押型紋を併用している例である。

　1970年代後半に東寺山石神遺跡から撚糸紋と押型紋の併用する土器が発見されて、再び撚糸紋土器と押型紋土器の関係が活発に議論される契機となった資料である［第25図1～5］。細かな撚糸紋と幅広い山形押型紋を縦位に施紋した土器である。器厚・胎土とも撚糸紋土器に近似している。口縁部でないため型式は不明であるが、その後の千葉県下の併用紋土器から判断すると撚糸紋終末期に位置しよう。併用された山形押型紋のほか矢羽根状押型紋もあり、類例は二ツ木向台貝塚・鹿渡遺跡にもある［第25図21・22、26～44］。鹿渡遺跡では矢羽根状押型紋と撚糸紋を併用した土器が出土している。

　撚糸紋と山形押型紋を縦位に併用する例は真井原遺跡［第25図8～11］にみられ、螺旋状山形紋の可能性が高い。口縁部形態の判明する併用土器は滝ノ口遺跡例がある［第30図A3・4］。6点の内1点が口縁部片であるが、同一個体である。口縁部に一条の撚糸側面圧痕を廻らせ無紋帯をつくり、以下撚糸紋と幅広の山形押型紋を縦位に施紋する。報告者は稲荷原新段階とするが、いずれにしても終末期のものである。和良比長作遺跡例は撚糸紋の口縁部形態をもち、絡条体条痕（?）で区画し、以下山形押型紋と三角繋押型紋を縦位に施紋した併用土器がある［第25図16・17］。

　小山遺跡からは「列点状押型紋」と撚糸紋の併用土器や山形押型紋と撚糸紋の併用紋土器が出土する。一例は花輪台式の羽状縄紋を「列点押型紋」に置き換えた土器である［第25図18］。もう一つは口唇直下に幅狭の無紋部および列点状押型紋で鋸歯状の区画をつくり、以下撚糸紋を縦位に施紋している［第25図20］。絡状体圧痕紋や刺突紋で構成する金堀式に対比することができる。類例は生谷境遺跡にある。また、鹿渡遺跡例は撚糸紋土器の器形に、三角繋押型紋を縦位あるいは交差して施紋したものがあり、金堀式の絡条体圧痕紋の施紋構成に類似する。いずれも花輪台式には対比できる資料であろう。

　終末期の撚糸紋が多様であると同時に、伴う押型紋も特殊で多様な文様をもっている。撚糸紋との併用紋・矢羽根状紋・変形山形紋・列点状紋などである。施紋流儀は縦方向で、矢羽根＋山形、山形＋撚糸、山形＋三角などの異種原体併用紋が多い。原体は十分に解明できていないが、原田昌幸が指摘したようにトラクターの車輪のようなものかもしれない〔原田1991〕。撚糸紋と

2 撚糸紋土器のなかの押型紋土器

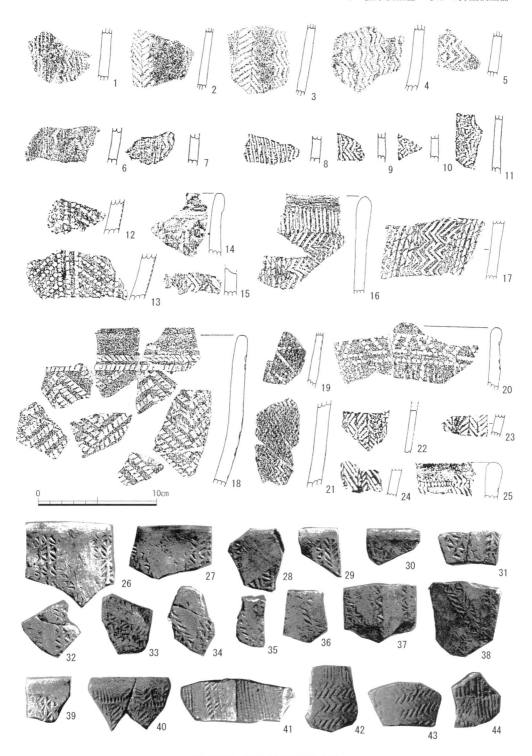

第25図　花輪台型押型紋土器

1〜5：石神遺跡　6・7：小間子遺跡　8〜11：真井原遺跡　12〜15：久我台遺跡　16・17：和良比長作 No.2 遺跡
18〜21：小山遺跡　22・23：二ッ木向台遺跡　24：椚田遺跡　25：尾崎遺跡　26〜44：鹿渡遺跡

第2章　関東の押型紋土器

押型紋の文様構成の類似性については、すでに図示したことあるが、撚糸紋の器形と施紋流儀に
則した「撚糸紋ナイズ」の押型紋であるのは明らかである〔岡本2010〕。

平坂型押型紋　　平坂貝塚出土の押型紋は帯状構成をもつものとして、沢・樋沢式に対比すべき
関東初出の押型紋として認識されてきた〔芹沢1954、大野・佐藤1967〕。著者も長らく平坂式を基
準として、編年を組み立ててきた〔岡本1992〕。

　撚糸紋土器終末期には無紋土器が増加する。押型紋と共伴する平坂式もその一つである［第26
図］。平坂式を撚糸紋土器の範疇として理解するか〔原田1991〕、沈線紋土器の仲間として位置づ
けるのか〔宮崎・金子1995〕という議論は、大別区分にも関わる重要な問題を含んでいる。また
芹沢編年のように、撚糸紋土器群と沈線紋土器群をつなぐ無紋土器群として平坂式を捉える考え
も成り立つ。

　同時に花輪台2式、東山式、大浦山Ⅱ式、平坂式と呼ばれる無紋土器群が一型式として認定で
きるかは、なお型式学的には問題があろう。終末期に無紋土器が増加することは認められたとし
ても、それぞれの有紋土器（撚糸紋）に伴う無紋土器という理解もできよう。私の立場はこうし
た考えである[7]。また平坂式自身の無紋土器の位置づけをめぐっても、同じく擦痕をもつ天矢場
式〔中村2003〕との関係や無紋土器の諸型式との対比検討が必要であろう。

　平坂貝塚出土の押型紋土器を再検討した守屋豊人は、縦方向帯状施紋の山形紋をA類、原体
両端に平行線を刻む山形紋や格子目紋をB類に二分した。前者を夏島式・稲荷台式に伴うもの、
後者は三戸1式（竹之内式）の沈線紋土器の文様構成に類似することから平坂式に伴うものと考
えた〔守屋1995〕。確かに三戸1式（竹之内式）の破片も出土している。この分離案については批
判〔宮崎・金子1995〕もあり、A類とB類を分離する根拠はない[8]。

　しかし改めて検討してみると、B類は守屋のいうように横帯の「特殊な押型紋」が特徴的であ
り、B類の格子目紋や山形紋の上・下には、数条の平行線紋が施され、帯状に横方向に施紋して
いる［第26図1〜18］。樋沢式由来の帯状施紋押型紋であることには違いないが、樋沢式のなかに
は原体の上・下に平行線紋を施す例はない。平坂型押型紋は口唇および口縁部裏面にも同一原体
で横方向一帯を巡らす。格子目紋は大浦山Ⅱ式に近似した「軽しょう」な胎土とされている〔野
内2010a〕。上・下に平行線紋をもつものを「平坂型押型紋」と呼んでおこう。また格子目紋の多
くは貝層直下から出土しており、一点であるが三戸1式が貝層下の出土とされている。事実とす
れば、「貝層中」とされる平坂式（無紋土器）との関係も問題になろう。

　同じように上・下に平行線紋を有する押型紋の類例は、千葉県沖ノ島海底遺跡から帯状施紋押
型紋と共に出土している［第26図26〜33］。中には平行線紋だけで構成されるものもある〔千葉大
学文学部考古学研究室2006〕。類例は千葉県城ノ台北貝塚、神奈川県内原遺跡にもあり、大浦山Ⅱ
式・平坂式・三戸1式なども出土している［第26図19〜25］〔野内1982〕。平坂貝塚・沖ノ島海底
遺跡・内原遺跡は、ほぼ同一時期のものであろう。ここでは三戸1式に伴う普門寺式の直前、や
や古く位置づけておこう。山内は押型紋同様、無紋の平坂式を稀縄紋土器群として、草創期の撚
糸紋土器群とは切り離し、早期初頭に位置づける〔山内1969〕。

40

2 撚糸紋土器のなかの押型紋土器

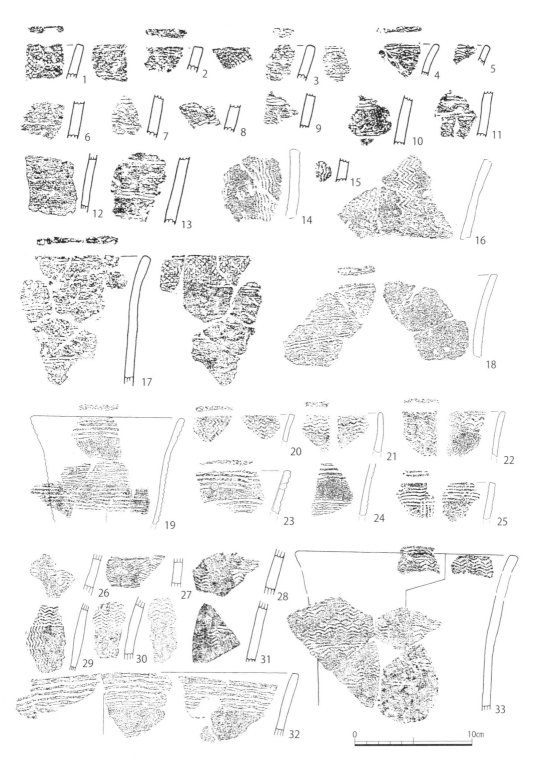

第26図　平坂型押型紋土器
1〜18：平坂貝塚　19〜25：内原遺跡　26〜33：沖ノ島遺跡

41

第2章　関東の押型紋土器

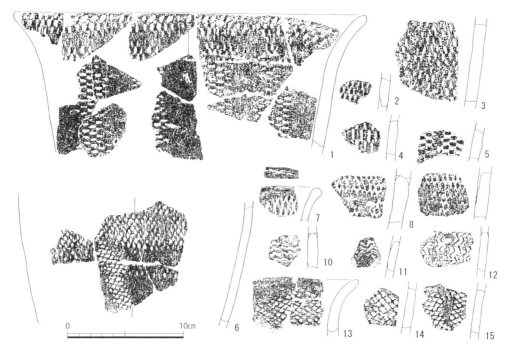

第27図　楡木Ⅱ遺跡出土の押型紋土器

ネガティヴ押型紋　撚糸紋土器の伴う押型紋は変容しているが、中部押型紋土器の波及により出現したものであろう。確認できる多くは異方向帯状施紋をもつ樋沢式であるが、例外として楡木Ⅱ遺跡からは立野系のネガティヴ紋を主体とした押型紋が出土している〔第27図〕。楡木Ⅱ遺跡は撚糸紋の稲荷台式期の北関東の集落遺跡である。これら無紋土器、押型紋やそれに伴う縄紋土器などが共存しているが、沈線紋土器はほとんど出土（2点）していないことも注目される〔群馬県埋蔵文化財事業団2000〕。

問題の押型紋は6・7号住居跡から出土したもので、切り合い関係からその下の14号住居跡より新しい。14号住居跡からは稲荷台（新）式や表裏縄紋、押型紋が出土している。宮崎・金子は出土した撚糸紋を三時期（稲荷台古式・稲荷台新式・稲荷原式）に分け、状況証拠からネガティヴ押型紋を3期の稲荷原式期に充てる〔宮崎・金子2010〕。帯状施紋は樋沢式の施紋流儀と見なすこともできるが、立野式の格子目紋の中には胴部を縦方向に摩り消す鳥林遺跡例・栃原岩陰遺跡例があり、これらに関連があるかもしれない。出土した押型紋は市松紋・格子目紋・山形紋・楕円紋・平行線紋などがある。立野式特有の縦刻原体による楕円紋があり、全体として立野式系の様相をもつ。ネガティヴ紋であることや施紋構成をみても、大川2式や立野1式段階に対比すべき資料であろう。しかし、口唇部に刻みをもち、口縁部横方向・胴部縦方向の帯状に施紋する流儀は、立野式というより大川式に近い。自論の立野式の編年的位置からみて、楡木Ⅱ遺跡例はおそらく沈線紋土器に併行する時代の産であろう。なお、信州に隣接した北関東地域であり、立野1式との関係が見いだせるのであれば重要な資料となろう。今後の資料の増加を俟ちたい。

2 撚糸紋土器のなかの押型紋土器

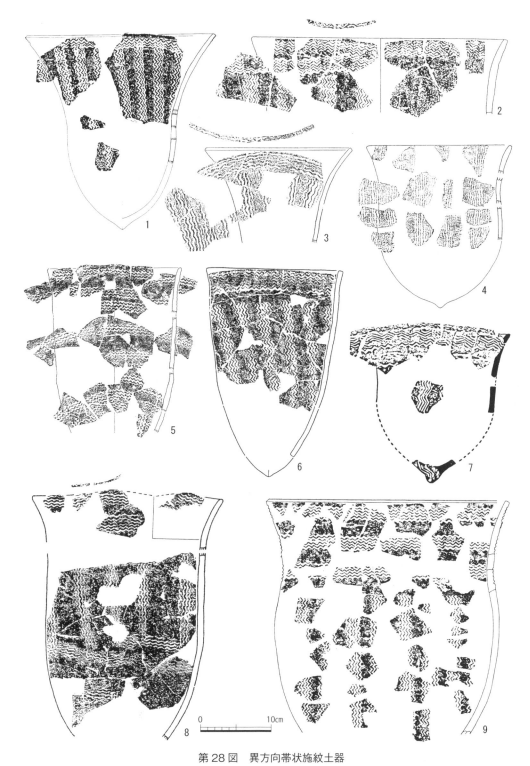

第28図　異方向帯状施紋土器
1：竹之内遺跡　2：東方第7遺跡　3：多摩ニュータウンNo.740遺跡　4：西原遺跡
5：葛原沢遺跡　6：西洞遺跡　7：仲大地遺跡　8：若宮遺跡　9：北宿西遺跡

第2章　関東の押型紋土器

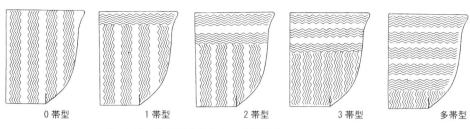

第29図　帯状異方向施紋の文様構成〔中島2004　改図〕

異方向帯状施紋　撚糸紋土器終末期から沈線紋出現期（三戸1式）の異方向帯状施紋は、おそらく樋沢式の影響によって出現したのであろう［第28図］。口縁部の横帯が0帯型（縦帯施紋のみ）、1帯型、2帯型、3帯型、多帯型のものに分類できる[9]［第29図］。縦帯施紋の0帯型は横浜市西原遺跡例［第28図4］にあり、撚糸紋土器（井草式〜平坂式）とともに出土している。沈線紋土器はほとんどなく、報告者は平坂式に伴う搬入品とする〔川瀬1986〕。1帯型は竹之内遺跡例［第28図1］・多摩ニュータウンNo.740遺跡例［第28図3］・静岡県西洞遺跡例［第28図6］にある。ほかに群馬県八木沢遺跡例では、山形紋のほか格子目紋の1帯型もある。竹之内遺跡例・八木沢遺跡例は異方向密接施紋が伴う。西洞遺跡例の1帯型は横帯に接せず、無紋部を残し縦帯施紋する[10]。帯状施紋の中でも新しい要素ともいえる。西洞遺跡例は太沈線紋と共伴する。2帯型は神奈川県東方第7遺跡例［第28図2］・山梨県仲大地遺跡例［第28図7］にある。静岡県若宮遺跡例［第28図8］も2帯型とみられるが、胴部の縦帯は下半で横帯で区画する。こうした文様構成は樋沢式の施紋流儀にはない。多帯型は静岡県葛原沢遺跡例［第28図5］にみられ、横帯が7帯、底部近くが縦帯となる。底部がないと横帯施紋のみと見間違える。

3　撚糸紋土器から沈線紋土器へ

　撚糸紋終末期には多様な撚糸紋土器群が出現するとともに、押型紋という回転施紋を取り入れる。同時に回転施紋から新たな沈線紋による描線手法を生み出していくのである。こうした胎動はまさに沈線紋土器出現前段階、撚糸紋文化の崩壊過程の様相を示している。ここに草創期と早期の画期を見いだすことができる。早期の沈線紋土器の出現は、縄紋人が制約された回転施紋から自らの意志で自由に文様を描けることのできる描線施紋を獲得した画期的な出来事であった。ちょうど赤ん坊が幼児になるにつれて色鉛筆やクレヨンを持ち、絵を描いたりや文字を書いたりする成長過程に匹敵する。それは世界の先史土器に類をみない原始美術の域に達した縄紋土器の文様史上、大きな転機となった。描線手法の獲得は渦巻紋や曲線紋を生み出し、その描かれた文様から縄紋人の意思や社会を読み解く多くの手がかりを与えてくれる〔岡本2001〕。

回転から描線へ　まず、沈線紋生成の過程を千葉県木ノ根遺跡から出土した撚糸紋土器から検証してみよう。木の根遺跡では既存の井草式、夏島式、稲荷台式、花輪台式に加え、稲荷台式以降、花輪台式に至る間に沈線紋を伴う「木の根式」と呼ばれる独自の撚糸紋土器が展開する。ま

3 撚糸紋土器から沈線紋土器へ

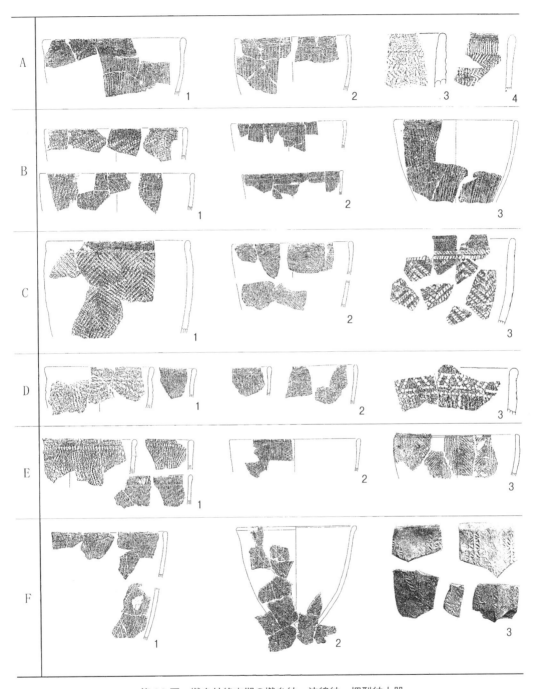

第30図　撚糸紋終末期の撚糸紋・沈線紋・押型紋土器
A〜F-1・2、B-3：木の根遺跡　A-3：滝ノ口遺跡　A-4：和良比長作遺跡
C-3・D-3：小山遺跡　E-3：向境遺跡　F-3：鹿渡遺跡

第2章　関東の押型紋土器

た、押型紋土器は一点も出土していないが、前述の千葉県内出土の押型紋土器を参照にしなが
ら、木の根遺跡の終末期撚糸紋・沈線紋・押型紋の三者の関係を論じてみたい［第30図］。

　木の根遺跡のY型とされる撚糸紋は、口縁部に幅広の無紋帯をもつ。稲荷台式（3a類）にお
ける縄紋と撚糸紋の比率（3：7）は、逆転し撚糸紋施紋が優勢（7：3）となる。Y型をはじめと
する「木の根式」は、稲荷台式に後続する一群の土器である。施紋方向は縦位が主流であるが、
縦位＋斜位、斜位を交差させ格子状に施紋するもの、大浦山式のように横位に施紋するものもあ
る。A-1は撚糸紋を縦位に施紋したものである。その条の軌跡を沈線紋に置き換えるとA-2の
土器になる。A-3・4（滝ノ口遺跡例・和良比長作遺跡例）の押型紋や併用紋も口縁部に無紋帯をも
ち、縦位に施紋する撚糸紋の規範を踏襲している。

　J型とされる縄紋施紋も口縁部に無紋帯をもち、Y型と同一形態の土器である。施紋方位も、
横位・縦位・斜位と多様である。B-1の縄紋施紋の土器ほか、B-3にみられる上半に縄紋、下半
に沈線を併用した縄紋＋沈線の土器がある。これは私たちが縄紋施紋の土器を実測するとき、縄
紋の撚りと施紋方向の単位を一部だけを表記し、あとは条の方向を線で表すやり方に似ている。
施紋の足りない部分の縄紋の条を沈線で表現しているのである。縄紋の軌跡をすべて沈線で表し
たものがB-2の沈線紋土器である。

　C-1は羽状縄紋をもつ花輪台式である。この羽状縄紋の条の軌跡を表現したものがC-2の矢羽
根状の沈線紋土器である。C-3（小山遺跡例）の押型紋も花輪台式の羽状縄紋の条の軌跡を忠実に
踏襲している。D-1は口縁部に無紋帯をもち二条の撚糸圧痕で区画し、その下に二条の圧痕を三
角紋に廻らせ、以下縄紋を施している。同じ施紋構成をとるものがD-2の沈線紋土器で、口縁
部に二条の沈線紋、その下に二条の三角紋と縦位の沈線紋を施す。D-3（小山遺跡例）の押型紋と
撚糸紋の併用土器である。いずれも施紋構成は一致している。

　E-1は口縁部に縄紋圧痕や絡条体圧痕を廻らせ無紋帯をつくり、以下縄紋や絡条体圧痕・絡条
体条痕で縦位や斜位の施紋構成をとるものである。花輪台式、絡条体圧痕紋を多用する金堀式に
みられるものである。E-3（向境遺跡例）は縦位の撚糸紋と羽状縄紋を併用する土器で、花輪台式
の一種である。こうした併用土器を縦沈線紋と格子紋区画で表したものが、E-3である。沈線紋
土器誕生の直前の撚糸紋土器であろう。

　F-1は撚糸紋を斜位に交差させ、格子目文の施紋構成をもっている。F-2は沈線紋で施紋構成
や回転の軌跡を格子目文で表したものである。F-3（鹿渡遺跡例）の押型紋は縦位の間を斜位に交
差させる施紋構成をとる。絡条体圧痕紋を多用する金堀式にも同じ施紋構成をもつものがある。

　こうした撚糸紋・押型紋・沈線紋の関係は原体は異なるが、いずれも撚糸紋土器の器形をもっ
ている。また、装飾は撚糸紋の施紋方位と回転軌跡を踏襲し、その規範は逸脱していない。すな
わち撚糸紋の作法（土器づくり）と流儀（装飾手法）が守られている。言い換えるならば　撚糸紋
のキャンバス地に、撚糸紋の筆、押型紋の筆、沈線紋の筆を用いて描いている。異なる筆で描き
ながら、描き方は同じである。このことは関東の撚糸紋土器の中から、描線手法の沈線紋土器が
生成されること物語っている。

46

沈線紋の出自　木ノ根遺跡出土の撚糸紋終末期の多様な資料から、沈線紋土器の成立過程を推定してきた。しかし、越えなければならない大きな課題がある[11]。その一つが「撚糸紋土器の終焉をどのように捉えたか」という問題である。通説に従えば、最終末の広義の平坂式とされる無紋土器群を経て、沈線紋土器が出現するといわれている。撚糸紋の「手抜き」あるいは文様の「簡素化」の中で、次第と装飾がなくなり無紋化する現象は確かに大きな画期ともいえる。しかし、縄紋土器の文様変遷史上において装飾が喪失あるいは中断する現象は起こりうるのであろうか。

　撚糸紋を有する有紋土器に無紋土器が伴うのは事実である。稲荷台式以降有紋・無紋の分化が顕在化し、終末期には東山式、花輪台Ⅱ式、大浦山Ⅱ式、平坂式、天矢場式と呼ばれる多様な無紋土器が存在する。終末期に無紋土器の比率が増加する現象がみられることは確かであろう。しかし、無紋土器のみを抽出し、型式設定することは可能であろうか。パートナーとしての有紋土器があるはずである。平坂式や天矢場式の無紋土器は初期沈線紋土器（三戸1式）と共伴する例も認められる。

　一例を挙げれば、神奈川県内原遺跡では第20号住居跡の大浦山Ⅱ式の無紋土器からⅣa層の平坂式への無紋土器の変遷が認められたいう〔野内1982〕。内原遺跡の平坂式には三戸1式沈線紋や押型紋が伴っている。とするならば、大浦山Ⅰ式（有紋）→大浦山Ⅱ（無紋）→平坂貝塚の平坂式（無紋）→内原遺跡の平坂式（無紋）の三段階に無紋土器は細分されることになる。また花輪台貝塚の住居跡の切合いによって設定された花輪台Ⅰ式（有紋）花輪台→Ⅱ式（無紋）関係は、南関東の変遷とどのような対比が可能なのか。無紋土器の型式は増大する一方である。口縁に沈線をもつ東山式もそれぞれ型式としての有紋土器が伴うと考えられる。撚糸紋終末期の多様な有紋土器の型式学的理解だけでも大変なのに、無紋土器が独立した型式として存続したとすれば、その終末期はますます間延びした編年にならざるを得ない。単に足し算や引き算ではすまされない。

　もう一つの問題は、沈線紋の出自の問題である。古くは林　謙作による東北地方起源説、岡本勇による関東地方起源説の相異なる見解が提示された〔林1965、岡本・戸沢1965〕。以降、依然として沈線紋土器の出自を東北地方の貝殻・沈線紋土器に求めようとする見解は根強い〔原田1991〕。ならば、貝殻・沈線紋土器の型式編年を提示し、どの型式が撚糸紋終末期に影響を与えたのか、その関係を明確にしなければならない。押型紋との関係も然りである。戦前の「南北二系統論」の呪縛から未だに解放されていないようにみえる。

　木の根遺跡の資料を分析したように、東北地方の日計式押型紋や貝殻・沈線紋の変遷から、沈線紋の生成過程を提示することができるであろうか。それは難しいであろう。

4　沈線紋土器の細分と押型紋土器

　関東における沈線紋土器と押型紋土器の関係を論じる前に、沈線紋土器の出自や変遷の問題点について考えてみたい。沈線紋土器が何処で生成し、どのように終焉するのかという問題も必ずしも解決しているわけではない。1960年代には沈線紋土器の起源を東北に求めるのか、関東に

第2章　関東の押型紋土器

第4表　田戸下層式・田戸上層式・子母口式土器の細分案〔縄文セミナー2005〕

	小笠原	橋本	領塚	遠藤	中沢	三田村
田戸下層	田戸下層（古）	下層（古）	下層Ⅰ	Ⅱa	野尻湖 傚・塚訪　　細久保　塞ノ神	
	田戸下層（新）	下層（新）	下層Ⅱ	Ⅱb		
		下層（新々）				
田戸上層	田戸上層（古）	上層（古）	上層（古）	Ⅲa	（東裏団地）　　　（塚田）	
	田戸上層（新）	上層（新）		Ⅲb	（上山桑）　（新水）	Ⅰ群
	田戸上層（新々）	上層（新々）	上層（新）	Ⅳ	下荒田　（＋）　　（平石）	Ⅱ群
子母口	子母口	子母口	子母口	室谷の一部	上林中道南　　判ノ木山西	Ⅲ群

求めるのかの議論があった〔林1965、岡本・戸沢1965〕。現在では、撚糸紋土器終末期に「木の根式沈線紋」と呼ばれる沈線紋土器が撚糸紋土器の中から生成すると考えるのが一般的な見解であろう。撚糸紋土器に後続する沈線紋土器は、三戸式→田戸下層式→田戸上層式と変遷することでは一致しているが、各型式の細別をめぐっては研究者の間に齟齬がみられる［第4表］。また沈線紋土器の終焉についても、田戸上層式までを沈線紋土器とみなす考えが通説であるが、子母口式を含めて沈線紋土器の仲間とする金子直行の考えもある〔金子2004〕。

　ここでは、こうした沈線紋土器の問題を整理しながら、押型紋土器との関係を考えてみたい。沈線紋土器の出現を関東の三戸式に求め、東北における「日計式」押型紋との併行関係については再三の述べてきたが、東北の沈線紋と押型紋との関係については改めて別稿を用意したい。なお、沈線紋土器の範囲は田戸上層式までとし、子母口式から茅山上層式に至る一連の型式は、学史的にみても貝殻条痕紋土器の範疇として捉えるべきであろう〔岡本・戸沢1965〕。

三戸式細別とⅠ文様帯　　三戸式段階を二段階に細別する考えもあるが、ここでは三戸1式・2式・3式の三段階に弁別する。三戸1式については、現在「竹之内式」と呼ぶことが多い。しかし学史的にみれば、戦後の三戸式と田戸下層式の多少の混乱はあるものの、「稲荷原型三戸式」と呼ばれたように三戸式の範疇として認識されてきた経緯がある。三戸遺跡で出土しないからと言って、三戸式から外す理由はない。早期沈線紋初頭から三戸式として捉えるべきであろう。「竹之内式」は三戸1式段階の東北南部の型式名であり、同様に三戸3式段階をこの地域では「大平式」と呼んでいる。関東では三戸3式を決して「大平式」とは呼ばない。「竹之内式」・「大平式」という型式名を用いるのであれば、三戸式の周縁地域としての東北南部に限定すべきとするのが、私の考えである。

三戸1式の沈線紋は、「木の根式」沈線紋とは異なり、器形も沈線紋も沈線紋土器としての規範をもっている。沈線紋の作法と流儀が確立したことを読み取ることができる。器形は砲弾状あるいは口縁部がやや開く尖底深鉢を呈し、口唇部は丸形か角形の平縁となる。装飾は口縁部から胴部上半に施し、下半は無紋で、擦痕の調整が加えられる。装飾は数段の施紋帯で構成される。撚糸紋の施紋が縦方向の回転運動であったに対し、描線による沈線紋は、円周に沿った横方向の施紋運動になっている。廻線で区画された施紋帯の描線は格子目・斜線・鍵状・山形紋で描出され、単位紋の繰り返しか（A＋A＋A）、単純な組合せ（A＋B＋A＋B）、（A＋B＋B）の構成をとる。各施紋帯の幅も短く、前段階の回転施紋の繰り返しと原体の長さの規制から、十分に脱していないことが判る。まだ、この段階では装飾帯が形成されるものの、まだⅠ文様帯は創出されていない。

三戸2式の段階も数段の施紋帯をもつが、施紋帯の中央にクランク状・鍵手状の主文様が出現する。その上下の施紋帯は短沈線・竹管で幅狭に描出し、主文様を飾る装飾紋となっている（a＋a＋Ⅰ＋a＋a）。これがⅠ文様帯の初源の姿であろう。北関東では三戸2式のⅠ文様帯の部分に日計式押型紋が施紋される。東北地方では三戸2式に対比される大新町a式沈線紋にも日計式押型紋が併用されるのである。異なる地域との文様の互換性から、東北地方の日計式押型紋と三戸2式沈線紋の交差関係を捉えることができる。すなわち三戸式沈線紋が東北地方に拡大する過程で、日計式押型紋文化圏と接触したことを物語っている。その逆は無理があろう。

三戸3式には胴部上半に、数条の廻線で上下を区画したクランク状に大きく展開するⅠ文様が全面に描出される。この文様帯は関東・東北地方に共通しており、三戸3式→大平式→大新町b式の併行関係は多くの人々の認めるところでもあろう。

三戸式と押型紋　　三戸1式には「普門寺式」と呼ばれる異方向密接押型紋を特徴とする樋沢式の施紋流儀をもつ一群の押型紋が伴う［第31図］。異方向帯状施紋同様、0帯型・1帯型・2帯型・3帯型がある。縦密接施紋の0帯型は柳久保遺跡例［第31図5］にある。静岡方面の0帯型を古く見做し、縦位密接施紋から異方向帯状施紋へと変遷する見解〔宮崎・金子1995、池谷2003〕もあるが、型式学的には逆であろう。柳久保遺跡には1帯型［第31図4］もあり、いずれも波状口縁を呈する。普門寺式の文様構成は1帯型が主流である。普門寺遺跡例［第31図1］をはじめ埼玉県えんぎ山遺跡例・稲荷原遺跡例・向山遺跡例、東京都砧中学校遺跡例［第31図9］・はけうえ遺跡例・花沢東遺跡例・武蔵台遺跡例・多摩ニュータウンNo.355遺跡例［第31図11］がある。砧中学校遺跡例は縦方向施紋で痕跡的に帯状を呈するが、口唇部には刺突紋を配している。おそらく普門寺式の仲間であろう。また、多摩ニュータウンNo.355遺跡例のように横方向施紋に重複して、その上から縦方向施紋を加える例も散見される。1帯型は裏面にも横帯施紋がみられる例が多い。0帯型・1帯型は全面施紋であるのに対し、2帯型・3帯型の口縁部横方向施紋は帯状の痕跡を残している。胴部縦方向施紋は密接施紋となっている。2帯型は竹之内遺跡例［第30図2］・向山遺跡例［第31図6・7］などにみられる。向山遺跡では異方向になるか判らないが、横帯の間に鋸歯状沈線紋を配する例［第31図8］がある。3帯型は竹之内遺跡例［第31図3］・

第 2 章　関東の押型紋土器

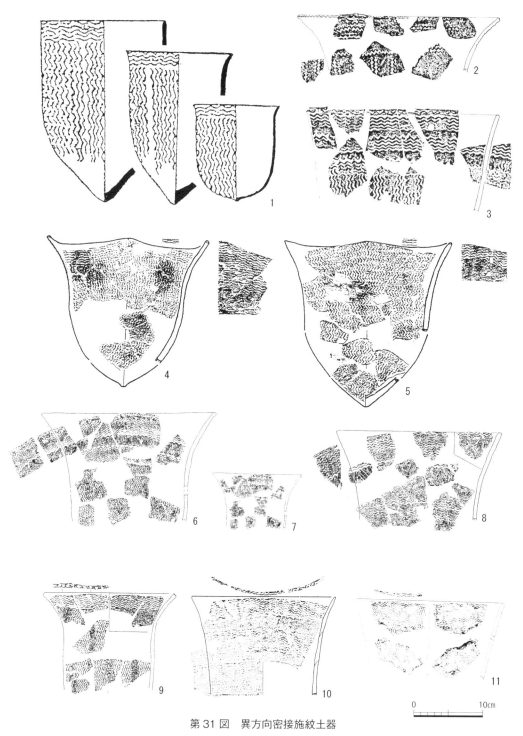

第 31 図　異方向密接施紋土器
1：普門寺遺跡　2・3：竹之内遺跡　4・5：柳久保遺跡　6〜8：向山遺跡　9：砧中学校遺跡
10：多摩ニュータウン No.699 遺跡　11：多摩ニュータウン No.355 遺跡

50

4 沈線紋土器の細分と押型紋土器

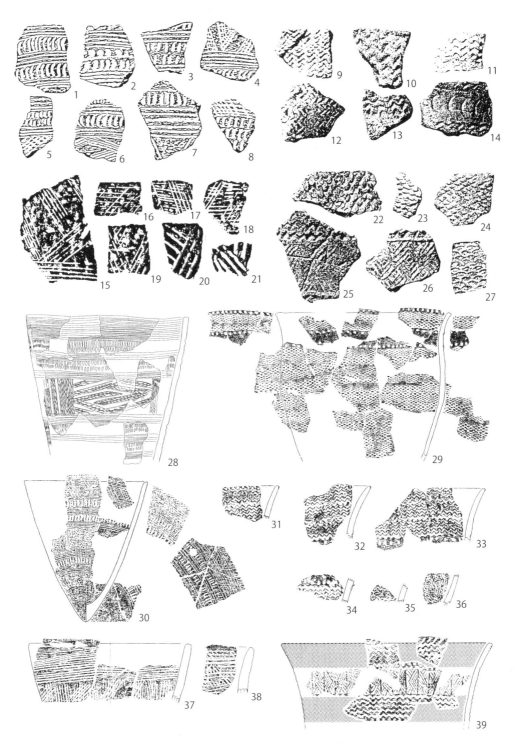

第32図 三戸式土器と細久保式土器 [縮尺不同]
1~24：三戸遺跡　28・29：諏訪ノ木Ⅴ遺跡　30~36：上長者台遺跡　37~39：下根田A遺跡

第2章　関東の押型紋土器

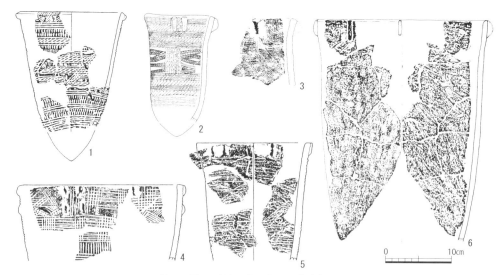

第33図　三戸2式以降の耳状突起
1：庚塚遺跡　2：空港No.7遺跡　3：夏島貝塚　4・5：北宿西遺跡　6：竹之内遺跡

多摩ニュータウンNo.699遺跡例［第31図10］にある[12]。

　これらの押型紋は山形紋が主体であり、樋沢式の新しい部分に位置する。多くの遺跡からは三戸1式（竹之内式）も出土しているが、共伴関係とする明確な根拠はないのが現状であろう。また、先に「平坂型押型紋」と呼んだ押型紋との前後関係もよく判らない。

　重要なのは三戸1式段階までが、樋沢式の範疇として捉えられることである。撚糸紋終末期から三戸1式に至る間には数多くの型式が設定されているが、実際の時間幅は樋沢式が用いられた比較的短い期間での出来事であろう。後に述べるように樋沢式は細分したとしても三段階ほどの変遷であり、その数多くの型式は樋沢式の存続期間内に収まると考えられる。

　三戸遺跡からは三戸2式・3式に伴って、細久保1式・2式が出土している。それぞれの共伴関係は不明であるが、三戸2式—細久保1式、三戸3式—細久保2式の併行関係を想定することができる〔岡本2010〕。渋川市諏訪ノ木V遺跡出土の三戸2式と楕円紋の細久保1式、千葉県上長者台遺跡出土の三戸2式と山形紋の細久保1式は、その併行関係を示していると考えられる。また下根田A遺跡や笹子入山遺跡出土の三戸3式と楕円紋や山形紋の細久保2式の存在は併行関係を暗示しているとも考えられる［第32図］。

　なお、三戸2式には耳状突起をもつ例が、千葉県空港No.7遺跡例・庚塚遺跡例や埼玉県北宿西遺跡例、夏島貝塚例（田戸下層式）、竹之内遺跡例の無紋土器などにみられる［第33図］。突起二個一対の例が多い。多摩ニュータウンNo.810遺跡出土の山形紋にもみられる。この押型紋は刺突紋をもつ横方向密接施紋で、細久保1式に対比できる資料である。三戸2式と細久保1式の耳状突起を通して、その交差関係を知ることができる。

田戸下層式と押型紋　　田戸下層式の細分については、吉田　格・江坂輝弥によって議論され、二細分案が提示されたのは1950年代のことであった〔江坂1950b、吉田1955〕。その後、当該期の

資料が蓄積されていく 1980 年代後半、千葉県内の新資料を分析した西川博孝は、田戸下層（古）・（新）・（新々）の三細分を提示した〔西川 1987〕。田戸下層（古）式は三戸式の系譜をもつもの、（新）は太沈線や曲線紋を有するもの、（新々）式は田戸上層式につながる要素をもつものと、その文様帯の変遷から導き出した。同年、田戸下層式を分析した領塚正浩は新たな立場から田戸下層Ⅰ・Ⅱ式とする二細分案を提示する〔領塚 1987a〕。

　分析の視点は双方とも同じであるが、領塚がⅡ式としたものは、西川の（新）・（新々）式を含んでいる。千葉大学考古学研究室が調査した城ノ台南貝塚出土の豊富な田戸下層式の分析にあたっては、西川の三細分案を基に考察を行った〔千葉大学考古学研究室 1994〕。恩田勇も三細分案を基に沈線紋土器の変遷を考察する〔恩田 1994〕。二細分案と三細分案が錯綜する中で、田戸下層式の新しい方といった場合、領塚のⅡ式か西川の（新々）式を指すのか的確に判断できないことがある。ここでは細別の議論を明確化するために田戸下層 1 式・2 式・3 式と表記する。

　領塚の二細分案における夏島貝塚の層位例では、田戸下層Ⅱ式が下層の第一混土貝層と上層の第二貝層から出土していることになる。領塚は上層の第二貝層出土のものをⅡ式とするが、層位的にも型式的にも田戸下層 3 式であり、Ⅱ式とは弁別すべきであろう。また、近年の東峰御幸畑西遺跡出土の豊富な田戸下層式を資料をみると、三細分が妥当であると考えられる〔千葉県文化財センター 2000〕。

　次に田戸下層式と押型紋の関係を探ってみよう。重要な共伴事例は、夏島貝塚における第一混土貝層から出土した田戸下層式（夏島Ⅲ）と押型紋の層位関係である。この事実を夏島貝塚の考察では次のように結論づけている〔杉原・芹沢 1957〕。

　「第一混土貝層中から夏島Ⅲ（田戸Ⅰ）式土器に混じって山形・楕円・台形の、また平坂貝塚では貝層中から平坂式土器に山形・格子目の、それぞれ捺型文土器の発見があった。やや不確実な例を加えるとすれば、神奈川県三戸遺跡からは三戸式土器とともに山形・格子目・楕円、同田戸遺跡からは田戸Ⅰ式土器にとともに山形・楕円の、押捺文土器の破片が発見されている。<中略> それらは平坂式・三戸式・田戸Ⅰ式土器の三型式に限られているのであって、しかも、山形・格子目→山形・格子目・楕円→楕円・山形の順を以て、文様の変遷があとずけられる」。この芹沢長介の発掘所見が、関東側からみた押型紋土器の消長と枠組みとなっている。

　押型紋土器の広域編年に照らしみれば、西の黄島式、東の細久保式に後続する段階にあたる。しかし、田戸下層式に伴う押型紋は極少量かつ客体的な存在であり、共伴を示す例は少ない。田戸下層式の細別に沿って共伴関係を提示することはできないが、神奈川県煤ヶ谷二天王遺跡では三戸は出土せず、田戸下層 1 式と楕円紋が共伴する事例がある［第 34 図］。楕円紋は学間遺跡例のような無紋帯をもつ横方向施文の土器である〔戸田ほか 2013〕。このほか神奈川県田戸遺跡例・夏島貝塚例・東田原八幡遺跡例、千葉県東峰御幸畑西遺跡例・東峰御幸畑東遺跡例は、いずれも田戸下層式を主体とする遺跡であり、押型紋（楕円紋・山形紋）も出土している［第 35 図］。なお、関東では黄島式の型式表象である裏面の柵状紋＋押型紋を施すものは確認できないが、上ノ台遺跡には柵状紋を施す波状口縁の例［第 35 図 14］がある。

第2章　関東の押型紋土器

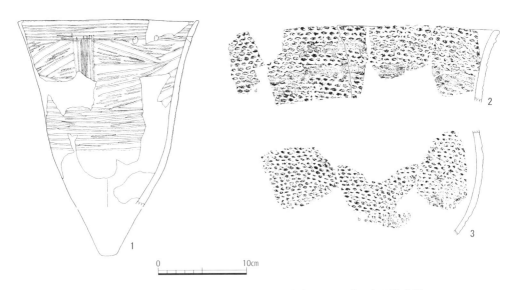

第34図　煤ヶ谷二天王遺跡出土の田戸下層1式土器⑴と楕円押型紋土器⑵・⑶

田戸上層式と押型紋　　戦前、山内清男による田戸遺跡の発掘調査により弁別された田戸上層式は、今日、その細分が議論され、後続の子母口式の理解と相まってより複雑化した様相を呈している。田戸下層式の細分と同様、二細別案〔領塚1988、金子2004〕と三細別案〔千葉大学文学部考古学研究室1994・小笠原1997・橋本2005〕が提示されている。ここでは細別の問題点を整理するために、田戸上層式（古）・（新）・（新々）の表記を改め、田戸上層1式・2式・3式とする。

　二細分案をとる領塚正浩は三細別案について、細別の一括資料が不明確であること、層位的な事例が確認できないこと、東日本な規模での併行関係が指示できないこと、以上三点から批判が加えられている〔領塚2008〕。『城ノ台南貝塚報告』で考察したように、口唇部に沈線紋を配する無紋土器の一群を田戸上層3式とした。田戸遺跡にも、吉田　格が報告した城ノ台北貝塚の第四類にも、第五類にもある〔吉田1955〕。これらは田戸上層式の有紋土器に伴ったとも考えられるが、多くは精製土器である。桜井平遺跡や林北遺跡からは、これら一群の土器が主体的に出土している〔石橋1989、蜂屋1998〕。隆帯区画をもつものもある。領塚が田戸上層（新）とする戸場遺跡例も、この段階のものである。戸場遺跡例を一括資料と認めるならば、他の事例の一括性も認定できるはずである。また、領塚の田戸上層式二細分案も必ずしも層位的な検証がなされたわけではない。弁別される細別型式はすべてが層位的事実に基づいたものではなく、むしろ型式学的変遷による細別型式が大半である。だからこそ、常に細別型式には齟齬が生じるのである。おそらく、三段階目の田戸上層3式を設定しない限り、中部地方や東北南部の沈線紋の変遷も解明できないであろう。領塚の批判は為にする議論であり、その批判は二細別案においても検証しなくてはならない。止揚しなければならないのは、むしろ領塚の二細別案であろう。

　もう一つの問題点は、吉田　格が城ノ台北貝塚で提示した第五類土器である。これを子母口式とした点にある。山内が『先史土器図譜』で提示した子母口式の内容と異なっている。このこと

4 沈線紋土器の細分と押型紋土器

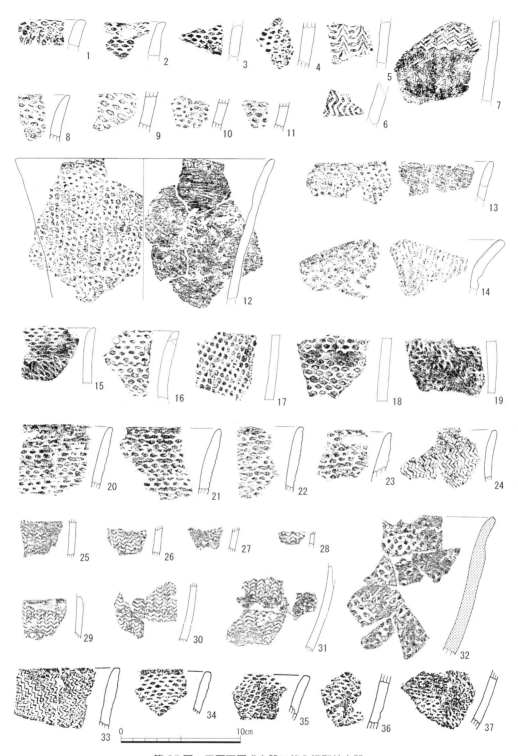

第35図　田戸下層式土器に伴う押型紋土器
1〜7：夏島貝塚　8〜11：田戸遺跡　12〜14：上ノ台遺跡　15〜19：東田原八幡遺跡
20〜24：東峰御幸畑西遺跡　25〜32：東峰御幸畑東遺跡　33〜37：赤坂台遺跡

第 2 章　関東の押型紋土器

が子母口式の理解にも混乱をもたらす要因なったことは既に述べたとおりである〔千葉大学文学部考古学研究室 1994〕。子母口式は、改めて山内が提示した子母口貝塚・大口坂貝塚の標式資料を基準にすべきであろう。第五類土器は田戸上層 3 式段階であり、北貝塚・南貝塚に共通する。その後、北貝塚を放棄して、南貝塚に新たに貝を捨てはじめるのは子母口式（Ⅳ a 類）の時期である。南貝塚の田戸上層式と子母口式の層位的事例とともに、城ノ台貝塚における北から南への廃棄行動の新たな画期は、子母口式（Ⅳ a 類）の時期に求めることができる。その画期は沈線紋土器群（田戸上層式）から条痕紋土器群（子母口式）への変革期にもあたる。

　さて、田戸上層式と押型紋の関係である。押型紋土器の広域編年に照らしてみれば、高山寺式や穂谷・相木式に併行する時期にあたる。しかし、関東地方では高山寺式に大粒の楕円紋や裏面の特徴的な沈線紋は見当たらない。僅かに大粒楕円紋を有する東田原八幡遺跡例や網目状撚糸紋の向原遺跡例が管見にふれるのみである〔東田原八幡調査団 1981、神奈川県教育委員会 1982〕。また穂谷・相木式は、木更津市宮脇遺跡から一点出土しているに過ぎない。高山寺式や穂谷・相木式の東限分布は静岡県・岐阜県・長野県の西限地域であり、中部・関東地方では田戸上層式段階には、その主体は沈線紋土器に移行していたと考えられる。

おわりに

　戦前、稲荷台遺跡の撚糸紋土器の最古性を保証したのは、一つは押型紋土器との共伴関係であり、もう一つがローム層に食い込むという層位的検証であった。戦後になって最古としての撚糸紋土器は平坂貝塚をはじめとする一連の貝塚・遺跡の発掘調査により、その型式学的変遷が整備される。それに伴い最古性を保証していた押型紋土器の位置づけも変更されることになる。関東における押型紋土器の出現は、戦前の稲荷台式との共伴関係が清算され、その終末期の平坂式との共伴関係が定点とされた。しかし近年の共伴事例をみると、稲荷台式との共伴関係が増加している。こうした事態を踏まえ、改めて稲荷台式と押型紋土器との共伴関係を検討し、その問題点を明らかにした。

　沈線紋土器の三戸式段階における中部の押型紋土器との対比関係は、ほぼ確定することができるが、田戸下層式段階の共伴事例は少なく、その実体がみえなくなる。おそらく次の田戸上層段階には、中部の押型紋土器との共伴関係は解消されたものと考えられる。このことは関東の沈線紋文化圏からみれば、中部の押型紋土器は終焉を迎えたことを意味しているようにもみえる。関東や中部でも押型紋土器後半期の黄島式、高山寺式、穂谷・相木式もみられるが、おそらく西日本の影響であろう。

　いずれにしても撚糸紋・沈線紋文化圏における押型紋土器は異系統土器として客体的に存在するにすぎない。少量の共伴事例から全体を見通すことには多くの問題点を残しているが、次の諸点を掲げまとめに替えたい。

1.　関東の撚糸紋・沈線紋文化圏における押型紋土器は、中部の押型紋文化圏の波及による異系

統の土器として客体的に存在する。

2. 撚糸紋土器に伴う押型紋土器は、稲荷台式以降である。押型紋の施紋流儀は在地の撚糸紋の施紋規範をとるものや独自に変容したものが多いが、総じて中部押型紋の樋沢式の波及によるものである。

3. 立野式の影響される多摩ニュータウンNo.200遺跡例は樋沢式も共伴しており、確実な事例は楡木Ⅱ遺跡にみられるネガティヴ押型紋である。二系統論の観点に立つと、楡木Ⅱ遺跡例は樋沢式以降か、沈線紋土器に併行する段階のものである。

4. 樋沢式は細分したとしても三段階であり、それに比して終末期の撚糸紋土器の諸型式は多数にのぼる。一方の型式が長く、他方の型式が短いわけではない。撚糸紋の共伴関係や型式の在り方に検討の余地を残している。

5. 三戸式と押型紋の関係は、三戸1式—樋沢3式、三戸2式—細久保1式、三戸3式—細久保2式が交差する。共伴関係を示す明確な事例はないが、三戸3式と細久保2式との文様構成の互換性からみて、型式学的にはその対比は動かない。

6. 田戸下層式は三段階（1式・2式・3式）に細分される。楕円紋を主体とする押型紋が伴うとみられるが、どの段階で共伴関係が消滅したのか、なお不明な点が多い。

7. 田戸上層式も三段階（1式・2式・3式）に細分され、関東の沈線紋文化は終焉を迎え、子母口式をはじめとする貝殻条痕紋文化の時代となる。

［註］
1) 撚糸紋土器と押型紋土器を対比した芹沢編年は学史的にも重要である。配られた別刷をみると、この編年表には芹沢自身による加筆・訂正が加えられている（麻生　優に謹呈された別刷）。樋沢下層式は、大浦山・花輪台Ⅰ式と平坂・花輪台Ⅱ式の間に位置づけていることが判る。注意すべき点であろう。

2) 稲荷台（新）式—稲荷原（古）式の関係、大浦山（古）式—稲荷原（新）式—花輪台1式の関係、大浦山（新）式—東山式—花輪台2式の関係など、その対比は研究者間で微妙に異なっている。重要なのは稲荷原式と無紋土器の諸型式の位置づけである。整合性を求めようとすると細分せざるを得なくなる。また撚糸紋終末期が肥大してみえるのは、崩壊しつつある地域間の複雑な様相を反映しているためであろう。終末期に設定された型式数に較べ、その存続期間は短期間であったと考えられる。

3) 傍証として議論されている稲荷台式との共伴例としては、多摩ニュータウンNo.200遺跡の15号A住居跡の縦方向密接施紋の格子目紋の事例がある〔原川1996〕。同じく多摩ニュータウンNo.205遺跡の縦方向密接山形紋の胴部片の出土例がある〔原川1987〕。このほか、神奈川県寺谷戸遺跡で検出された稲荷台式の5軒の住居跡からは、縦方向密接山形紋の胴部片が数点出土する事例がある〔鹿島1988〕。これらを詳細に検討すると、押型紋土器の口縁部形態は判らず、共伴関係を稲荷台式（新・古）あるいは平坂式に限定することはできない。

4) 稲荷台型押型紋に伴う樋沢式は2帯型であり、樋沢1式段階に対比できよう。

5) 神村が図示したものをそのまま掲載したが、第23図1、2～5を立野式、6～11を樋沢式とする。これらの立野式は新段階ものであり、古段階はさらに遡る夏島式に併行すると考えている。しかし樋沢式も同じく新段階のもので、さらに遡る。立野式が樋沢式より古いとする一系統論の根拠にはならない。

6) 普門寺式を樋沢3式とすると、八木沢遺跡例は樋沢2式と樋沢3式の資料がある。

7) 埼玉県東山遺跡・東京都藤の台遺跡の東山式は無紋土器だけで構成されているが、花輪台遺跡（花輪

第 2 章　関東の押型紋土器

台Ⅱ式）や東京都成瀬西遺跡（大浦山式）では有紋土器と共存している。

8）B 類は千葉県沖ノ島海底遺跡の表採資料に類例がある〔千葉大学文学部考古学研究室 2006〕。ほかに異方向・横方向の帯状施紋の山形紋が出土する。大浦山式や平坂式が共存し、時期的には平坂貝塚の押型紋に近い。守屋のように A・B 類を分離する必要はない。

9）帯状施紋をもつ樋沢式の文様構成については、中島　宏が実例に則した詳細な模式図が作成されている〔中島 2004〕。これを参考にしながら、大まかに五類型に分けて説明する。なお 0 帯型としたものは厳密にいえば縦帯型であるが、異方向帯状施紋の一つとして類型化した。

10）無紋帯を残し、胴部の縦帯施紋する流儀は、樋沢遺跡の樋沢 3 式にみられる。

11）ここでは池田大介が「木の根式」撚糸紋の分析を通して提起したように、撚糸紋終末期に沈線紋土器の生成を見出そうとする立場である。

12）沖ノ島海底遺跡例にも下半がないため横帯構成の可能性もあるが、3 帯型の山形紋がある。口唇部と裏面に山形紋を配する。

第3章　中部の押型紋土器
―― 樋沢式土器・細久保式土器 ――

はじめに

　日本列島西部は九州島南部を除き、斉一的な押型紋文化が展開している。それに対し、列島東部は「樋沢・細久保式」と呼ばれる中部押型紋文化と、「日計式」と呼ばれる東北押型紋文化が形成され、二つの特徴的な押型紋土器が展開する。そして、この両者の押型紋文化圏に挟まれた関東では、沈線紋文化が出現する。沈線紋土器は撚糸紋・押型紋の回転施紋からいち早く脱却し、描線手法による新たな縄紋土器の造形的文様を創出した最初の姿であった。描線手法の獲得は縄紋人の意思を自由に文様として表現できただけでなく、その精神的な表象をも具現化することに成功する。その一つが土偶であり、沈線紋文化期には活発な土偶製作がなされるようになる。

　二つの押型紋文化圏と沈線紋文化圏は相互に影響を与えながら、列島東部の縄紋早期前半期の文化が展開していく。関東の撚糸紋文化終末期に生成した沈線紋土器は、やがて東北押型紋文化圏を凌駕し、東北に独自の貝殻・沈線紋文化を形成する。その時期は田戸下層式の時期であろう。一方、中部押型紋文化は西部押型紋文化後半期の黄島式・高山寺式と接触しながらも、関・東北の強い影響のもとに沈線紋文化が浸透していくのである。中部沈線紋文化の形成期は、おそらく田戸上層式の時期に求めることができよう。こうした見通しのもと、まずは中部押型紋文化の「樋沢・細久保式」押型紋土器の変遷と終焉について検証するとともに、沈線紋文化の形成過程にも言及していきたい。

　まず、最も古い沢・樋沢式の型式表象である帯状施紋の押型紋土器の分析から始めよう。

1　帯状施紋の押型紋土器

　中部地方の押型紋土器の分布は、信州における150遺跡以上に加え飛騨の100遺跡近くを合わせた中部山岳地帯が東部押型紋土器文化圏の中核となっている。中でも信州の樋沢式・飛騨の沢式は帯状施紋の押型紋土器（以下、帯状押型紋と呼ぶ）を表象とする型式であり、最も古い押型紋土器の一群として位置づけられる。

　帯状押型紋は飛騨・信州を中心に隣接する越中・越後に拡がり、東北南部から関東に広く分布している。飛騨産の黒鉛を含有する帯状押型紋は量的には多くないが、隣接する信州・越中・越後にも波及し、北関東の西鹿田中島遺跡（群馬県）や南関東の東田原八幡遺跡（神奈川県）まで至っている〔若月・荻谷1999、東田原八幡遺跡調査団1981〕。まずは沢式や樋沢式を論じる前に、帯状押型紋土器の文様構成について概観し、その分類基準を明確にしておきたい。

第3章　中部の押型紋土器

第5表　帯状施紋の分類基準

文様の種別	A種-山形紋、B種-格子目紋、C種-結節紋、D種-縄紋、 E種-その他の回転紋（魚骨紋）
表裏の施紋	Ⅰ型-表面のみの施紋、Ⅱ型-表・内面施紋
帯状の構成	*口縁部に施紋された横帯を基準にして 0帯a-縦帯のみ、0帯b-横帯のみ、1帯-一帯構成、2帯-二帯構成 *口縁部の横帯と胴部の縦帯の関係 0帯a種（｜）-口縁部から縦帯のみで施紋するもの 0帯b種（一）-口縁部から横帯のみで施紋するもの 1帯a種（丅）-口縁部横帯に接して縦帯を施紋するもの 1帯a'種（丅）-口縁部に無紋帯を設けた横帯に接して縦帯を施紋するもの 1帯b種（十）-口縁部から施紋した縦帯と横帯が直交するもの 2帯a種（〒）-第二横帯に接して縦帯を施紋するもの 2帯b種（〒）-第一横帯に接した縦帯が第二横帯と直交するもの

帯状押型紋の分類　　帯状押型紋の分類基準は、『樋沢押型文遺跡研究報告書』〔岡谷市教委1987〕で提示されている。その後、はつや遺跡や向陽台遺跡の発掘報告書においても、この基準に準拠した表記がされている〔塩尻市教委1988、清見村教委1989〕。ここでは「岐阜県沢遺跡調査予報」〔大野・佐藤1967〕（以下、「予報」と呼ぶ）に示された分類を参考にしながら、帯状押型紋の文様構成を次のように分類する［第5表、第36図］。

　この分類基準を表記すると、AⅠ型1帯a種は山形紋・表面のみ施紋・口縁部の第一横帯に接して縦帯を施紋した構成を示す。1帯a'種は口縁部に無紋帯を設けた第一横帯から縦帯を施紋するもの。AⅡ型2帯b種は山形紋・表裏施紋・第一横帯に接した縦帯が第二横帯と直交する構成を示す。なお、縦帯のみを0帯a種、横帯のみを0帯b種とする。

　しかし、口縁部の小破片ではⅠ型0帯aとⅠ型1帯b、Ⅱ型0帯aとⅡ型1帯bの各二種、Ⅰ型1帯aとⅠ型2帯a、Ⅱ型1帯aとⅡ型2帯aの各二種、Ⅰ型1帯aとⅠ型2帯b、Ⅱ型1帯a種とⅡ型2帯b種の各二種の判別は難しい。また口縁部片でないとⅠ型1帯a'種、Ⅰ型2帯a種、Ⅱ型1帯a'種、Ⅱ型2帯a種の四種の判別はできない。胴部の直交した施紋部片ではⅠ型1帯b種・2帯b種とⅡ型1帯b種・2帯b種の四種の判定は不明。口縁部に広く無紋帯をもつ1帯a'種は、現在のところ山形紋のみに確認されている。結節縄紋のC種は現在のところ沢遺跡例のみである。縄紋を帯状施紋するD種は信州に多い。他の回転紋としたE種には、はつや遺跡の魚骨紋が唯一の例である。

　なお、樋沢遺跡の山形紋と楕円紋を併用した横帯のみの帯状構成や卯ノ木1式の呼ばれる格子目紋の横帯で構成する0帯b種は、口縁部内面や口唇部には施紋されず、楕円紋を併用している。後述するように最古の帯状押型紋（沢式・樋沢1式）の段階にはみられず、後出的な要素を有している。おそらく次の段階（宮ノ前・樋沢2式）のものであろう。

1 帯状施紋の押型紋土器

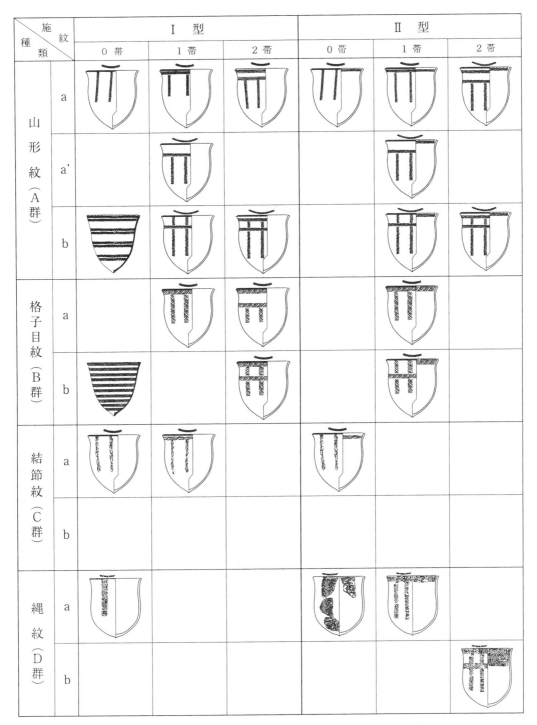

第36図 帯状押型紋土器の分類

第3章 中部の押型紋土器

第37図 沢遺跡の出土土器（1）［縮尺不同］
1～13：山形押型紋

1　帯状施紋の押型紋土器

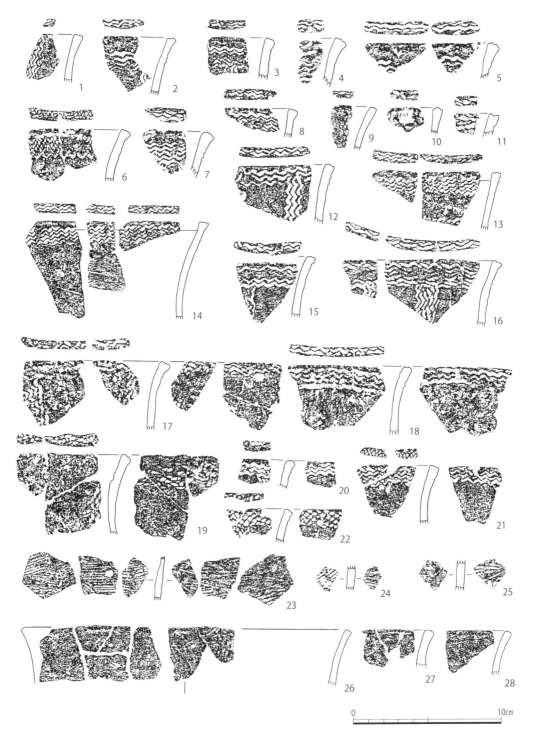

第38図　沢遺跡の出土土器（2）
1〜5・7・8・12〜18・20：山形押型紋　6・22：格子目紋　9〜11・19：結節縄紋
21：山形十格子目紋　23〜25：条痕文　26〜28：無紋

第 3 章　中部の押型紋土器

沢遺跡　　1967（昭和42）年、沢遺跡の発掘調査で明らかになった黒鉛混入の帯状押型紋土器は佐藤達夫によって「沢式」と命名され、最古の押型紋土器に位置づけられた。まずは提唱された沢遺跡の「沢式」押型紋土器に関する解題から始めよう。今日的視点で改めて沢式を総括する時、「予報」で提示された佐藤の透徹した型式学的分析と沢式の編年的考察を改めて検証する必要があろう。「予報」と冠しているものの、その内容は佐藤の型式学的指針が明確に提示されている。

　沢式の型式表徴は山形押型紋を主体とし、他の回転紋（格子目紋・結節縄紋）も帯状に施紋されること、胎土に黒鉛を混入すること、楕円紋が一片もないことの大きく四つの特徴を有している。さらに詳細にみていこう。

　出土した土器は押型紋・結節縄紋・条痕紋・無紋の四種である［第37・38図］。種別の出土比率は山形紋が主体で、無紋はその三分の一。結節縄紋・条痕紋は数個体である。押型紋は殆どが山形紋で、格子目紋が二個体にすぎない。山形紋は山形が並行するものと対向するものがある。並行するものには螺旋状（右巻・左巻）がある。

　施紋は同一個体・同一原体が原則である。その後の第二次調査で、異なる原体（異種原体併用）で施紋する例が一例出土している［第38図21］。必ず口唇部には施紋する。口縁内面に施紋しないⅠ型と施紋するⅡ型があり、文様のないⅠ型がやや多い。押型紋・結節縄紋を問わず、回転紋は帯状施紋が原則である。主体は横一帯型（1帯）と横二帯型（2帯）であるが、僅かに縦帯のみ縦帯型（0帯）がある。

　先の分類に従えば、沢遺跡の文様構成は、山形紋のAⅠ型0帯a種・Ⅰ型1帯a種・Ⅰ型1帯a′種・Ⅰ型2帯a種・Ⅰ型2帯b種、Ⅱ型0帯a種・Ⅱ型1帯a種・Ⅱ型2帯a種、格子目紋のBⅠ型1帯a（?）種・Ⅱ型1帯a種、結節紋のCⅠ型0帯a種・Ⅰ型1帯a種・Ⅱ型0帯a種である。山形紋八種、格子目紋二種、結節紋三種の計十三種の文様構成をもっている。結節紋を施紋するC種は、沢遺跡のみである。

　器形は口縁部が外反する尖底深鉢形。胴部は軽度のふくらみがあり、尖底は乳房状を呈する。口縁部の大部分は外反する平縁であるが、山形口縁のものが若干あり、注目される。器壁は薄く大部分が4～5mm。

　原体の条数は2条～5条で、3条のものが多く、4条のものがこれに次ぐ。両者の割合はほぼ二対一。原体一周の単位は2単位が殆どで、1単位のものも僅かに確認できる。原体の端末はV字形の切り込みが加えられる。原体の長さは9～17mm。大体11～15mmで指一本の幅に相当する。直径は3.5～5.5mm程度。4mm台のものが最も多く、3mm台、5mm台と続く。4mm前後と4.5mm前後に集中する。

　胎土に黒鉛を混入することも大きな型式表徴の一つである。そして黒鉛混入の時期は限定的である。黒鉛混入の灰褐色・黒褐色を呈するものが大半であるが、含まない明褐色を呈すものもある。黒鉛混入は雲母と同じように除粘材、外観上（色合）の効果、耐火性などの効用があり、また原産地の特質をもつ黒鉛混入土器は交易圏を知る指標になるヨーロッパの黒鉛混入土器についても紹介している〔大野・佐藤1967〕。

1　帯状施紋の押型紋土器

はつや遺跡　　沢遺跡発掘調査時における飛騨の比較資料はひじ山遺跡の押型紋であった。現在、ひじ山遺跡の押型紋は異形押型紋を含む細久保式段階のものであり、沢式より新しい。その後、黒鉛混入の帯状押型紋は、はつや遺跡をはじめ宮ノ前遺跡・下田遺跡・西田遺跡・牛垣内遺跡・中道遺跡など三十数カ所以上の遺跡が知られるようになっている。これらの帯状押型紋の中には宮ノ前遺跡のように平行押型紋、矢羽根状のような特殊な押型紋がある。同様に卯ノ木１式のような菱目紋もあり、宮ノ下遺跡・岡前遺跡から出土している。これらは沢式より若干降る次の段階のものであろう。

　まずは沢式の実体を検証するために、はつや遺跡の帯状押型紋との比較から始めよう〔第39図〕。はつや遺跡の押型紋は沢式段階のものと楕円紋を含む細久保式段階のものを若干含んでいる。そのため計測値など、沢遺跡の数値とやや異なる。

　はつや遺跡の沢式は押型紋（山形紋・格子目紋）・魚骨紋・無紋の三種である。種別の出土比率は山形紋が主体である。無紋の比率は総数で60％を越えるが、帯状構成の無紋部も含んでおり、口縁部破片数や個体別でみると、沢遺跡の同様、三分の一程度であろう。沢遺跡でみられた結節縄紋・条痕紋はない。また螺旋状山形紋は見当たらない。替わりに魚骨回転紋がある。施紋は同一個体・同一原体が原則で、異なる原体（異種原体）で施紋する例はない。大半は口唇部には施紋する。口縁内面に施紋しないⅠ型とするⅡ型があり、前者のⅠ型がやや多い。回転施紋（押型紋・魚骨紋）の帯状構成の主体は山形紋Ⅰ型（Ⅰ型１帯a・a'種、Ⅰ型２帯a種）とⅡ型（Ⅱ型１帯a・a'・b種、Ⅱ型２帯a種）で、僅かに縦帯型（Ⅱ型０帯a種）がある。格子目紋はⅡ型１帯a種、魚骨紋はⅡ型１帯a種である。合わせて十種である。縦帯のみのもの（０帯a種）は極めて少ないが、同じⅡ型０帯a種の帯状構成は宮ノ前遺跡にもある。沢遺跡にみられる縦帯型のⅠ型０帯a種はない。またⅡ型１帯b種の帯状構成は、僅かに中道遺跡の格子目紋に類例がある。沢遺跡同様、山形口縁のものが僅かにある。器壁は薄く大部分が４～５mm。原体の条数は２条～７条で、３条のものが多く、２条のものがこれに次ぐ。沢遺跡では３条に次ぐものは４条のものである。原体一周の単位は２単位が殆どで、１単位のものもある。原体の端末はV字形の切り込みが加えられる。黒鉛混入押型紋に限っていえば、原体の長さは10.0～16.4mm。直径は3.2～6.9mm程度。３～４mm台のものが最も多い。

　はつや遺跡の黒鉛混入のものと入っていないものの比率は二対一である。沢遺跡同様、黒鉛混入のものが多い。黒鉛混入の混入について、報告者の吉朝則富は「除粘材」として意識的に混入したのではなく、鉱床で採集した「粘土状黒鉛」で土器を製作した結果として位置づけた〔吉朝1989〕。このことは、黒鉛混入土器はすべて飛騨の地元で作られたもので、「除粘材」としての流通を否定したことになる。しかし土器そのものが移動したか、素材としての粘土が流通したのか、なお検討を要しよう。少なからず黒鉛の混入しない明褐色を呈すものがあることから、意識して黒鉛混入土器を製作していたに違いない。それは佐藤が外観上（色合）、吉朝が金属光沢に求めたように飛騨特産の「黒光り」土器を意図したのであろう。また、佐藤は黒鉛混入の時期について沢式に限定せず、「やや時期の降る」存在を示唆している〔大野・佐藤1967〕。吉朝は宮ノ

65

第3章 中部の押型紋土器

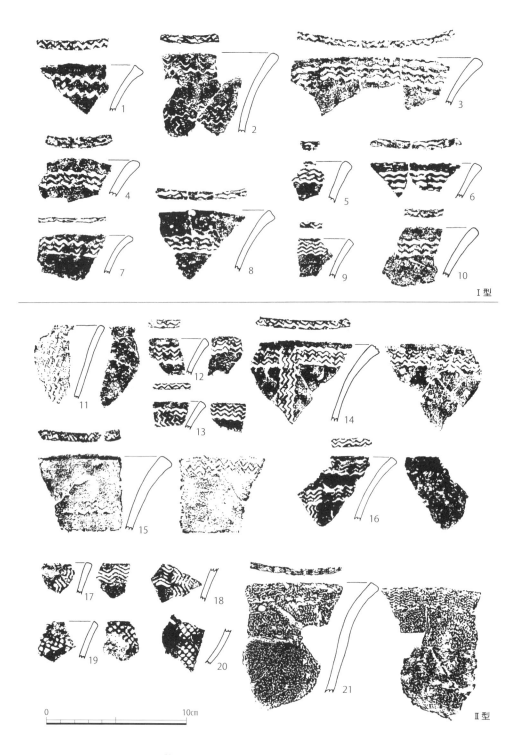

第39図 はつや遺跡の帯状押型紋土器

1 帯状施紋の押型紋土器

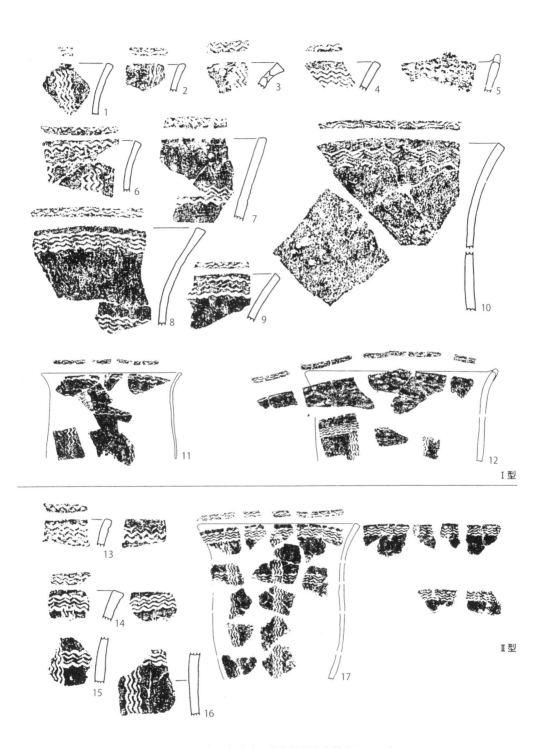

第40図　向陽台遺跡の帯状押型紋土器 ［縮尺不同］

第3章　中部の押型紋土器

下遺跡の異方向密接施紋例を押型紋期の下限としている。おそらく黒鉛混入土器は異方向帯状施紋から異方向密接施紋すなわち広義の樋沢式（1式~3式）に限定することができよう。後に述べるように飛騨の帯状施紋も三段階（沢→宮ノ前→宮ノ下）を経て、横方向施紋（細久保式）に変化すると考えられる［第41図］。

向陽台遺跡　　信州の樋沢式の中で最も沢式に類似する資料は、塩尻市の向陽台遺跡であろう。住居跡を伴ってほぼ純粋に出土し、樋沢式の中でも最古段階の帯状押型紋で「向陽台式」とでも称すべき標式資料である［第40図］。最も出土量の多い第3号住居跡の押型紋をみてみよう。総数は約1800点で、山形押型紋（約480点）と無紋（約1340点）の二種の単純な組成で、その比率は一対三である。詳細な個体別は不明であるが、沢遺跡やはつや遺跡に較べて無紋の量は極めて多い。住居跡以外の包含層からは格子目紋や変則的な帯状構成の楕円紋が出土している。楕円紋の帯状構成は樋沢遺跡にもみられ、やや後出的な樋沢2式段階のものであろう。

　山形押型紋は七割が黒鉛混入土器である。口縁内面に施紋しないI型が殆どで、内面施紋のII型は僅かである。I型・II型とも殆ど口唇部には施紋する。その文様構成はI型0帯a種、I型1帯a・a'種、II型1帯a種、II型2帯a・b種の六種である。樋沢遺跡には口縁部が欠損しているためI型かII型か不明であるが、1帯b種か2帯b種の帯状縄紋がある。器形は胴部がやや膨らむ尖底深鉢で、口縁は平縁であるが、山形口縁をもつものもある。原体の条数は2条~4条で、圧倒的に3条が多く、4条のものが次ぐ、2条のものはごく僅か。単位は2単位が大半で、1単位のものも若干ある。原体の長さは10.0~19.4mmで、15mm以下のものが殆どである。直径は3.3~6.0mmで、4mm台のものが最も多い。

　沢式にみられる無紋土器は黒鉛混入土器が圧倒的に多い。それに較べ向陽台遺跡や樋沢遺跡の樋沢1式は黒鉛混入のものはなく、砂粒（石英・長石・雲母・角閃岩）を多量に含む。無紋土器が主体ともいえる。無紋土器には口縁部の形状も内湾気味のもの、外反気味のもの、強く外反するものの三種がある。口唇端部も丸・平・尖端の三種に整形される。多くのヴァリエィションを有し、量的にも多い。無紋土器に在地性をみることができる。

沢式の定義　　沢式の型式学的要件については、前述したように佐藤の詳細な分析によって提示され、最古の押型紋土器として位置づけられた。ここでは改めて樋沢1式を含めた広義の沢式の実体を明確にしておこう。

種　類：有紋土器は山形押型紋が主体で、僅かに格子目押型紋が伴う。ほかに魚骨紋・縄紋（結節）などの回転施紋や条痕紋がある。山形押型紋に見合う無紋土器が伴うが、遺跡によってその比率は異なる

器　形：口縁部が外反し、胴部にやや膨らみをもつ尖底深鉢形。乳房状を呈するものもある。平縁が殆どであるが、山形口縁のものがある。器壁は薄く、約4~5mm。

条　数：山形原体の条数は2条~7条で、3条ものが最も多い。2条、4条のものが次ぐ。並行する山形が殆どであるが、螺旋状原体や対向する山形紋もある。

単　位：原体の一周単位は2単位で、僅かに1単位のものがある。原体の端部はV字状に加工

68

される。

長　さ：9mm～17mmであるが、15mm以下のものが大半である。

直　径：3mm～6mmで、3～4mm台のものが多い。

施　紋：施紋は同一個体＝同一原体が原則であるが、例外的に異種原体で施紋するものがある。また口唇部には原則的に施紋するが、ごく稀に施紋しない場合もある。口縁内面に施紋しないⅠ型と施紋するⅡ型があり、Ⅰ型が多い。押型紋・結節縄紋・縄紋・魚骨紋を問わず、回転施紋は帯状施紋である。帯状施紋は縦帯のみの0帯型、横一帯の1帯型、横二帯の2帯型の三種がある。横三帯の3帯型は確認されていない[1]。縦帯のみの0帯型はa種のみで、横帯のみのb種はない。1帯型には口縁部直下に施紋するa種と幅広く無紋帯を設け、口縁部と胴部の境に施紋するa'種に分かれる。横帯を口縁部と胴部の境に廻らせ、縦帯を口縁部直下から施し直交させるb種がある。2帯型は下位の第二横帯からはじまるa種、上位の第一横帯から縦帯がはじまるb種とある。後者のb種の縦帯は、第二横帯と直交することになる。押型紋を問わず、すべての回転施紋（結節縄紋・縄紋・魚骨紋）はⅠ型・Ⅱ型とも先に示した帯状構成をとる［第36図］。

黒　鉛：黒鉛混入のものと含まない二種がある。圧倒的に黒鉛混入のものが多い。飛騨の沢式には有紋・無紋を問わず、黒鉛混入土器が存在するが、信州の樋沢1式の無紋土器は黒鉛混入のものはない。黒鉛混入が除粘材としての流通か、土器そのものの流通かは別にして、黒鉛混入土器の分布は沢式の交易圏を知る上で重要な手がかりと考えられる。なお、黒鉛混入土器は沢式に限定されるものではなく、異方向帯状施紋の三段階（沢式→宮ノ前→宮ノ下、樋沢1式→樋沢2式→樋沢3式）に存続したと推定される［第41・42図］。

2　樋沢式土器の再検討

今日、中部押型紋土器を考える時、二つの型式学的理解に大きな齟齬が生じている。その一つが沢式と樋沢式の理解である。もう一つが樋沢式と細久保式の理解である。沢式と樋沢式、樋沢式と細久保式を如何に規定し、弁別するのかが大きな問題である。合わせて樋沢式にみられる横帯のみの施紋構成（Ⅰ型0帯b種）と卯ノ木1式の関係についても考えてみたい。また帯状押型紋における楕円紋の出現時期についても検討したい。こうした課題のうち、まずは沢式と樋沢式との関係について考えてみよう。

樋沢式と沢式　　信州における黒鉛混入土器は下り林遺跡（1948年）や樋沢遺跡（1952年）の発掘調査で「青磁のような光沢をもつ極薄の土器」として早くから注意されていた。それが黒鉛であることが判明したのは、1967年の沢遺跡発掘以降のことである。信州の黒鉛混入土器は現在、市道遺跡・御座岩岩陰遺跡・向陽台遺跡・小田原遺跡・反目南遺跡など10ヶ所以上の遺跡で確認されている。

佐藤は楕円紋を含む樋沢下層式（樋沢式）を沢式より後出的と考えた〔大野・佐藤1967〕。その

第 3 章 中部の押型紋土器

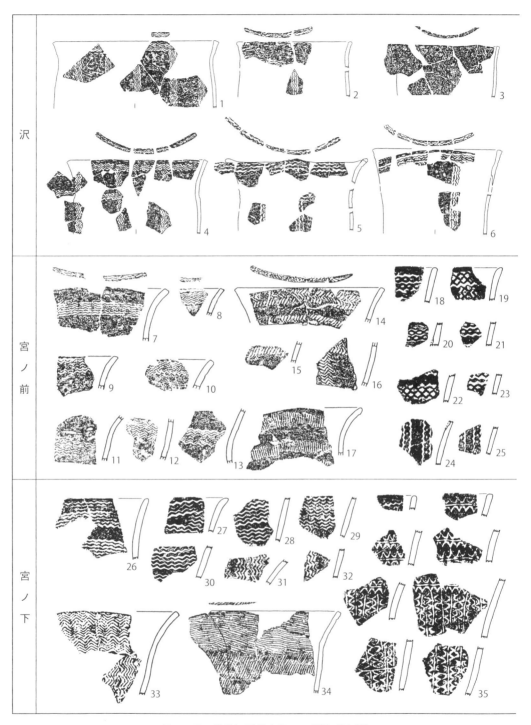

第 41 図 帯状押型紋土器の三段階〔飛騨〕

1 帯状施紋の押型紋土器

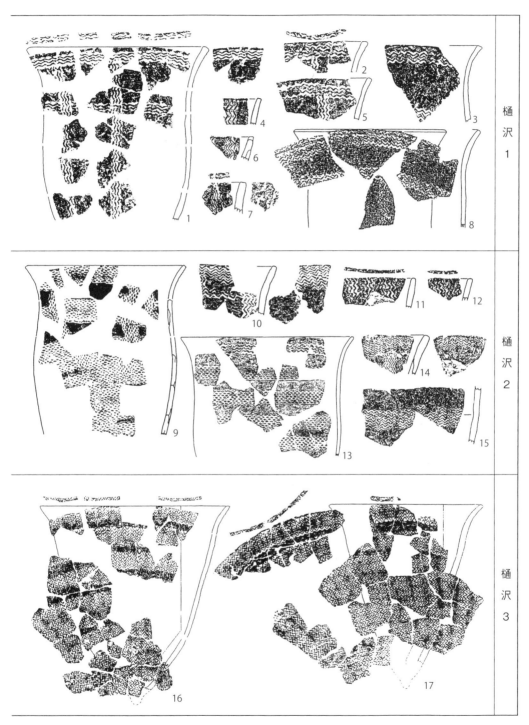

第42図 帯状押型紋土器の三段階〔信州〕

第3章　中部の押型紋土器

理由は樋沢式には楕円紋がある点、口縁部内面施紋や口唇部施紋が少ないこと、山形の条数が多い点である。こうした認識の背景には、沢遺跡が沢式の単純遺跡であるのに対し、樋沢遺跡が押型紋期の拠点的な複合遺跡であることにも起因している。今日的観点からみると、戸沢充則が提示した樋沢式には複数の細別型式の押型紋が混在している。当然、後出的要素が含まれているとみなければならない。今日、樋沢式は沢式に対比すべき黒鉛を含む樋沢1式、楕円押型紋を有する樋沢2式、口縁部三横帯・胴部縦帯密接化の樋沢3式の三段階の細別型式に弁別できる［第42図］〔岡本2016〕。中島　宏や会田　進は帯状押型紋の最古段階を「沢式」とはせず、学史的にみて「樋沢式」の枠内として捉えるべきと主張する〔中島1987、会田1988〕。しかし、それは逆で沢式の提唱により学史的な樋沢式の実体が明確化されたと認識すべきであろう。その上で、沢式の範疇として信州の樋沢式の細別型式を「樋沢1式」と呼ぶことには異論はない。その理由は黒鉛を含む押型紋は確かに沢式であるが、主体となる無紋土器は沢式の無紋とは胎土・器形とも異なり、信州独自の地域色をもっているからである。

樋沢式と卯ノ木1式　　樋沢式のなかには、山形紋と楕円紋を併用した横帯のみのI型0帯b種が存在する。これは帯状押型紋の最古段階（沢式・樋沢1式）には見られない文様構成である。まずは横帯のみで構成される帯状押型紋の位置づけについて考えてみよう。横方向帯状施紋を主体とする押型紋は、卯ノ木1式土器の特徴でもある。

　1956（昭和31）年に中村孝三郎によって発掘された新潟県卯ノ木遺跡は、当時から注目された押型紋遺跡の一つである〔中村1963〕。今日、小熊博史によって再検討がなされ、独自の菱目紋を主体とした横方向帯状構成の第I類型と楕円＋山形紋の異種原体併用紋や楕円紋＋平行沈線紋などの第II類型に分類され、二時期に細別されている〔小熊1997a〕。ここでは前者を卯ノ木1式、後者を卯ノ木2式と呼ぶ［第43図］。

　卯ノ木1式については、横方向帯状構成を施紋規範とする（0型b種）。格子目紋の仲間である菱目紋を主体とし、帯状山形紋も伴う。卯ノ木1式は当然、広義の樋沢式の仲間である。その分布は新潟県を中心に、福島県・群馬県・長野県・岐阜県に拡がり、日計式押型紋の菱目紋やその出現に関連すると考えられる〔可児1989〕。一方、北信や飛騨の北陸沿いに独自の分布域をもち、日計式押型紋文化圏と樋沢・細久保式文化圏をつなぐ重要な資料となっている。

　福島県石橋遺跡・群馬県八木沢清水遺跡・岐阜県宮ノ下遺跡の卯ノ木1式には異方向帯状施紋のものもあり、原体が短く、細い特徴から樋沢式の古い要素をもっている。その位置づけは沢式（樋沢1式）、その後半の樋沢II式に対比されている〔小林1986、可児1989、中島1987〕。概ね樋沢式の範疇で捉えられているが、後述するように樋沢式の三細分のうち樋沢2式段階の横方向帯状構成の仲間として位置づけておきたい。また卯ノ木2式は多くの研究者が指摘するように細久保2式段階であろう。

樋沢式と細久保式　　次に樋沢式と細久保式の関係をみてみよう。樋沢式から細久保式への型式学的変化は多くの研究者の認めるところであろう。しかし、どこまでを樋沢式するか、どこからを細久保式の範疇とするのか、研究者間の理解は必ずしも一致しない。まずは、この問題を解決

2 樋沢式土器の再検討

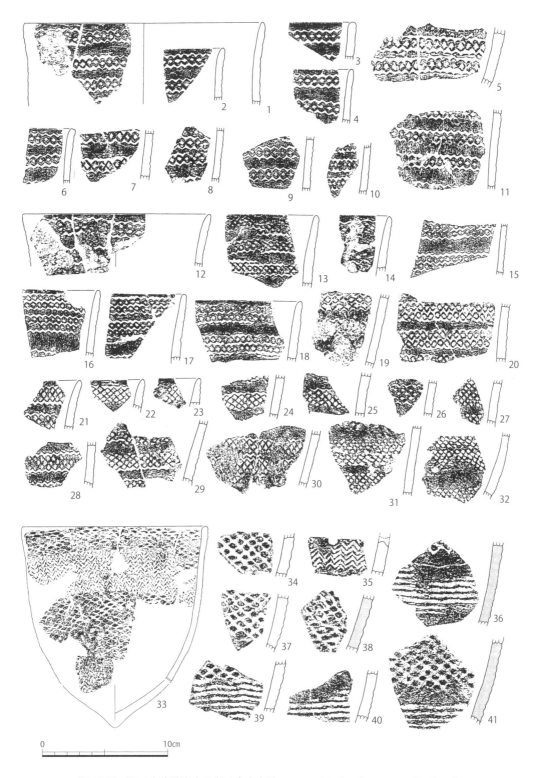

第43図 卯ノ木遺跡出土の卯ノ木式土器　1~32：卯ノ木1式　33~41：卯ノ木2式

第3章　中部の押型紋土器

する必要があろう。一つは中島　宏は「無文部の消長と、すなわち全面施文か否かを第一のメルクマール」として樋沢式と細久保式を弁別すべきとの主張である〔中島1990・2004〕。一方、会田進は異方向施紋を施紋規範とするものを樋沢式に、横方向密接施紋を規範とするものを細久保式に規定すべきとの見解を示している〔会田1971・1993〕。

　著者もかつて樋沢式三細分（古・中・新）を提示し、その新段階を「細久保式に含めるのか、あるいは細久保式の範疇として位置づけるのかは、細久保式の規定とも係わる重要な問題であり、議論を要しよう」としながらも、樋沢式の範疇に含めた〔岡本1989〕。しかし中島から「肝心なところを保留された」との批判を受け、さらに三戸式と細久保式の対比を論じる中で、樋沢式新段階としたものをそのまま細久保1式に移行することにした〔岡本1997〕。こうした型式名の変更に対し、中島の更なる追究を受けることになる〔中島2004〕。その批判は「戸沢氏の樋沢遺跡報告の復原図に示され、従来の樋沢式の典型例であった縄文による異方向構成は、細久保式に組み込まれることとなってしまった」というものであった。細久保1類の充分な分析のないまま、型式名のみをスライドさせた点については反省を要しよう。

　中島の帯状か密接かという弁別基準は、施紋流儀というより施紋の現象的側面であり、樋沢式は限りなく細久保式の領域にまで拡大してしまう。この点については後述するように「細久保1類a群」に関わってくる。今回、改めて異方向施紋を規範する会田の弁別原理に基づき、樋沢式を規定したい。

楕円紋の出現　　中部ポジティヴ押形紋における楕円紋の出現は、西部ネガティヴ押型紋の反転によって出現すると考えてきた〔岡本2015a〕。その出現期は大川2式―立野1式―樋沢3式の交差関係を契機として、立野1式の縦刻原体の楕円紋から生成されるとの見通しを立てた。

　しかし、すでに樋沢2式の段階に楕円紋が存在している［第42図9・13］。さらに市道遺跡では山形紋＋楕円紋の異種帯状施紋のものがあり、これを樋沢1式とすれば当初から楕円紋が出現したことになる。しかし沢遺跡でも向陽台遺跡でも樋沢1式に伴う楕円紋はない。中島は市道遺跡例を「例外」としたが、帯状構成のものに異種原体（山形紋横帯＋楕円縦帯）も用いたものはなく、おそらく山形が一山ずれて楕円紋が偶然できたもの可能性も捨てきれない〔中島2004〕。楕円紋の出現が樋沢2式とすれば、立野式に先立って、樋沢式の中から楕円紋が出現しているのは明らかである。樋沢3式の2帯型の口唇部の刻みは大川的である［第47図3］。なおネガティヴ押型紋文化圏との交流を契機として、楕円紋が出現した可能性も捨てきれない。

3　樋沢式土器の細別型式

　樋沢遺跡の第1次調査が実施され、その発掘成果が戸沢充則によって報告されたのは、1952（昭和27）年のことであった〔戸沢1955〕。出土した押型紋土器は第2黒土層下層から出土した第1類と、「上部の層」の第2類に分類された。第1類が帯状施紋を特徴とする「樋沢式」、第2類を「細久保式」と命名することになる。樋沢遺跡に先立つ1950・51（昭和25・26）年、細久保遺

3 樋沢式土器の細別型式

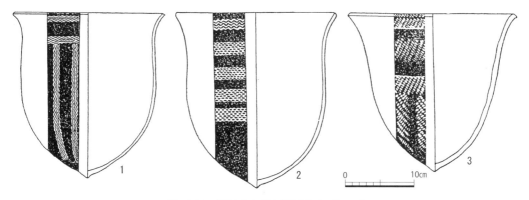

第44図　樋沢式土器の復元図〔戸沢1955〕

跡は発掘された。当然、戸沢の分類（第1類・第2類）は細久保遺跡出土の押型紋土器との比較検討がなされた上での細別であった考えられる。

三つの「樋沢式」　戸沢は「樋沢遺跡報告」のなかで樋沢式の類例として普門寺遺跡、下り林遺跡・池ノ平遺跡をあげた〔戸沢1955〕。その2年後、松沢亜生による「細久保遺跡報告」がなされ、細久保遺跡出土の第1類を「所謂帯状施文を特徴とする樋沢式土器に類似するもの」として分類する〔松沢1957〕。しかし、戸沢が提示した樋沢式とは明らかに異なり、横帯のみの構成や横帯+縦密接構成のものが含まれている。この時点で、樋沢遺跡の「樋沢式」と細久保遺跡の「樋沢式」の二者が認識されていたことになる。

暫くした1967（昭和42）年、帯状押型紋の樋沢式は岐阜県沢遺跡の発掘により、胎土に黒鉛を含む帯状構成のみの押型紋が純粋にまとまって出土し、その実体がより鮮明になった。佐藤達夫によって設定された沢式は「その紋様、胎土等において、他の押型紋土器から分離しうる明確な型式学的特徴を備え、一型式の基準にとするに足るものと認められる。その編年的位置は押型紋最古の段階に列しうるものと考えられる」と結論づけ、西部ネガティヴ押型紋との二系統論が提示されることになる。また樋沢式との関係については、楕円押型紋を含み全面に施紋するものがあること、口縁部内面に施紋するものが少ないこと、約半数が口端上面に施紋しないこと、原体が長く山形の条数が多いことなどを根拠に、沢式よりもやや後出要素として位置づけた〔大野・佐藤1967〕。

黒鉛入りの土器は樋沢遺跡でも認識されており、「青磁ような色沢をもつ極薄の土器」として報告されている。神村　透も黒鉛入りの土器を「下り林遺跡で注意され、さらに樋沢遺跡からも出土し、樋沢式土器のメルクマールの一つとなっていた」と述べている。とするなら樋沢式には、「沢遺跡の樋沢式」・「樋沢遺跡の樋沢式」・「細久保遺跡の樋沢式」の評価の異なる三つ「樋沢式」が認識されていたことになる。

こうした三つの異なる認識を踏まえ、樋沢式を1式・2式・3式の三段階に分類して再検討したい。樋沢式の三細分については、すでに熊谷博志によって独自の文様構成の分析から細分案が提示されている〔熊谷2008〕。

第3章　中部の押型紋土器

樋沢1式　　樋沢式を規定する上で、認識された三つの「樋沢式」をどのように理解するか、その細分にも係わる重要な問題を含んでいる。戸沢充則が復元図に示した三つの樋沢式［第44図］が果たして同一時期なのかも含めて、改めて樋沢遺跡の樋沢式を再整理する必要があろう。樋沢遺跡の発掘調査は、その後1979（昭和54）年の第2次・1981（昭和56）年の第3次・1998（平成10）年の第4次にわたって実施されている。また3次発掘調査の際には押型紋文化に関するシンポジウムが開催され、発掘調査の成果をはじめ、樋沢式とは何か、樋沢式と立野式の関係、押型紋土器の起源など押型紋文化の課題が活発が議論された〔戸沢編1982〕。樋沢遺跡出土の押型紋は四期（Ⅰ～Ⅳ）の変遷が考えられている〔戸沢編1987〕。樋沢遺跡は押型紋前半期の樋沢式・細久保式、後半期の黄島式段階に至る押型紋の複合遺跡であり、長期間に渉る拠点的な集落であった。

　まずは樋沢1式も先に示したように0帯型、1帯型・2帯型がある［第45図上］。「沢遺跡の樋沢式」から検討を始めよう。戸沢復元図［第44図1］に示した黒鉛入りの帯状押型紋の2帯型（Ⅰ型2帯種）は、佐藤達夫が押型紋最古の段階とした沢式の一群である。0帯型・1帯型の帯状異方向施紋が主体であるが、3帯型はない。山形紋の条数は3～4条、口端に施すものは角頭状を呈し、器壁も薄くつくられる。沢遺跡同様、胎土に黒鉛入りのものと含まないものがある。これらが樋沢式の最も古い段階の資料で、飛騨の沢式に併行する信州の樋沢1式と呼ぶべき資料である。この樋沢1式にはやはり帯状構成をもつ縄紋施紋の土器が伴う。沢遺跡でみられる結節縄紋は確認できない。

　1985・86（昭和60・61）年に発掘調査された向陽台遺跡は、住居跡を伴う樋沢1式の単純な集落遺跡である〔小林ほか1988〕。向陽台遺跡の帯状押型紋は樋沢遺跡例と共に「向陽台式」とも呼びうる信州の標式資料である。重要な点は、大半が口端に施紋されていることである[2]。

樋沢2式　　次に「樋沢遺跡の樋沢式」についてみていきたい。四次にわたる樋沢遺跡出土の樋沢式を、会田　進は次のように総括した。「従来より、帯状構成は樋沢式を特徴付ける異方向帯状施文（横位・縦位帯状）の山形文土器が主であると思われてきたが、第Ⅳ次調査ではこれとともに、異方向密接施文（横位帯状＋縦位密接）が、それ以上に主体的に存在することがわかった」。

　確かに会田の指摘のとおり、樋沢遺跡が最も隆盛したのは異方向密接施紋の押型紋の時期であり、細分型式の基準を備えていた一群であるのは確かである。この異方向密接施紋を樋沢3式としよう。しかし異方向帯状施紋（樋沢1式）と異方向密接施紋（樋沢3式）の間には、なお型式学な間隙があるように考えられる。すでに佐藤や中島が指摘しているように、樋沢1式に較べ原体が長く（20～30㎜）山形の条数が多い（4条～6条）一群の帯状施紋である〔大野・佐藤1967、中島1987a〕。この時期、3帯型が現れ、口縁部施紋帯が幅広くなる。

　異方向帯状施紋（1式）と異方向密接施紋（3式）をつなぐ中間式として、これらを樋沢2式と呼ぶ［第45図下］。2式には0帯型・1帯型・2帯型に加え3帯型がある。会田が注目した口縁部の横帯に接することなく、間隙をもって縦帯を施紋するのも、2式から3式にみられる施紋流儀である。戸沢復元図［第44図2］に示した横帯施紋は山形＋楕円紋で構成され、底部がないため

76

3 樋沢式土器の細別型式

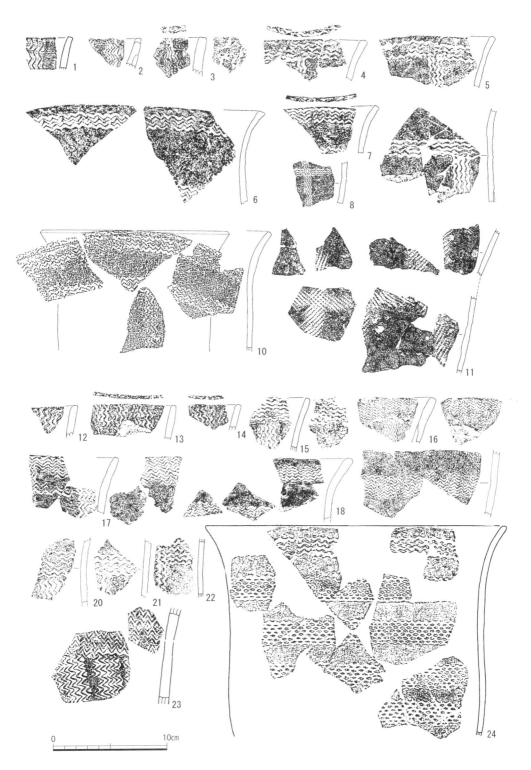

第45図　樋沢遺跡出土の樋沢1式土器 (1~11)・2式土器 (12~24)

よく判らないが、静岡県葛原沢遺跡例［第28図5］のように多帯型の可能性も否定できない。向陽台遺跡の楕円紋もおそらくこの時期のものであろう。

中島　宏はここでいう樋沢1式と2式との型式学的差異を認めながら、竹之内遺跡や普門寺遺跡の事例から両者を「樋沢Ⅱ式」の仲間として捉える〔中島2004〕。なお中島の「樋沢Ⅱ式」には、本来、細久保式と考えられる横方向密接施紋（細久保式1b・2a）までをも含んでいる。細分型式としての「樋沢Ⅱ式」は、細久保式の領域にまで踏み込んだ拡大設定となっている。

樋沢3式　　細久保遺跡の「樋沢式」の主体は異方向密接施紋の段階であり、これが樋沢3式である［第47図］。器形も1式・2式とは異なり、鋭角的な尖底となる[3]。文様構成は0帯型はよく判らないが、1帯型・2帯型・3帯型・多帯型がある。主体は3帯型であるが、密接化と横帯の多帯化傾向が顕著となる。1帯型の山形紋や楕円紋は必然的に密接施紋となる。松沢亜生が「細久保遺跡の樋沢式」とした、口縁部三横帯・胴部縦方向密接施紋の3帯型（1類a群）はこの仲間である〔松沢1957〕。口縁部横帯は帯状や痕跡を残す例もあるが、密接施紋は胴部の縦帯から始まり、全面施紋の傾向を示す。3帯型は2式同様、異方向の境に無紋帯を残すものもある。多帯傾向は口縁部横帯施紋が胴部まで拡張し、胴部以下の縦方向施紋帯が圧縮されることと関係するのであろう。3帯型や多帯型には、特異な「暖簾状」の文様構成をもつものがある［第46図］。神並遺跡出土の神宮寺式に伴う異方向施紋の山形紋（神並式）、新潟県荒沢遺跡の沈線紋にみられ、正面形を意識した文様構成をもっている〔岡本2014a〕。なお、異方向帯状施紋の無紋部に刺突文を施す静岡県下長久保上野遺跡・大谷津遺跡（1帯型）、群馬県勝保沢中ノ山遺跡（2帯型）、細久保遺跡6類（0帯型）は樋沢3式に位置づけられる。

以上、樋沢式1～3について細分してきたが、当初、戸沢充則が復元した三個体の樋沢式は、今日的視点でみれば［1］→［2］→［3］の三段階に変遷する［第44図］。樋沢式に貫く文様構成の原理は、帯状施紋・密接施紋に係わらず異方向施紋すなわち口縁部横方向・胴部縦方向の施紋流儀を有していることである。言い換えるならば、会田　進が指摘するように、樋沢式の型式表象は異方向施紋構成を施紋規範として成立しているといえよう。

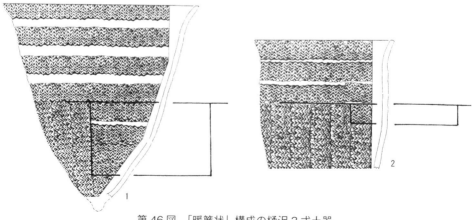

第46図　「暖簾状」構成の樋沢3式土器

3 樋沢式土器の細別型式

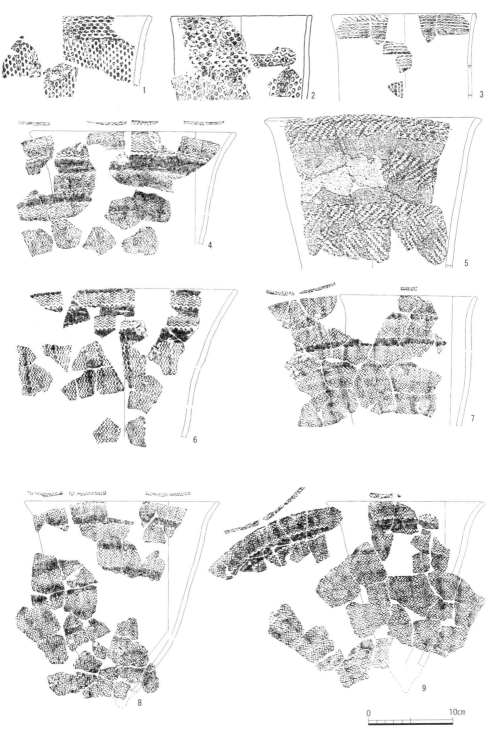

第47図　樋沢遺跡出土の樋沢3式土器

第3章　中部の押型紋土器

4　細久保式土器の細分

「樋沢遺跡報告」によって第1類を樋沢式、第2類を細久保式と命名したことに始まる〔戸沢1955〕。この報告では帯状施紋の樋沢式以外の「口縁端から器面全面に、しかも不規則な走行をもって施されている」ものも含めた押型紋を、一括して「細久保式」と弁別した感が強い。これに対し「細久保遺跡報告」では帯状施紋以外の押型紋を「細久保式」にすることに疑義が呈される。六類に分類し、第1類を「樋沢式土器に類似するもの」、第2類を「密接した横位の帯によって文様を構成するもの」、第3類の不規則施紋のもの、第4類の山形＋楕円紋異種原体のものなどすべてを、「一まとめにして、細久保押型紋土器と捉えて置くのが妥当だと思う」と敢えて型式設定を行うことはなかった。また報告者の松沢亜生は「何が細久保の特徴といえるか」という自問に対し、「2類a群の頸部に原体端の刺突文ある土器は、細久保で注意すべき特徴の一つである」と自答している〔松沢1957〕。松沢は「細久保式」とは言っていないが、この特徴が細久保式の最大の特徴であろう。

　その後、細久保式段階の資料が増加する中、学間遺跡の押型紋土器を報告した会田　進は「一括細久保式土器として認識されたまま未解決であった問題点を、再度検討するときがきた」とし、細久保2類の横方向密接施紋の一群と細久保3類の異種原体横帯施紋に細別される可能性を示唆した〔会田1970〕。翌年、会田は樋沢式に続く、「細久保系統」の文様構成を四段階に分け、その変遷を図示した〔会田1971〕。この会田の細分に対し、片岡　肇は「あまりに型式学的で、遺跡の実情に即しておらず、考えられた文様構成の組成は現実性を欠くようである」と批判する。そして細久式式を検討する中で細久保類型、学間類型を時間差として捉え、更なる細久保式の細分を提唱した〔片岡1982〕。

細久保1類a群の理解　　大局的には中島も著者も、細久保1類・2類を一群の型式とみなす点では一致している。中島は一貫して樋沢Ⅱ式と主張したのに対し、著者は細久保1類を「ありのまま」の一群として、型式名のみを変更した〔岡本2010〕。しかし問題は細久保1類のうち、異方向施紋の1類a群を如何に理解するかにかかっている［第48図］。片岡　肇の言葉を借りれば「樋沢式土器と理解すべきか。あるいは樋沢式の伝統を強く残した細久保式として理解するべきなのであろうか」ということになる〔片岡1980〕。会田は異方向施紋は樋沢式の顕著な表象であり、細久保1類a群は細久保式から除外すべきと主張する〔会田1993〕。先に述べたように型式学的には明らかに樋沢式であり、改めて修正を加え、1類a群を樋沢3式、1類b群を細久保1式に弁別することにした。

　問題は中島が細久保式の特徴とされる2類a群を含めた1類a・b群・6類が樋沢Ⅱ式、2類b群・3類・4類が細久保式と弁別した点である〔中島1987a・1990〕。報告者の松沢が「細久保式」の特徴とした頸部に刺突紋をもつ2類a群は、中島の規定によれば樋沢Ⅱ式となり、細久保式の範疇はかなり限定的になってしまう。やはり樋沢式から細久保式への変遷は、異方向施紋から横方向密接施紋への流儀の変化を画期とすべきであろう。

80

4 細久保式土器の細分

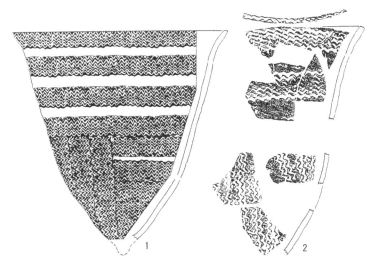
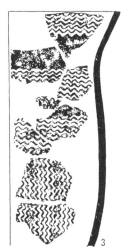

第48図　細久保1類a群土器［樋沢3式］

　ここでは横方向密接施紋を型式表象とし、1類b群・2類a・b群・3類・4類を細久保式と規定しておきたい。あわせて、中島が樋沢Ⅱ式の属性とした口縁部の耳状突起[4]も、おそらく細久保1式以降の特徴であろう［第50図］。

細久保1式・2式　細久保式には頸部の無紋帯に刺突紋を配する横帯施紋（2類a群）と、横方向密接施紋（2類b群）や異種原体横方向密接施紋（4類）に大きく二分される。前者を細久保1式、後者を細久保2式とする［第49図上・下］。口唇部に押型紋を施紋し、横方向施紋にやや無紋部を残す横方向施紋（1類b群）は細久保1式であり、横方向密接施紋（2類b群）および不規則な施紋（3類）は細久保2式以降にみられる。1類b群に分類される頸部に無紋帯を有するものは刺突紋はないが、極めて2類a群に近い。

　山の神遺跡例には細久保1式段階の資料が多い［第51図］。頸部に無紋帯を設けるが、刺突紋や沈線紋のないものもある。また山の神遺跡例には、口縁部に二横帯密接施紋、頸部に無紋帯を設け、以下胴部を横帯密接施紋、底部を縦方向に施紋している例が認められる［第51図17］。異方向施紋の樋沢式の流儀が痕跡的に残存している。異方向施紋から横方向施紋に替わっても、頸部に無紋帯を設けることによって口縁部施紋帯と胴部施紋帯を意識しているようにみえる。と同時に無紋帯に施される刺突紋・沈線紋は押型紋の上・下の施紋帯をつなぐ役割をもっている。縦帯の押型紋で連結しているものもある。やや変則的ではあるが口縁部に異方向施紋（横方向・縦方向）、頸部に無紋帯、胴部に横方向施紋の例もある［第51図8］。

　細久保2式の特徴は異種原体密接施紋で、その組合せについては種々あるが、日計式の原体文様を取り入れた綾杉紋が型式表徴の一つとなる［第52図］。また細久保2式は四国島や中国山地の西部押型紋土器文化圏にまで広く分布した広域型式である。市道遺跡には細久保2式段階が顕著にみられる（Ⅳ類）。一見、不規則施紋にみえるが、横帯を上・下に施紋して幅広に施紋帯を

第3章　中部の押型紋土器

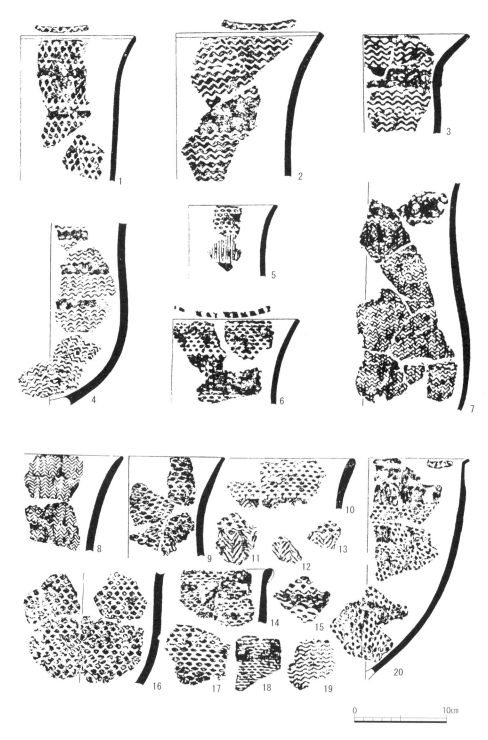

第49図　細久保遺跡出土の細久保1式（1～7）・2式土器（8～20）

4 細久保式土器の細分

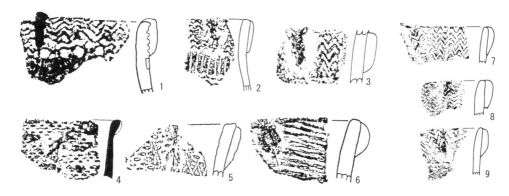

第 50 図　細久保式土器の耳状突起
1：男女倉遺跡　2：東組遺跡　3・4：細久保遺跡　5：栃原岩陰遺跡　6：樋沢遺跡　7〜9：山の神遺跡

設け、その区画内をクランク状あるいは山形に施紋する三戸 3 式の施紋流儀をもつものが確認されている［第 52 図 18〜20］〔岡本 2010〕。沈線紋と併用する例［第 52 図 23、24］もあり、沈線紋土器との交差年代を考える上で重要な資料となっている。細久保 2 式の詳細については改めて後述しよう〔岡本 2013〕。なお横帯密接施紋だけでは 1 式に伴うものか、2 式伴うものか判断できないが、「学間類型」とされる横帯密接楕円紋も細久保 2 式に伴うものであろう。

細久保式以降　樋沢遺跡も細久保遺跡もほぼ異種原体施紋の細久保 2 式段階で終わっている。すなわち両遺跡とも押型紋文化前半期が主体となっている。なお樋沢遺跡では口縁外面に柵状紋と楕円紋を施した押型紋があり、小杉康は黄島式の「模倣変形」[5]と見做し、樋沢Ⅳ期として後半期の黄島式段階を設けている〔小杉 1987〕。しかし口縁内面に柵状紋＋楕円紋を施す黄島式は現在のところ発見されていない。おそらく信州では、後半期の黄島式段階にも押型紋は存続しているのは確かであろう。

細久保式以降、田戸下層式に対比される黄島式段階には、信州でも押型紋が存続すると考えられる。浜弓場遺跡・小坂西遺跡・ハタ河原遺跡などでは少量の田戸下層式とも押型紋土器が出土している。楕円紋が主体と考えられるが、この段階に伴う押型紋土器を抽出することはできない。

浜弓場遺跡・深山田遺跡などから出土した口縁内面に柵状紋だけを施す例は、おそらくこの時期のものであろう［第 53 図 10・28］。信州では田戸下層式を主体とする遺跡が認められないことから、楕円紋を主体とする押型紋土器が存続していたと考えられるが、明確な根拠を見いだすことはできない。

黄島式以降、信州の高山寺式は神村　透の調べによれば 42 例ほどあげられている〔神村 1986a〕。しかし、まとまった資料は宮崎 A 遺跡・平出丸山遺跡・大原遺跡など数が限られ、南信地域に多い。また穂谷・相木式も栃原岩陰遺跡をはじめ 10 遺跡ほど見つかっているが、出土量も少なく客体的な在り方を示している［第 53 図 30〜38］。

押型紋後半期の黄島式段階・高山寺式段階・穂谷・相木式段階の編年学的枠組は認められるが、

第3章 中部の押型紋土器

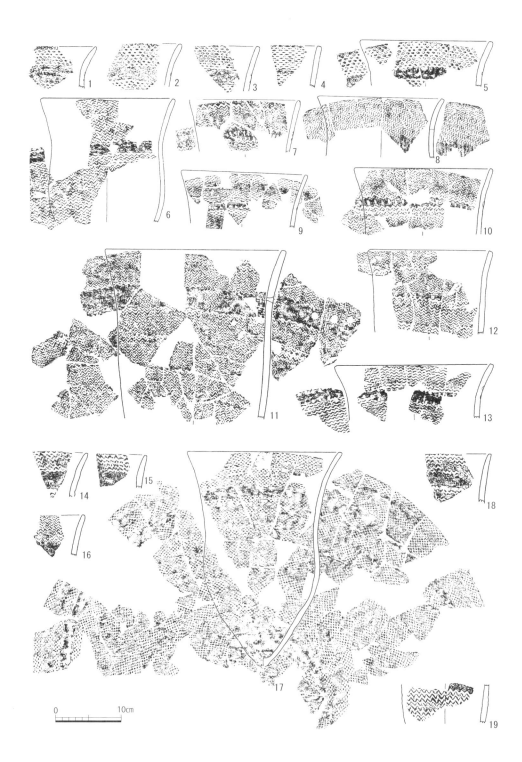

第51図　細久保1式土器　1～13・17：山の神遺跡　14～16・18・19：市道遺跡

4 細久保式土器の細分

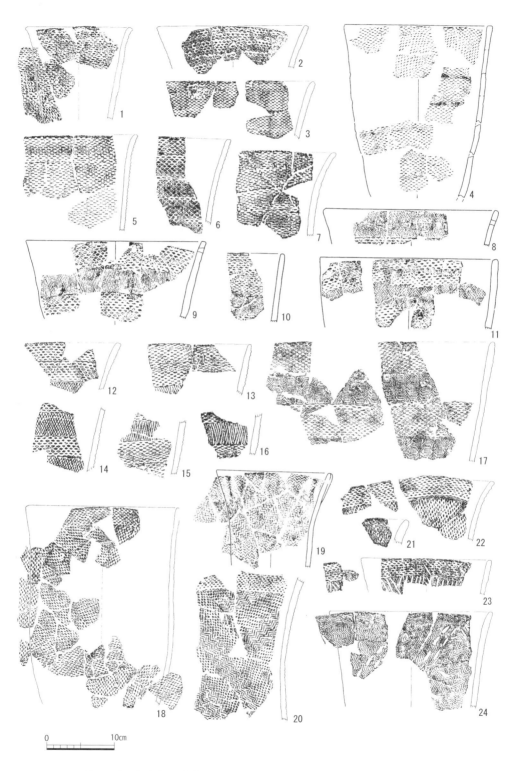

第52図 細久保2式土器 1～17・19：山の神遺跡 18・20～24：市道遺跡

第 3 章 中部の押型紋土器

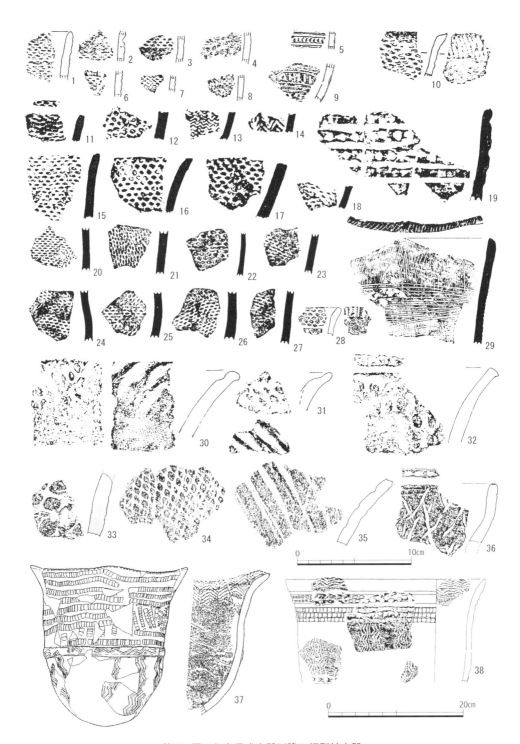

第 53 図　細久保式土器以降の押型紋土器

1～9：小坂西遺跡　10：深山田遺跡　11～19：ハタ河原遺跡　20～29：浜弓場遺跡　30～32：大原遺跡
33～36：平出丸山遺跡　37：栃原岩陰遺跡　38：禪海塚遺跡

信州ではそれらが主体となる遺跡は極めて少ない。これら押型紋後半期の諸型式は、いずれも西部押型紋土器文化圏の押型紋土器であり、信州における出土の在り方は立野式同様、西部押型紋土器文化圏の東縁の分布状況を示しているようにみえる。「細久保式以降の押型紋土器は何か」と問われても、おそらく誰も実例を提示することはできないであろう。また田戸上層式段階に対比される高山寺式、穂谷・相木式の押型紋も散見されるが、この時期の実体は、すでに沈線紋土器文化に移行している可能性が高い。いずれにしても信州の押型紋後半期の実体は不明点が多く、信州における押型紋土器の終焉と沈線紋土器の出現は、なおミッシング・リンクになっている。

　現在いえることは、関東の沈線紋と押型紋の関係と同様、信州の押型紋文化も田戸下層式段階で終焉し、田戸上層式段階には沈線紋文化に推移したと考えられる。こうした予測が許されるためには、信州における沈線紋土器の実体を明らかにする必要があろう。

5　細久保2式押型紋と三戸3式沈線紋

　沈線紋土器の成立を関東地方の三戸式沈線紋に求め、東北地方の大新町式沈線紋や日計式押型紋との交差編年を検証してきた。今回はその旅を東北地方から日本海経由で信州に入り、中部地方の押型紋土器と三戸式沈線紋との対比関係を提示したい。

押型紋と沈線紋　　中部地方の沈線紋土器については、主体となる押型紋土器と対比できるだけの十分な資料が整っているわけではない。御代田町塚田遺跡・下荒田遺跡や茅野市判ノ木山西遺跡出土の沈線紋土器が発見されて以降、関東地方の田戸上層式から子母口式にかけて沈線紋土器との対比関係が試みられ、議論が活発になりつつある。しかし、こうした後半期の沈線紋土器と細久保式以降、相木式に至る押型紋土器の消長がどのように関わるのかという点についても十分な交差関係がなされているとは言い難い〔長野県考古学会縄文時代（早期）部会編1997〕。ましてや、三戸式から田戸下層式の前半期の沈線紋土器と押型紋土器の共伴関係が確認できる資料はさらに少ない。関東地方には三戸式以降の沈線紋に少量ながらも押型紋が伴い、中部地方の押型紋にも沈線紋が伴うのは事実であり、資料的な制約の中にあっても双方向的な交差関係を検討する必要があろう。

　三戸1式沈線紋は下諏訪町浪人塚遺跡から出土する。4段（A＋B＋A＋B）の装飾帯をもつ、砲弾状を呈する三戸1式土器である。この小縦穴No.3からは縦方向の山形紋押型紋が出土する。ほかに楕円押型紋も出土する。この三戸1式はおそらく関東地方からの搬入品であろう。会田進・中沢道彦は出土状況から「細久保式前半と三戸式との併行」を想定するが、果たしてそうであろうか〔会田・中沢1997〕。もう1例は上田市の陣の岩岩陰遺跡から口縁部片の三戸1式が出土している。一緒に楕円紋や複合線文の変形押型紋も出土する。最下層の9層からは前期の土器も出土しており、両者を共伴とみるわけにはいかない。こうした三戸1式にどの段階の押型紋が共伴するのか、確定することは極めて重要である。また現在のところ、後続の三戸2式や三戸3式

第3章 中部の押型紋土器

に対比できる沈線紋土器は確認できない。

田戸下層式に対比される沈線紋は、古く伊那市浜弓場遺跡で知られていた。沈線紋や貝殻腹縁紋で構成される田戸下層式の古段階の資料である。山形紋や格子目紋も出土しているが、主体は楕円紋で複合線紋の「塞ノ神式」押型紋も伴う。中には楕円紋と沈線紋を併用する土器もみられる。田戸下層古段階の類例は、大町市山の神遺跡から出土している。やはり主体となる押型紋は横帯施紋の楕円紋や「塞ノ神式」押型紋である。千曲市小坂西遺跡では楕円紋とともに田戸下層式新段階のものや、辰野町平出丸山遺跡では樋沢式以降の各種の押型紋とともに短沈線の田戸下層式新段階のものが出土している。このほか田戸下層式に対比される資料は、望月町新水B遺跡や臼井町上滝遺跡に断片的にみられる程度である。

これらの沈線紋土器からは押型紋の影を捉えることはできるが、その対比関係を確定できるまでには至っていないのが現状であろう。

細久保2式・「塞ノ神式」　細久保式の細分については前述の通りであるが、これを基準として、まずは「塞ノ神式」[6]と呼ばれる複合線押型紋について検討したい。

信濃町塞ノ神遺跡は山形紋も出土するが、主体は胎土に繊維を含む楕円紋と複合線紋の変形押型紋である〔第54図〕。田戸下層式の沈線紋も出土する。特徴的な変形押型紋の存在から通常「塞ノ神式」と呼び、細久保式と別別しているが、報告者はこれら押型紋の一群を細久保遺跡例と対比し、「縦横無尽な施紋法が見られ、この点でも細久保式第三類に併行する内容が積極的に認められる」と指摘している〔笹沢・小林1966〕。ここでは複合線紋の変形押型紋のみを仮に「塞ノ神式」押型紋と呼んでおく。

細久保遺跡4類の楕円紋と山形紋の異種原体併用紋には、山形紋が重層した「塞ノ神式」押型紋のような例（4類7）もある。胎土には繊維を含む例も認められ、ともに横帯施紋をもつ点で共通する。胎土（作法）・横帯施紋（流儀）や楕円紋を主体とする特徴から、ここでは複合線紋をもつ「塞ノ神式」押型紋を包括して細久保2式としておきたい。近年、発掘された信濃町市道遺跡や大町市山の神遺跡からは細久保2式と「塞ノ神式」押型紋が共伴とみられる事例が発見されて

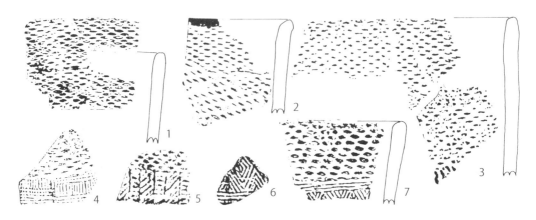

第54図　塞ノ神遺跡出土の押型紋土器

いる。将来、「塞ノ神式」押型紋の共伴の有無を基準として弁別ができれば、細久保2式と「塞ノ神式」との細別は可能であろう。

また、問題となるのは「塞ノ神式」押型紋の系譜である。すでに指摘したように東北地方の日計式押型紋に、その出自を求めることができる〔岡本1997〕。塞ノ神遺跡に近接した新潟県松ヶ峰No.237遺跡では、楕円紋を主体とし、より日計式に近い複合線紋押型紋が出土している〔第55図〕。横帯施紋や繊維を含む特徴をみても塞ノ神遺跡と同時期であろう。こうした「塞ノ神式」押型紋は原体の両端を加工せず、その径も太い。縦刻原体であることや繊維を含む特徴から、日計式押型紋と共通する。

仮に、岩手県大新町遺跡の日計式押型紋と比較してみると、「塞ノ神式」押型紋は同じ彫刻構成をもっていることが判る。中部地方の山形押型紋から内在的に変容したとは考えにくい。おそらく「塞ノ神式」押型紋は日計式押型紋の影響を受け、中部地方の押型紋に採用されものであろう。楕円紋や山形紋の異種原体と併用され、西日本まで広がったものと考えられる。こうした「塞ノ神式」押型紋の分析が進めば、広域編年の一つの基準になろう。

細久保2式のⅠ文様帯　　山内清男の文様論に従えば、回転施紋の撚糸紋土器や押型紋土器には文様はない。ところが、驚いたことに押型紋でⅠ文様帯を構成する土器がある。描線施紋のⅠ文様帯を回転施紋の押型紋で表出したものである。それは長野県市道遺跡出土の押型紋土器に認められる。市道遺跡からは4段階の押型紋土器が出土している。Ⅰ類は立野式、Ⅱが沢・樋沢式、Ⅲ類が細久保1式、Ⅳ類が細久保2式に対比できる〔中村2001〕。Ⅳ類の細久保2式は、楕円紋や山形紋による重複構成の密接施紋、「塞ノ神式」押型紋、押型紋と沈線紋の併用土器からなる。やはり楕円紋が主体で、胎土に繊維を含む土器群である。山の神遺跡も同じ構成をもち、同時期と考えられる。Ⅳ類すなわち細久保2式の押型紋の施紋構成を分析しよう〔第56・57図〕。一例目は、異種並列構成とされる山形紋と楕円紋を組み合わせた押型紋土器である〔第56図1〕。この文様構成は口縁部に横帯施紋の楕円紋、斜位に楕円紋を帯状施紋し、無紋帯の部分に山形紋を充填して密接施紋している。下半には一列しか楕円紋が確認できないが、横帯施紋で文様帯を区

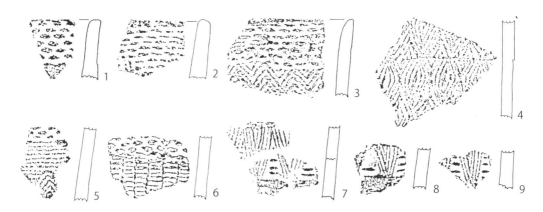

第55図　松ヶ峰No.237遺跡出土の押型紋土器

第3章 中部の押型紋土器

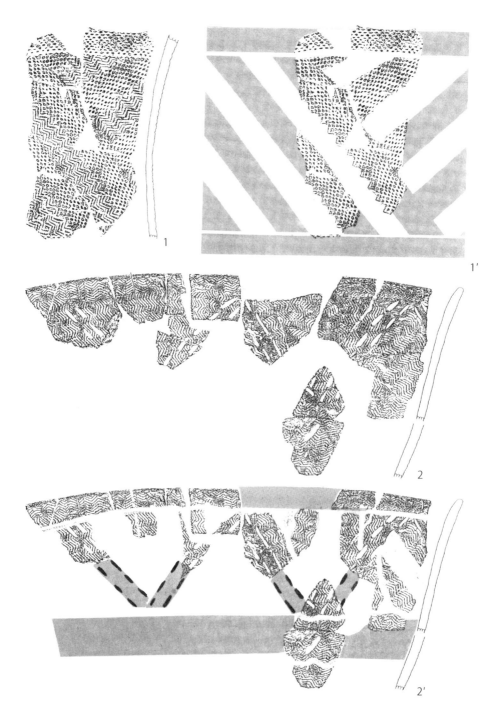

第56図 三戸3式土器の文様構成をもつ押型紋土器（1）

5 細久保2式押型紋と三戸3式沈線紋

第57図 三戸3式土器の文様構成をもつ押型紋土器（2）

画している。文様構成を表出しているのは楕円紋で、山形紋は補助的な役目しかもっていない。その山形紋を消去してみると、その文様構成はよく判る [1']。この文様構成は三戸3式のI文様帯である。すなわち、三戸3式の沈線紋の文様構成を回転押型紋で表出したのであり、沈線紋を押型紋に置き換えた土器である。沈線紋の描線手法に切り替えることなく、あくまで押型紋を固守した中部地方の縄紋人の気概が読み取れる。この文様は押型紋の施紋（流儀）の伝統からは生まれてこない。この土器をつくった中部地方の押型紋人は、三戸3式を知っていたのである。

二例目は、山形紋と列点状の沈線紋を組み合わせた土器である [第56図2]。山形紋を密接施紋した後、列点紋でV字形に施紋した押型紋である。口縁部と胴部下半に横帯施紋を区画を構成し、その区画内を縦位・斜位で施紋したものである。その区画内の施紋方位を強調するかのように、列点沈線で大きなV字状に列点沈線紋を廻らせる [2]。同様の列点沈線紋を併用する例は静岡県大谷津遺跡にもある。

三例目は、楕円紋で重複構成した密接施紋の土器である [第57図3]。口縁部と胴部下半に横帯施紋を廻らせて上下の区画帯を構成し、その中を斜位に施紋している。いま任意に施紋幅（原体長）で、一帯おきに楕円紋の施紋帯を消去してみる [3]。やはり、三戸3式のI文様帯の構成になる。従来「縦横無尽」に施紋される押型紋も、こうした文様構成を意識して施紋された可能性が高い[7]。

ほかにも文様構成は分からないが、山形紋や楕円紋で口縁部に横帯施紋し、以下斜位の施紋構成をとる土器が認められる。細久保2式段階の押型紋遺跡からは、斜位方向の施紋をもつ例が含まれることが多い[8]。塞ノ神遺跡や細久保遺跡3類の「原体が定まった方向もなく縦横無尽に」施紋される一群の土器は、三戸3式のI文様帯を模倣した押型紋の仲間であろう。

また、市道遺跡からは押型紋と複合鋸歯の沈線紋を組み合わせた併用土器も数点出土している。沈線紋土器との関係をみることができる。数は少ないが、この時期の長野県下の押型紋遺跡にも認められる。類例は埼玉県向山遺跡や静岡県東大室クズレ遺跡からも出土している。これらの沈線紋との併用土器は、東大室クズレ遺跡出土の三戸3式の複合鋸歯沈線紋と共通し、「塞ノ神式」押型紋の複合鋸歯紋とも関連しよう。

このように細久保2式段階になると、樋沢式や細久保1式の帯状施紋や異方向・横位施紋の伝統的な押型紋の施紋規範は、東北地方の押型紋や関東地方の沈線紋の影響を受け、次第に変容する姿を読み取ることができる。それは関東地方の三戸3式の段階であろう。

6　中部沈線紋土器の出現と展開

1997（平成9）年、長野県考古学会が主催した「押型文と沈線文」のシンポジウムでは、両者の問題点や課題は提示されたものの、押型紋から沈線紋へ「どの段階で、どのように移行」という議論が欠如していたように考えられる。同じく2005（平成17）年、縄文セミナーの会における「早期中葉の再検討」でも、沈線紋土器の討議は各地域における枠組みや細分の問題が議論の

中心であった。押型紋から沈線紋へ如何に推移するのかという「まなざし」は、討論の中でも充分に活かされたとは言い難い。では信州において押型紋文化から沈線紋文化に「何時、どのように」移行するのであろうか。

　領塚正浩は自戒を踏まえ、「押型文土器群と沈線文土器群の研究は、個別研究の限界を認識すべき段階を迎えており、閉塞した編年観から脱却する必要を痛感する」と警告している〔領塚2005b〕。押型紋文化の編年的枠組みからみれば、高山寺式や穂谷・相木式の終末期の押型紋を経て沈線紋文化に移行するかのようにみえる。しかし、その実体は一系列的な変遷にはならない。前述のように、信州における押型紋文化の終焉が田戸下層式段階と仮定するならば、沈線紋文化は田戸上層式段階に成立したことになる。

　事実、押型紋土器に伴う三戸式や田戸下層式が確認される資料はごく僅かである。それに対し田戸上層式以降の沈線紋土器は、北信の東浦遺跡・新堤遺跡・上林中道南遺跡・鍋久保遺跡・貫ノ木遺跡、東信の塚田遺跡・下荒田遺跡・平石遺跡・新水Ｂ遺跡・栃原岩陰遺跡、南信の判ノ木山西遺跡・頭殿沢遺跡・禅海塚遺跡・中島平遺跡など信州全域で主体的存在として認められるようになる。多くは田戸上層式から子母口式段階に対比すべき資料であろう。これらとともに高山寺式、穂谷・相木式が出土する遺跡もあるが、あくまでも押型紋土器は客体的な存在であり、その主体は沈線紋土器である。

田戸上層式併行期の理解　　信州の沈線紋土器は、必ずしも関東の田戸上層式の波及によって成立した訳ではない。その出現にあたっては、東北南部の貝殻沈線紋土器の影響も勘案しなければならない。信州の沈線紋には田戸上層式系統の貫ノ木式・渦巻沈線紋や曲線紋をもつ下荒田式、貝殻腹縁紋を多用する常世式系統の鍋久式、地域独自の平石式・判ノ木山西式などがある[9]。

　前述のように田戸上層式は１式・２式・３式に三細分される。同様に東北南部でも大火山期・五軒丁２期・道徳森２期の三細分の変遷が考えられている〔中村1986〕。信州の沈線紋土器についても、阿部芳郎は判ノ木山西式の分析から、塚田・新水Ｂ（田戸上層１式）→下荒田式（田戸上層２式）→平石式（田戸上層３式）から判ノ木山西式（子母口式）へ至る三段階の変遷を導き出している〔阿部1997・2010〕。これに対し田戸上層式の二細分案を主張する領塚正浩は、中部地方の田戸上層式併行期として貫ノ木式と鍋久保式の二時期を設定する〔領塚2005b〕。しかし、新しい時期の鍋久保式には、穂谷・相木式・平石式をも包括した「雪だるま型式」となっている。合わせて領塚が保留した下荒田式の位置づけを考えると二細分案ではとても間に合わない。

　もう一つの問題点は、前述した子母口式の混乱と同様、鍋久保式に関連する東北南部の常世式の位置づけである。それについては、絡条体圧痕紋をもつ常世式を子母口式に併行する考え〔中村2002、芳賀1977〕と田戸上層式に位置づける考え〔桑山1964、吉田1963、領塚1997a〕に二分される。常世式は通常薄手の製作であって、繊維の混入は認められない。これに対し、子母口式は「通常厚手の製作であって、繊維の混入は甚微量しかし多数の土器に認められる」〔山内1941〕。子母口式と常世式の属性は明らかに異なっている。また口唇部内面に刻みをもつ点、波状口縁やキャリパー型を呈する常世式の器形は極めて田戸上層式的である。竹之内遺跡からは常

第3章　中部の押型紋土器

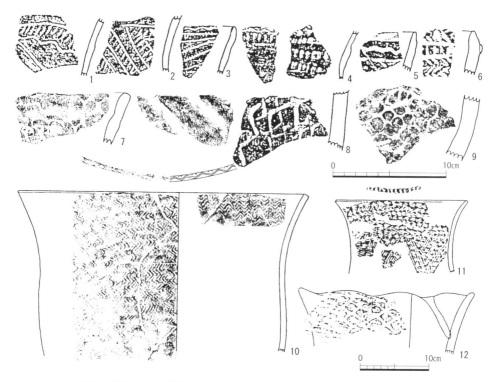

第58図　向畑遺跡出土の田戸上層式・穂谷・相木式・高山寺式土器

世式も子母口式も出土しており、両者を共伴関係と見做さない限り同一併行期とはいえない。しかし、東北南部には竹之内遺跡同様、松ヶ平A遺跡にも歴とした子母口式が存在しており、少なくとも常世式はその前段階に置かなければならないであろう。むしろ領塚が説くように、道徳森2期（田戸上層3式）と併行する可能性が高い〔領塚1997a〕。

　また同じ編年上の位置づけをめぐって、北関東に分布する出流原式にも同様の問題が内包されている。常世式の仲間であるが、常世式より後出的な要素をもち、器形・器厚とも子母口式的である。常世式・出流原式ともに細分が模索されているが、しばらく様子をみることにしよう〔金子2004、阿部2009〕。また岐阜県向畑遺跡出土の高山寺3式、穂谷・相木式、田戸上層式、出流原式の在り方は、編年や併行関係を模索する上で、極めて暗示的な出土状況を示している〔第58図〕。

下荒田式の位置　　田戸上層式併行期の信州における沈線紋の変遷を考える前に、沈線紋で曲線・渦巻紋を多用する「下荒田式」と呼ばれる沈線紋の一群の位置づけを検討してみたい。下荒田式はその評価や位置づけをめぐって「押型文と沈線文」シンポジウムの契機となった沈線紋土器である。塚田遺跡（鍋久保式）や下荒田遺跡（下荒田式）の報告者、中沢道彦は御代田町に所在する両遺跡の鍋久保式と下荒田式の関係を「地域差、類型・系列差」ではなく時間差として捉え、貝殻紋を多用する鍋久保式を田戸上層式に比定し、下荒田式を田戸上層式に後続するものとして位置づけた〔中沢1995〕。

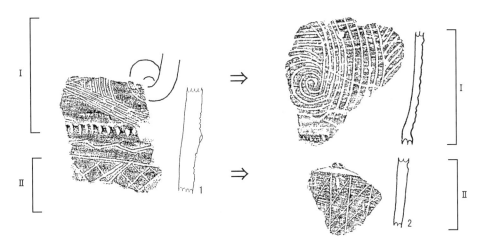

第59図　田戸上層2式土器の渦巻紋　1：城ノ台南貝塚　2：下荒田遺跡（上・下別個体）

　鍋久保式は北信に広がる東北南部の常世式に関連する貝殻腹縁紋の一群である。それに対し、下荒田式は分帯区画の押引きの鋸歯紋や曲線・渦巻沈線紋をもっている。下荒田式の渦巻沈線紋は、多くの研究者が指摘するように神奈川県ナラサス遺跡・静岡県清水柳北遺跡・山梨県笹見原遺跡の幅広い口縁部施紋帯に曲線・渦巻紋をもつ田戸上層式の文様構成と共通する〔小笠原1999、田中1999、金子2004〕。下荒田式は鍋久保式とは異なる田戸上層式の系譜の沈線紋と考えられる。その位置づけを保留した領塚正浩も、田戸上層式の系統の貫ノ木式との近似性を指摘している〔領塚2005b〕。

　阿部芳郎は下荒田式（田戸上層新）→平石式（城ノ台貝塚）→判ノ木山西式（子母口式）の変遷を提示し、下荒田式を田戸上層2式段階に比定している〔阿部1997・1999〕。一方、小笠原永隆は塚田・新水B・平石（田戸上層新）→下荒田式（田戸上層新々）→判ノ木山西式（子母口式）を変遷案を示し、下荒田式を田戸上層3式に位置づけている（小笠原2001）。両者における下荒田式と平石式の関係は逆転しているが、下荒田式はおそらく田戸上層2式段階の資料であろう。

　下荒田遺跡の渦巻紋をもつ破片は、渦巻沈線紋の描出の仕方、隆帯状の刻みの方向から、おそらく上・下逆であろう[10]。とするならば、もっと理解しやすい。渦巻紋が口縁部施紋帯に施され、その下端を波線と隆帯で区画する。類例は城ノ台南貝塚の田戸上層2式にもある。これも破片資料であるが、口縁部施紋帯に渦巻紋を、その下端を隆起線と鋸歯紋で分帯し、以下胴部に格子沈線紋を施している［第59図］。ナラサス遺跡例・清水柳北遺跡例や笹見原遺跡例、渦巻紋ではないが、口縁部施紋帯に集合綾杉沈線紋をもつ八斗蒔原遺跡例と同じ構成をとる［第60図］。

　北信や上越に広がる鍋久保式の常世式系、貫ノ木式や下荒田式の田戸上層式系の二系統が佐久地域で交差しているようにみえる。次に両者の前後関係を考えてみよう。

中部沈線紋の変遷　田戸上層1式段階のものは貫ノ木式であろう［第61図上］。緩やかなキャリパー形口縁部をもち、口縁部施紋帯に入組紋、鋸歯紋で分帯し、胴部には直線的な文様（Ⅰ＋Ⅱ施紋帯）をもつもの。口縁部施紋帯（Ⅰ施紋帯）だけのものもある。口唇内面に刻みを有するも

第3章　中部の押型紋土器

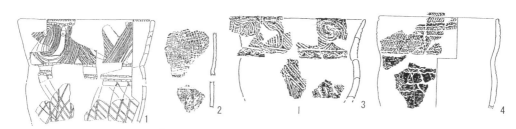

第60図　田戸上層2式土器段階 ［縮尺不同］
1：清水柳北遺跡　2：下荒田遺跡　3：笹見原遺跡　4：八斗蒔原遺跡

のが多い。北信の東浦団地遺跡・貫ノ木遺跡・新堤遺跡、中信の南入日向遺跡、南信の御座岩岩陰遺跡などから出土している。新潟方面とも共通した特徴をもち、北信地域に多くみられる。類例は福島県竹之内遺跡・塩喰岩陰遺跡、新潟県八斗蒔原遺跡・北野遺跡、岐阜県根方岩陰遺跡・東千町遺跡、群馬県柳久保遺跡など東北南部から中部地方にかけて広く分布する。

　2式段階のものは、田戸上層式の系統をもつ下荒田式が位置づけられよう［第61図下］。その特徴については前項で述べたとおりである。口縁部に複列刻紋帯を有する点も特徴の一つである。類例は少ないが、湯倉洞穴遺跡・栃原岩陰遺跡・高山城跡・蒲田遺跡にみられる。

　3式段階のものは二つの系統があるようにみえる。一つは貝殻紋をもたない平石式と呼ばれる沈線紋の一群である［第62図上］。もう一つが貝殻腹縁紋を多用する東北南部の常世式の影響を受けた鍋久保式である［第62図下］。前者の平石式は口縁部施紋帯をハの字形刺突で区画し、その中を格子沈線紋で構成するもので、山梨県笹見原遺跡・諏訪前遺跡、静岡県西洞遺跡でもみられる。田戸上層式とは異なる信州独自の型式であり、判ノ木山西式につながる文様構成となっている。

　鍋久保式は田戸上層式の系譜（貫ノ木式→下荒田式→平石式）とは別系統の土器である。鍋久保式については「新水B式」として2式段階に位置づけたが、今回3式段階に改めた〔岡本2015c〕。その訂正理由は常世式の編年的位置から、鍋久保式を田戸上層3式に置くのが妥当と考えたからである[11]。また貝殻紋を充填した平行沈線紋を山形・斜行・くの字形に配する文様構成は、田戸上層3式の直線的な鋸歯状構成に共通する。平行遺跡では貝殻紋をもつ鍋久保式も含まれており、平石式と共伴する可能性も考えられる［第63図］。

　鍋久保式は口唇内面に刻みと口唇上端に刻みをもつ。また口縁部のみに貝殻紋を施紋するものや胴部にも施紋するものもある。器形はキャリパー状というより緩やかに丸味をもって幅広く外反する。この時期のものは鍋久保遺跡、湯倉洞穴遺跡、塚田遺跡・新水遺跡などにみられる。鍋久保遺跡例類例は山梨県穴沢遺跡・大椚Ⅱ遺跡、静岡県石敷遺跡にある。田戸上層式終末期、東北南部の常世式が波及し、複雑な様相を呈しているのであろう。

子母口式併行期　　信州における子母口式段階は、別稿で述べたように判ノ木山西式であろう〔岡本2015c〕。子母口式には沈線紋を用いる例は極めて少ないが、子母口貝塚や多摩ニュータウンNo.200遺跡、桜井平遺跡などにみられる。これらが子母口式段階の沈線紋とするなら、こうした沈線紋は判ノ木山西式の文様構成に共通している。

6 中部沈線紋土器の出現と展開

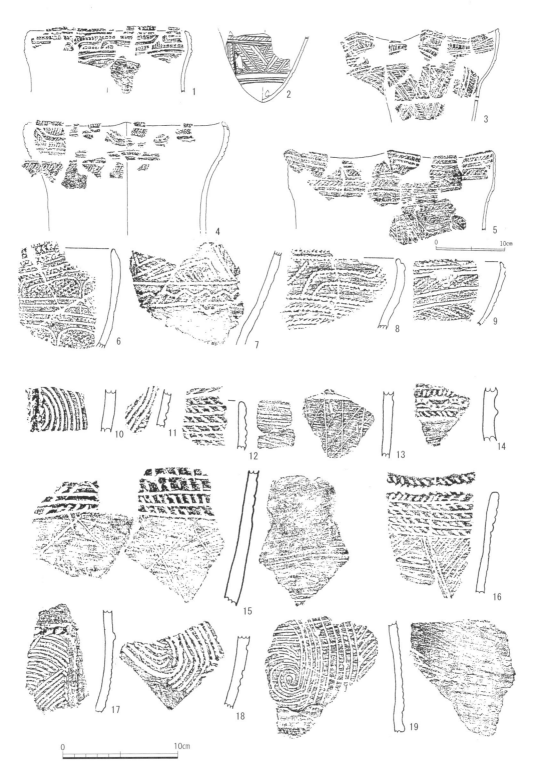

第61図 貫ノ木式土器（1～9）・下荒田式土器（10～19）

97

第3章　中部の押型紋土器

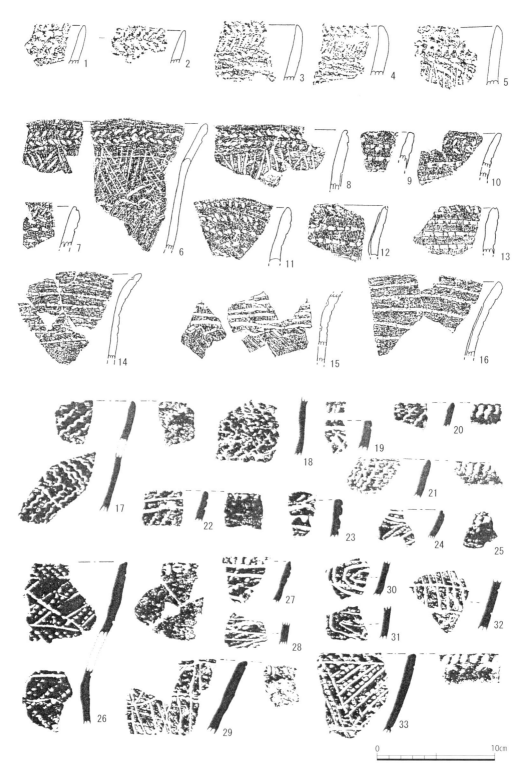

第62図　平石式土器（1～16）・鍋久保式土器（17～33）

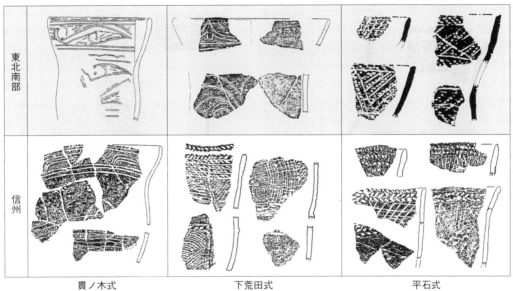

第 63 図　信州の沈線紋土器の三段階

　判ノ木山西式の表象は上・下を幅広く区画し、その中を集合沈線紋で綾杉状に構成する特徴をもつ。胎土に繊維を含み、器形も野島式に近い細身の尖底となる。類例は禅海塚遺跡・栃原岩陰遺跡・中島平遺跡、静岡県石敷遺跡、神奈川県久保ノ坂遺跡、東京都引谷ヶ戸遺跡など広く分布している。禅海塚遺跡や石敷遺跡では穂谷・相木式が、久保ノ坂遺跡や引谷ヶ戸遺跡では子母口式が伴出する。おそらく共伴関係を示しているのであろう。とするならば、高山寺式や穂谷・相木式の終末期の押型紋は、子母口式段階に終焉を迎えたと考えられる。

　なお信州では鵜ヶ島台式は確認できるが、子母口式につづく野島式段階の資料は未だに見つかっていない。信州のみならず列島的にみても、鵜ヶ島台式は広域に分布することが確認できるが、その前段の野島式の実体はよく見えない。それを明らかにすることができれば、想定される貝殻条痕紋土器の変遷がより鮮明になろう。

おわりに

　「樋沢・細久保式」と呼ばれる中部押型紋土器の出現・変遷・終焉、どれをとっても解決すべき課題は多い。しかし、押型紋土器の広域編年研究を確立するためには、本場の中部押型紋土器の編年軸を確立しなければならない。飛騨・信州の中部山岳地帯は、東部押型紋土器文化圏の中核である。おそらく押型紋土器出現の契機も、この地域に由来するものと推定される。帯状押型紋土器の分析を通して飛騨の沢遺跡、信州の樋沢遺跡・向陽台遺跡の帯状押型紋を最古の押型紋土器に位置づけることができる。それを軸に細久保式に至る中部押型紋土器の変遷と展開、終焉について関東の沈線紋土器編年を基準に、中部沈線紋土器の変遷に一定の見通しを立てることが

第3章　中部の押型紋土器

できた。しかし、投げた投網はまだまだ粗く、重大な諸点を見逃しているかもしれない。現時点
での論旨を要約し、まとめとしたい。

1. 樋沢式は異方向施紋を型式表象として規定することができる。三段階（1式・式・3式）に細
　分され、1式・2式は異方向帯状施紋をとり、3式は帯状が密接化する傾向になる。器形も前
　者が下脹れした尖底に対し、後者は鋭角な尖底となる。

2. 細久保式は横方向施紋を型式表象として規定することができる。二段階（1式・2式）に細分
　できる。1式は頸部に無紋帯を設け、口縁部横方向施紋と胴部横方向施紋を意識的に区分し
　ている。

3. 押型紋にみられる耳状突起は細久保1式以降の特徴である。三戸2式以降にも耳状突起
　［第33図］がみられ、多摩ニュータウン No.810 の押型紋は細久保1式段階である。どちらの
　影響か定かではないが、細久保1式と三戸2式が交差する証であろう。

4. 細久保2式は横方向全面施紋になる。楕円紋が主体であるが、異種併用紋が用いられ、日計
　式に関連する綾杉紋との併用が西部押型紋の地域まで広く分布する。また三戸3式の文様構
　成を意識した細久保2式が市道遺跡などでみられる。

5. 中部押型紋文化は田戸下層式段階でほぼ終焉し、田戸上層式段階に沈線紋文化に移行する。
　中部沈線紋土器は三段階（貫ノ木式→下荒田式→平石式）に変遷する。その終末期（平石式）に
　は、東北南部の常世式の影響を受けた鍋久保式が併存する。

　中部押型紋土器「樋沢・細久保式」の変遷を考える上で重要な点は、もう一つの特徴である
「立野式」の位置づけである。「樋沢式」より古く「立野式」を位置づける一系論者にとっては受
け入れがたき結論となっている。しかし、互いに共有できる点は、「立野式」が西部ネガティヴ
押型紋の「変容型式」であるとの認識である。この共通認識に立って、「立野式」の位置を決め
ることができれば、解決の道は自ずと拓けるであろう。よもや「立野式」が「大川・神宮寺式」
に先行すると考えるものはいないはずである。

［註］
　1）中島　宏は横帯3帯型の明確な例はないとしながらも、向陽台遺跡・宮ノ前遺跡・臼谷岡ノ城遺跡例
　　が3帯型になる可能性を指摘している。なお窪畑遺跡例を4帯型としているが、葛原沢遺跡例のよう
　　な横帯多帯型［第28図5］か、横帯のみの0帯b種の可能性も考えられる〔中島2004〕。実例を俟
　　って検討したいが、向陽台遺跡例［第42図9］の楕円紋のやや変則的な帯状押型紋同様、やや後出
　　な樋沢2段階以降の資料であろう。
　2）樋沢遺跡の樋沢1式には口唇部に施紋しないものも目に付く、向陽台遺跡の樋沢式がより沢式に近い。
　3）器形も樋沢1式・2式はやや下膨れのような尖底に対し、樋沢3式は鋭角な尖底となる。
　4）こうした耳状突起は関東の三戸2式以降のものと共通しており、その由来がどちらにあるか判断でき
　　ないが、耳状突起をもつ押型紋は細久保1式以降の特徴である。駿河にもみられる。
　5）表面の柵状紋を黄島式に見立てるが、平石遺跡・広原遺跡では二帯の横帯施紋の配するものがあり、
　　岐阜県宮ノ前遺跡にも同様の例がある。樋沢式の伴う可能性もあり、小杉康が黄島式の「模倣変形」
　　と見做すのは再検討すべきであろう〔小杉1987〕。

おわりに

6) 市道遺跡を報告した中村由克は「「塞ノ神式土器」と細久保式土器との関係や一形式として成立するかどうかという点について不十分な点が残されており、必ずしも多くの人に受け入れられないように感じられる」と述べ、単独型式としての「塞ノ神式」の再定義については、今後の課題としている〔中村 2001〕

7) 施紋が重複しており、必ずしも一単位の幅は明確に読み取れないが、施紋方向は分析のような構成をもつことは明らかである。

8) 山の神遺跡の瘤状突起をもつ細久保 2 式の山形紋密接施紋の一例〔『川崎 2003a』第 114 図 51〕にも、口縁部と胴部を横位施紋し、その中を異方向施紋で充填したものがある。沈線紋の影響とすれば、これも三戸 3 式に対比されよう。

9) 中部沈線紋の編年にあたり、「貫ノ木式」・「鍋久保式」は領塚正浩〔領塚 2005b〕、「下荒田式」・「平石式」は阿部芳郎〔阿部 1997〕の型式名称によった。今回、「新水 B 式」と呼んだもの〔岡本 2015c〕を「鍋久保式」とした。

10) 下荒田遺跡資料は実見の上、渦巻紋が J 字状の垂直方向に描いてから、渦巻部を描出している点、突帯の列点が上端から刻んでいる点、田戸上層式の渦巻紋は口縁部施紋帯にみられる点などから、第 59 図に示した拓本が正位と考えられる。なお、保管者の堤　隆、報告者中沢道彦からも同意が得られている。

11) 鍋久保式の貝殻腹縁紋が常世式に関連するものと見做す限り、その上限は沈線紋末期を遡ることはない。しかし貝殻腹縁紋は古くは三戸式から田戸上層式にまで存在し、鍋久保式の成立が常世式に由来しないという考えも成り立つ。

第4章　西日本の前半期押型紋土器　その1
── 大鼻式土器・大川式土器 ──

はじめに

　近畿地方で後に「ネガティヴ押型紋」と呼ばれる特殊な押型紋土器が発見されたのは、1957 (昭和32) 年のことであった。ネガティヴ押型紋とは、通常、器面に凸紋として表出される押型紋とは異なり、器面に凹紋すなわち沈紋で表された押型紋土器のことである。その年の4月に大阪府神宮寺遺跡、11月に奈良県大川遺跡の発掘調査が行われ、やや様相の異なる二つのネガティヴ押型紋土器が明らかになった。神宮寺遺跡のネガティヴ押型紋は舟形沈紋と呼ばれたように細長の凹紋・薄手のつくりの神宮寺式、大川遺跡のものはやや幅広の凹紋・やや厚手の大川式に弁別される。古い爪形紋土器の要素をもつ神宮寺式から大川式へと、その変遷が想定されることになった〔岡田1965〕。

　一方、中部地方の「ポジティヴ押型紋」の世界でも樋沢・細久保式押型紋とは異なるネガティヴ押型紋がすでに1950 (昭和25) 年、長野県立野遺跡の発掘調査で発見されていた。それが立野式と呼ばれるネガティヴ紋の大川・神宮寺式押型紋である。近畿地方でのネガティヴ押型紋の発見を契機として、大川・神宮寺式の仲間として立野式が古く、樋沢・細久保式が新しいと見なし、大川・神宮寺式→立野式→樋沢式→細久保式とする一系統論の編年観が組み立てられた〔神村1968・69〕。

　こうした一系統論に対し、1967 (昭和42) 年、岐阜県沢遺跡の発掘調査を通して、樋沢・細久保式押型紋と大川・神宮寺式押型紋は、それぞれの地域で同時に展開したとする二系統論が佐藤達夫によって提示される〔大野・佐藤1967〕。このネガティヴ押型紋土器をめぐる一系統論か、二系統論かという論争は50年を経ようとする今日、未だ決着をみていない。これは押型紋土器の起源に関わる重大な問題でもある。

　その後、大川式が古く、神宮寺式が新しいとする逆転編年が提示され、更に大川式よりも古い大鼻式が位置づけられている。まずは、こうしたネガティヴ押型紋土器の型式学的検討と樋沢・細久保式押型紋との対比関係を検証してみよう。

1　大鼻式土器の編年的位置

　1986 (昭和61) 年、三重県大鼻遺跡の2・3次発掘調査で明らかになった特異な押型紋土器の一群は、翌年に調査者の山田　猛によって「大鼻式」として型式設定されることになる〔山田1987〕。合わせて山田は当時、取り沙汰されていた大川式→神宮寺式とする逆転編年に基づき、

大鼻式→大川式→神宮寺式の変遷を予察し、大鼻式を西部ネガティヴ押型紋土器の最古型式として位置づけた。

この編年を軸に、中部地方の樋沢・細久保式、立野式との関係、関東地方の撚糸紋土器との関係を整備し、大鼻式を撚糸紋のタイム・スケール最古段階の井草式に対比することになる〔山田1988〕。その前提には三重県坂倉遺跡でみられるような表裏縄紋土器の存在が大きいように考えられる。確かに大鼻式は表裏縄紋土器以降であるが、表裏縄紋土器が必ずしも撚糸紋土器以前に収斂されるという型式学的根拠はないはずである。

しかし、その後も関西の研究者や立野式を古く位置づける中部の研究者は、この立場を支持している〔松沢1993、矢野1993a・b、神村2003b〕。一方、撚糸紋土器の実態にふれる機会の多い関東の研究者は、大鼻式最古説を認めたとしても稲荷台式以降に位置づけ、押型紋出現のガイドラインを踏み外すことはない〔岡本1989、中島1990、宮崎・金子1995〕。

いずれにしても大鼻式を井草式に対比させる考えは、押型紋土器の起源を西部ネガティヴ押型紋文化圏に求め、その影響が中部地方の立野式に波及し、東部ポジティヴ押型紋が生成するというシナリオを想起せざるを得ないのである。必然的に一系統論に到達するのであるが、それを証明するためには、なお型式学的検証が必要であろう。

大鼻式の内容　　三重県の大鼻遺跡や板倉遺跡で確認された大鼻式は、その後、滋賀県粟津湖底遺跡から型式学的検討に耐えうる豊富な資料が出土している［第64図］。また奈良県大川遺跡・鶏山遺跡・上津堂前尻遺跡、三重県西出遺跡をはじめ、数は少ないが愛知県北貝戸遺跡、岐阜県飛瀬遺跡、長野県お宮の森裏遺跡など西部ネガティヴ押型紋文化圏の近畿・東海方面に分布することが判明する［第65・66図］。

大鼻式は口頸部に縄紋、胴部にネガティヴ紋をもつが、厳密に言えば押型紋土器とはいえない。それは胴部のネガティヴ紋は彫刻原体にみられる繰り返しの単位が観察できないからである。おそらく回転紋であることには違いないが、乱雑なネガティヴ紋は原体の凹凸の不規則性や施紋法に由来しているように考えられる。矢野健一は小枝の節の凹凸を回転させたものと考え、「枝回転文」と呼んだ〔矢野1993b〕。言い換えるならば、彫刻原体を用いた山形紋や典型的なネガティヴ紋が出現する遡源期の様相を呈している。

口頸部の縄紋は強く撚られた原体を用い、単節縄紋が主体である。口端部には必ず縄紋を施紋する。口縁部は横方向に一帯の縄紋を施紋する1帯型と羽状縄紋など二帯の縄紋を施紋する2帯型がある［第64図1~3、4・5］。2帯型には数条の側面圧痕により上・下を分帯するものがある。その分帯区画を挟んで上帯を施紋したもの、下帯を施紋したもの、分帯区画の側面圧痕のみを施紋したものがある［第64図6・7、8・9］。施紋はいずれも横方向である。胴部のネガティヴ紋は三角形と半円状の圧痕を呈するものがある。回転紋とすれば縦方向施紋と推定される。大鼻式の施紋流儀は口縁部横方向・胴部縦方向に全面施紋するとみられる。器形の最大の特徴は口縁部が大きく外反し、肥厚した口端部は平坦につくられる。頸部はややすぼまり胴部中央に膨らみをもつ尖底土器で、押型紋土器特有の乳房状とはならない。胎土は石英や長石の砂粒を含み、焼成は

第4章 西日本の前半期押型紋土器 その1

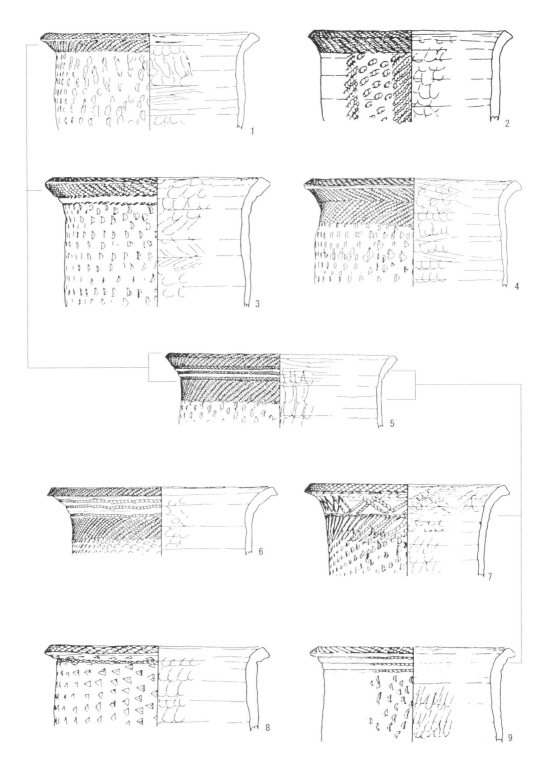

第64図 粟津湖底遺跡出土の大鼻式土器［縮尺不同］

1 大鼻式土器の編年的位置

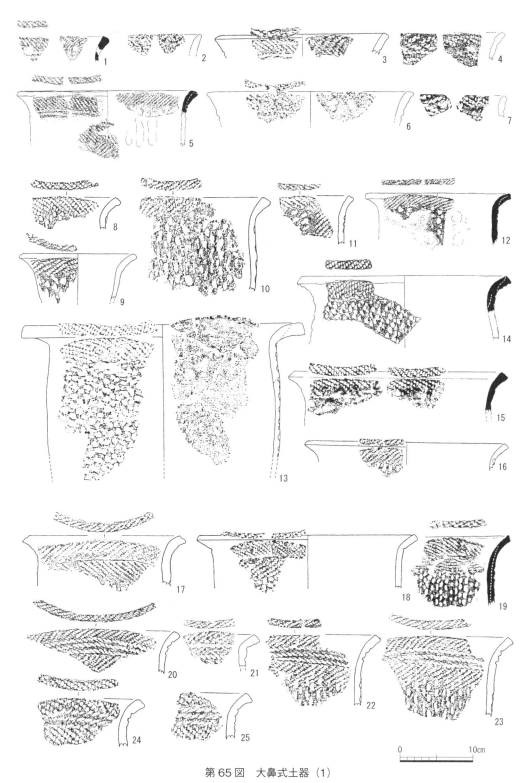

第65図　大鼻式土器（1）

1・5・12・14・15・19：鵜山遺跡　2・6・13：大鼻遺跡　3・16・18：坂倉遺跡
4・7：北貝戸遺跡　8：西出遺跡　9・11・17・20〜25：粟津湖底遺跡

第4章　西日本の前半期押型紋土器　その1

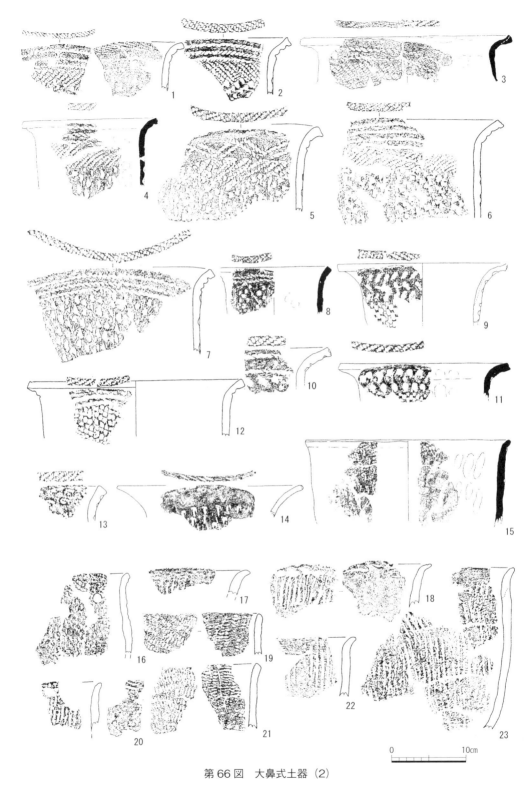

第66図　大鼻式土器（2）

1・2・5〜7・16〜23：粟津湖底遺跡　3・4・8・11・15：鵜山遺跡
9・10・13：西出遺跡　12：坂倉遺跡　14：大川遺跡

やや悪く、灰褐色・茶褐色を呈するものではない。

大川遺跡・鵜山遺跡・西出遺跡などで出土したループ紋の押圧する土器[1]や粟津湖底遺跡から出土した撚糸紋や絡条体圧痕紋も大鼻式に共伴するものであろう〔第66図13～15、16～23〕。しかし関東の撚糸紋土器と直接、対比できるものではない。

大鼻式の出自　大鼻式の編年的位置に接近する方法は二つある。一つは山田が指摘したように大鼻遺跡や板倉遺跡から出土した口縁部裏面直下に縄紋を施紋する表裏縄紋土器との関係である〔第65図1～7〕。もう一つは粟津湖底遺跡出土の撚糸紋土器との関係である〔第66図16～23〕。前者の表裏縄紋土器は鵜山遺跡や北貝戸遺跡にも類例があり、いずれも裏面施紋は口縁部に限られる。鵜山遺跡例は口縁部施紋帯に羽状縄紋と側面圧痕をもち、胴部施紋帯にも縦方向の羽状縄紋が施される〔第65図5〕。大鼻式に極めて接近した時期のものであろう。表裏縄紋土器でも新しい段階に位置づけられる。

表裏縄紋土器群の下限が井草式以前に収まるのか、稲荷台式前後まで下るのか議論の分かれるところである〔広瀬1981、戸田1988、中島1991、宮崎・金子1995〕。いずれも決定的な論拠はない。

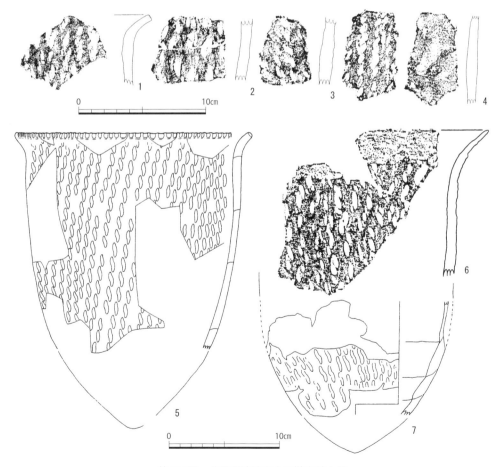

第67図　北貝戸遺跡出土の撚糸紋土器

第4章 西日本の前半期押型紋土器 その1

しかし問題があるが、長野県増野川子石遺跡からは表裏縄紋土器に伴って、口端部に山形紋を施した縄紋土器が出土している[2]。押型紋を伴う時期にも長野県横山遺跡・反目南遺跡・八窪遺跡など口縁部裏面に縄紋をもつものもある。両説とも机上の操作であることには変わりないが、著者は稲荷台式前後まで表裏縄紋土器が存続するという立場である。後述する大川式の交差編年からみても妥当な見解と考えられる。

もう一つは撚糸紋土器との対比関係である。山田　猛は大鼻式と井草Ⅰ式との対比を模索する〔山田1988〕。口縁部が肥厚外反すること、口頸部施紋帯と胴部施紋帯に分かれること、側面圧痕をもつことなど型式学的類似性を強調する。山田は大鼻式に始まる西部ネガティヴ紋の系譜を撚糸紋前半期に位置づけ、その後半期に東部ポジティヴ押型紋を接続するという編年案を提示する。しかし山田が指摘した程度の類似点は、終末期の撚糸紋土器にも当てはまる。大浦山ａ式は口縁部が大きく外反しており、広義の花輪台式には口頸部施紋帯と胴部施紋帯に分かれ、側面圧痕を施す例や羽状縄紋を呈するものもある。粟津湖底遺跡の撚糸紋は直接関東地方のそれとは較べることはできない。おそらく駿豆地方の撚糸紋土器に関連するものであろう［第66図16〜23］。

重要なのは、北貝戸遺跡から表裏縄紋や大鼻式などと共に出土した「棒巻縄紋」と呼ばれる撚糸紋の仲間の土器である［第67図］。口縁部は外反し、口端部には太い沈線を施している。口縁部直下から縦方向に太い原体を用いた絡条体縄紋を施紋した土器である。他に類例をみない土器である[3]。駿豆地方の撚糸紋土器も出土しており、これらに関連するものであろうか。とすれば、大鼻式土器も撚糸紋前半期まで遡ることはないと考えられる。いずれにしても大鼻式土器の出自は、表裏縄紋土器にも撚糸紋土器にも直接求めることはできないのが現状であろう。あるのは状況証拠と自己の編年観に基づく解釈のみである。

2　大川式土器の編年的位置

大阪府神宮寺遺跡や奈良県大川遺跡はいずれも1957（昭和32）年に発掘調査され、出土した押型紋土器はそれぞれ神宮寺式、大川式として西部ネガティヴ紋の基準資料となった。神宮寺式は爪形紋に似た連続刺突紋（舟形沈紋）が主体であり、大川式は市松紋・菱形紋が主体で口縁部を横方向、胴部を縦方向に密接施紋している。これを根拠に神宮寺式→大川式の変遷が考えられた〔岡田1965〕。

1980年代になると、神宮寺式の連続刺突紋が回転紋であることが判明する〔岡本1980〕。また大阪府神並遺跡の豊富な神宮寺式が提示される中で、1984（昭和59）年には大川式→神宮寺式の逆転編年が発表され、大きな話題となった[4]〔矢野1984、土肥1987〕。大川遺跡の再発掘調査（1979〜83年）や大鼻遺跡の発掘調査（1986年）の成果を踏まえ、大鼻式→大川式→神宮寺式へと変遷する西部ネガティヴ押型紋土器前半期の編年は確定してゆくのである。

大川式はネガティヴ紋（市松紋・菱形紋）の縦位原体をもち、口縁部に横方向、胴部に縦方向に回転する施紋規範をもっている。また大川式は、多くの研究者がいうように古・新の二段階に細

分される。ここでは大川1式、2式と呼ぶ[5]。端的に言うならば、大川1式は大鼻式を継承した
したもので、大川2式は神宮寺式に近い型式である。

大川1式　　大川1式は口縁部が大きく外反するものの、大鼻式のように口端部は肥厚しない
[第68・69図]。頸部にややくびれをををもちながらも砲弾状の尖底となる。その分布は大鼻式の分
布範囲をほぼ踏襲している[6]。口端部の施紋は大鼻式からの縄紋・山形紋・ネガティヴ紋による
回転施紋のものもあるが、太沈線を巡らすものが主体となる。大川1式の特徴は口縁部施紋帯と
胴部施紋帯の間を、縄による圧痕や刺突紋によって分帯する。大鼻式の側面圧痕による分帯区画
の役目をもっている。

　口縁部施紋帯と胴部施紋帯に同一原体を用いるものと、山形紋など異種原体を施紋するものが
ある。同一原体を用いるネガティヴ紋は口縁部施紋帯が1帯型であるのに対し、山形紋を用いる
異種併用紋のものには2帯型となるものがある。

　問題は山形紋の出自である。ネガティヴ押型紋の内部で生み出される可能性もある。しかしネ
ガティヴ押型紋の中で山形紋が施紋される初出部位は、口唇部に施紋する西出遺跡例・東庄内遺
跡例や口縁部施紋帯に施す大川遺跡例である。同一原体による施紋構成を原則とする大川1式
においては、山形紋による異種原体の構成は異例であり、数も少ない。内在的に出現するなら
ば、山形紋原体のみで構成する土器があっても良いはずであるが、大川遺跡例の一例のみである
[第69図21]。大川1式のネガティヴ紋原体の端部は加工しないのに対し、山形紋原体の端部の
み加工している。大川1式の山形紋はあくまでもネガティヴ紋の補助的な存在で、また原体の加
工流儀も異なっており、他地域からの流入を考えなければならない。すなわち大川1式の山形紋
の出自は東部押型紋土器文化圏との交流によってもたらされた山形紋であり、異方向帯状施紋を
とる沢・樋沢式からの波及とみなすのが持論である〔岡本1989〕。その対比関係については後述し
よう。

大川2式　　大川2式は口縁部が大きく「くの字」状に外反し、以下直線的な円錐状を呈する。
底部は押型紋土器特有の乳房状尖底となる。ごく稀に兵庫県熊内遺跡例のように平底もみられ
る。大川1式との違いは、刺突紋や押圧縄紋で区画された帯が消滅し、器壁が薄くなる。口唇部
の施紋は縄紋施紋のものもみられるが、斜沈線が主体となる[第70・71図]。大川2式の分布範
囲は拡大し、東は静岡県三沢西原遺跡・飛騨の山岳地帯・中部地方の立野式の領域、西は広島県
馬取貝塚・鳥取県取木遺跡にまで広がっている。

　施紋流儀は口縁部横方向・胴部縦方向であるが、同一原体のネガティヴ紋で構成するものと、
山形紋との異種原体併用紋がある。両者とも口縁部施紋帯は1帯型と2帯型がある。大川2式の
山形紋は口縁部施紋帯にのみに施紋され、胴部帯状施紋の山形紋は姿を消す。山形紋1帯型は大
川遺跡例・鵜山遺跡例・別所大谷口遺跡例・宮ノ平遺跡例、粟津湖底遺跡例、射原垣内遺跡例な
どがある。2帯型は大川遺跡例・鵜山遺跡例、三重県花代遺跡例などである。1帯型・2帯型と
もに山の低い、幅広の山形紋で、条数も二条か三条と原体は短い。これらの押型紋が後続の神宮
寺式につながるとみられる。ほかに格子目紋や平行紋も伴う。鵜山遺跡の平行紋には底部施紋帯

第4章 西日本の前半期押型紋土器 その1

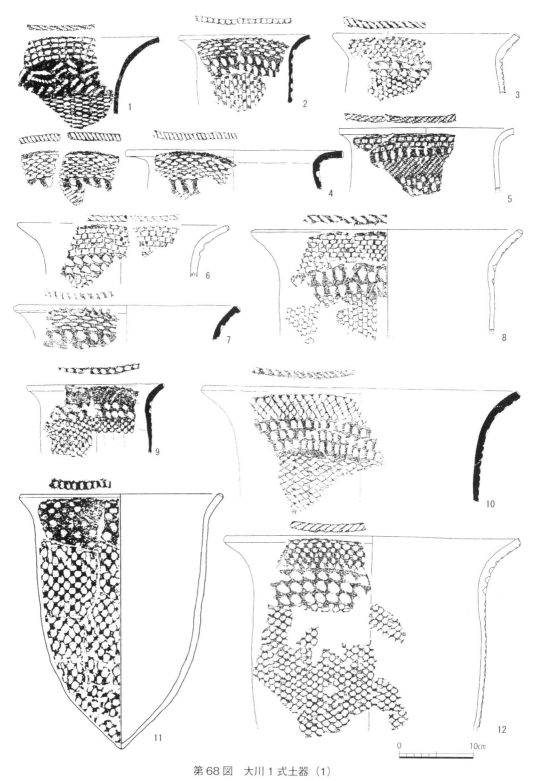

第68図 大川1式土器（1）

1・6：大川遺跡　2・4・7・9・10：鵜沢遺跡　3：粟津湖底遺跡　5・8・12：西出遺跡　11：鴻ノ木遺跡

2 大川式土器の編年的位置

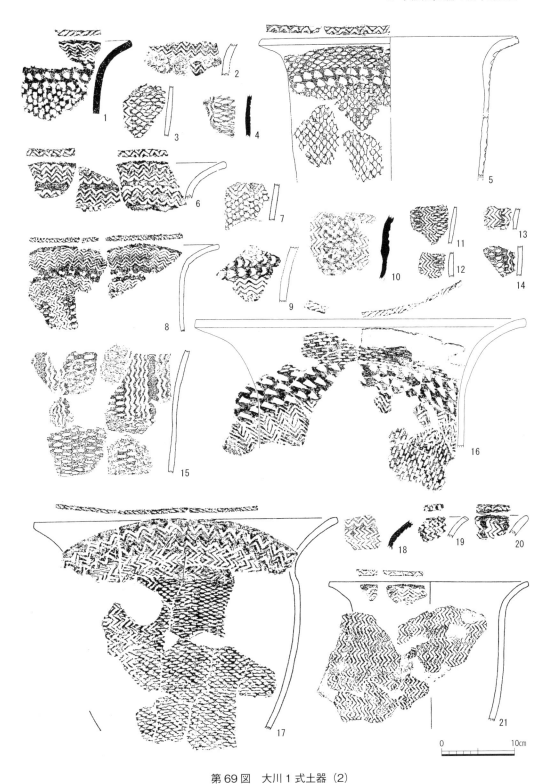

第69図　大川1式土器（2）
1~3・6~8・11~15・17・19~21：大川遺跡　4・10・18：鵜沢遺跡　5：西出遺跡　9・16：落合五郎遺跡

第4章　西日本の前半期押型紋土器　その1

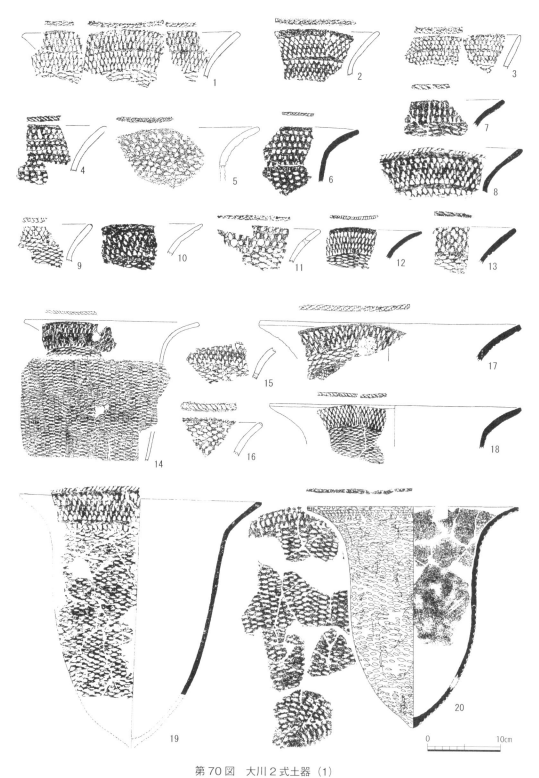

第70図　大川2式土器（1）

1～4・8～11・14～16・19：大川遺跡　6・7・12・13・17・18：鵜沢遺跡　5：宮の平遺跡　20：柚ノ川イモタ遺跡

2 大川式土器の編年的位置

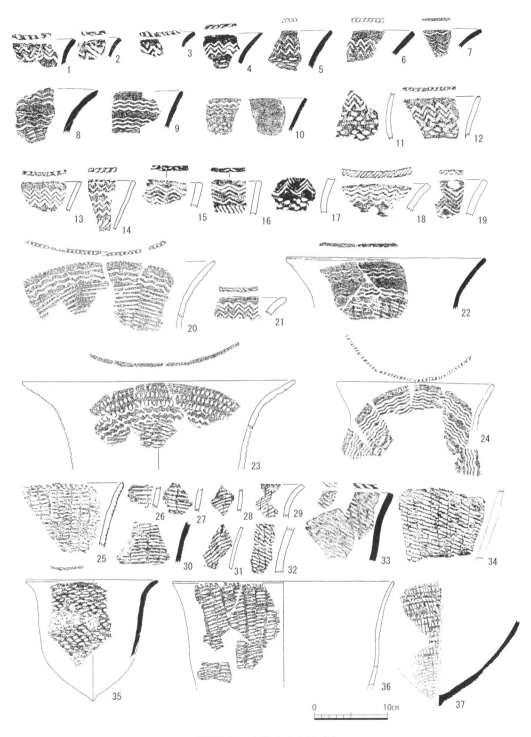

第71図 大川2式土器 (2)
1〜4・21・26〜28・31：大川遺跡　5〜9・22・30・35・37：鵜沢遺跡　10：別所大谷口遺跡
11・12・25：粟津湖底遺跡　13・14：射外垣遺跡　15〜17：馬場遺跡　18・19・34：落合五郎遺跡
20・23：宮の平遺跡　24：花代遺跡　29・32：萩平遺跡　33：九合洞穴遺跡　36：西出遺跡

第4章　西日本の前半期押型紋土器　その1

をもつ三段構成のものがある［第71図37］。

　大川2式も1式の施紋規範を守っているが、大川遺跡や鵜山遺跡でみられるような縦方向のみで構成するネガティヴ紋もこの段階で出現するのであろう。縦方向に施紋される平行紋は奈良県・三重県の当該期の遺跡ほか、東海では萩平型と呼ばれる斜平行紋が、愛知県萩平遺跡、岐阜県九合洞穴遺跡・落合五郎遺跡、静岡県三沢西原遺跡にまで広く分布している。平行紋の縦方向施紋の萩平型には縦方向の山形紋を伴う例が多い。

3　西部ネガティヴ押型紋と立野式成立の事情

　東部押型紋土器文化圏におけるネガティヴ押型紋の立野式の位置づけをめぐる課題は、東・西押型紋土器前半期の編年観の対立的基軸となっている。しかし一系統論・二系統論に関わらず、立野式が大鼻式を遡源とする西部押型紋土器文化圏東縁の一型式とする考えは共通の理解であろう。立野式から西部ネガティヴ押型紋が生まれたのだなどと唱える研究者は皆無に近い。では立野式とは一体、何であろうか。

立野式をめぐって　　20数年前、立野式を分析した際「施紋構成を明らかにできる土器片は少なく、現段階では型式学的比較によって立野式を細分できるほどの内容は整っていない」と述べたことがある。文様別比率から細分し、格子目紋主体型→山形紋主体型の変遷を想定[7]したが、これは大川式→神宮寺式を下敷きにした変遷であった〔岡本1989〕。これとは別に、山田　猛は立野式をa・b式に二分し、神宮寺式に対比する〔山田1988〕。また矢野健一は立野式を大川式（二本木段階）→神宮寺（古）式（百駄刈段階）→神宮寺（新）式（福沢段階）［第72図］の三段階に細分した〔矢野1993a〕。山田や矢野の細分案は、いずれも立野式が先行し沢・樋沢1式とつづく一系統論の立場である。

　このように立野式を古く位置づける立場でも、二系統論を展開するのは宮崎朝雄と金子直行である〔宮崎・金子1995・2013〕。すなわち東西のネガティヴ紋、西の大鼻式・大川式と東の立野式を地域を違える別系統として捉え、融合・拡散論を唱える。しかし佐藤が提唱した二系統論とは、発生が異なるネガティヴ紋（大川式）とポジティヴ紋（沢式）の事象を捉えたものである〔佐藤・大野1967〕。単に地域が異なるだけの二系統論は、系統学や発生学の基本を充分に理解したものとはいいがたい。ましてや同一地域内でネガティヴ紋（立野式）からポジティヴ紋（沢・樋沢式）に乗り換えるのか、説明はつかないであろう。また、宮崎・金子が主張する大鼻式―立野古式、大川古式―立野新式の対比関係はボタンが掛け違っているようにみえる。この点については後述のとおりであり、その判断は読み手に委ねたい。

　その後、東・西部押型紋土器文化圏をつなぐ木曽谷や伊那谷地域から、表裏縄紋土器を主体とするお宮の森裏遺跡（1992・93年）、立野式を主体とする美女遺跡（1996年）・小田原遺跡（2000年）が発掘調査された。いずれも住居跡を伴う集落であり、当該期の豊富な資料を提供し、「表裏縄紋から立野式へ」の議論が活発に展開されてゆく〔長野県考古学会1995〕。

114

3 西部ネガティヴ押型紋と立野式成立の事情

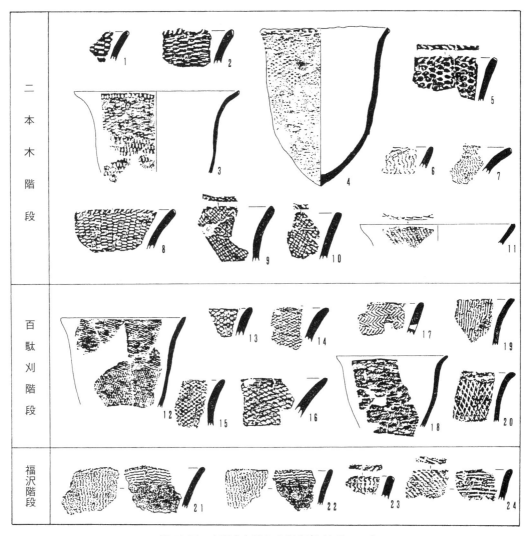

第72図 立野式土器の3細分案〔矢野 1993a〕

　豊富な立野式を出土した長野県美女遺跡と小田原遺跡は、型式学的な内容が解明できる重要な標式遺跡である。両遺跡については宮崎・金子も異なる視点から先の対比関係を導き出している〔宮崎・金子 2012〕。改めて両遺跡の立野式の文様別比率を検討しながら、立野式成立前、立野1式、立野2式の三段階に分けて変遷を考えてみたい［第6表］。

立野式成立前　　立野式成立前と考えられる押型紋には大鼻式と大川1式がある［第73図］。ネガティヴ押型紋の祖形となる大鼻式が、お宮の森裏遺跡から出土している〔神村ほか 1995〕。少量であるが、表裏縄紋土器に伴う23号住居跡の覆土中からも出土している。平坦な口唇部には縄紋が施紋されるものや胴部に枝回転紋による不規則な半円状や三角状のネガティヴ紋がみられ、大鼻式と考えてよい。胎土には長石粒を含み灰色や灰白色を呈することから、搬入品とみられている。三重県の大鼻遺跡や板倉遺跡や愛知県の北貝戸遺跡の事例のように表裏縄紋土器の直後に

115

第4章　西日本の前半期押型紋土器　その1

第6表　美女遺跡・立野遺跡・小田原遺跡の文様別比率〔馬場1995、辰野町教委2004〕

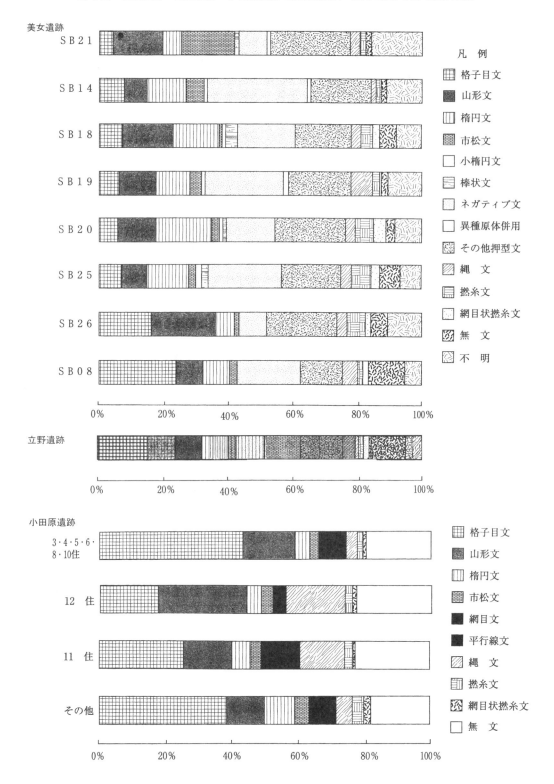

3 西部ネガティヴ押型紋と立野式成立の事情

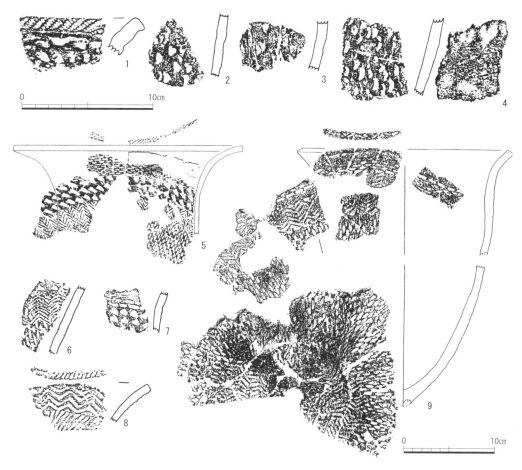

第73図　立野式土器成立以前の大鼻式（1〜4）・大川1式土器（5〜9）
1〜4：お宮の森裏遺跡　5：落合五郎遺跡　6〜8：最中上遺跡　9：美女遺跡

もたらされたものであろう。

　木曽谷の美濃側の入口にあたる岐阜県落合五郎遺跡からは、大川1式・2式段階の良好な資料が多量に出土している。大川1式は口唇部に縄紋や刻み目をもち、頸部に特有の刺突紋の分帯がみられる〔河野1988〕。器形は大きく外反する。文様構成のわかる例は口唇部に斜めの刻み目をもち、口縁部に横方向のやや長い市松紋をめぐらせ、頸部に三角形の刺突紋を三列配し、縦方向に口縁部と同じ市松紋を施紋している。木曽谷の最中上遺跡からも大川1式が出土している〔上松町教委1993〕。同じ構成をもつものが美女遺跡から出土する。口唇部に山形紋を施し、口縁部横方向ネガティヴ紋・頸部横方向山形紋・胴部縦方向ネガティヴ紋・底部縦方向山形紋の四段構成である。刺突紋による分帯区画はないが山形紋を併用しており、大川1式であろう［第73図9］。報告者も「口唇部が面取りされており、大川的である」と述べている〔馬場1998〕。文様構成や施紋の方向性をみると、大川1式の施紋規範を守っており、西部ネガティヴ押型紋をそのままを踏襲している。この段階のネガティヴ紋土器は、立野式とは呼べない。

117

第4章　西日本の前半期押型紋土器　その1

立野1式　美女遺跡は大川1式が少なく、大半は大川2式段階に成立した立野1式である〔馬場1998〕。少数ではあるが、大川2式の1帯・2帯型の山形紋も出土している［第75図1～6］。

　美女遺跡のネガティヴ紋が大川2式ではなく、立野式である理由を説明しておきたい［第74図］。美女遺跡の立野式は一見、同じネガティヴ紋にみえるが、大川2式が口縁部縦方向・胴部縦方向に施紋しているのに対し、美女遺跡例は口縁部縦方向・胴部横方向に施紋しており、施紋規範が逆転している。また施紋手順は胴部が先に施紋され、次に口縁部が施紋されることが観察されている。これが事実とすれば、立野式は底部から施紋したことになる。大川2式が口縁部から施紋していれば、立野式の施紋方向の逆転は施紋手順に由来するものであろうか。

　また先にあげた大川1式［第73図9］もそうであるが、立野1式のネガティヴ紋にも口縁部縦方向・胴部横方向・底部縦方向に三段構成のものがある［第74図4］。こうした三段構成の土器は粟津湖底出土の短冊状に施紋した大川2式にもみられる[8]［第74図2］。やはり大川式の施紋規範とは異なり施紋方向は逆転している。鵜山遺跡例［第71図37］にも底部施紋帯をもつものもあり、この時期に口縁部・胴部の二段構成のほか、口縁部・胴部・底部の三段構成の土器が存在する。先の美女遺跡例からみると、大川1式段階にも三段構成のものが存在する可能性も想定できるが、確認できる資料はない。

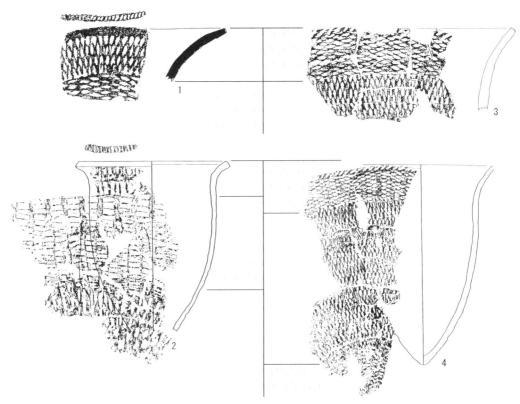

第74図　大川2式土器と立野1式土器の施紋規範［縮尺不同］
1：鵜沢遺跡　2：粟津湖底遺跡　3・4：美女遺跡

３　西部ネガティヴ押型紋と立野式成立の事情

　立野式の施紋方向の逆転についてはすでに指摘してきたところであり、立野式は特有の施紋規範や施紋手順を有している〔岡本 1989〕。これは大川式の施紋規範を逸脱した技法であり、独自の型式学的な表象を示している。また施紋方向の逆転現象のみならず、縦刻原体のネガティヴ紋を反転した楕円紋が出現することも型式学的な特徴の一つといえよう。大川式には楕円紋はないのである。すなわち大川２式段階をもって、立野式の成立と見なすことができるのである。大川２式の施紋を脱ぎ捨てて、立野１式の施紋に衣替えした瞬間である。西部押型紋土器文化圏東縁の独自の在地型式として生まれたのが立野式といえよう。

　美女遺跡の多くは立野１式の土器である［第75図］。文様構成をみるとネガティヴ紋が多く楕円紋や山形紋が主体で、格子目紋が少ない。口唇部に刻み目をもつものが多い。山形紋は大川２式の大振りの山形紋や縦方向密接山形紋、SB18 の住居跡からは口唇部とその裏面に山形紋を帯状施紋する沢・樋沢式が出土している。また市松＋山形の併用紋や楕円＋山形の併用紋もある。

　美女遺跡の報告者である馬場保之は、遺構別文様構成から市松紋主体の A 群、山形紋・楕円紋が多く格子目紋が少ない B 群、格子目紋が多い C 群に分類し、住居跡の切り合い関係から A 群→B 群→C 群の時間的変遷を提示した〔馬場 1998〕。こうした傾向は巨視的にみれば、大川１式→立野１式→立野２式の流れの中で捉えることができよう。

　なお、立野遺跡の立野式は市松紋・山形紋・楕円紋が多く、B 群に近い文様比率をもっている。おそらく立野１式段階に対比されよう。

立野２式　　　伊那谷の信州側の入口にあたる小田原遺跡は、住居跡を伴う立野２式の標式遺跡である〔辰野町教委 2004〕。格子目紋が多く三割を占め、山形紋やネガティヴ紋・市松紋が続き、立野１式に較べて楕円紋の比率が少ない。口唇部に刻み目をもたないものが多い。器形は立野１式のように大きく外反せず、緩やかに直線的に開くものが多い［第76図1〜46］。百駄刈遺跡例・鳥林遺跡例もこの時期のものであろう。

　格子目紋は縦方向密接施紋である。中には縦方向に摩り消しているものもある。また胴部片に横方向に施紋したとみられるものもある。栃原岩陰遺跡例のように口縁部から胴部下半にまで縦方向に広く施紋し、底部近くを横方向に施紋するものもこの時期のものであろう。同じように鳥林遺跡例も意識的に縦方向の摩り消しが認められる。山形紋は立野式特有の条の多い大振りの山形紋や樋沢１式にみられる帯状施紋の山形紋がある。前者は縦方向のほか、横方向のものや帯状を呈するものがある。11 号・12 号住居跡から出土した帯状施紋の山形紋は長野県反目南遺跡の帯状山形紋に近く、これに伴う縄紋の帯状施紋や無紋土器も出土する［第76図47〜63］。胎土に黒鉛を含むものもある。

　11 号・12 号住居跡で共に出土した立野２式と樋沢１式の関係を共伴とみるならば、併行関係となる。共伴ではないとするならば、立野２式を古く考えることも樋沢１式を古く位置づける編年観も成り立つ。悩ましい共存関係であるが、立野式と樋沢１式の関係については後述することにしよう。

　また立野１式と大川２式の対比関係は確実である以上、立野２式を神宮寺式段階に対比するこ

119

第4章 西日本の前半期押型紋土器 その1

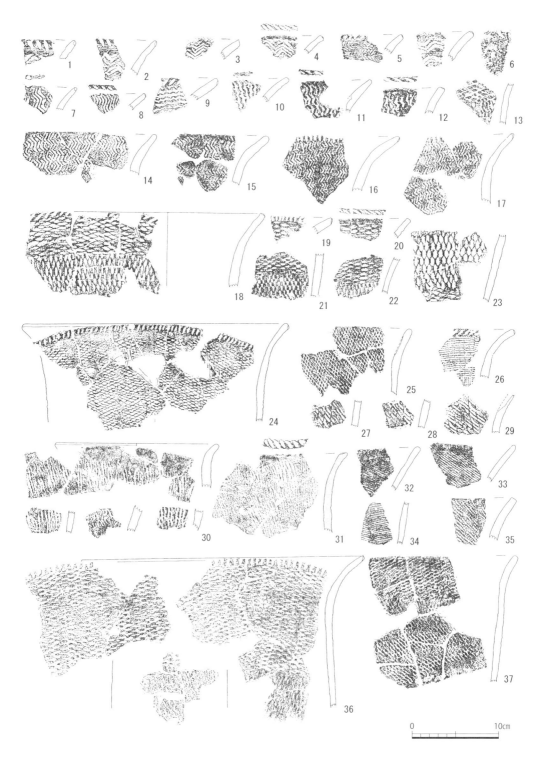

第75図 美女遺跡出土の立野1式土器

3 西部ネガティヴ押型紋と立野式成立の事情

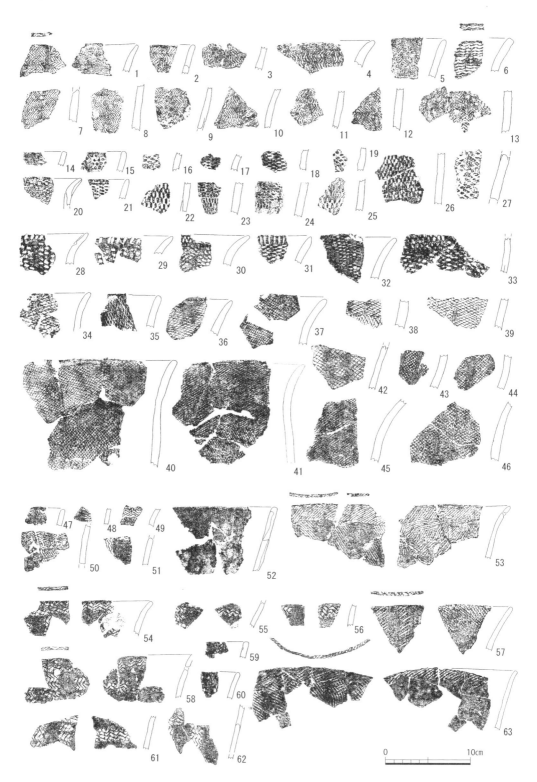

第76図　小田原遺跡出土の立野2式土器 (1〜46)、沢・樋沢1式土器 (47〜63)

第4章　西日本の前半期押型紋土器　その1

とが容易に想定できよう。しかし立野2式と西部押型紋の神宮寺式の対比が型式学的に検証でき
ているわけではない。おそらく在地型式としての立野式が独自の発展を迎えたためであろう。立
野2式も神宮寺式も西部押型紋土器文化圏の伝統的な口縁部・胴部施紋帯の施紋法が崩れ、縦方
向の施紋流儀が出現する共通点が認められ、立野2式・神宮寺式とも新たな胎動期を迎えるので
あろう。

　なお矢野健一が立野式の三段階目にあてた長野県福沢遺跡には、ネガティヴ紋・丸味をもった
楕円紋・小振りの山形紋や大振りの山形紋が出土している。いずれも口縁部に刻み目や山形紋を
施紋し、口縁部も大きく外反する立野1式の特徴をもっている。矢野はともに出土したネガティ
ヴ押型紋（市松紋）などを切り離し、表裏施紋の小振りの山形紋だけを立野式の一型式として抽
出し、立野式を三細分した〔矢野1993a〕。しかし三段階とされる福沢段階には設定すべき型式学
的な根拠はないはずである。矢野が福沢段階を設けたのは、樋沢1式に接続させるための仮想の
ステップであり、机上の装置でしかない。

4　大川式・立野式と東部押型紋の対比

　大鼻式を初源とする西部押型紋土器文化圏の大川式や立野式は、東部押型紋土器文化圏の樋沢
式・細久保式と如何なる関係にあるのであろうか。一系統論に立てば縦の関係（時間的）であり、
二系統論に立てば横の関係（空間的）となる。こうした課題を解決するためには、徹底的な型式
学的な検討が必要である。大川式→立野式への相互乗り入れは、前述したように型式学的にみ
ても極めてスムーズである。しかし神宮寺式→樋沢1式あるいは立野2式→樋沢1式の乗り換
えは、軌道幅が違うためか脱線の危険を含んでいる。

　東・西の押型紋文化をつなぐ鍵は立野式が握っている。前述したように大川2式―立野1式、
神宮寺式―立野2式の併行関係は、ほぼ確定と考えても差し支えない。残る課題は大鼻式・大川
式と樋沢式1・2式の関係、大川2式・立野1式と樋沢3式の関係、神宮寺式・立野2式と細久
保1式の関係である。一系統論者にとっては無縁な関係に映るであろうが、これらの併行関係を
型式学的に検討することは決して無駄な作業ではないといえよう。

大川1式と樋沢2式　　大川1式と樋沢式に共通する文様は格子目紋と山形紋である。また楕
円紋をもたない点も共通する。口縁部施紋帯・胴部縦方向の施紋方向も同じであるが、全面施紋
と帯状施紋の違いがある。このほか異なる点は原体の彫刻法（縦刻・横刻）、原体の端部加工、原
体の太さや長さ、ポジ紋とネガ紋、器形・器壁・胎土などである。

　問題になるのは前述のように山形紋の出自である。対向斜線による格子目紋から直線的な山形
紋が内在的に出現する可能性も否定できない。しかし山形紋は原体の円周に沿って彫刻される横
刻原体であること、ネガティヴ紋の原体端部は加工しないのに対し、大川1式の山形紋原体は切
り込み加工が施される点で、ネガティヴ紋の系譜から出自したとの考えにはやや無理があろう。
大川1式のネガティヴ紋が主体であるのに対し、大振りの山形紋施紋のものは客体的というより

122

4 大川式・立野式と東部押型紋の対比

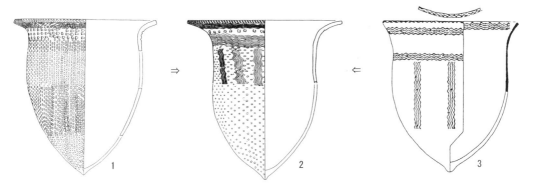

第77図　大川式土器と沢・樋沢式土器の文様の互換性［縮尺不同］
1・2：大川遺跡　3：沢遺跡

極少量である。また全面施紋のネガティヴ紋に帯状施紋の山形紋が転写したように施紋されており、山形紋は帯状施紋のポジティヴ紋の世界（樋沢式）から施紋流儀とともに持ち込まれたものであろう［第77図］。沢式や樋沢1式の帯状構成がどのように出現するのか、その先行型式ついてはなお不明である。大川1式の山形紋が大振りなのは、前述したように在地の原体に彫刻されたためであろう。

　大川1式の山形紋はネガティヴ紋と併用して施紋されるのは常である。つまりポジティヴ紋とネガティヴ紋のキメラの押型紋である。前述したように口唇部のみ山形紋を施紋する例、口縁部施紋体に横方向一帯を巡らす例、頸部刺突紋の下に巡らす例は、いずれも帯状構成をとらない。樋沢式同様、帯状構成となるものは口縁部施紋帯に横方向一帯ないし二帯の山形紋を巡らせ、胴部施紋帯にネガティヴ紋の地紋に上書きして縦方向山形紋を施す。胴部片に縦方向山形紋に配する多くも帯状構成をとるとみられる。樋沢式が底部まで施紋するのに対し、大川1式の胴部の縦方向山形紋は胴部下半には至っていない。

　こうした山形紋による帯状構成の大川1式は、異系統の樋沢式の山形紋と施紋流儀の影響により成立したと考えることができる。この点については再三指摘してきたがなかなか受け入れてもらえない〔岡本1998〕。ネガティヴ紋の世界から内在的に山形紋と帯状施紋の施紋流儀が出現するのであれば、その理由を手順を追って型式学的に説明して欲しい。なお従来、大川1式と樋沢1式を対比してきた〔岡本2015a〕。しかし前述した樋沢式の三細分により、山形紋の条数が多い（4条・5条）ことから、初出の山形紋ではなく樋沢2式段階に修正した。大川1式―樋沢2式を対比し、その前段階の大鼻式―樋沢1式を併行関係とした。

大川2式・立野1式と樋沢3式　　立野1式の成立の過程は、前述のように大川2式が関与していることは明らかである。また樋沢1式の帯状施紋が樋沢3式で全面施紋に変化する事情も大川式の影響であろう。この点についてはすでに佐藤達夫が指摘している〔大野・佐藤1967〕。おそらく立野式の成立に呼応するかように、全面施紋に近い樋沢3式が出現したのであろう。こうしてみると東・西押型紋の交流は一方的でないことが分かる。

第4章　西日本の前半期押型紋土器　その1

　大川2式にも楕円紋はないが、立野式・樋沢3式にはともに楕円紋が存在する。立野2式の楕円紋の出現はネガティヴ紋の反転が契機となっており、樋沢2式の楕円紋の出現に影響を与えたと推測される。また楕円紋をもたない大川式や樋沢1式は、立野式成立前と考えられる。美女遺跡の立野1式のSB18住居跡や小田原遺跡の立野2式の11号・12号住居跡における樋沢1式との共存は、樋沢1式が先行型式であり、共伴関係とは認められない。これらの共存例は立野式を古くする一系統論者にとっても、容認できるものではない。

　立野1式の大振りの山形紋は縦方向施紋のものが主体である。東海の萩平型（大川2式）の斜平行紋に伴う縦方向山形紋と関連するかもしれない。樋沢3式にはこの手の縦方向の山形紋は少ない。美女遺跡の山形紋には口縁部施紋帯に山形紋を巡らす大川2式そのものも存在する〔第75図1～6〕。数は少ないが、大川2式と立野1式の併行関係を示すものであろう。

　樋沢3式の楕円紋は、立野1式の縦刻原体とは異なり横刻原体である。文様のみを立野1式から採用し、手持ちの細い原体に横刻で表現したためであろうか。立野1式と樋沢3式との関連は楕円紋の出現や全面施紋への変容といった指摘に留まり、なお十分な型式学的検討がなされるまでにはいっていない。福沢遺跡の立野1式と樋沢3式の共存は、両者の共伴関係を示しているのかもしれない〔小林ほか1985〕。

神宮寺式・立野2式と細久保1式　神宮寺式と細久保1式の対比関係については、異方向山形密接施紋の神並式を介して併行関係にあることを、次章で述べることにする〔岡本2013〕。

　神宮寺式のネガティヴ紋は舟形沈紋と呼ばれるように粒が細くなる。大川式から続く異方向施紋のほか、縦方向施紋のものもみられる。更に薄くつくられた口縁部上端には刻み目をもつ。一方、立野2式もネガティヴ紋から格子目紋が主流となり、口縁部に刻み目をもつものは少ない。神宮寺式と立野2式は、互いに独自に発展を遂げるのであろう。立野2式には縦方向密接山形紋のほか、横方向密接施紋もみられる。細久保1式段階の山の神遺跡・男女倉F遺跡など横方向密接施紋の山形紋があり、立野2式と関連するものであろう。西のネガティヴ押型紋の影響によって成立した在地の立野式は、おそらく立野2式の段階で姿を消し、細久保式に統合されるのであろう。

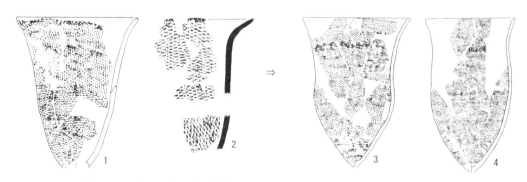

第78図　立野2式の楕円紋土器（1・2）と細久保1式土器（3・4）〔縮尺不同〕
1・3・4：山の神遺跡　2：石清水遺跡

近年、長野県山の神遺跡・岩清水遺跡で出土した楕円紋［第78図］を手がかりに、川崎　保は立野式→細久保式の変遷を提示した。〔川崎2003a·b〕。これらの楕円紋を細久保式初頭段階（山の神1群）と位置づけている[9]。山の神遺跡の楕円紋は口縁部から胴部上半に縦方向、胴部下半に横方向密接施紋するもので、川崎が指摘するように立野式の施紋流儀である。横刻原体の楕円紋で後出的ともいえるが、細久保式とはいえない。同様の文様構成をもつ岩清水遺跡例は縦刻原体の楕円紋で、立野式そのものである。

川崎はこれらの楕円紋を細久保式と見なし、立野式から細久保式への新編年を唱えた。しかし、山の神1群とされる楕円紋はおそらく立野2式段階のものであろう。これらの楕円紋は山の神2群とされる横方向密接施紋の細久保1式に伴うものであり、立野2式と細久保1式との併行関係を示しているともいえるのである。川崎は縦の関係（時間的）とみるが、著者は横の関係（空間的）と考える。

川崎は立野式→細久保式へと直線的に考えるあまり樋沢式を路線の脇に置き、結果として変則的な二系統論者に陥っている。こうした楕円紋を根拠として組み立てられた立野式→細久保式の新提案は説得力に乏しい。樋沢式→細久保式への変遷の方がより型式学的な手順を踏んでいるようにみえる。どちらの変遷が型式学的検討に耐えうるのか、読者の判断を待ちたい。

おわりに　── 再び二系統論 ──

岐阜県沢遺跡の報告の中で、佐藤達夫は西の神宮寺・大川式と東の沢・樋沢式の関係について次のように考察した〔大野・佐藤1967〕。

「神宮寺・大川両式は沢・樋沢下層のごとく帯状施紋を特徴とする山形押型紋とは元来別の系統に属し、ほぼ同時期に地域を異にして分布したものと思われる。相異なる沢・神宮寺両式の成立には先行型式の差異が与っていたと考えられる。樋沢下層式・御座岩等にみられるごとく、この時期に生じる全面施紋はおそらく大川式の影響によるものであろう。」　この45年前に提示された二系統論は、西部押型紋と東部押型紋の対比関係にふれた初めての型式学的見解である。そして東の帯状施紋から全面施紋への変遷が大川式の影響によることを示唆したのである。今日、神宮寺式より大川式が古く、その先行型式の大鼻式が明らかになった現在でも、なお有効な学説と考えられる。原体の彫刻法（縦刻・横刻）、太さや長さ、ポジ紋とネガ紋、施紋法の相違をとっても一系統の発展と考えることはできない。

一方、立野式を古く位置づける神村　透は、地域に根ざした研究から同一地域内での立野式と樋沢式の住み分け（同時併存）などあり得ず、層位的にも立野式が古いと一貫して一系統論を主張している。神村の立野式への情熱的な取り組みと信念にはいつも敬意を払い、その研究姿勢に学びつつ押型紋を追究してきた。立場は異なるが、押型紋土器への想いは同じである。今日、神村が立野式を古く位置づける一系統論が主流になりつつあるが、こうした通説に対しても真摯に向き合っているつもりである。決して「頑なな態度」や「悪足掻き」〔神村2003b〕といった次元

第4章　西日本の前半期押型紋土器　その1

で議論を挑み、何が何でも樋沢式を古く位置づけようとしているわけではない。心外であるが、そのように映るのであれば自身の不徳の致すところといわざるをえない。回転施紋という大きな枠組みからみれば一系統論も撚糸紋土器との対比において二系統論であり、その対比基準から西部押型紋（立野式）を古く位置づける方法は二系統論と大差はないはずである。

　西部押型紋と東部押型紋を一系統論で、大鼻式→大川式→神宮寺式→沢・樋沢式→細久保式へと西から東へにつなぐ直線的な変遷は、充分な型式学的な手続きがなされた上での結論であろうか。西の大川式・神宮寺式から東の沢・樋沢1式へのスムーズな乗り入れが、型式学的に検証されるのであれば一系統論に転向しよう。そのときは閉門蟄居しなければならない。

　最後に論点を二系統論の立場から5点に要約し、まとめとしたい。

1. 東部押型紋土器の出現期は、多摩ニュータウン No.205 遺跡での共伴事例から稲荷台式以降とみることができる。立野式を古く位置づける一系統論も、沢・樋沢式を古く位置づける二系統論も、押型紋出現期は稲荷台式のガイドラインを越えることはない。このガイドラインは西部押型紋土器の出現時期を直ちに規定するものではないが、立野式との交差年代からみても稲荷台式を大きく踏み外すものではない。

2. 西部押型紋土器の初頭に位置づけられる大鼻式の先行型式ついては二つの接近法がある。一つは表裏縄紋土器、もう一つが撚糸紋土器との関係である。表裏縄紋が撚糸紋に先行する立場をとれば古くなるし、撚糸紋の前半期まで下る立場をとれば新しい位置づけとなるいずれも机上の操作の域を出ない。大鼻式には撚糸紋が伴うが直接、型式学的に関東編年に対比すべきものではない。将来、駿豆地方の撚糸紋土器を媒介として、その対比が可能となろう。

3. 大川式は1式、2式の古・新に二分される。大川1式は口縁部施紋帯と胴部施紋帯との間が、縄の側面圧痕や刺突紋によって分帯区画される。これに対し、大川2式は口縁部施紋帯と胴部紋様帯が相接して施紋される。施紋規範は大川1式・2式とも、口縁部横方向・胴部縦方向を基本とする。山形帯状施紋を取り入れるのは大川1式段階で、ネガティヴ紋原体とは異なり原体端部が加工されており、東部押型紋の沢・樋沢式の影響と考えられる。

4. 立野式は大川2式が東へ波及する中で、西部押型紋土器文化圏の在地型式として成立した。大川2式の施紋規範が口縁部横方向・胴部縦方向であるのに対し、その立野1式の施紋規範は逆転し、口縁部縦方向・胴部横方向となる。こうした二段構成の施紋ほか三段構成の施紋もみられ、その施紋規範も大川2式とは逆転している。またネガティヴ紋が反転し、縦刻原体の楕円紋が出現する。一型式としての立野式の独自性が認められる。立野2式は格子目紋が主体となり、口唇部に刻み目をもたないものが多い。縦方向密接施紋が主体となる。

5. 東・西押型紋の併行関係を示す第一段階は大川1式の時期である。大川1式と樋沢2式の交差段階で、大川1式の山形紋帯状構成は沢・樋沢式とのキメラを示し、併行関係の証となる。次の第二段階は大川2式の時期で、その変容型式が立野1式である。樋沢式にも影響を与える。樋沢3式における帯状施紋から全面施紋への転換は、大川2式・立野1式の全面施紋を取り入れたためであろう。また立野1式に出現した楕円紋は樋沢2式の楕円紋とも関連しよ

う。第三段階の神宮寺式と細久保1式との対比関係は、山形紋異方向密接施紋の神並式の存在から検証できる。立野2式と細久保1式は立野式の施紋流儀をもつ楕円紋の共伴から併行関係が推察される。

　如上のように二系統論の観点から、西部押型紋土器文化圏における大鼻式・大川式の位置づけとその対比関係を論じた。東部押型紋土器文化圏における樋沢式や細久保式の細分にはやや再考の余地を残しているが、その併行関係はほぼ動かない。当然、反対や批判があることは承知しているが、その時を改めて反論を用意したい。

［註］
1) 当初、大鼻遺跡や粟津湖底遺跡からは出土していないことから大鼻式以前の可能性も考えたが、ここでは縄紋や圧痕紋を多様する大鼻式に共伴するものとして捉えておく。このループ紋の系譜も大鼻式成立の手がかりとして重要な資料である。
2) 口唇部に施紋された山形紋が押型紋か否かについては議論のあるところである。著者も実見したが単位の繰り返しは確認できなかった。この土器を表裏縄紋と切り離せばそれまでのことであるが、新しい段階の表裏縄紋と沢・樋沢1式に伴う縄紋とは近接した時期と考えられる。
3) この撚糸紋土器は器形や口唇部の刻みは大川1式に近い。
4) 逆転編年について土肥　孝は、片山長三の初出報告〔片山1957a〕をあげ「神宮寺遺跡発掘の時点ではこれらのネガティヴ押型紋土器は大川→神宮寺と変遷すると理解されていたのである」と発言している〔土肥1988〕。これは明らかに誤りである。神宮寺遺跡の発掘調査は1952年4月、大川遺跡の発掘調査は同年11月であり、片山が大川の成果を知って大川式→神宮寺式の変遷を考えることはあり得ない。また土肥が引用した器形の変遷図は原本とは、新旧逆転している［第79図］。その変遷図は12月に発行された『石鏃』11に掲載されたもので、片山が「古い形式」としたものは大川式ではなく尖底土器一般を図示したもので、それに較べて神宮寺式の尖底土器は新しく「前者から進化した形」ものと位置づけている〔片山1957b〕。逆転編年に対する思い入れからくる土肥の勘違いかと思われる。学史的にも重要な事柄であるので、僭越であるが土肥に代わって訂正しておきたい。

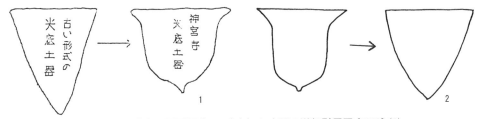

第79図　片山の原図版〔1957a〕(1)と土肥の逆転引用図〔1988〕(2)

5) 大川式の細分について山田案〔1993〕と矢野案〔1993a〕が提示されている。基本的に矢野の細分案で良い。ただ新段階とした射原垣内型は頸部に爪形の刺突紋を巡らせており、大川1式であろう。矢野が新段階に萩平型としたものを以前、神宮寺式として位置づけた〔岡本1989〕が、矢野の指摘どおり大川2式に訂正する。
6) 矢野は大川古段階の西限資料として、広島県馬取貝塚例をあげる〔矢野1993a〕。胴部片で決め手はないが、分布域が拡大する大川2式段階の資料であろう。矢野も否定はしていない。
7) 立野式の主体はネガティヴ紋を含めた格子目紋でその比率から大きい、立野遺跡例が古く、山形紋の多い赤坂遺跡例や福沢遺跡例を新しく位置づけた。報告書をもとに比率を換算する不十分さは承知していたが、全体の傾向を把握したかったからである。立野遺跡の文様別比率については、馬場によっ

第4章　西日本の前半期押型紋土器　その1

て 1992・93 年調査をもとに文様別比率が提示されている〔馬場 1995〕。本論［第6表］の立野遺跡の
データはこれに依っている。

8）口縁部形態や器形は大川1式に近いが、短冊状の平行紋で施紋し、分帯区画がない点から大川2式と
した。

9）山の神遺跡1群とされるものには、馬捨場遺跡出土の山形紋もこの仲間とされる。密接施紋の山形紋
で、縦・横方向の施紋が認められる。しかし復元されたような上半部が縦方向、下半部が横方向の施
紋とはならない〔川崎 2003b〕。これを含めて山の神1群を設定するのはやや無理があろう。

第5章　西日本の前半期押型紋土器　その2
── 神宮寺式土器・桐山和田式土器 ──

はじめに

　人生には、決して渡っては為らぬ川もあれば、時には渡らなければ為らない川もある。学問とて同じである。しかし、渡ることのできない川はないのだ。

　西部押型紋土器文化圏と東部押型紋土器文化圏との間には、大きな川が横たわっている。しかし、川向こうも同じ縄紋人の社会だ。同じ彫刻棒を原体にもった押型紋土器の世界が展開している。土器作りの作法は、カタチの流儀、文様の流儀、胎土の流儀の三つの要素から成り立っている。認定できる型式は、この三要素によって規定されるといっても過言ではない。西部押型紋土器文化圏も東部押型紋土器文化圏も、押型紋土器は平縁・尖底が基本であり、施紋法も共通する。土地柄が現れるのは、彫刻原体や器形の好みと地元の粘土や混ぜ物の違いである。当然、人びとは行き交い、文物も交流する。

　事実、東部押型紋土器文化圏の前半期には、西部ネガティヴ押型紋に関連する立野式も存在する。西部押型紋土器文化圏の後半期には、押型紋文化を表象するトロトロ石器が九州島にまで広く分布し、九州島の平栫式も出現する。また、押型紋土器終焉後には、早期の条痕紋土器・関東地方の鵜ヶ島台式もみられる。東日本同様、西日本にも条痕紋土器の世界が広がっていく。川向こうの土器は常に客体的であるが、西部押型紋土器文化圏だけが孤高を保っていた訳ではない。いずれの時期も同じように、開かれた縄紋社会が展開しているのである。これが縄紋社会の秩序というものであろう。

　前にも述べたことがあるが、「ルビンの壺」という有名な図形がある［第80図1］。白抜きの部分をみれば、優勝カップのように見え、黒抜きをみれば向き合った2人の顔が見えてくる。「図」と「地」の反転現象が起こる。これはネガティヴ紋とポジティヴ紋の関係に置き換えることができる［第80図2］。私たちが二つの図形を同時に認識できないのは、自分の経験した視覚的枠組みに規制されているためである。先入観をもって「シロか、クロか」を議論してもあまり生産的ではない。重要なのは二つの図形が同時に存在し、描かれていることである。ネガティヴ紋とポジティヴ紋の違いは、彫刻された原体と描かれた器面の反転現象と理解することもできる。楕円紋の原体で描くのか、器面に楕円紋を描くのか、わずかな相違でしかない。しかし視覚的な文様は反転現象によって、大きく異なって見える。西部押型紋土器文化圏と東部押型紋土器文化圏に横たわる大きな川は、むしろ研究者のアイデンティティや先入観に基づく知覚的枠組みに起因しているのかもしれない。これは自分自身の問題でもある。

　在地の型式とは異なる遠隔地の型式が共存する現象には、土器そのものが伝わる場合と土器作

第5章　西日本の前半期押型紋土器　その2

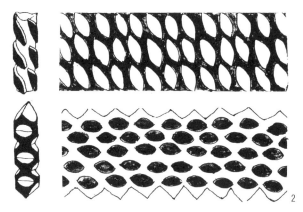

第80図　ネガとポジ　1：ルビンの壺　2：楕円紋のネガとポジ

りの作法が伝わる場合の二者がある。胎土の流儀をみれば、在地産か搬入品の判断は容易である。土器作りは原則、在地社会で行われる。搬入された土器は、交易品の容器として入ってくるのであろう。いずれにしても人びとの移動や交流の証でもある。稀には、川向こうから入って押型紋人に教わる場合もあろうが、多くは受け入れた在地側の押型紋人が主体的に係わった結果であろう。川向こうに出向いた縄紋人が、その地の土器作りの作法を伝授され、たまには原体を入手したこともあろう。

1　神並遺跡11層と12層の評価

　1982（昭和57）年、大阪府神並遺跡の発掘調査は重要な資料を提供し、西部押型紋土器研究史上、大きな進展を迎えることになる。大阪府神宮寺遺跡のわずかな資料により設定された神宮寺式の実態が、神並遺跡の発掘によって比較・検討に耐えうる豊富な内容をもった神宮寺式の指標として提示されたのである。合わせて、11層出土の波状口縁を含む密接施紋の山形紋土器と12層出土の神宮寺式土器が、「層位的事実」として分離され、その後の西部押型紋土器編年を大きく規定する結果となっていく。

調査者の弁　神並遺跡の調査者である下村晴文は11層の押型紋土器について、次のように述べる。「口縁部に刻みをもたないこと。波状口縁の呈するものがある。12層の神宮寺式に比べてやや厚い。密接施紋山形紋は山形が鋭く鋭角となる。原体の大きさは長さ2.6cm、直径0.57cmである。これに比して12層の神宮寺式には、平縁のみで波状口縁は認められないこと。山形紋は幅が太く波長が長く、原体の大きさは長さ2.6cm、直径0.99cm以上である」。

　これら諸点の違いを列挙し「時期、型式の相違によるか現状では個体数が少ないこともあって不明である。ただ層位的には第11層出土土器の方が後出であるという事実を記しておきたい」と述べている。11層と12層の土器とは明らかに違う「タイプ」としたのである。〔下村1985〕

　では下村のいう「タイプ」とは何か。報告書でも第11層をⅠ群土器、第12層をⅡ群土器に区

分して記載されている。「後出するタイプ」、「大川式に近いタイプ」、「神宮寺式タイプ」、あるいは文様分類や器形にも「タイプ」と記している〔下村ほか1987〕。「タイプ」とは通常「型式」を指すと考えられるが、下村のいう「タイプ」は類型という意味で用いているらしい。やや曖昧な表現をとっている。それはⅠ群土器の少量の山形紋だけで型式設定することに躊躇あるいは慎重を期したためであろう。

　重要な点は、下村が旧説の神宮寺式→大川式の編年観を前提としている点である。Ⅰ群土器とⅡ群土器の評価は、こうした編年観に導かれている。つまり波状口縁をもつⅠ群土器は奈良県大川遺跡（大川式）にもあり、Ⅱ群土器（神宮寺式）には認められない。このことから11層土器（Ⅰ群土器）は神宮寺式以降に出現すると考えたのである。11層の土器を新しくする根拠の一つは、こうした旧説の編年観に基づいていることである。

　Ⅱ群土器（第12層）の神宮寺式のなかには「大川式に近いタイプ（Ⅱ-A群）」や大川式にみられるⅡ-B4・B5類が存在している。とすればⅠ群土器（第11層）は、12層の「大川式に近いタイプ」との共伴関係も視座に入れなければならなかったはずである。そうした検討は行われないまま、「Ⅰ群土器は、第11層内から出土しており、Ⅱ群土器が出土する第12層より明らかに上層に位置している」ことを理由に両者を分離したのである。

　考古学を学んだものであれば、上層の土器が下層の土器より新しいこともあれば、上層も下層も同一型式である場合もあることは自明の理であろう。層位と型式は相互に補完する関係にあるのだから、Ⅰ群土器を型式学的検討が充分になされないまま、層の違いを強調するのは正しい層位論とはいえない。層位が旧説の編年（神宮寺式→大川式）に基づいた結果とすれば、「型式が層位に優先する」ということになる。「層位は型式に優先する」以前の話である。

　ましてや11層と12層の層位学的検討が充分に保証されているとは言いがたい。判明している事実は、11層と12層の土器のタイプが異なっている点である。この事実は万人の認めるところであり、両者の異なるタイプを如何に型式学的に理解していくかに係っているのである。

　ここでは11層と12層の土器群が、それぞれ別型式と考える立場を「層・層分離二型式説」、同一の包含層と考える立場を「同一層位一型式説」と呼ぶことにする。

関野の層位的批判　　関野哲夫は押型紋文化期の神並遺跡をはじめ、長野県福沢遺跡、静岡県若宮遺跡の事例を取り上げ、詳細な層位学的検討を行った〔関野1994〕。神並遺跡の11層と12層の関係を批判的に検証し、「厳密な意味から層位的に土器ができてはいないのではないかと考えている。型式学的な紋様分類が層位的事実との理解を生み出してしまったと考えている」と結論づけたのである。「同一層位一型式説」の立場である。関野の批判は層位学的視点と型式学的視点の二点に集約できる。

1. 11層は3層（A・B・C層）に分層されているが、Ⅰ群土器の包含層は11-C層で、シルトと砂層の互層である。12層は11-C層同様、粘質シルト層である。シルト質の土壌は水（水が溜まった場所、湖沼化、河川など）と関わって堆積したものであるから、鬼虎川の氾濫で12層の上部が影響を受け、シルトと砂層の互層の11層が形成された。本来11層と12層は同一層であ

第5章　西日本の前半期押型紋土器　その2

った可能性を指摘したこと。

2. 層位を保証するとされる11層出土の22点のⅠ群土器うち、2点が12層からの出土となっている。これを偶然の混在とみなせば、土器の連続性を示すことを証明しているという理解を引き起こす。ひいては土器の内容も違うので下層より後出的という結論が導き出される。これが調査者の見解である。しかし異方向山形紋は近畿地方での出土例は少なく、Ⅰ群土器があること自体が希有な例であることからⅡ群土器の神宮寺式に共伴した可能性を指摘したこと。

　11層の層位については、調査者の下村も述べているように11層の堆積期間中には幾度となく水浸りの状況にあったことを想定している［第81図］。

　神並遺跡の基盤となる13層は河川堆積層である。本来、遺跡形成以前には水平堆積していたことが断面図から把握することができる［第81図A］。この基盤層がその後、鬼虎川の浸食・氾濫により削り取られ、凹地が形成される。その斜面は崩落による二次堆積がみられる［第81図B］。その凹地を利用して、押型紋人が住み始める［第81図C］。

　凹地の斜面の形成時に崩壊した二次堆積層（13-C層）の上に、更に斜面崩壊した二次堆積層（13-B層）がみられる。その断面図［第81図1］は包含層12層の上に堆積したように図化されている。包含層が堆積した後も、河川による浸食があったことを物語っている。11-C層は成因は、12層上部が浸食の影響によってシルトと砂層の互層を形成したとも考えられる［第81図D］。とすれば、11-C層と12層は元来同一の包含層であった可能性が高い。その後の氾濫によって、包含層は11-A・B層の砂層と細礫層の互層の河川堆積層で完全にパックされたのである[1]［第81図E］。

自説の再論　　共伴か混在かという認定は、戦前の「ミネルヴァ論争」や戦後の「本ノ木論争」を引くまでもなく、層位論の命題ともいえる重要なテーマである。下層の遺物が古く、上層の遺物が新しいという単純な層位論では解決できない。上層の土器が下層に混在しているのであれば、上層の土器だけがプライマリーな純粋な状態で遺っている方が、むしろ不自然である。多重層の貝塚や洞穴遺跡を発掘すれば、同一層に他型式の土器が混在するのは常である。それを弁別できるのは型式学的理解の蓄積によって、はじめて可能となる。

　関野が指摘したように11層の土器が12層から2点出土している。わずかといっても、総点数22点中の2点で、10％近くになる。推定総個体数3〜4個体のうち、1個体分とすれば25〜30％を占める量である。また、後述するように12層の山形紋（Ⅱ-D群）の中には、11層と同じ密接施紋山形紋が含まれている［第84図28〜30］。これが「依拠すべき層位的事実」とするならば、本来、密接施紋山形紋の包含層は12層中であり、神宮寺式に共伴した可能性を示している。混在とみるなら、11層と12層の「層・層分離二型式説」は根拠を失うことになる。

　また、問題にすべきは11層の総出土量（22点）が異常に少ないのに対し、12層の総点数が570点以上、推定個体数が211個体以上と推定されていることである。12層の押型紋人が居住空間として集落を維持するだけの装備が整っている。これに対し11層の押型紋人は僅かのあい

1 神並遺跡 11 層と 12 層の評価

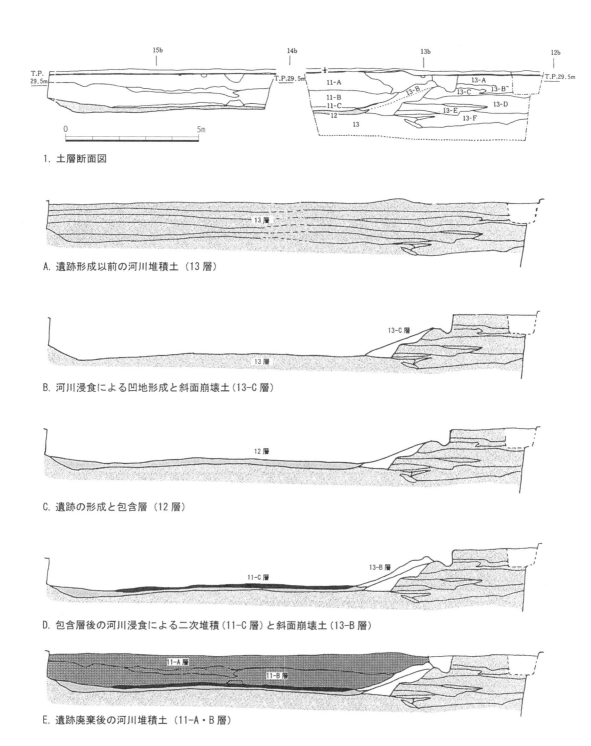

1. 土層断面図

A. 遺跡形成以前の河川堆積土（13層）

B. 河川浸食による凹地形成と斜面崩壊土（13-C層）

C. 遺跡の形成と包含層（12層）

D. 包含層後の河川浸食による二次堆積（11-C層）と斜面崩壊土（13-B層）

E. 遺跡廃棄後の河川堆積土（11-A・B層）

第81図　神並遺跡の層位（1）と堆積の変遷（A〜E）

だ立ち寄った程度の道具しか遺していない。遺跡の在り方からみても出土量のアンバランスは不自然であり、この点からも 11 層と 12 層の遺物は同時に形成されたと考えられる。

　神並遺跡の 11 層と 12 層の層位的関係について、関野の批判点を補完しながら、再度 11 層・12 層、同一層位の可能性を探ってみた。つまり I 群土器も II 群土器も本来同一包含層内の一括遺物と考えれるのである。両者とも胎土には角閃石を多量に含み、在地でつくられている。しかし、11 層と 12 層の押型紋土器の違いは歴然としている。I 群土器が東部ポジティヴ押型紋（樋沢・細久保式）に対し、II 群土器は在地の西部ネガティヴ押型紋（大川・神宮寺式）である。すなわち 11 層の密接施紋山形紋は神宮寺式に伴う異系統の土器として捉えることができる。

　関野も指摘するように I 群土器の密接施紋山形紋は近畿地方での出土例は少なく、ネガティヴ押型紋に付随して認められる程度の量である。大川遺跡・兵庫県別宮家野遺跡・福井県岩の鼻遺跡の出土例をみても常に客体的である。こうしたことから、I 群土器を「大川・神宮寺系押型紋に伴う異系統の山形紋として位置づけた」のである〔岡本 1989〕。関野同様、一貫して「同一層位一型式説」の立場をとる。

矢野の編年　　こうした密接施紋山形紋だけの I 群土器を取り上げて、型式認定することは可能であろうか。それに果敢に挑戦したのが、西部押型紋土器研究のオピニオンリーダーともいえる矢野健一である。矢野は 11 層と 12 層の層位的な関係を「依拠すべき層位的な事実」として認定した〔矢野 1993a〕。当然のこととして、詳細な層位的な検討を重ねた結果、矢野は「依拠すべき層位的な事実」と判断したのであろう。「層位的な事実」とは如何なる事実なのか、関野や著者が指摘した疑問や批判に答える責務があろう。

　矢野は「層・層分離二型式論」の立場から、上層の 11 層の出土土器を「神並上層式」として型式設定したのである。〔矢野 1993b〕。西部押型紋土器前半期の編年を、大鼻式→大川式→神宮寺式→「神並上層式」→「山芦屋 S4 下層」と位置づけ、他地域の押型紋の対比関係を行い編年網を整備した［第 7 表］。提示された編年案は評価すべき内容を含んでおり、その後の西部押型紋文化研究の一つの指標となっていく。「著者が神宮寺式や大川式を古い押型文土器として認めるのは、この神並遺跡の層位的事実に基盤をおいた地域編年の再編を行ったからであり、神宮寺式から大川式という変遷も再検討する必要が生じたのである」と自負をもって語っている〔矢野 1993a〕。

　しかし問題なのは、密接施紋山形紋だけで構成される「神並上層式」を在地型式として捉え、西部押型紋土器文化圏の一員として位置づけ、編年に組み込んだ点にある。つまり「同一層一型式説」の立場から「神並上層式」を異系統土器とみなす著者らの見解を、「細久保式にかなりの比率で存在する楕円文はいっさい伴わず、器形も異なる。近畿地方における在地の型式であることは、出土状況から考えても疑いがない」と排除する。著者が指摘した岩の鼻遺跡例や別宮家野遺跡例、松田真一が設定した「葛籠尾崎 1 式」の異方向山形紋〔松田 1988〕を「層・層分離二型式」説の立場から、「依拠すべき層位的な事実」を理由に悉く否定してしまうのである。

　また神宮寺式のポジティヴ紋と併用した伝統的な大振り山形紋から、なぜ小振り山形紋だけで

第 7 表　矢野旧編年〔矢野 1993〕

近　畿	長　野	東海東部	関　東
？	？	＋	井　草　I
			II
大　　鼻			
大　川（古）	〔二本木〕	〔広　合〕	夏　　島
（新）		〔大平C〕	稲荷台（古）
神宮寺（古）	〔百駄刈〕	〔清水柳〕	稲荷原（古）
（新）	〔福　沢〕	〔中　尾〕	稲荷台（新）
			稲荷原（新）
神並上層	〔向陽台〕	〔大平A〕	東　　山
〔山芦屋S4下層〕			平　　坂

構成される「神並上層式」が出現するのか、西部押型紋土器にとって大きな転換期であった。そのためか、矢野は神宮寺式から「神並上層式」への移行期の土器群として「中間式」を設定し、その乖離を補完したのである。移行期として、大川遺跡例・別宮家野遺跡例・高知県飼小屋岩陰遺跡例の小振りの山形紋を併用する土器群を位置づけたのである。この移行期の土器群が、後に「桐山和田式」とされる一群の土器である。後に桐山和田式の内容が明らかになるに従い、「神並上層式」は大きく変質していく。この点については後述する。

2　神宮寺式土器の再吟味

　神宮寺式は大阪府神宮寺遺跡出土のネガティヴ押型紋を標式資料とする［第82図］。発掘調査は片山長三らによって 1957（昭和32）年から 1960（昭和35）年にかけて 4 回の発掘調査が行われた〔片山 1957a・b、1967〕。同じ 1957（昭和32）年に酒詰仲男らによって大川遺跡を標識資料〔酒詰・岡田 1958〕とする大川式が発掘され、西部ネガティヴ押型紋を代表する二型式が提示されたのである。

　1960 年代、刺突紋（爪形紋）→回転紋（押型紋）へという施紋の流れから、神宮寺式→大川式の変遷が考えられた〔岡田 1965〕。その後 1980 年代になると、神宮寺式が刺突紋ではなく回転紋であることが明らかになる〔岡本 1980〕。また 1982（昭和57）年には神並遺跡の発掘調査により神宮寺式の豊富な型式内容が明らかになった。これを契機として大川式→神宮寺式とする逆転編年が発表[2]される〔矢野 1984、土肥 1987〕。また、1987（昭和62）年の三重県大鼻遺跡の発掘調査により大川式より古い大鼻式が設定される〔山田 1988〕。大鼻式→大川式→神宮寺式とする西部押型紋文化前半期の編年を基軸に、今日の議論が展開していくのである。

第5章 西日本の前半期押型紋土器　その2

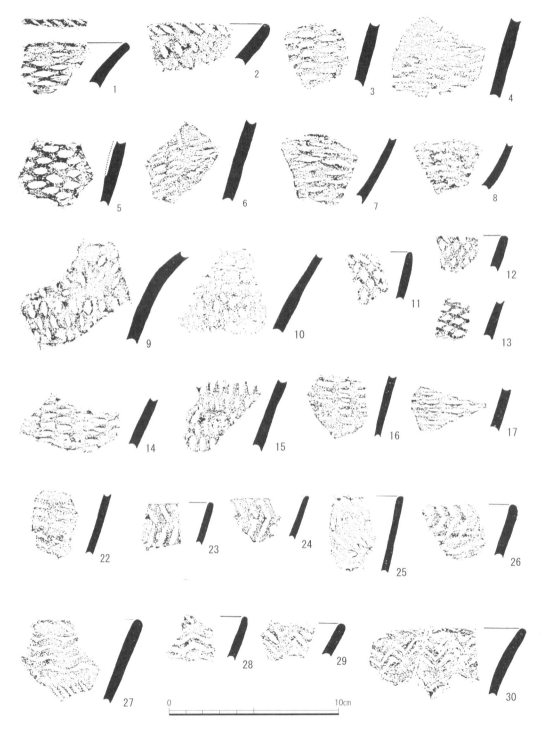

第82図　神宮寺遺跡出土の神宮寺式土器

136

神宮寺式ネガティヴ紋　神宮寺遺跡の標式資料はひとまず置き、層位的にも一括性を保証する神並遺跡の神宮寺式を検討してみよう［第83〜89図］。報告書に従い、A〜F類の6群について概観する〔下村ほか1987〕。

A類—口唇部に刻みをもち、やや厚手の大川式タイプ。

B類—口縁端部に刻みをもち、縦方向に施紋するものが主であるが、異方向施紋（→↓）のものもある。ネガティヴ紋の長軸が横・斜・縦（B1イ〜ハ、B2イ・ロ）、矢羽根状（B3）、長方形状（B4）、菱形状（B5）を呈するものがある。

B類が量的に最も多く、文様も多彩であるが、施紋押圧の強弱によって原体が異なって見える場合もある。

C類—口縁部に刻みをもち、異方向施紋（→↓）のネガティヴ紋。

D類—口縁部に刻みをもち山形紋とネガティヴ紋を併用する異方向施紋（→↓）。

E類—縄紋あるいは撚糸紋をもつもの。「く」字のネガティヴ紋と併用するものもある。

F類—刺突紋を施すもの。

　神宮寺遺跡の標式資料は量的に少ないが、A〜D類が出土している。E・F類は現在のところ認められない。

　神並遺跡の神宮寺式には、古い要素（大川式）として大川タイプとされたA類、長方形・市松紋B4類、菱形紋B5類などがある。新しい要素（桐山和田式）のものがある。中でもB3類の幅広の「く」字状ネガティヴ紋や真正の矢羽根紋［第88図150・153］、C類の一部［第89図189・190］、E類に含まれる「く」字状紋［第89図191・192］などは、後続の桐山和田式に関連する紋様として注目される。真正の矢羽根紋は、三重県樋ノ谷遺跡・鴻ノ木遺跡、岐阜県九合洞穴遺跡・西ヶ洞遺跡、福井県鳥浜遺跡、愛媛県上黒岩岩陰遺跡にみられる。長野県山の神遺跡では異種併用紋（楕円＋矢羽根紋）に用いられ、細久保2式に関連する要素である。

　D類とされる山形紋には、大振りの山形紋に混じって小振りの山形紋がある［第84図23〜30］。両者の差は歴然としており、前者は原体を一巡りさせただけなのに対し、後者は重畳して密接施紋する。大振りのものは大川式の伝統を引き継ぐ山形紋で、多くは三条の山形原体を口縁部に箍状に巡らす。小振りのものはⅠ群の密接施紋山形紋と共通するもので、縦方向施紋のものもみられる［第84図27］。一点、拓本が逆転しているが、異方向施紋かとみられる小破片が認められる［第84図30］。また、山形紋を直交あるいは縦・横に帯状施紋させるもの［第84図40］もあり、後続の桐山和田式にみられる新しい要素で、滋賀県蛍谷遺跡［第97図8］、雲井遺跡［第98図7・8・10］に類例がある。

　神並遺跡の神宮寺式は将来、細分される可能性を有するが、ここでは一括資料として神宮寺式の型式内容を示す基準資料として捉えておこう。

異系統の山形紋　神並遺跡のⅠ群土器とした密接施紋山形紋は異方向施紋と横方向施紋で構成する二種があり、縦方向施紋のみで構成されるものは確認できない。前述のように神宮寺式に伴う密接施紋山形紋は、異系統すなわち樋沢・細久保式押型紋土器として捉えることができる。こ

第5章 西日本の前半期押型紋土器 その2

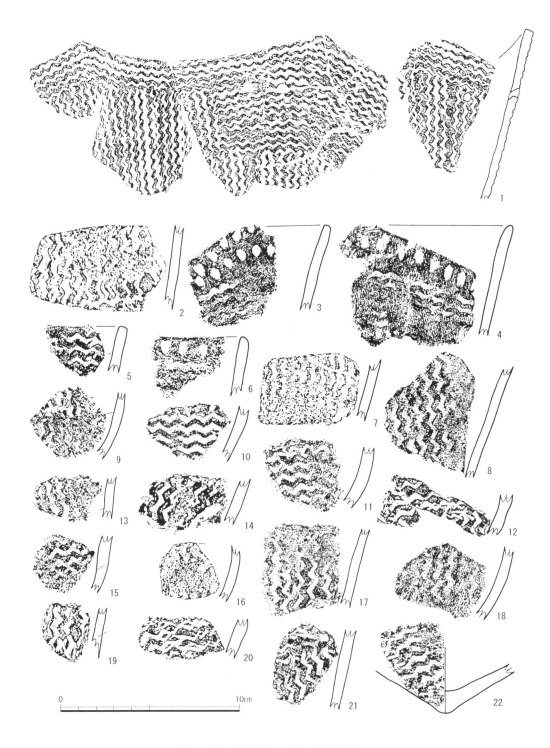

第83図 神並遺跡11層の出土土器 Ⅰ群

2 神宮寺式土器の再吟味

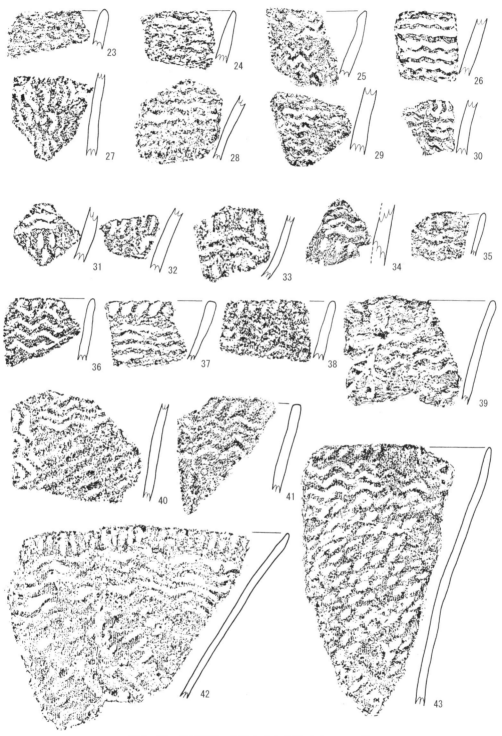

第84図 神並遺跡12層の出土土器 (1) Ⅱ-D群

第 5 章 西日本の前半期押型紋土器 その 2

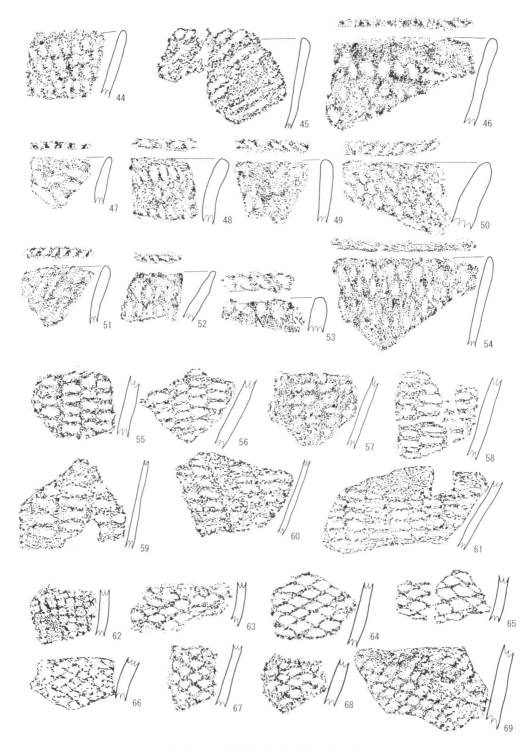

第 85 図 神並遺跡 12 層の出土土器 (2)
44～54：Ⅱ-A 群　55～61：Ⅱ-B4 群　62～69：Ⅱ-B5 群

2 神宮寺式土器の再吟味

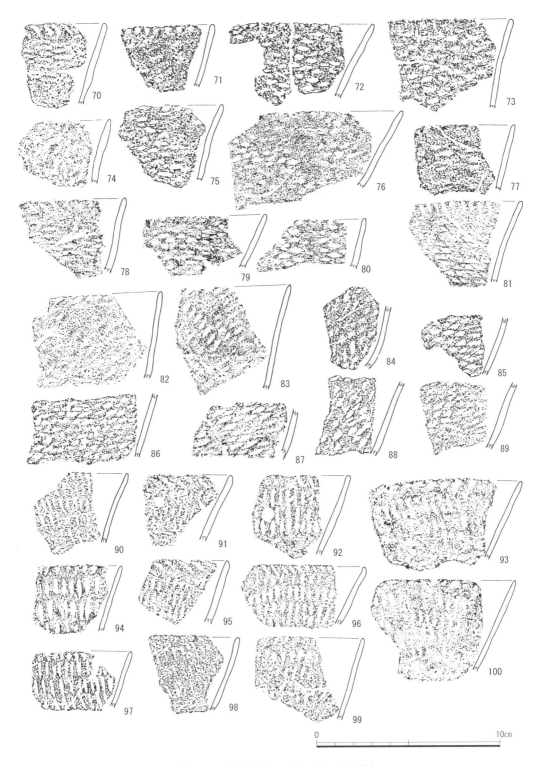

第86図　神並遺跡12層の出土土器（3）
70〜81：Ⅱ-B1 イ群　82〜89：Ⅱ-B1 ロ群　90〜100：Ⅱ-B1 ハ群

第5章 西日本の前半期押型紋土器 その2

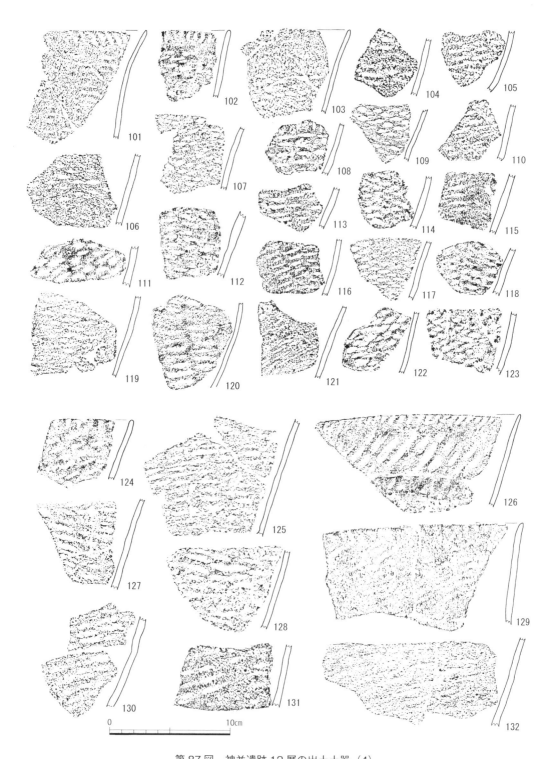

第87図 神並遺跡12層の出土土器（4）
101〜123：Ⅱ-B2 イ群　124〜132：Ⅱ-B2 ロ群

2 神宮寺式土器の再吟味

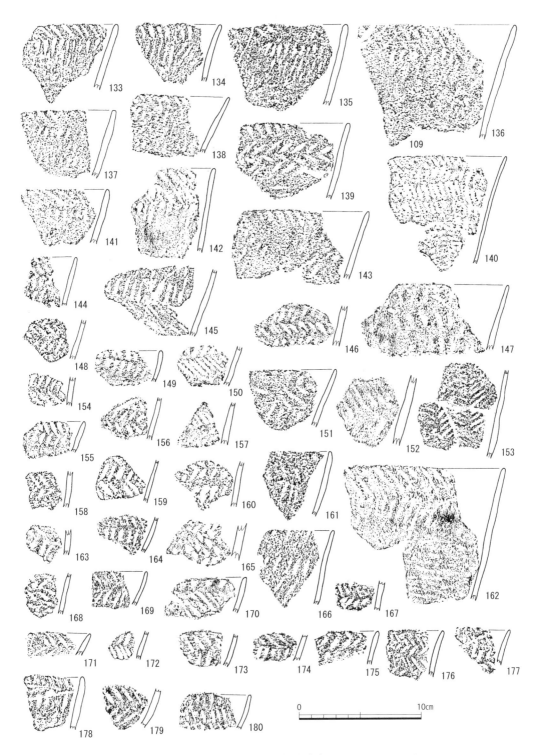

第88図 神並遺跡12層の出土土器（5） 133～180：Ⅱ-B3群

第5章　西日本の前半期押型紋土器　その2

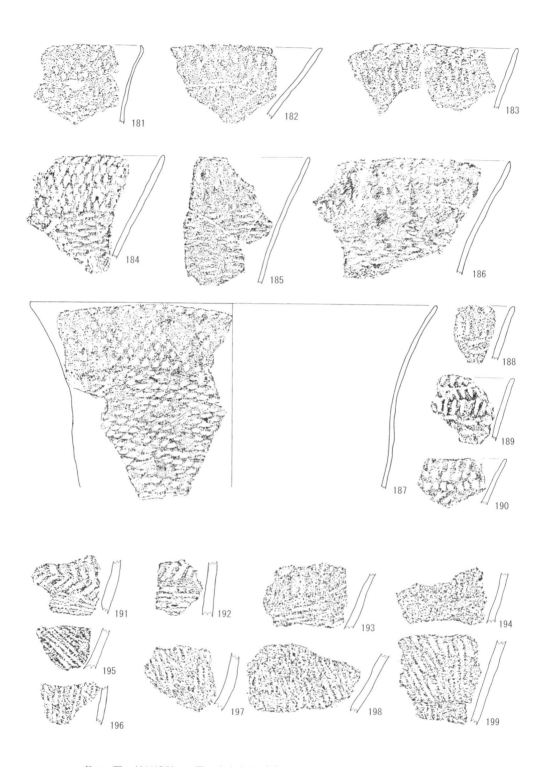

第89図　神並遺跡12層の出土土器（6）　181～190：Ⅱ-C群　191～199：Ⅱ-E群

2 神宮寺式土器の再吟味

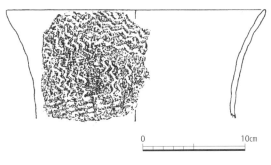

第90図　粟津湖底遺跡出土のキメラ土器

こでは、神宮寺式に伴う密接施紋山型紋を神宮寺式に伴う異系統型式として〈神並式〉と呼んでおく[3]。東部押型紋土器の編年からみると、ほぼ細久保1式に対比される。

異方向山形紋とネガティヴ紋を併用したものが粟津湖底遺跡で一点確認することができる［第86図］。口縁部に刻みをもち、横→縦方向に山形紋を施紋し、胴部にネガティヴ紋を縦方向（?）に施紋する[4]。上半部に異系統の〈神並式〉の異方向山形紋、下半部は在地の神宮寺式のネガティヴ紋を施紋したキメラ土器である。同様の例は蛍谷遺跡の直交山形紋にもみられる［第93図8］神宮寺式と〈神並式〉の共伴・併行関係は動かないと考えられるが、資料の増加を待つことにしよう。

密接施紋山形紋の胎土は神宮寺式に共通しており、神並遺跡（在地）でつくられたものである。何も東部押型紋土器文化圏から土器が流入したといっているのではない。矢野は「他地域の土器の流入などによる急激な変化を想定する必要がない」、「文様構成については、他地域からの影響はほとんど考えられない」、「近畿地方における在地の型式であることは、出土状況から考えても疑いがない」と頑なに異系統論を拒む〔矢野1993a〕。また、楕円紋を伴わない点も、もう一つの拒否の大きな理由である。しかし、ネガティヴ紋が楕円紋の反転文様とみればさほど問題はない。矢野のまなざしは西には寛容であるが、東には障壁を設けるやや硬直化した見方に陥ってはいまいか。

西部も東部も情報やモノが行き交うオープンな押型紋の世界である。事実、東には大川式や神宮寺式に影響を受けた立野式があるではないか。バリアを設けているのは、実は押型紋人ではなく、研究者の側にあるともいえる。また、矢野は小振りの山型紋の出自を「神宮寺式から神並上層式への移行期」（桐山和田式）に求めるが、前述の如く神宮寺式D類にすでに存在しているのである。それでも在地主義を貫くのであろうか。

施紋・カタチの流儀　西部の大鼻式→大川式→神宮寺式も、東部の沢式→樋沢式→細久保式も、その施紋流儀は口縁部を横方向に、胴部を縦方向に施紋する共同規範をもっている。この異方向施紋の流儀が、東・西を問わず共通することが重要と考えられる。

密接施紋山形紋の〈神並式〉も、異方向施紋の伝統的な流儀に則っている。中には底部近くの破片に横方向の施紋がみられ、横方向の施紋で構成される山形紋も存在する。また、口縁部に列点をもつ山形紋［第83図3・4・6］は、同じ構成をもつ別宮家野遺跡例のように横方向施紋かもしれない。大川遺跡の波状口縁の山形紋のように口縁部に幅広く施紋するものも横方向密接施紋かもしれない。伝統的な異方向施紋に加え、この時期に横方向施紋が現れている。細久保1式でも同じである。

神宮寺式のネガティヴ紋には異方向施紋（C・D類）のほか、縦方向施紋（B1〜2）がある。ま

第5章　西日本の前半期押型紋土器　その2

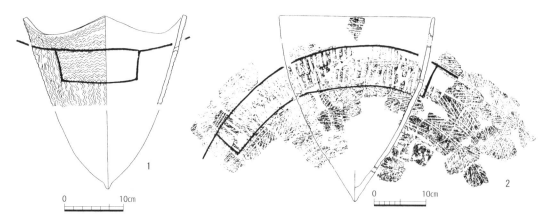

第91図　暖簾状施紋土器　1：神並遺跡　2：荒沢遺跡

た平行船形沈紋（B1ハ）は縦刻原体とすれば、横方向施紋かもしれない。横方向に施紋していた口縁部施紋帯が口縁端部の沈線紋に置き換わり、胴部施紋帯が縦方向あるいは横方向に全面施紋される。

　神宮寺式の施紋流儀をみると、この時期に異方向施紋の規範を守ってきた伝統が崩れつつある。同じように東部の細久保1式でも、施紋流儀に変化がみられるようになる。西部も東部も押型紋土器初期にみられた異方向密接施紋の施紋規範は、同じ歩みをみせながら新しい施紋流儀を迎えつつある。

　復元された神並遺跡の異方向山形紋は、やや異質な文様構成をもっている。通常であれば、口縁部を横方向その直下から縦方向に施紋するが、この土器は補修孔をもつ波頂部の周辺部分だけ更に横方向に二段に施紋している。ちょうど暖簾をかけた文様構成となる。こうした特異な文様構成は、東部の樋沢・細久保系押型紋でも確認できない。管見したところ一例、新潟県荒沢遺跡出土の沈線紋土器に認められた〔小熊博史ほか1994〕。平縁であるが、異方向の斜沈線帯を五段に施紋するが、二段目と三段目の半周分に縦方向の太沈線を配している。こうした暖簾状の構成は、土器の正面形を意図したものであろうか。早期縄文人の心性を窺うことができる資料である［第91図］。

波状口縁・乳房状尖底　密接施紋山形紋のもう一つ特徴は波状口縁を呈することである。一般的に波状口縁が出現するのは、沈線紋土器の田戸下層式からである。その時期は押型紋文化後半期にあたる。前半の神宮寺式期における波状口縁の出現をどのように把握すればよいのであろうか。それ以前の大鼻式・大川式にも、押型紋以前の表裏縄紋土器にもない。波状口縁はどこから生まれてくるのであろうか。

　西部押型紋土器の波状口縁は、神並遺跡にみられるように山形紋を施す例が圧倒的に多い［第92図］。言い換えるならば〈神並式〉の特徴ともいえる。異方向山形紋例は奈良県上津大片刈遺跡から多く出土し、大川遺跡・三重県樋ノ谷遺跡など、横方向山形紋例は大川遺跡・鵜山遺跡・天釣山遺跡・兵庫県二宮東遺跡例・三重県川上中縄手遺跡・鳥浜貝塚などにみられる。異方向山

2 神宮寺式土器の再吟味

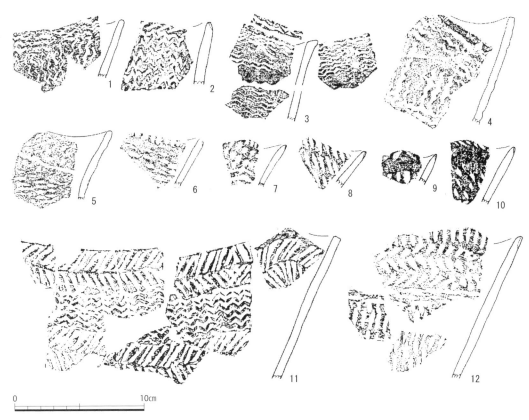

第92図　西部押型紋土器の波状口縁
1〜3・6〜12：大川遺跡　4：上津大片刈遺跡　5：宮滝遺跡

形紋が異系統土器とすれば、波状口縁も東部押型紋土器文化圏の影響と考えなければならない。

　樋沢・細久保式押型紋には、黒鉛を含む沢式に波状（山形）を呈するものがある。岐阜県沢遺跡・宮ノ前遺跡・牛垣内遺跡にあり、佐藤達夫は早くから注目している〔大野・佐藤1967〕。宮ノ前遺跡からは横方向山形紋や楕円紋の波状口縁が、西田遺跡からも縦方向山形紋や楕円紋の波状口縁が出土している［第93図］。静岡県若宮遺跡にも縦方向山形紋の一例に波状口縁が認められる。樋沢・細久保式押型紋の波状口縁は細久保1式（神宮寺式）以前に出現する。初源は東に有りそうであるが、対比すべき類例が少なく、その出自については、しばらく様子をみることにしよう。

　いずれにしても山形紋の波状口縁が契機となって、ネガティヴ押型紋にも波状口縁が採用されることになる。神宮寺式の波状口縁は大川遺跡・宮滝遺跡［第92図1〜4・5］、桐山和田式の波状口縁は大川遺跡［第92図11・12］・雲井遺跡・花代遺跡・鳥浜貝塚などに散見される。北白川廃寺下層式に伴う山形紋にも波状口縁がみられ、押型紋後半期に継続していくのであろう。

　神宮寺式の底部は乳房状を呈する。大鼻式についてはよく判らないが、大川式・神宮寺式・桐山和田式のネガティヴ押型紋土器の形態的特徴である。また、沢式をはじめとする樋沢・細久保

第5章　西日本の前半期押型紋土器　その2

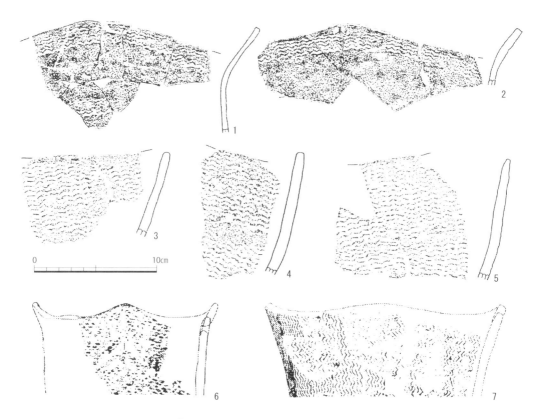

第93図　東部押型紋土器の波状口縁
1〜5：宮ノ前遺跡　6・7：西田遺跡

式にもみられる特徴でもある。こうした形態上の特徴は、尖底に仕上げる作り方に由来するものであろう。撚糸紋土器や沈線紋土器の尖底とは明らかに作りが異なる。これも東・西押型紋土器文化圏に共通した特徴となっている。

　なお、一例であるが、兵庫県熊内遺跡出土の大川式には平底がある〔安田ほか2003〕。撚糸紋土器にも平底土器があり、千葉県寺向遺跡例（稲荷台式）、埼玉県前原遺跡例（平坂式）が知られる〔篠原1985、青木ほか1983〕。

3　桐山和田式土器の理解

　神宮寺式に続く型式として設定されたのが、神並遺跡上層から出土した密接施紋山形紋の「神並上層式」である。前述のように、設定者の矢野は神宮寺式と「神並上層式」の層位的推移にはまだ型式学的隔たりがあったためか、大川遺跡・別宮家野遺跡・蛍沢貝塚の類例をあげ、両型式をつなぐ「移行期」を設けた。そして神宮寺式→「移行期」→「神並上層式」の型式学的変遷を提示したのである〔矢野1993a〕。

3　桐山和田式土器の理解

第8表　「神並上層式」の変遷過程

矢野旧編年〔1993〕	神宮寺式 →	（移行期）		→ 神並上層式	→ （山芦屋S4下層）
守屋　編年〔2002〕	神宮寺式 →	桐山和田C1・2類	→	桐山和田C3類	
矢野新編年〔2011〕	神宮寺式 →	神並上層式（古）	→	神並上層式（新）	→ （北白川廃寺下層）
熊谷　編年〔2011〕	神宮寺式 →	桐山和田式	→	神並上層式	→ 北白川廃寺下層式

「神並上層式」の変質　　奈良県桐山和田遺跡の発掘調査（1988〜90年）によって、豊富な「移行期」の実体が明らかになった。型式学的内容をもった一型式の土器群として設定されることになる。その結果、神宮寺式の後続とされた「神並上層式」の実体も変質するのである。つまり密接施紋山形紋の単独型式として設定された「神並上層式」は、「移行期」の中間式の中に解消されることになる。桐山和田遺跡の押型紋を分析した守屋豊人が、カッコ付きで仮称「神並上層式」とした理由はここにある〔守屋2002〕。

　変質というより、厳密にいえば「神並上層式」は型式学的に崩壊したのである。にも関わらず、設定者の矢野は「守屋の定義に基づく」と断りながらも、今日でも「神並上層式」を新・古の二段階に細分し論じている〔矢野2011〕。聞きたいのは「守屋の定義」ではなく、「矢野の定義」である。矢野が設定した「神並上層式」とは密接施紋山形紋の単独型式ではなかったのか。まずは設定者の自身が「神並上層式」を清算しなければならない。このままでは「神並上層式」の理解は、ますます混乱は広がるであろう［第8表］。

　今日的状況を踏まえ熊谷博志は、「型式変遷は守谷氏の見解に同意しつつも、型式細分の新しい枠組みを用意して神宮寺式から「神並上層式」への変化を明確にすべく、「桐山和田式」を設定する」ことを主張する。正道であろう〔熊谷2011b〕。熊谷の提案に従い、ここでは「桐山和田式」を用いることとしよう。しかし、「桐山和田式」に後続する型式として「神並上層式」を遺したことは、問題があろう。

桐山和田式　　守屋豊人は、桐山和田遺跡の押型紋をA〜E類の5群に分類する。守屋によればA類は大川式土器、B類は神宮寺土器、C類は「神並上層式」、ここでいう桐山和田式にあたる。D類は「未命名」型式、E類は高山寺式土器である〔守屋2002〕。

　桐山和田式C類は器形が外傾および口縁部が外反する。施紋は横位施紋を原則として、施紋構成は押型紋＋刺突紋、密接施紋山形紋、異種原体併用紋などがある［第94・95図］。桐山和田式に至り、施紋の流儀が横方向施紋に変化する。更にC類は口縁部の刻みによってC1〜C3に細分される。

C1類—「刻みを口縁部に偏って施文して、箆状工具によって上から下に施すものである。刻みの種類には斜め施文と綾杉状施文がある」

C2類—「刻みを口縁部に施文して、棒状工具によって下から上に施す。刻みの種類には1段もしくは2段の斜め施文と綾杉状施文がある」

第 5 章 西日本の前半期押型紋土器 その 2

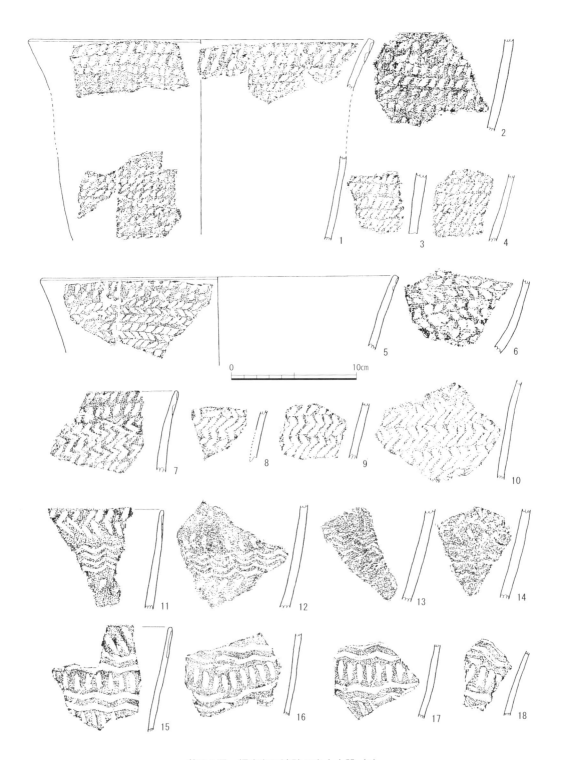

第 94 図 桐山和田遺跡の出土土器（1）

3 桐山和田式土器の理解

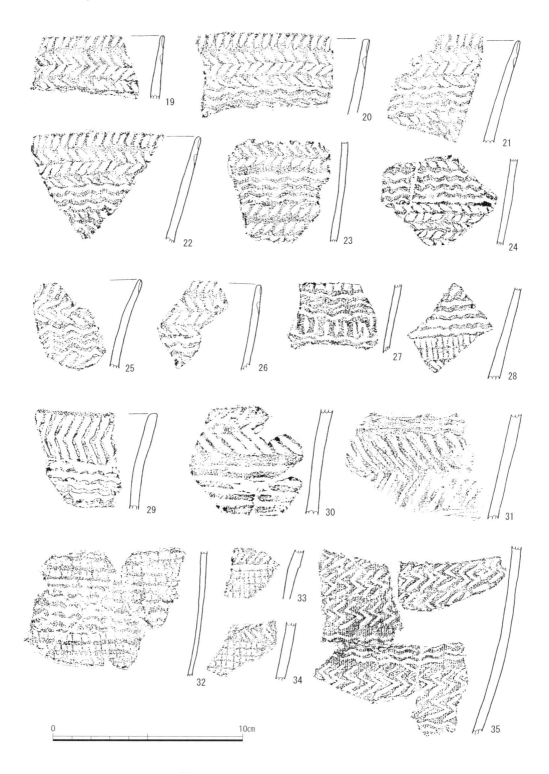

第95図 桐山和田遺跡の出土土器 (2)

第5章 西日本の前半期押型紋土器 その2

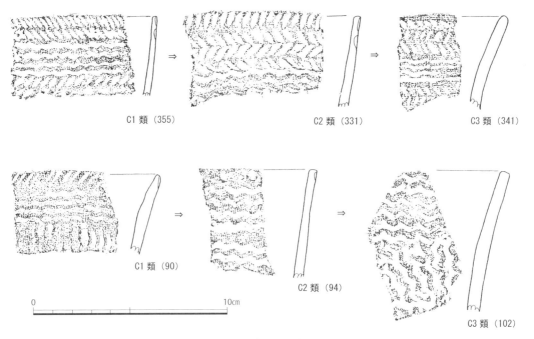

第96図 桐山和田式土器の守屋変遷案（カッコ内は原報告番号）

C3類—「口縁部に刻みを施文せず、横位に押型文を施文する」

　刻み有無でC1・C2類とC3類を区分することは容易であるが、箆状工具（C1類）か棒状工具（C2類）か、その施紋が上からか、下からかの判定は至難である。胴部破片では区別できない。

　守屋は更に口縁部の刻み変化から三細分を「神宮寺式からの刻み」→「独自の刻み」→「刻みの消失」という流れから、C1類→C2類→C3類への時間的変遷と捉えた。一見、型式学的にもみえるが、C1（355）→C2（331）→C3（341）の変遷、山形紋のC1（90）→C2（94）→C3（102）の変遷は、型式学的な細分要件を示しているといえるであろうか［第96図］。むしろ同一型式内の変化・ヴァリェーションと捉えるべきであろう。

　重要な点は横方向施紋の桐山和田式には、同一原体施紋のもの［第94図］と異種原体併用のもの［第95図］の二者が認められることである。また密接施紋山形紋を新しく位置づける守屋のまなざしは、矢野の「神並上層式」の呪縛から解き放されていない。桐山和田遺跡出土の分析にあたっては、関野の批判を検討する絶好の機会であったはずである。しかし充分に耳を傾けたとはいえない[5]。C3類の異方向山形紋や横方向山形紋の多くは、前述のように神宮寺式に共伴するものであろう。また、蛍谷遺跡も桐山和田式の標式資料の一つにあげることができる［第97図］

　桐山和田式で重要な点は、ネガティヴ押型紋の最後の姿を示していることである[6]。また、守屋が指摘するようにネガティヴ押型紋の伝統的な異方向施紋から横方向施紋に転換する点である。こうした施紋流儀の転換は、東部押型紋土器文化圏における細久保1→細久保2式の変化と連動している。こうした東・西の胎動は偶然の一致とは思えない。

152

3 桐山和田式土器の理解

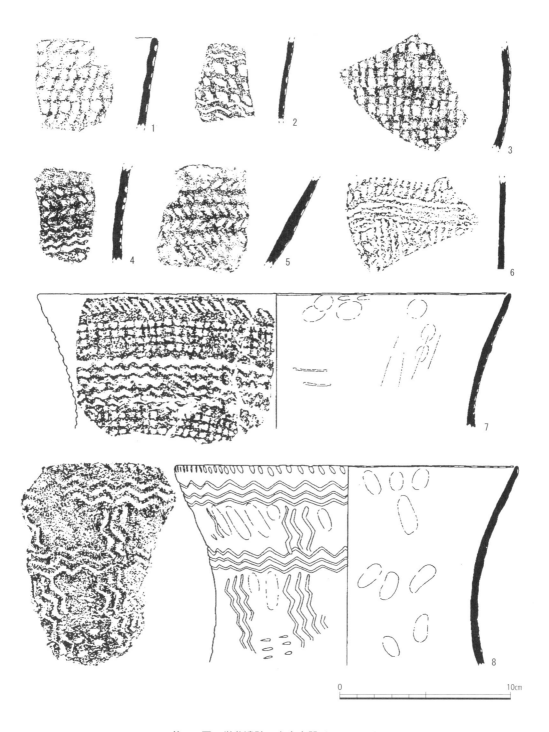

第97図　蛍谷遺跡の出土土器（桐山和田式）

第5章　西日本の前半期押型紋土器　その2

雲井遺跡と二宮東遺跡　　両遺跡は兵庫県神戸市街地に所在し、六甲山南麓の旧生田川沿いに互いに隣接して立地する。雲井遺跡と二宮東遺跡は旧生田川によって形成された複合扇状地末端の緩傾斜面に立地し、二宮東遺跡がやや上部の標高約23ｍ、雲井遺跡が標高20〜10ｍに位置し、両遺跡の距離は約100ｍ離れるに過ぎない。神宮寺式・桐山和田式期の遺跡である。また、同じ扇状地の上部の標高33ｍには、大川式期の熊内遺跡がある。同一の地形・生態系の中で、ネガティヴ押型紋の変遷を辿ることができるのである。

　雲井遺跡のネガティヴ押型紋は、桐山和田式を主体に神宮寺式も出土する［第98図］。桐山和田遺跡とともに、該期の良好な標式資料の一つである。出土した桐山和田式はC1〜C3類の各種がある。波状口縁のものもある。矢羽根状短沈線、格子目紋など、山形紋と併用した横方向施紋が主体である。山形紋単独で用いるものに異方向施紋はなく、すべて横方向施紋である。また山形紋を直交させるものがあり、前述したように神並遺跡・蛍谷遺跡に類例がある。

　C3類とされる口縁部に幅広に「くの字」状紋を配したものも出土する。桐山和田式でも新しい要素にみられているが、桐山和田式を構成する文様の一つである。ここでは細分せず、桐山和田遺跡、雲井遺跡、鳥浜貝塚の桐山和田式を同一時期と位置づけておきたい。

　二宮東遺跡は密接施紋山形紋を主体に、若干の桐山和田式の短沈線紋や真正の矢羽根状紋が出土する［第99図］。この密接施紋山形紋は、矢野のいう「神並上層式」新段階すなわち桐山和田式に後続する段階と捉えられている。果たして横方向施紋が規範となる桐山和田式以降も、異方向山形紋は存続するのであろうか。二宮東遺跡の密接施紋山形紋は、桐山和田式に伴うものではなく、神宮寺式に伴う密接施紋山形紋として考えておきたい。

　六甲南麓の旧生田川扇状地におけるネガティヴ押型紋の変遷は、熊内遺跡→二宮東遺跡→雲井遺跡と次第に下降していったものと考えられる[7]。

鳥浜貝塚　　鳥浜貝塚出土の押型紋については、熊谷博志によって再整理・分析されている〔熊谷2011a・2012〕。Ⅲ群・Ⅳ群が桐山和田式に関連する資料である［第100図］。Ⅲ群が桐山和田遺跡C1・C2類、Ⅳ群がC3類である。守屋同様、熊谷も前者（Ⅲ群）を「桐山和田式」、後者（Ⅳ群）を「神並上層式」として分別する。しかし、前述のように密接施紋山形紋を除く、C類全体を桐山和田式と捉えるべきであろう。

　幅広の「くの字」状押型紋＋山形紋・波形紋の横方向併用紋（C3類）が特徴的である。県内のユリ遺跡にもみられ、別宮家野遺跡・雲井遺跡、大阪府田中代地点・堂ノ前地点・神並遺跡（E類）、滋賀県唐橋遺跡、大川遺跡・上津大片刈遺跡・桐山和田遺跡、三重県川上中縄手遺跡、花代遺跡など広く分布している。このほか、原体刺突をもつ山形紋（C3類）、矢羽根状紋・横方向の短沈線＋山形併用紋（C1・C2類）などに横方向山形紋が伴うとみられる。この時期、異方向施紋の山形紋はほとんどみられない。この点が重要かもしれない。

　なお、桐山和田式は西日本に若干の広がりをみせる。しかし、三重県をはじめ東海地方には現在のところ認められない。細久保2式が波及しつつあるのであろうか。

3 桐山和田式土器の理解

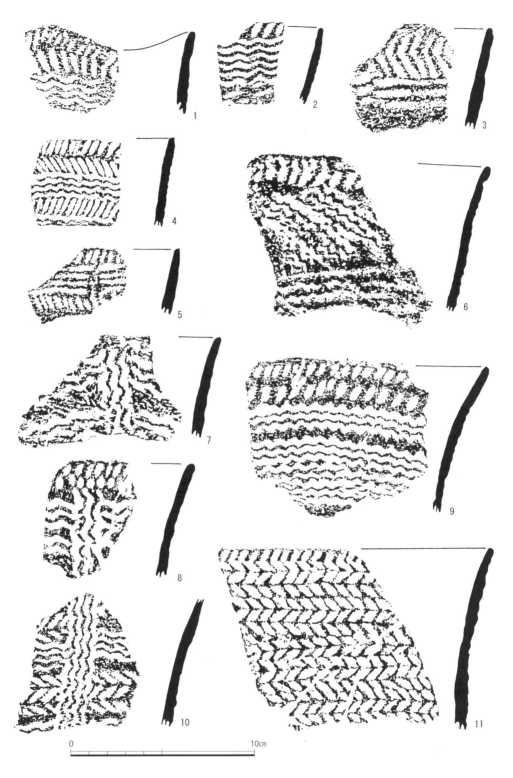

第 98 図　雲井遺跡の出土土器 (桐山和田式)

第5章　西日本の前半期押型紋土器　その2

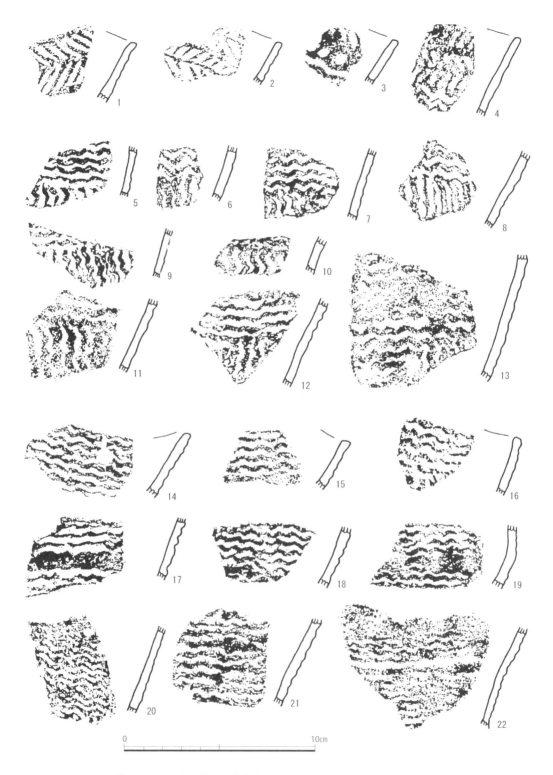

第99図　二宮東遺跡の出土土器　（1〜4：桐山和田式　5〜22：神並式）

3 桐山和田式土器の理解

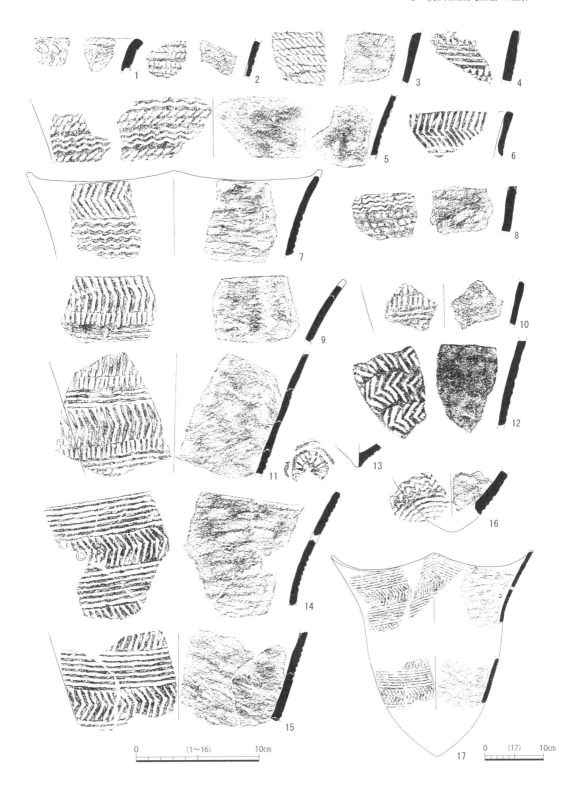

第100図　鳥浜貝塚の出土土器（桐山和田式）

第5章　西日本の前半期押型紋土器　その2

4　北白川廃寺下層式土器の理解

　京都府北白川廃寺の下層から異形押型紋を含む押型紋土器が見つかったのは、1991（平成3）年の京都府北白川上終町遺跡の発掘調査である〔菅田1991、網1994、上峰・矢野2011〕。あわせて押型紋土器に伴う住居跡1棟や集石群8基が検出されている。今日、これらの押型紋土器は「北白川廃寺下層式」と呼ばれている〔熊谷2011b〕。

　この発見を受け、近畿地方と中部地方の併行関係にいち早く注目したのは矢野健一である。矢野は楕円紋が少ない点を考慮しながらも、異形押型紋を含む押型紋土器が細久保式に併行するものと捉えた。更に、胎土に繊維を含んでいることから、「東海（静岡県）の影響を認めないわけにはいかない」と発言したのである〔矢野1995〕。西部ネガティヴ押型紋の世界において「北白川廃寺下層式」は明らかに非在地系押型紋土器であり、異系統すなわち東部ポジティヴ押型紋土器が近畿地方に出現したのである［第101・102図］。

その評価をめぐって　　北白川廃寺下層式の内容については、まだ全貌が明らかになっているわけではない。しかし、前稿でも述べたように異形押型紋を伴う山形紋を主体とする東部押型紋土器文化圏の型式であることには間違いない。

　その時期は細久保2式段階である〔岡本2013〕。異形押型紋は山形紋と併用されており、矢野の指摘のように東海地方に関連する資料であろう。

　問題は北白川廃寺下層式が、西部押型紋土器文化圏のどの段階に併行するかという点である。矢野や熊谷は桐山和田式に後続する在地型式として理解している。しかし後続の資料とされた山芦屋S4下層式と北白川廃寺下層式との関係も、今ひとつはっきりしない。矢野は沈黙し、熊谷は北白川廃寺下層式のうち、外面刻みを北白川型、内面刻みを山芦屋型の二者に弁別している。いずれにしても、山芦屋S4下層式は北白川廃寺下層式の中に解消されよう。果たして、北白川廃寺下層式は桐山和田式に後続する型式なのであろうか。

　木に竹を接ぐ変遷に思えてならない。一旦、西部押型紋土器編年の脇に北白川廃寺下層式を置いておこう。

　本稿では、北白川廃寺下層式を異系統型式と捉え、桐山和田式に併行関係を求めた〔岡本2013〕。現在のところ、在地の桐山和田式と非在地系の北白川廃寺下層式の出会いを証明する根拠はない。前段階の神宮寺式に伴う異方向山形紋は東部押型紋土器文化圏の細久保1式に併行し、立野2式は西部押型紋土器文化圏の神宮寺式に併行する。図式化すれば、神宮寺式←〈神並式〉⇔（立野2式）→細久保1式となる。つまり東西押型紋土器文化圏における神宮寺式と細久保1式の段階に、異系統型式が相互乗り入れしているのである。その交流を背景として、異形押型紋を伴う細久保2式は桐山和田式に併行すると考えられる。桐山和田式←〈北白川廃寺下層式〉→細久保2式という図式が成り立つ。桐山和田式は細久保2式同様、横方向施紋の主体となり、異種原体併用紋を多用する点で共通する。この段階における東・西の併行関係を示す傍証の一つになろう。

4 北白川廃寺下層式土器の理解

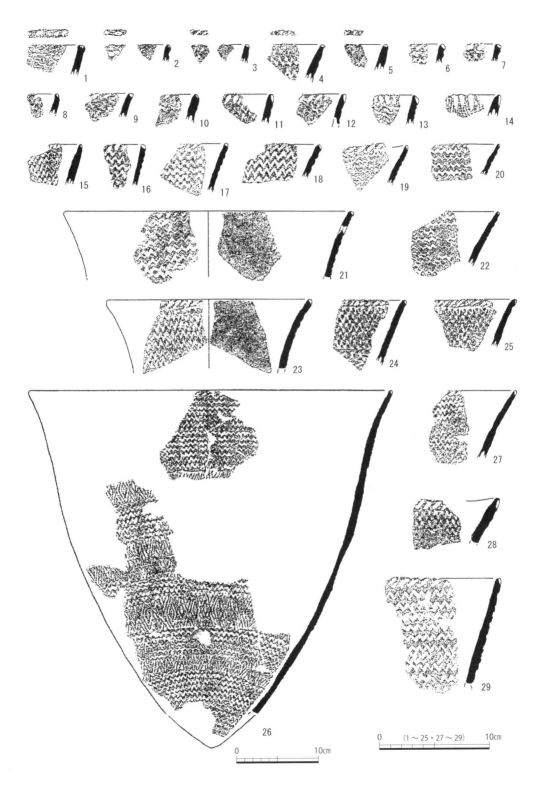

第101図　北白川上終町遺跡の出土土器（1）（北白川廃寺下層式）

第5章 西日本の前半期押型紋土器 その2

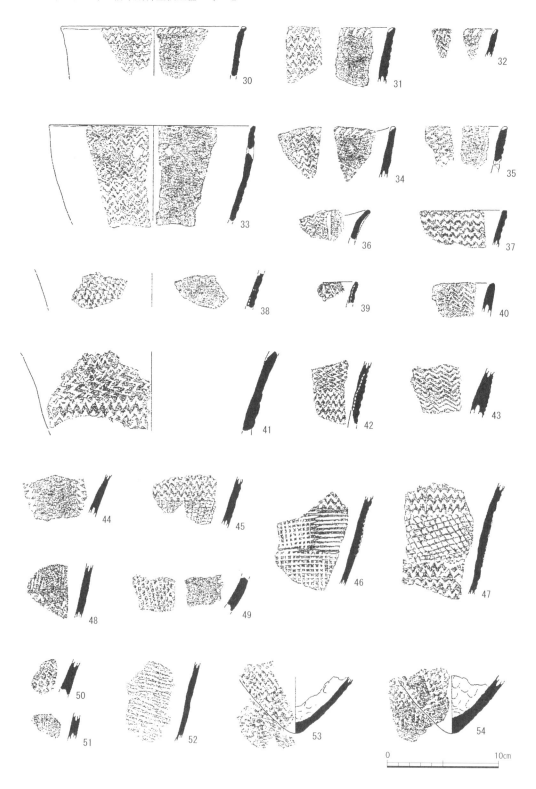

第102図 北白川上終町遺跡の出土土器（2）（北白川廃寺下層式）

異形押型紋だけを抽出してみると、近畿・北陸・中国・四国の西部押型紋土器文化圏に広く分布している。これらの異形押型紋には山形紋併用、楕円紋併用の二種がある。また口縁部裏面に施紋する例が広島県帝釈峡弘法滝洞穴遺跡・豊松堂面洞穴遺跡、高知県刈谷我野遺跡、徳島県法伝岩陰遺跡から出土する。楕円押型紋も出現し、広く分布し始める。黄島式の前段階に下る時期のものもあろう。細分については今後の課題とするが、異形押型紋の出現期を桐山和田式に併行する時期に求めておきたい。

ネガティヴ紋の終焉　西部押型紋の特徴であったネガティヴ紋は、桐山和田式をもって終焉を迎える。大鼻式から桐山和田式に至る西部ネガティヴ押型紋文化圏の地域的伝統は崩壊し、新たな道を目指すことになる。

早期前半の東北の日計式押型紋、関東の三戸式沈線紋、中部の樋沢・細久保系押型紋、大川・神宮寺系押型紋、九州島の貝殻紋、それぞれの文化圏は列島における縄紋的地域性が具現化した最初の姿であった。こうした列島の六大文化圏[8]は、その後の縄紋文化における地域社会形成の基層単位ともなっている。

西日本ネガティヴ押型紋の終焉は、地域社会の新たな再編期を意味している。次代の胎動を迎える押型紋文化後半期は、九州島を含めた西日本の黄島・高山寺式押型紋文化圏と東日本の貝殻・沈線紋文化圏の二大文化圏に再編されていく。こうした二項的様相も列島の縄紋文化を規定する大きな要因ともなっている。

安定した縄紋社会が形成される時期には地域性が明確に現れ、各時期の崩壊過程や変動期には列島を二分する大きな再編がみられるのである。それは晩期終末期の亀ヶ岡文化圏と突帯紋文化圏の東西の二項性が、新たな弥生文化生成の画期となったことをみても明らかであろう。列島の地域性と東・西を二分する原理は生態系や環境に起因する側面もあろうが、今日まで続く列島の文化構造の基層ともなっているのである。

ネガティヴ押型紋の崩壊期は、地域間の流入や流出によって複雑な様相を呈している。関東地方の撚糸紋文化をみても、その崩壊期は押型紋の流入や初期沈線紋が出現し、器形・胎土の変化など多様な姿をみせている。複雑に絡み合った崩壊期の様相を解き明かすことは難しい。特に桐山和田式から後半期の黄島式成立に至る型式学的解明には、多くの課題が残されている。しかし、この崩壊期に東部ポジティヴ押型紋の影響すなわち西日本への細久保2式の流入が契機となって北白川廃寺下層式が成立する事実は動かしがたい。そして九州島への押型紋土器出現の画期ともなったのである。

おわりに

現在のところ神宮寺式、桐山和田式（神並上層式）、北白川下層式も細分（古・新）して語られることが多い。本稿においては各型式とも細分しなかった。その理由は、早期という大別の枠組みの中で、ネガティヴ押型紋の諸型式が中部ポジティヴ押型紋、関東沈線紋、東北日計式押型紋

第5章　西日本の前半期押型紋土器　その2

第9表　矢野新編年〔2011〕

北部九州地方	中四国地方	近畿地方	岐阜県北部
無文・条痕文	＋	神宮寺式（新）	＋
	飼小屋岩陰	神並上層式（古）	立野式福沢段階？
東台3層	弘法滝13層下層・14層？	神並上層式（新）	牛垣内2a・2b
	智頭枕田2類	（北白川廃寺下層）	牛垣内2c・3b（山形文）
稲荷山	弘法滝13層上層	＋	牛垣内3b（楕円文）・3c・3d

　の諸型式と、どのような編年的関係にあるのかという点に重きをおいたからである。細分型式は共通した枠組みが確立した後でも遅くない。相対化されたガイドラインがない限り、細分された型式の議論はいつまで経っても噛み合わないのである。

　もう一つの理由は、同一型式内の類別や期別がそのまま細分型式となっていたり、細分型式の内容がしばしば変更される。新資料が見つかると自ら矛盾を解消するために、その整合性を求めて細分しているようにもみえる。型式は究極まで細分すべきというのが山内編年学の方針であるが、ネガティヴ押型紋の細分案は必ずしも型式学に基づいた細別要件を充分に満たしているとは言いがたい。

　神並遺跡の層位によって弁別された上層（11層）の神並上層式は当初、密接施紋山形紋の単独型式であった。今では桐山和田式の要素を伴う複合的な型式内容となり、神並上層式（熊谷案）・神並上層式新段階（矢野案）として細分されている〔第9表〕。異方向山形紋が桐山和田式や後続型式と伴うのであれば、その根拠を提示しなければならない。「依拠すべき層位的事実」は無いはずである。また、神宮寺式に共伴しない理由もないのである。桐山和田式はC類がその型式内容を示している。前述したようにC3類のみ分別して、細分型式を設定する根拠はない。「神並上層式」・「神並上層式新段階」の細分案は「神並遺跡の層位的事実」から解き放されていない。もう一度、神並遺跡の層位を検討してほしい。

　神並上層式に後続する資料として提示された山芦屋S4地点の横方向山形紋の一群〔矢野2003〕は、類別段階からいつしか山芦屋式〔赤塚2003〕に昇格し、期別（山芦屋期）として口縁部の刻みと原体の変化によって5期に細分された〔熊谷2008〕。更に熊谷編年では概期の山形紋は北白川廃寺下層式の「山芦屋型」と「北白川型」に類型化され、今日に至っている〔熊谷2011b〕。また、北白川廃寺下層式は三細分され、それぞれ細久保1～3式に併行するという〔第10表〕。

　こうした細分案は到底、型式学的手続きに則った細別とはいえない。ブレーキをかけるつもりはないが、自らの編年の整合性を求める「細別のための細分」案に陥ってはいまいか。現在のところ異論もあろうが、以下のようにまとめておきたい。

1. 神宮寺式は「舟形沈紋」と呼ばれるネガティヴ紋と大振りの山形紋との併用紋を主体に、口端部に刻みを、口縁部横方向・胴部縦方向に施紋する。大川式の施紋流儀を継承するが、器

おわりに

第10表　熊谷編年〔2011〕

中四国		近畿	中部・東海	備考
			大鼻式	
取木・箱E		大川式	立野式	
長山馬籠・堀田上 弘法滝15層		神宮寺式		
長山馬籠・今佐屋山 観音堂19層・飼古屋		桐山和田式	Pre樋沢 樋沢式1段階 樋沢式2段階 樋沢式3段階	沢
弘法滝14～13層	無文・条痕?	神並上層式	樋沢式3段階	鴻ノ木Ⅳ
	無文・条痕	北白川廃寺下層式 1段階	細久保式1段階	高皿
		北白川廃寺下層式 2段階	細久保式2段階	
		北白川廃寺下層式 3段階	細久保式3段階	
※		黄島式	※	

壁は薄い。

2. 神並遺跡遺跡の11層と12層を層位例とみなし、神宮寺式（12層）→「神並上層式」（11層）と捉えるのが通説である。しかし11層と12層を弁別は層序の形成や遺物の混在から根拠が乏しく、本来は同一層位の可能性が高い。

3. 「神並上層式」とされる小振りの山形紋は、口縁部横方向・胴部縦方向に密接施紋する土器である。神宮寺式に伴う樋沢・細久保式の異系統の山形押型紋である。粟津湖底遺跡には併存を示すキメラ土器がある。その時期は細久保1式段階であろう。

4. 神宮寺式に後続するネガティヴ押型紋は、桐山和田式である。神並遺跡の神宮寺式の中には、くの字やハの字をもつ桐山和田式の要素がみられ、型式学的にその移行はスムーズである。

5. 桐山和田式は刺突紋＋ネガティヴ紋、ハの字紋、密接山形、異種原体併用紋などで構成される。ネガティヴ押型紋の伝統的な施紋流儀が崩れ、横方向施紋が主体となる。西日本における最後のネガティヴ押型紋土器である。

6. 押型紋土器前半期の最後を飾るのは北白川廃寺下層式である。山形紋を主体に、楕円紋・格子目紋が若干伴う。山形紋＋重層菱形紋の異種併用紋があり、中部の樋沢・細久保式土器であり、その時期は細久保2式段階であろう。

7. 非在地系の北白川廃寺下層式と在地系の桐山和田式に伴うという確証はないが、異系統の細久保2式が波及し、中・四国にまで拡大する。東からの波及が伝統的なネガティヴ押型紋土器の終焉の一因となったと考えられる。

　今いえることは、混乱した細分編年案とネガティヴ押型紋の崩壊期のカオスの中で、北白川廃寺下層式の存在が、東・西の押型紋文化圏をつなぐ一つの糸口となっている。この事実、すなわ

第 5 章　西日本の前半期押型紋土器　その 2

ち北白川廃寺下層式と細久保 2 式の併行関係は、相異なる見解の中においても共通した認識になっている。両文化圏の扉を開く鍵は、北白川廃寺下層式―細久保 2 式が握っているといえよう。出発点はここにある。細久保式と前後の関係が整理・解明できれば、ネガティヴ押型紋の諸型式も自ずと定まってくる。本稿では、神宮寺式・桐山和田式・北白川廃寺下層式の理解を通して、そのガイドラインを提示したに過ぎない。

［註］

1) 包含層としての 11-C 層は、明らかに河川堆積層の 11-A 層・11-B 層の無遺物層とは層性が異なっている。むしろ、シルト層を含む 11-C 層は、層相的には 12 層の分層としての属性をもっている。

2) 矢野は大川式→神宮寺式の逆転編年について、次のように語っている。「著者は大川式と神宮寺式との先後関係を 1984 年 1 月提出の卒業論文で問題にして、そのごく簡単な内容を、卒業論文とは形を変えて同年 3 月の縄紋研究会広島大会で口頭で発表した。著者は、特に土器の口縁部形態を問題にしたが、土肥　孝は 1984 年 1 月の帝塚山考古学研究所主催第 5 回縄文文化研究部会で、文様構成を問題にして著者と同じく大川式を古く位置づける可能性について発言している〔帝塚山考古学研究所 1987〕。土肥と著者はその後もしばしば、この問題について意見を交換しあった」と記している〔矢野 1988〕。一方、記録に残る土肥の発言は「大川の中には神宮寺のネガティヴの文様をもつということを重視すれば、大川の前か後、おそらく後の段階に神宮寺式が」くると考えている〔土肥 1987〕。

3) 異系統土器として密接山形紋を「神並上層式」と呼んでいたが、今日、神並上層式の位置づけや内容が変質してしまった。また、上層・下層式もないのだから、神宮寺式に伴う密接山形紋を〈神並式〉と呼ぶことにする。普門寺遺跡における三戸式に伴う押型紋土器を〈普門寺式〉と呼ぶのと同じである。

4) 粟津湖底遺跡は桐山和田式も出土しているが、口縁部の刻みや施紋流儀からみて、神宮寺式であろう。ネガティヴ紋との併用例は桐山和田式にみられるが、多くは横方向施紋である。蛍谷遺跡出土の直交する山形紋の下半にネガティヴ紋を施紋するものがある［第 97 図 8］。

5) 守屋は註の中で「神並遺跡の層位について、関野哲夫が再検討している」と述べる〔守屋 2002〕が、自ら関野の批判に答える姿勢はない。これは多くの「層・層分離二型式」論者の立場でもある。

6) 守屋はネガティヴ紋の終焉を C1 類と考えるが、C2・C3 類もネガティヴ紋の範疇の文様で有り、桐山和田式をもってネガティヴ紋の終焉とみるべきであろう。

7) 調査者の西岡は通説編年に従い、熊内遺跡（高位地）→雲井遺跡（低位地）→二宮東遺跡（中位地）の動態を考えている〔西岡ほか 2010・2011〕。

8) 渡島半島部は東北文化圏に属するが、北海道島には独自の平底土器文化圏が形成される。列島には縄紋時代早期に異なる六大文化圏が生成され、その後の縄紋文化における基礎単位としての地域性が形成されるのである。

第6章　西日本の前半期押型紋土器　その3
── 北白川廃寺下層式土器 ──

はじめに

　西部押型紋土器文化圏[1] に接した初めての契機は、1969（昭和44）年の兵庫県神鍋遺跡の発掘調査である。著者、院生時代のことである。その後、関西で研究者として自立し始めて以降、本務の傍ら神鍋山の和田長治コレクションのもとに通うこととなる。当時、ネガティヴ押型紋は刺突紋の仲間とみられ、草創期の爪形紋との関連が取り沙汰されていた。また神宮寺式が古く、大川式が新しいと考えられた時代である。これらのネガティヴ紋が回転施紋であることを検証できたのも、神鍋遺跡の押型紋土器の観察の成果である〔岡本1980〕。

　1981（昭和56）年の長野県樋沢遺跡の再発掘を契機に、信州最古の押型紋土器が「樋沢式か、立野式か」という議論が再び活発化する。その後、見慣れた東部押型紋土器文化圏の世界に戻って以来、1986（昭和61）年岐阜県沢遺跡の再発掘、立野式の分析を通して両押型紋文化圏の在り方を検討することになる。ネガティヴ押型紋をもつ立野式は、西部押型紋土器文化圏の系統の土器群であることは明らかである。

　信州における立野式は西部ネガティヴ押型紋土器の影響を受けた異系統の型式であるとの認識をもつべきであり、たんに最古性を主張しても意味はない。本来的な東部押型紋土器文化圏は、樋沢式をはじめとしたポジティヴ押型紋の世界である。こうした視点から立野式と樋沢式を横の関係、すなわち両文化圏の対峙・併行関係とみなす二系統論[2] の立場をとったのである〔岡本1987・1989〕。このような東西二朝論的解釈は、立野式を最古と主張する万世一系論者によって不敬な考え方として却下されることになる。

　しかし、立野式を東部押型紋土器文化圏の最古型式と仮定したとしても、西部ネガティヴ押型紋の出自を立野式に求めることはできない。一系論者は立野式押型紋・西部ネガティヴ押型紋の起源を関東の撚糸紋土器の起源（井草式）に併行するかのように論じているが、なんの保証もない。編年上の空白のドグマに陥るだけである。

　木に竹を接ぐ一系統論では、北海道島の一部から、本州島、九州島の広域に分布する押型紋文化を再構成することは難しいであろう。こうした考えは30年を経た今でも変わっていない。今回、改めて西部押型紋土器文化圏への旅立ちを決意した。まずは、旅支度とその心構えについて述べることにしよう。

　重要なことは、押型紋土器の上限と下限を確定することである。おそらく^{14}C年代では決めることはできないから、型式学的手続きや検証が必要となろう。

第6章　西日本の前半期押型紋土器　その3

1　東部押型紋土器文化圏への交差の旅

　縄紋時代早期初頭における沈線紋土器の成立に関連し、埼玉県大原遺跡・神奈川県三戸遺跡の分析から三戸式土器三細分案を提示したのは、ちょうど20年前のことである〔岡本1992〕。当時、沈線紋土器は関東地方から東北地方にかけて広く分布し、三戸式─大平式─大新町式の交差関係は、多くの研究者が認めるところであった。この交差基準となる細別型式は、三戸3式の段階である。しかし、沈線紋土器の出自をめぐっては東北地方に求めるのか、関東地方に求めるのか相対立した見解となっていた〔林1965、岡本・戸沢1965〕。

三戸式と日計式　　沈線紋土器の出自と日計式押型紋土器の関係を探るため、東北地方への交差編年の旅に出たのは1997（平成9）年のことであった〔岡本1997〕。東北への旅の途中、北関東の茨城県ムジナⅡ遺跡・刈又坂遺跡に立ち寄り、沈線紋＋日計式押型紋の併用土器に遭遇し、三戸2式と日計式押型紋が交差する事実を確認した。更に東北北部の岩手県大新町遺跡でも沈線紋＋日計式押型紋の併用土器の存在を確認した。大新町式と呼ばれる沈線紋土器には、日計式押型紋の土器製作に由来する一群と三戸式の土器製作に由来する一群とがある。前者が古く大新町a式（三戸2式）、後者が新しく大新町b式（三戸3式）に細分することができる。大新町a式に伴う沈線紋＋日計式押型紋の併用土器は、胎土・器形・技法とも在地の日計式押型紋土器文化圏の伝統の上に製作された土器[3]である。東北北部でも三戸2式段階と日計式押型紋が交差するとの確証を得ることができた。この併用土器は日計式押型紋土器文化圏に波及した沈線紋土器の初出の姿であろう。

　東北地方北部では最古の沈線紋土器である三戸1式段階の資料は見当たらない。日計式押型紋土器の上限はこの三戸1式段階にあり、下限は三戸3式段階に終焉[4]を迎えたと考えられる。言い換えるならば、沈線紋土器の出自は関東地方の三戸式沈線紋土器文化圏にあり、それに対峙した東北地方は、日計式押型紋土器文化圏であったことが想定できる。沈線紋土器の波及は、関東→東北南部（竹ノ内式）三戸1式段階→東北北部（大新町a式）三戸2式段階→（大新町b式）三戸3式段階の道程をへて、東北地方にも沈線紋土器が定着した。その後、東北独自の貝殻・沈線紋土器文化圏（寺の沢式・白浜式）の世界が花開くのであろう。この東北地方の旅によって、沈線紋土器の出自や日計式押型紋土器の編年的位置づけについての見通しを立てることができた。

三戸式と細久保式　　東部押型紋土器文化圏における残された課題は、中部地方の押型紋土器と関東地方の三戸式沈線紋土器の交差関係である。東北地方の日計式押型紋土器文化圏と関東地方の三戸式沈線紋土器文化圏の緩衝地帯には、中部地方の樋沢・細久保式押型紋が異系統土器として流入している。こうした状況は、福島県竹之内遺跡・塩喰岩陰遺跡・石橋遺跡、群馬県八木沢遺跡・普門寺遺跡、埼玉県向山遺跡などに現れている。

　そして会津から越後を抜けて日本海廻りで、信州の樋沢・細久保式押型紋土器文化圏への旅を始めたのは2010（平成22）年のことであった〔岡本2010〕。越後には、扉山遺跡・室谷洞穴遺跡・通り山遺跡などで少量の日計式押型紋も認められる。松ヶ峯No.237遺跡・おざか清水遺跡・

2 旅立ちの前に ―そのガイドライン―

八斗蒔原遺跡・関川谷内遺跡では、日計式から変容した異形押型紋がある［第103図］。しばしば楕円紋と併用して用いられ、信州側では「塞ノ神式」と呼ばれる一群の異形押型紋である。その原体の特徴は両端を加工しないこと、縦刻原体であること、原体が太いことなどである。中部押型紋土器文化圏で用いられる原体や文様とも異なる。「異形押型紋」と呼ばれる所以もここにある。この異形押型紋を手がかりに信越線で野尻湖に向かう。

市道遺跡には異形押型紋とともに、三戸3式の文様構成をもつ押型紋が存在している。これらの押型紋は信州編年では細久保2式段階である。すなわち細久保2式押型紋が三戸3式沈線紋と交差することは明らかである。こうした検証作業を通して、関東地方に戻り再び三戸遺跡出土の押型紋土器をみると、そこには異形押型紋が存在し、三戸3式に共伴した可能性が高い〔岡本2010〕。以上のように、三戸遺跡の沈線紋土器の分析を出発点として、東北地方の日計式押型紋土器文化圏へ、つづく信州地方の樋沢・細久保式押型紋土器文化圏への交差編年の旅を終え、関東地方の三戸遺跡まで帰り着くことができた。三戸式土器を媒介とした東部押型紋土器文化圏の前半期の編年は、ほぼ確定したといえよう。

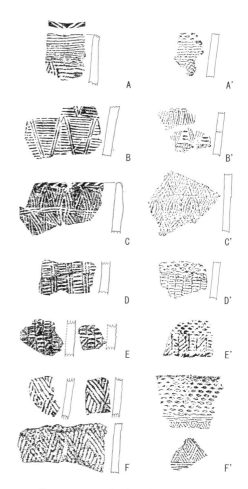

第103図　日計式押型紋（A～F）と異形押型紋（A'～F'）

2　旅立ちの前に　―そのガイドライン―

押型紋土器は、彫刻棒を回転することによって文様を作りだす施紋方法である。押型紋による回転手法は元来、縄紋原体に由来するものと考えられる。こうした回転文様の制約は、変化のない繰り返しの表出であり、一回転したら同じ文様がA＋A…、A＋B…と展開する。単純な文様を補う方法として、原体の捻り方・彫り方、施紋方向、複数原体の併用によって工夫がなされる。これとて限界があり、縄紋人の心性や表出された文様から「型式」を読み取ることはなかなか難しい。これら回転施紋は縄紋土器文様発達史上、縄紋人の意志で自由に文様を描くことのできる描線手法を獲得する前段階の手法といえよう。縄紋はその後、地紋あるいは装飾紋として継続的に使用されるのに対し、押型紋は北海道島の前期・中期、稀に本州島の晩期の一部に「先祖帰り」したかのように用いられるに過ぎない。

第 6 章　西日本の前半期押型紋土器　その 3

「早期」の枠組　　撚糸紋土器を草創期とする山内説、早期とする小林説が対立する。山内が予告した『日本先史土器図譜』第二期一二輯、「縄紋式早期―稲荷台式」が刊行されていたら、その事情は違っていたかもしれない〔山内1941〕。大別区分ついては山内説を採るが、これは「山内原理主義」の立場からだけでなく、回転施紋型式群から描線施紋型式群の画期―沈線紋土器の成立―に大きな画期を求めるからである。

　小林説をとる谷口康浩は、100 例を超える「早期」初頭の ^{14}C 年代を補正・整理し、その較正歴年代と「早期」のガイドラインを提示する［第 11 表］。

第 11 表　「早期」初頭の較正歴年代〔谷口 2011〕

早期初頭全体	$10{,}580 \pm 580$ cal. B. P. ($n = 139$)
関東・甲信越の撚糸文系土器	$10{,}500 \pm 840$ cal. B. P. ($n = 20$)
中部地方の沢式・樋沢式土器	$10{,}640 \pm 670$ cal. B. P. ($n = 14$)
近畿・東海地方の大川・神宮寺式系土器	$10{,}890 \pm 570$ cal. B. P. ($n = 31$)
北・中九州の無文・条痕文土器	$10{,}660 \pm 390$ cal. B. P. ($n = 22$)
南九州の貝殻文円筒土器	$10{,}470 \pm 480$ cal. B. P. ($n = 52$)

　これら日本列島各地の「早期」初頭の較正歴年代は、概ね 11.000～10.000 cal.B.P. に収まり、完新世の始まりとも一致するのだという。まさに通説どおりということになる。このガイドラインと異なる年代は、「原子力ムラ」の事情によって弾き飛ばされ、抹殺されていく。「高精度化」と「較正歴年代」いうキャッチフレーズは、その信頼性を保証し実年代であるかのように振る舞われる。しかし、安全基準 Int.Cal. が更新されれば、その年代はまた変わる。

　自転車操業である。較正歴年代も仮数年代であることを知るべしである。ここでは年代に関する議論はしない。

　重要な問題は、提示された「早期」初頭とされる各地の土器文化の同時代性の検証である。年代的に併存するのであれば、文物や人は交流しているはずである。これを検証することが考古学者の任務であり、考古学的方法すなわち比較年代法によって、その交差を証明するしかない。九州島や東北地方の「早期」初頭の事情はしばらく措くとして、本州島における関西地方のネガティヴ押型紋文化、中部地方のポジティヴ押型紋文化、関東地方の撚糸紋文化の三者の併存関係を検討してみよう。

押型紋の上限　　押型紋文化の起源をネガティヴ押型紋に求めようとする研究者は、その願望の分だけ、やや古い年代を示している。これもご愛敬である。また、立野式押型紋を沢・樋沢式押型紋より古く位置づける研究者は、立野式押型紋から畿内のネガティヴ押型紋が派生したことを証明しなければならない。しかし、立野式押型紋が最古のネガティヴ押型紋に成り得ないことは型式学的に明らかである。次に撚糸紋土器と押型紋土器の関係である。古くして今日的課題でもある。

　撚糸紋土器は井草式→夏島式→稲荷台式と変遷した後、つづく稲荷原式以降、撚糸紋土器の

2 旅立ちの前に ―そのガイドライン―

規範（器形・施紋・文様）は崩壊過程を辿る。木の根式にみられるような多様な施紋や描線手法、羽状縄紋をもつ花輪台式、横走撚糸紋をもつ大浦山式など多様で複雑な終末期を迎える。この時期に押型紋の姿が顕在化してくる。異系統の押型紋土器が搬入したというより、撚糸原体を彫刻原体に持ち替えて撚糸紋の流儀・作法でつくられた押型紋土器である。東京都二宮神社境内遺跡にみられるように、撚糸紋のキャンパス地に押型紋を転写した「撚糸紋土器」といった方が適切かもしれない。

山形紋・格子目紋がみられるが、独自な文様と彫刻原体をもっている。全面縦位施紋をもつのは、撚糸紋の施紋流儀に起因するためであろう。

問題は撚糸紋土器に伴う押型紋の系統をどこに求めるのかである。縦位施紋や大ぶりな山形紋の存在から、立野式土器との交差関係を求める見解が多い。果たしてそうであろうか。撚糸紋土器に伴う押型紋には、立野式の主文様であるネガティヴ紋は認められない。不思議なことである。関東地方の撚糸紋土器文化圏から沈線紋が出現するように、絡条体原体を彫刻原体に持ち替えた撚糸紋人がいたといったら、撚糸紋土器至上主義に陥るであろうか。押型紋土器の出自は撚糸紋土器を基準とするならば、稲荷台式以降の後半期に求めることができる。押型紋土器の上限は、決して撚糸紋土器前半期にまで遡ることはない。

また、押型紋の起源が西のネガティヴ押型紋にあるのか、東のポジティヴ押型紋にあるのか、^{14}C 年代では決められない。それは谷口が示したガイドラインをみても明らかであろう。押型紋の下限押型紋土器の年代的範囲（起源・終末）を示す ^{14}C 年代が、上黒岩岩陰遺跡の報告書の中で、提示されている〔遠部2009〕。初現期の大川式から、終末期の高山寺式・手向山式にいたる11

第12表　西部ネガティヴ押型紋各時期の ^{14}C 年代（B.P.）〔遠部2009〕

第6章　西日本の前半期押型紋土器　その3

第13表　押型紋土器の^{14}C年代と較正年代〔遠部2009〕

試料記号	遺跡名	測定対象	土器型式	器種	付着状況	付着部位
GF-30	富田清友遺跡	土器付着物	大川式	深鉢	焦	胴部内面
NRNR-3	別所辻堂遺跡	土器付着物	神宮寺式	深鉢	焦	胴部内面
MEIG-6	川上中縄手遺跡A地区	土器付着物	神並上層式	深鉢	焦	胴部内面
FMT-8	鳥浜貝塚	土器付着物	神宮寺～神並上層式	深鉢	焦	胴部内面
FMT-9	鳥浜貝塚	土器付着物	神宮寺～神並上層式	深鉢	焦	胴部内面
FMT-10	鳥浜貝塚	土器付着物	山形文盛行期	深鉢	煤	胴部外面
OKSE-1	黄島貝塚	土器付着物	黄島式	深鉢	焦	胴部内面
GFEN-1	東千町遺跡	土器付着物	高山寺式	深鉢	煤	胴部外面
GFEN-3	東千町遺跡	土器付着物	高山寺式	深鉢	煤	胴部外面
GFEN-4	東千町遺跡	土器付着物	高山寺式	深鉢	煤	胴部外面
MIMB-39	妙見遺跡	土器付着物	手向山式	深鉢	煤	胴部外面

試料番号	測定機関番号	δ^{13}C（‰）	^{14}C炭素年代（BP）	暦年較正年代（cal BC）	（2σ）
GF-30	MTC-9881	（-28.7±0.8）	9650±50	9250-9110	44.5%
				9085-9035	6.1%
				9030-8835	44.8%
NRNR-3	PLD-6296	（-26.22±0.18）	9305±25	8630-8530	76.7%
				8520-8470	18.8%
MEIG-6	PLD-6297	（-28.59±0.18）	9065±25	8295-8250	95.4%
FMT-8	PLD-6467	（-29.12±0.22）	9470±40	9115-9075	5.6%
				9055-9010	5.3%
				8910-8905	0.5%
				8845-8630	84.0%
FMT-9	PLD-6468	（-27.91±0.20）	9380±40	8755-8555	95.5%
FMT-10	PLD-6469	（-23.48±0.24）	8900±40	8240-7945	95.4%
OKSE-1	MTC-08968	（-23.3±1.3）	8480±60	7600-7450	94.0%
				7395-7380	1.5%
GFEN-1	MTC-09207	（-29.2±0.5）	8040±140	7445-7435	0.4%
				7425-7410	0.40%
				7355-6600	94.70%
GFEN-3	MTC-09208	（-25.5±1.4）	8060±90	7300-7220	5.90%
				7195-6690	89.60%
GFEN-4	MTC-09209	（-24.2±0.6）	8320±60	7520-7235	87.50%
				7235-7185	8.00%
MIMB-43	MTC-10302		8040±50	7135-7100	2.70%
				7085-6770	92.80%

データである。これらの較正年代は大川式が9,150-8,750 cal.B.C.、神宮寺式が8,650-8,450 cal. B.C.、神並上層式が8,300-8,250 cal.B.C.、山形紋期（山芦屋式）が8,250-7,950 cal.B.C.、黄島式が7,600-7,400 cal.B.C.、高山寺式が7,400-7,200 cal.B.C.、終末期（手向山式）が7,100-6,800?cal. B.C.となる［第12・13表］。報告者は「流れは極めて調和的である」ことを強調する〔遠部2009〕が、これは型式学の正しさを証明しているのであって、必ずしも年代を保証するものではない。

　報文中、[14]C年代のB.P.年と較正年代のcal.B.C.年が混用して論じられているため、やや煩雑であり、かつ恣意的である。押型紋土器の存続期間を論じる場合は、9,600～8,000 B.P. と[14]C年代を用いるが、「高精度化」された較正年代に直すと押型紋土器の上限年代は12,000-11,000 cal. B.P.、下限年代は9,000-8,000 cal.B.P.となるはずである。統一した年代表記[5]（B.P.、cal.B.P.、cal.B.C.）で示さない限り、混乱は増すばかりである。

　また、較正年代をあたかも「実年代」であるかのように振る舞うのは止めてほしい。いずれにしても、押型紋土器の年代的範囲は、おおよそ3,000年と長期存続となる。型式学的にみると押型紋土器の存続期間は概ね10型式ほどであり、1型式が300年間と極めて長編年である。果たして、そうであろうか。

　押型紋土器の終末期は、本州島においては高山寺式→穂谷式・相木式と考えられている。大粒の楕円紋主体の高山寺式と大形な山形紋主体の穂谷式・相木式の関係は、前段階の黄島式からの変遷を考えると前者（高山寺式）が古く、後者が新しくみることができる。穂谷式・相木式は九州島の手向山式と型式的にも形態的にも類似点があり、九州島と本州島に広く分布した押型紋文化は、ほぼ一様に終焉を迎えるのであろう。その時期は田戸上層式あるいはその直後であり、東部沈線紋土器文化圏の終焉ともほぼ一致する。

九州島の事情　　終末期の手向山式と穂谷式・相木式との交差関係は、後続の平栫式や塞ノ神式が本州島西部に分布することにも関連するのであろう。もう一つの交差を検証する文物にトロトロ石器がある。九州島全域に分布し、本州島東部文化圏にいたる広範囲に広がった押型紋文化を特徴づける石器である。この石器の交差時期を限定することができれば、九州島における押型紋の出現期を解明する手がかりになろう。

　九州島の押型紋を理解するためには、終末期の手向山式にいたる押型紋の変遷や編年を確立しなければならない。いわゆる「大分編年」川原田式→稲荷山式→早水台式→下菅生B式→ヤトコロ式を軸に論じられるが、充分な型式学的根拠が示されている訳でもない。その変遷は、本州島の編年に照らしてみれば黄島式以降の押型紋後半期に対比される。本州島西部押型紋土器文化圏の前半期ネガティヴ押型紋は、九州島では欠落している。九州島における押型紋の前半期の空白をどのように埋めていくのか、その出現期を如何に捉えるかという問題は、解決しなければならない今日的課題である。

　出現期の押型紋を究明する上で重要なのは、押型紋土器の前段階に位置づけられる二つの土器群との関連である。一つは岩下洞穴遺跡（Ⅸ層）・泉福寺洞穴遺跡（4層）、大分県二日市洞穴遺跡（9・8層）から出土する条痕紋土器、もう一つが南九州の円筒形貝殻紋である。出自や型式は異

第6章 西日本の前半期押型紋土器 その3

なるが、大局的には条痕紋土器の仲間である。前者の条痕紋土器には貝殻条痕を有するものも認められる。後者は「一野式」あるいは「条痕紋円筒土器」とも呼ばれ、北九州にも分布する。長崎県一野遺跡や福岡県白木西原遺跡・本堂遺跡などから出土する。こうした貝殻紋とは別に、北九州では貝殻腹縁紋を口縁部近くに連続刺突する一群の土器が分布している。古くは「政所式」と認識されていたものである。長崎県岩下洞穴遺跡、佐賀県白蛇洞穴遺跡・中尾岳洞穴遺跡[6]、宮崎県内城跡遺跡・中薗原遺跡まで及んでいる。福岡県白木西原遺跡では円筒形貝殻紋土器と貝殻腹縁刺突紋が出土している。

このほか連続刺突紋の仲間に円形刺突紋をもつ一群がある。しばしば地紋に貝殻条痕紋（?）や円形刺突紋の直下に瘤付を有し、条痕紋土器とも関連する。福岡県大原D遺跡・柏原遺跡（E・F・K）・原遺跡、佐賀県今町共同山遺跡、岩下洞穴遺跡、大分県中原遺跡から出土する。いずれも押型紋に絡む土器群とみられる。

九州島における押型紋の出現を考える上で、こうした土器群を分析・整理し、共伴関係を検討することが肝要であろう。取り分け重要なのは、原遺跡の円形刺突条痕紋とともに出土した円形刺突をもつ山形押型紋や帯状横位施紋の押型紋土器の存在である［第104図］[7]。大分県中原遺跡でも、円形刺突条痕紋や条痕紋土器に伴い帯状横位施紋の山形紋が出土している。こうした横位密接施紋や横位帯状施紋を有する押型紋が、九州島における押型紋土器の出現期と関連してこよう。西部押型紋土器文化圏への最終章を飾る九州島への旅は、まずは福岡県原遺跡をめざして計画を立てることにしよう。しかし辿り着けるのは、何時のことであろうか。

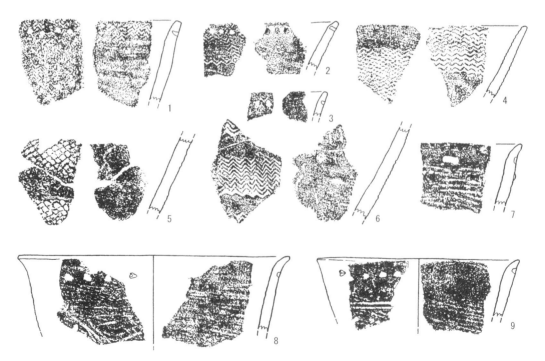

第104図　福岡県原遺跡出土の押型紋土器と刺突紋土器〔福岡県教委1994〕

3 細久保2式からの旅立ち

　細久保式は、樋沢式の施紋流儀を継承した細久保1式と横位密接施紋の細久保2式に細別できる[8]。細久保2式には、片岡　肇が「異形押型文」と呼んだ異種原体を併用した押型紋を含んでいる〔片岡1988〕。細久保2式は、前述したように三戸3式と交差する。また「異形押型文」の出自が、東北の日計式押型紋からの影響により成立した異系統の文様であることを検証した〔岡本2010〕。片岡が「異形押型文」と呼んだ由縁は「ネガ」でも「ポジ」でもない押型紋、まさに「異系押型紋」であったからに他ならない。「塞ノ神型」押型紋と呼んだこともある〔岡本2010〕が、提唱者片岡の呼称を尊重し「異形押型紋」と記述する。あわせて異形押型紋を大まかに、5種2細別（A〜E）の基本形に分類する［第105図］。

　準備万端、まずは上越線に乗り、細久保2式から旅を始めてみたい。

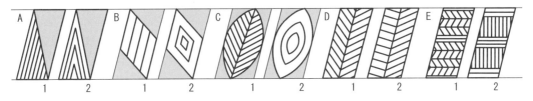

第105図　異形押型紋の基本単位文様

越後の押型紋　通り山遺跡・扉山遺跡からごく少量の日計式押型紋が出土するものの、中部押型紋文化圏の一画をなす。押型紋を代表する遺跡は卯ノ木遺跡であろう。菱目紋・格子目紋・山形紋の横位帯状施紋を主体とする押型紋で、この仲間は小瀬が沢洞穴遺跡・室谷洞穴遺跡・干満遺跡・鷹之巣遺跡・宮林B遺跡で出土する。越後特有の押型紋で、隣接する会津の石橋遺跡にもみられる。これとは別に、室谷洞穴遺跡からは縦位密接施紋の山形押型紋が出土する。これらの押型紋は細久保2式以前と考えられる〔小熊1997〕。

　卯ノ木遺跡には、横位帯状施紋とは異なる楕円＋山形紋[9]併用の横位密接施紋の押型紋である。岩原I遺跡でも楕円紋主体の押型紋とともに、同様の併用紋が出土する。これらの併用紋土器は細久保2式段階である。八斗蒔原遺跡では楕円紋を主体とし、楕円＋山形紋、楕円＋格子目紋、楕円＋異形紋（A1・B1・D1）併用の押型紋が出土している［第106図A］。同じく関川谷内遺跡A地点でも、楕円＋山形紋併用、楕円＋異形紋（B2・D1）が認められる［第106図B］。松ヶ峯No.237遺跡では楕円＋山形紋、楕円＋異形紋（A1・A2・C2）が採集されている。おざか清水遺跡でも楕円紋とともに、異形紋（D1）が出土する。異形押型紋は出土していないが、小丸山遺跡の横位密接施紋の楕円紋もこの時期のものであろう。

信州の細久保2式　上越の松ヶ峯遺跡を越えて、信州に入ると野尻湖の南に塞ノ神遺跡・市道遺跡が展開する。細久保2式を代表する遺跡である。塞ノ神遺跡は楕円紋に楕円＋異形紋（A2・B2・D2・E2）が伴う。

第6章 西日本の前半期押型紋土器 その3

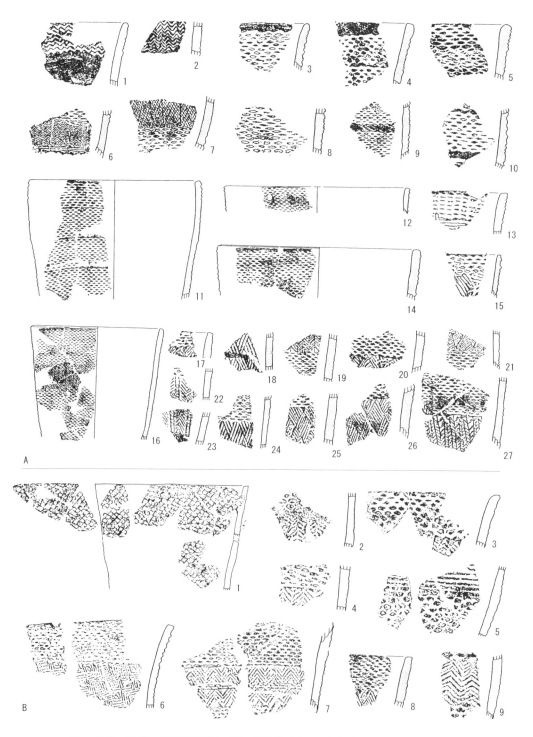

第106図 新潟県八斗蒔原遺跡（A） 関川谷内遺跡（B）〔新潟県教委2004、1998〕

2 旅立ちの前に ―そのガイドライン―

第107図 長野県市道遺跡〔信濃町教委2001〕

第6章 西日本の前半期押型紋土器 その3

第108図　長野県湯倉洞穴遺跡（A）〔高山村教委2001〕・戻場遺跡（B）〔中沢・贄田1996〕

176

2 旅立ちの前に ―そのガイドライン―

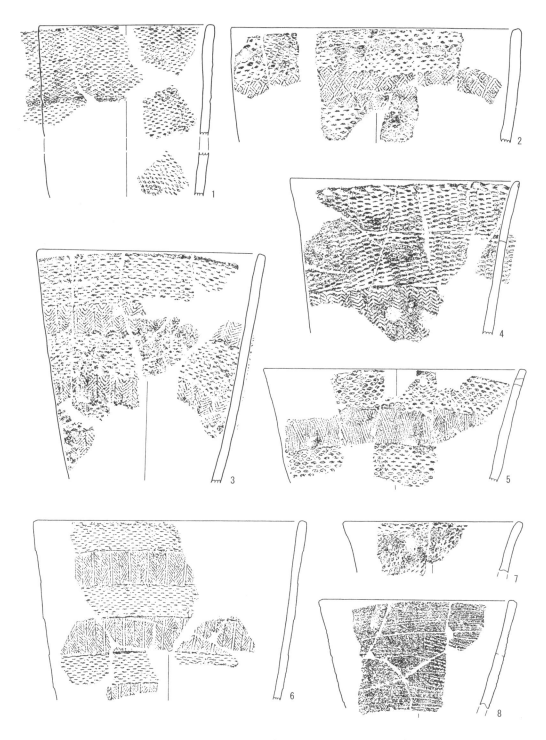

第109図　長野県山の神遺跡〔長野県埋文センター 2003〕

第6章　西日本の前半期押型紋土器　その3

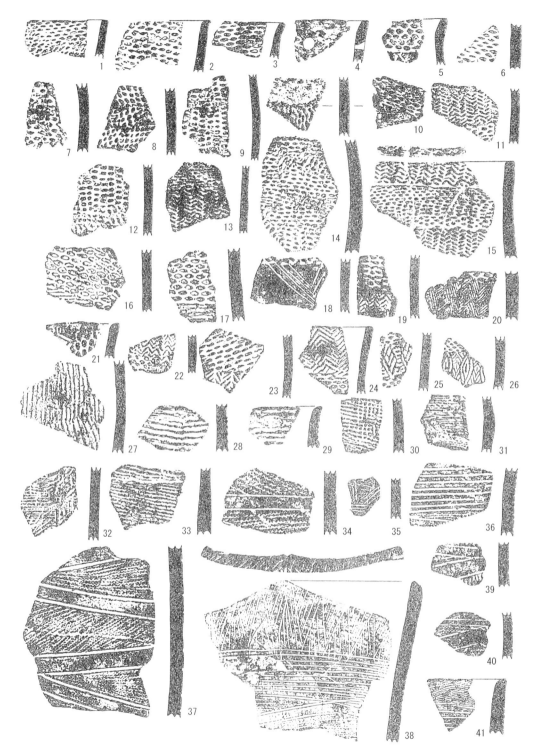

第110図　長野県浜弓場遺跡〔伊那市教委1973〕

市道遺跡はこの地域の拠点的な遺跡である。楕円＋山形紋の併用紋の細久保2式には横位密接施紋ではなく、三戸3式の文様構成をもつ特異な併用紋がある〔岡本2010〕。楕円＋格子目紋、楕円＋異形紋（A1・A2・D1・D2）、楕円＋綾杉沈線紋と、その構成は多彩である。楕円紋が主体であるが、山形紋も伴うとみられる［第107図］。

千曲川沿いの湯倉洞穴遺跡では、楕円紋を主体に山形紋や楕円＋異形紋（A1・A2・D1・D2）が出土する［第108図A］。陣の岩陰遺跡（A1）や池尻遺跡（B2）でも異形紋がみられる。その上流域右岸、碓氷峠に向かう戻場遺跡からは、細久保2式の良好な資料が採集されている。楕円紋を主体とし、楕円＋山形紋、楕円＋異形紋（A2？・B1・D1）が出土する［第108図B］。

一方、糸魚川を遡って信州に入る大糸線沿いの信濃大町には、細久保1式・2式の押型紋を伴う山の神遺跡が所在する。市道遺跡同様、押型紋文化の拠点的遺跡の一つである。広域に分布するトロトロ石器が多量（41点）に出土し、その製作年代や広がりの時期を決める手がかりとなっている。併用紋には楕円＋山形紋、楕円＋格子目紋、楕円＋異形紋（A1・B1・B2・D1・D2）がある［第109図］。楕円紋の中には市道遺跡でみられたような斜位方向の施紋構成をとるものもみられ、同様、異形紋にも斜位構成のものがある。

信濃大町から松本で伊那路に入った浜弓場遺跡は、沈線紋の田戸下層式（古）が伴う押型紋遺跡として古くから注目されてきた。楕円紋が主体で、山形＋楕円紋、楕円＋異形紋（B1・B2・C2・D1）が出土する［第110図］。

ほかに諏訪湖周辺や伊那谷や木曽谷では、異形紋を併用する押型紋が散見される。高出遺跡（C2）、明星屋敷遺跡（B1）、細久保遺跡（B1・D1）、棚畑遺跡（B1）、澄心寺下遺跡（C2）、百駄刈遺跡（E2）、養命酒工場内遺跡（A1）、大原遺跡（A2）、小野遺跡（B1・C2・D1）などである。養命酒工場内遺跡例は唯一、山形＋異形紋で構成されるもので、その山形紋は縦位施紋をとる特異な一例として注目される。

飛・濃の細久保2式　野麦峠や長峰峠を越えた飛驒には、戦前から知られた著名な高山市ひじ山遺跡がある。横位施紋の山形紋もあるが、楕円紋が主体で、楕円＋格子目紋、異形紋（B2）が存在する［第111図B］。細久保2式段階であろう。

同地域の細久保式期を代表する遺跡として、西田遺跡が知られる。細久保1式が主体であるためか、異形紋（A1）はごく僅かである［第111図E］。牛垣内遺跡では沢式や立野式も出土しているが、楕円紋主体に山形紋、楕円＋異形紋（A1）が出土する［第111図C］。

岡前遺跡では沢式も出土するが、楕円紋を主体とし、山形紋・格子目紋のほか、楕円＋山形紋、楕円＋異形紋（A1・D1・D2）が出土する［第111図D］。その下流の宮川村宮ノ前遺跡には楕円紋を主体に、楕円＋山形紋、楕円＋異形紋（A1）、異形紋（D1）が出土する［第111図A］。

美濃では塚原遺跡でネガティヴ紋、細久保1式のほか細久保2式の山形＋斜格子紋、楕円＋異形紋（A1）、山形？＋異形紋（A1）などが出土する。中でも山形の斜位紋が注目される［第112図B］。九合洞穴遺跡は沢式・ネガティヴ紋など古段階の押型紋も出土するが、異形押型紋の存在も古くから知られていた。異形（E1）＋楕円紋、山形＋異形紋（A1）、異形紋（A1）を口縁部に

第6章 西日本の前半期押型紋土器 その3

第111図 岐阜県宮ノ前遺跡（A）〔宮川村教委1998〕・ひじ山遺跡（B）〔吉朝1990〕・
牛垣内遺跡（C）〔岐阜県文化財保護センター1998〕・岡前遺跡（D）〔岐阜県文化財保護センター1995〕・
西田遺跡（E）〔岐阜県文化財保護センター1997〕

3 細久保2式からの旅立ち

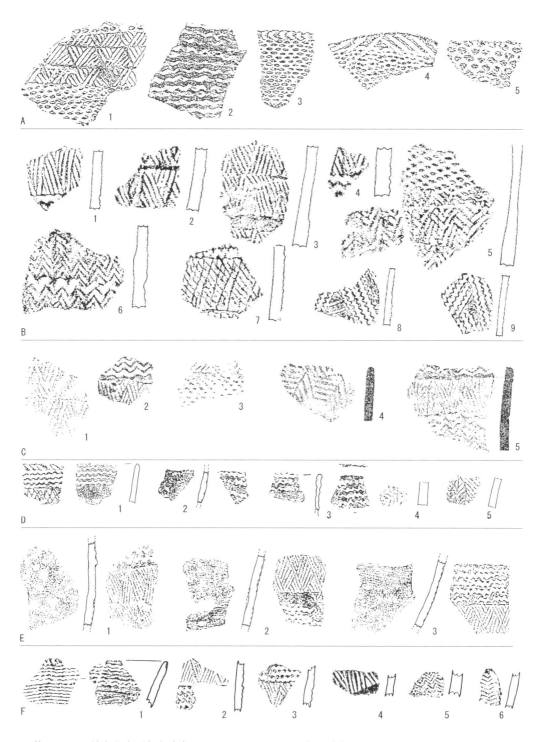

第112図　岐阜県諸岡遺跡（A）〔坂内村教委1989〕・塚原遺跡（B）〔関市教委1989〕・
　　　　九合洞穴遺跡（C）〔名古屋大学1956〕・愛知県嵩山蛇穴洞穴遺跡（D）〔岩瀬1993〕・
　　　　三重県川上中縄手遺跡（E）〔伊賀市教委2009〕・滋賀県粟津湖底遺跡（F）〔滋賀県教委2000〕

第6章 西日本の前半期押型紋土器 その3

配するものもある。異形紋との併用紋は通常、楕円紋であるが山形紋との併用が認められる［第112図C］。

このほか西ヶ洞遺跡（E1）、諸岡遺跡（A1・E1）から異形押型紋が出土する［第112図A］。信州において異形押型紋は、その殆どのものが楕円紋と組み合っているのに対し、飛・濃では山形紋との併用が多くなる。

ここで、ひとまず中部押型紋文化圏の細久保2式の旅を終えることにしよう。一旦、関東に戻り準備を整え、今度は東海道沿いに西部押型紋土器文化圏の旅に向かいたい。

関東の細久保2式　　相模の三戸遺跡出土の三戸式と細久保式の関係について、再度確認しておこう。出土した沈線紋土器は三戸2式と三戸3式の二段階があり、押型紋土器も細久保1式と細久保2式の二段階のものがある。共伴関係は明らかでないが、それぞれ三戸2式―細久保1式、三戸3式―細久保2式が交差すると考えられる。細久保2式に伴う異形紋（B1?）は、山形紋と併用している［第114図A］。

上総の上長者台遺跡では細久保1式の押型紋が出土している。共伴関係は明らかでないが、三戸2式の沈線紋も出土する〔原田・新井1992〕。同じ下根田A遺跡では三種の異形紋（B2・C1・D1）が山形紋と併用している。復元できる一個体はやや変形のB2類の異形押型紋であるが、口唇部に刻みをもち、文様構成は（△+B2+△+B2+△）となる［第114図B13］。こうした異形紋のほかに斜格子紋や縦位山形紋が出土している。三戸3式・田戸下層1式も出土していることは暗示的である［第114図B］。

下総台地には東北の日計式押型紋が三戸式沈線紋の時期に出土する事例が多い［第113図］。細久保2式の異形押型紋と文様の上では区別ができない。しかし、胎土・器厚が異なり、両者を弁別することは安易である。出自を同じくする両者は「搬入品」と「模倣品」の関係にある。

上野の飯土井二本松遺跡で出土した山形+楕円紋の密接横帯施紋は、細久保2式の時期であろう［第115図A］。石畑岩陰遺跡からも、楕円+異形紋（B2・D1）の併用紋が出土する［第115図B］。

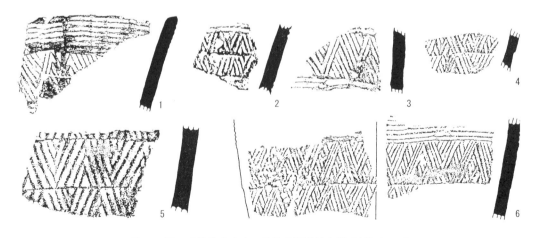

第113図　千葉県内出土の日計式押型紋土器〔小笠原2009〕
1・3：今郡カチ内遺跡　2：布野台遺跡　4・6：青山勘太山遺跡　5：鴇崎天神台遺跡

3 細久保2式からの旅立ち

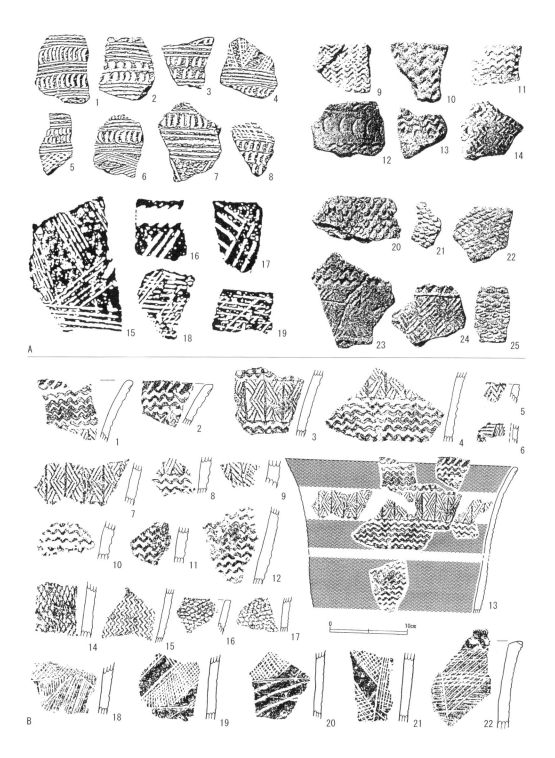

第114図　神奈川県三戸遺跡（A）〔岡本 2010〕・千葉県下根田A遺跡（B）〔君津郡市文化財センター 1996〕

第6章　西日本の前半期押型紋土器　その3

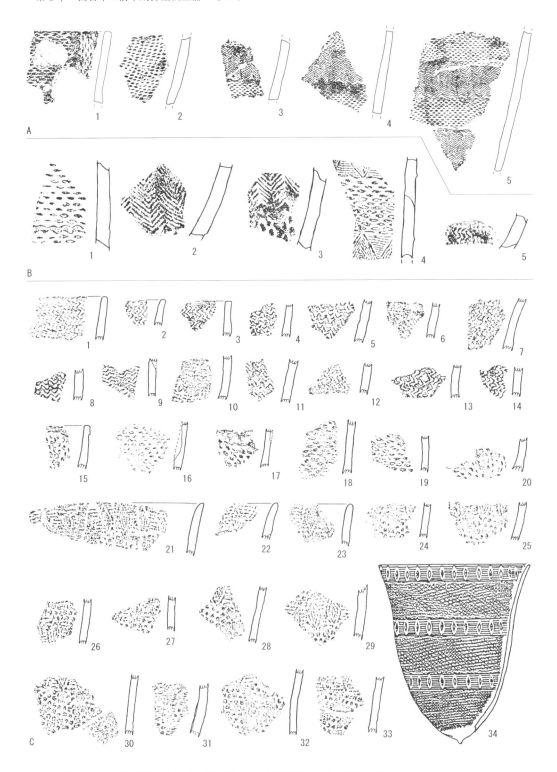

第115図　群馬県飯土井二本松遺跡（A）〔群馬県埋蔵文化財事業団1991〕・
　　　　石畑岩陰遺跡（B）〔群馬県史編さん委員会1988〕・中棚遺跡（C）〔昭和村教委1985〕

3 細久保2式からの旅立ち

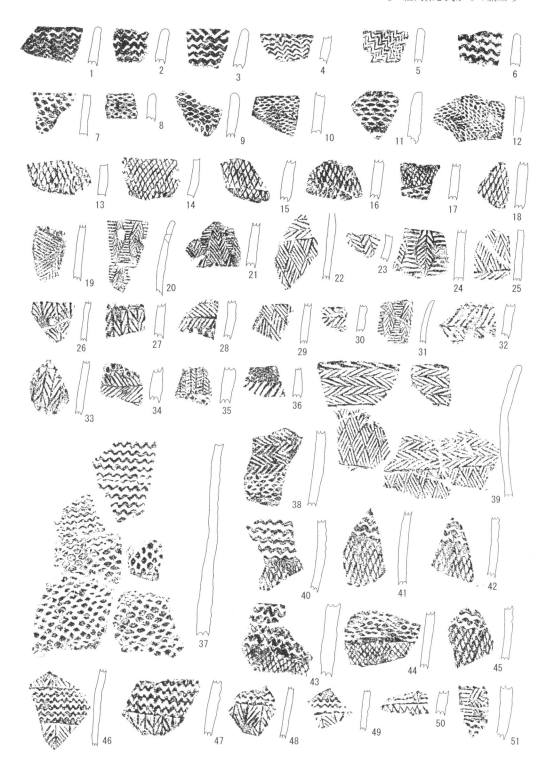

第116図　静岡県長井崎遺跡〔沼津市教委1980〕

第6章 西日本の前半期押型紋土器 その3

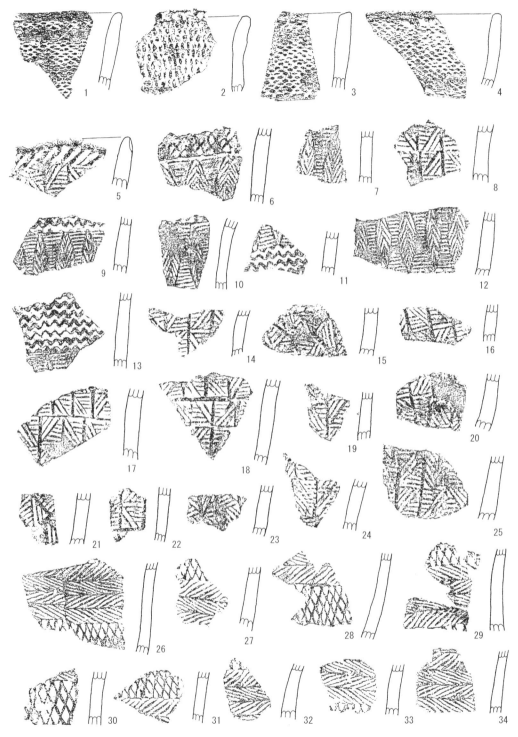

第117図 静岡県上ノ段遺跡〔沼津市教委2005〕

中棚遺跡では、楕円＋異形紋（C2）の併用土器が出土している［第115図C］。通常の構成とは異なり、異形紋を口縁部に配し、楕円紋を挟む（C2＋O＋C2＋O＋C2＋O）の三段構成となる。楕円紋のほか縦位や横位の山形紋、田戸下層1式の沈線紋も出土する。上野の異形紋は楕円紋と併用しており、信州的ともいえる。

東海の細久保2式　　駿河の長井崎遺跡からは、山形紋、楕円紋、格子目紋に混じって多様な異形押型紋が出土する。併用紋も山形＋楕円紋、山形＋格子目紋、楕円＋格子目紋、異形紋との併用は山形＋異形紋（D1）、山形＋異形紋（B2）、山形＋異形紋（E1）、格子目＋異形紋（C1）、楕円＋異形紋（E1）、異形紋同士の併用紋（E1＋B1）もある。異形紋も多彩（D2）で、異形紋（C1）を口縁から施紋するものもある［第116図］。

　上ノ段遺跡からは楕円紋が主体であるが、細久保2式の横位施紋の山形紋や格子目紋に伴って、山形＋異形紋（C1）、格子目＋異形紋（C1・E1）の併用紋のほか、特殊な異形紋も出土する［第117図］。駿河の楕円紋を出土する遺跡からは異形押型紋がみられ、その種類も多様で、好んで用いられることが多い。

　ところが、駿河を過ぎると遠江・三河・尾張・伊勢・伊賀には、古いネガティヴ押型紋と新しい高山寺式押型紋の狭間に隠れ、異形押型紋を含む細久保2式の実体はよく判らない。僅かに三河の嵩山蛇穴洞穴遺跡で、山形＋格子目紋の併用紋、異形押型紋（C1）が出土する［第112図D］。伊勢・伊賀は西部押型紋土器文化圏の一画であるが、伊賀の川上中縄手遺跡では横位施紋の山形紋を主体に、山形＋異形紋（B1）、異形（E1）＋山形紋の併用紋がみられる［第112図E］。伊勢の釜生田遺跡出土の楕円紋土器は細久保2式段階のものであろう。

4　細久保2式から北白川廃寺下層式へ

　細久保2式をめぐる旅は、いよいよ西部押型紋土器文化圏に突入した。大きな問題の第一はネガティヴ押型紋の変遷と編年的位置、第二が異形押型紋を含む北白川廃寺下層式の位置付け、第三が楕円紋の出現時期についてである。第一の課題については今はふれない。第二・三の課題は、中部押型紋土器文化圏との関連や後続の黄島式の成立に係わる重要な問題を含んでいる。

北白川廃寺下層式　　山形紋を主体とし、山形＋格子目紋・山形＋異形紋（B2）の併用紋、山形＋併行押型紋を格子状に施紋した併用紋、これらに混じって僅かに楕円紋が出土している。山形紋はネガティヴ押型紋にみられる山形紋とは異なり、条数も単位も増え密度の高い山形紋となっている。また口縁部外縁に刻みをもつものと、内縁に刻みをもつ二種がある［第118図］。

　復元された異形押型紋土器は外縁に刻みをもち、山形紋を二段施したのち異形紋（B1）と山形紋で四段構成（△△＋B1＋△＋B1＋△＋B1＋△△）の併用紋土器である。胎土には多量の繊維を含んでいる。数は少ないが楕円紋も含めて、「北白川廃寺下層式」[10]と呼ぶことに異論はない。しかし、在地型式として位置づけることには問題があろう。細久保2式と交差する良好な資料である。異形押型紋の存在や繊維を含んでいることから、研究者の多くは細久保式に関連す

第6章 西日本の前半期押型紋土器 その3

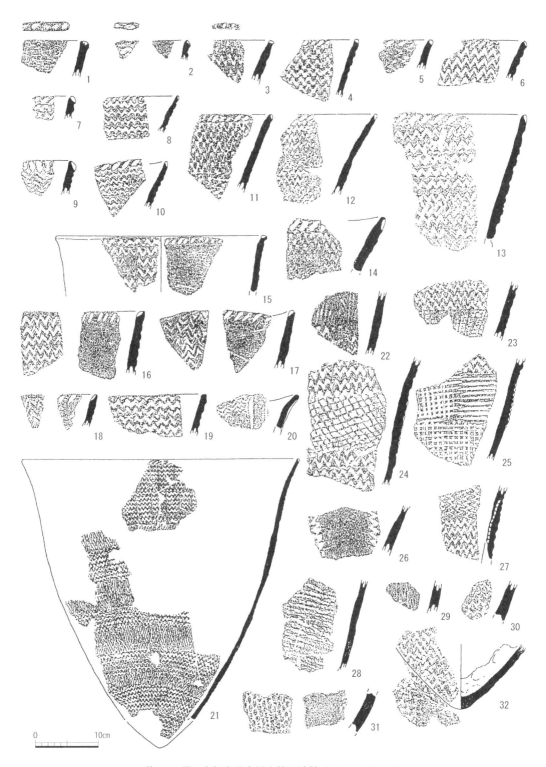

第118図 京都市北白川上終町遺跡〔上峯・矢野 2011〕

4　細久保2式から北白川廃寺下層式へ

る資料であることを認めている〔熊谷2011b、上峯・矢野2011〕。まさに中部押型紋文化圏の影響を
受けた異系統の押型紋土器である。

　畿内とその隣接地域の異形押型紋は、近江の粟津湖底遺跡（A1）［第112図F］、大和の宮ノ平
遺跡（A1）［第119図A］・高塚遺跡（A1）［第119図B］・布留遺跡（A1）［第119図C］・別所大谷口
遺跡（A1）［第119図D］・越町遺跡（A1）［第119図E］・大川遺跡（A1・A2）［第119図F］、播磨
の福本遺跡（A1）［第120図A］、丹波の神鍋遺跡（A1）［第120図B］、若狭の鳥浜貝塚（A2・C1・
D1）［第120図C］などから出土している。多くはA1類であり、山形紋や楕円紋を併用するもの
がある。宮ノ平遺跡では格子目紋と併用する。大川遺跡・別所大谷口遺跡では山形紋併用と楕円
紋併用の両者があり、楕円紋も伴うことは明らかである。福本遺跡の口縁に刻みをもつ楕円紋も
この時期のものであろう。

　細久保2式の異形押型紋をもつ「北白川廃寺下層式」は、ネガティヴ押型紋土器文化圏に現れ
た異系統土器[11]である。例えば関東の沈線紋土器文化圏おいては、押型紋土器は異系統の土器
として捉えられている。型式として「普門寺式」が設定されるが、沈線紋土器の編年に三戸1式
→「普門寺式」→三戸2式と直線的に組み込むことはしない。異系統型式として、在地の沈線
紋型式との対比・併行関係を検証するための補完的型式名として用いられている。同じように
「北白川廃寺下層式」を異系の土器とみるならば、それに対比するネガティヴ押型紋の在地型
式は、何であろうか。

　その時期は、おそらく矢野が神宮寺式から神並上層式の移行期、熊谷が「桐山和田式」とした
押型紋の一群であろう〔矢野1993a、熊谷2011b〕。ネガティヴ押型紋の伝統である異方向施紋の規
範は神宮寺式で変容し、つづく「桐山和田式」[12]に至り横帯密接施紋のネガティヴ押型紋に変容
する。横帯密接施紋は細久保2式の施紋流儀とも共通している。

　また「北白川廃寺下層式」同様、前段階の「神並上層式」も細久保1式の異系統押型紋と認識
すべきであろう。これらの関係は決して一方的な交差ではない。ネガティヴ押型紋との関係によ
って生まれたのが立野式であり、中部地方における細久保式に伴う異系統土器である。神宮寺式
から「桐山和田式」にいたる西部押型紋土器文化圏前半期のネガティヴ押型紋は、中部押型紋土
器文化圏（細久保式）との交差関係によって終焉を迎えるのであろう。これを契機として、西部・
中部共通の広域的押型紋土器文化圏（黄島式・高山寺式）に再編されていく。大局的には押型紋文
化の九州島への波及も、この時期であろう。

　ネガティヴ押型紋の伝統や規範が崩壊しつつある西部押型紋土器文化圏の変動期は、多様で複
雑な様相を呈している。関東の撚糸紋文化圏や東北の日計式押型紋土器文化圏の崩壊過程と同
様、他地域の文化が流入する激動期である。何時までも西部押型紋土器文化圏と中部押型紋土器
文化圏の間にバリアーを作っていても、絡み合った複雑な様相を解き明かすことはできないであ
ろう。

　西部押型紋土器文化圏で設定された「神並上層式」・「山芦屋S4式」・「桐山和田式」について
は第5章で述べたところであり、桐山和田式をもって、ネガティヴ押型紋の伝統は消滅する。

189

第6章 西日本の前半期押型紋土器 その3

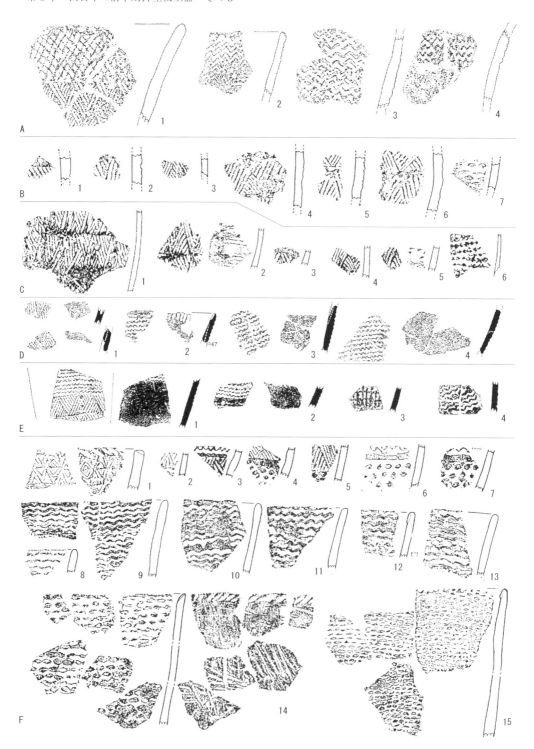

第119図 奈良県宮ノ平遺跡（A）〔奈良県橿原考古学研究所2003〕・高塚遺跡（B）〔奈良県橿原考古学研究所1983〕・
布留遺跡（C）〔埋蔵文化財天理教調査団1988〕・別所大谷口遺跡（D）〔奈良市教委2007〕・
越町遺跡（E）〔山添村教委2006〕・大川遺跡（F）〔奈良県橿原考古学研究所1989〕

4 細久保2式から北白川廃寺下層式へ

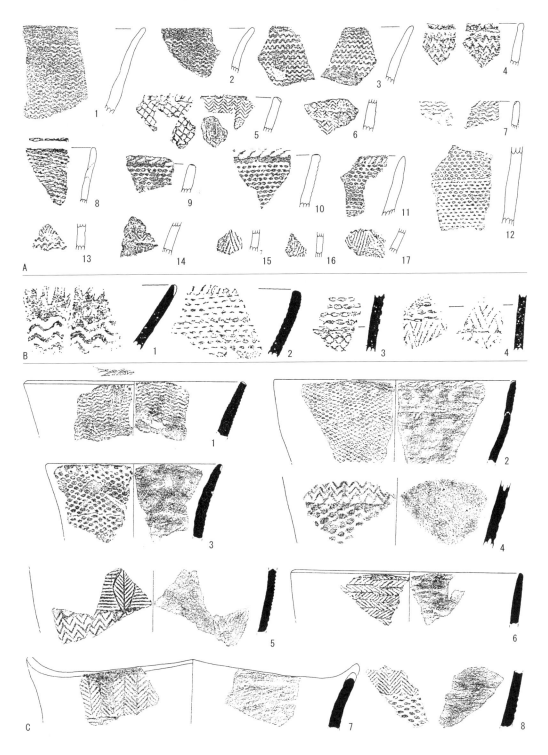

第120図　兵庫県福本遺跡（A）〔神河町教委2008〕・神鍋遺跡（B）〔日高町教委1970〕・
　　　　福井県鳥浜貝塚（C）〔熊谷2011〕

第6章　西日本の前半期押型紋土器　その3

楕円紋の成立時期　　中部押型紋土器文化圏における楕円紋の成立は樋沢式に出現し、後続の細久保式にも継承される。同一の縄紋原体だけを使用する遺跡がないように、山形紋だけ、格子目紋だけ、楕円紋だけ、異形紋だけで構成される遺跡はない。山形紋や楕円紋が主体となる遺跡でも、それぞれの押型紋原体は併用される。異種原体併用の押型紋がそのことを如実に物語っている。

　山形紋の凹線部をネガティヴ紋とみるか、凸線部をポジティヴ紋とみるのかは、つくった押型紋人に聞いてみなければ判らない。格子目紋についても然りである。ネガティヴ押型紋と呼ばれる所以は、楕円紋（独立単位紋）のネガ紋であることに他ならない。ネガティヴ押型紋の施紋規範では、決して楕円紋を採用することはない。頑なに楕円紋を拒否しているようにみえる。その意味においてもネガティヴ楕円紋なのである。それは原体にポジティヴ楕円紋を用いていることに由来するのであろうか。

　ネガがポジに反転し、楕円紋が出現するのは何時のことであろうか。黄島式を口縁裏面の「柵状紋」と呼ばれる柵状押型紋を型式表象と規定するならば、福本遺跡には口縁部に刻みをもつ横位密接施紋の楕円紋がある。これらの楕円紋は山形紋、格子目（表）＋山形（裏）の併用紋、山形＋異形紋（A1）の併用紋に伴うと考えられる。おそらく細久保2式段階であり、黄島式以前に楕円紋が出現していたと考えられる。

　こうした黄島式以前とみられる楕円紋には、神鍋遺跡の口縁外縁に刻みをもつ楕円紋、楕円紋と格子目紋を併用するもの、山宮遺跡の楕円（表）＋山形（裏）の併用紋、大川遺跡の口縁内縁に刻みをもつ楕円紋、釜生田遺跡の横帯密接施紋楕円紋、鳥浜貝塚の口縁外面・内面に刻みもつ楕円紋、楕円（表）＋楕円（裏）、山形＋楕円の併用紋などを挙げることができる。

　西部押型紋土器文化圏の楕円紋出現にも細久保2式が関与していると考えられる。検討に耐えうる資料は少ないが、楕円紋は黄島式成立以前に出現していた可能性が極めて高い。

中・四国の異形紋　　中国・四国地方はネガティヴ押型紋土器文化圏である。量的には少ないが、大川式は馬取貝塚（安芸）・取木遺跡（伯耆）、神宮寺式は郷土遺跡（出雲）・帝釈峡弘法滝洞穴遺跡（備後）・小屋飼岩陰遺跡（土佐）で確認される。弘法滝洞穴遺跡からは異形押型紋も出土し、これらの地域にも異形押型紋が広がっていることが判る。

　異形押型紋を出土する遺跡は、弘法滝洞穴遺跡・豊松堂面洞穴遺跡（備後）、犬島貝塚（備前）、箱E遺跡・六番丁場遺跡（美作）［第121図A］、小蔦島遺跡（讃岐）、宝伝岩陰遺跡（阿波）、刈谷我野遺跡（土佐）などが挙げられる。現在のところ山陰地方では見つかっていない。これらの異形押型紋の特徴は、いずれもA1類に限られている。また口縁部裏面にも施紋する例がみられる[13]。楕円紋と併用するもの、山形紋と併用するのものがあり、宝伝岩陰遺跡では両者の併用紋が出土している。

　問題は異形押型紋の時期である。言い換えるならば黄島式との関係である。異形押型紋にも口縁裏面に刻みをもつものがあるが、「柵状紋」にはなっていない。共伴する山形紋や楕円紋からみても、その出現は黄島式以前であろう。

　宝伝岩陰遺跡では山形紋を主体に、楕円紋、楕円＋異形紋、山形＋異形紋が出土しており、い

4 細久保2式から北白川廃寺下層式へ

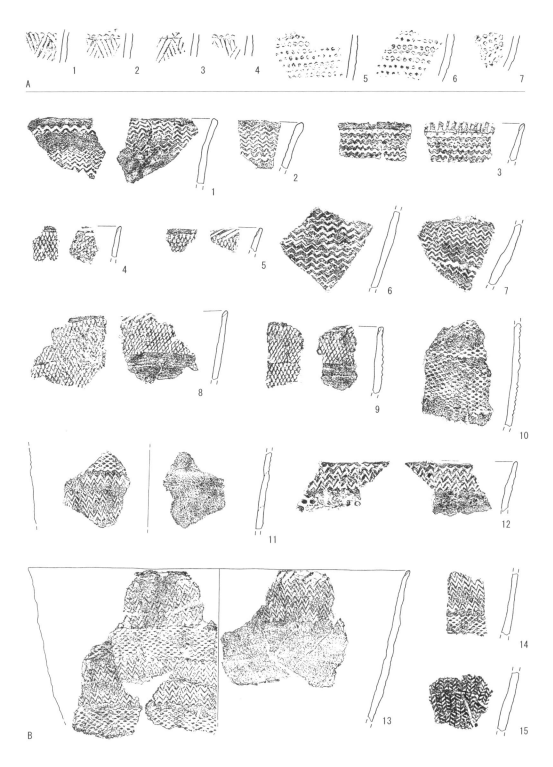

第121図 岡山県六番丁場遺跡（A）〔鏡野町2000〕・愛媛県上黒岩岩陰遺跡（B）〔国立歴史民俗博物館 2009〕

第6章 西日本の前半期押型紋土器 その3

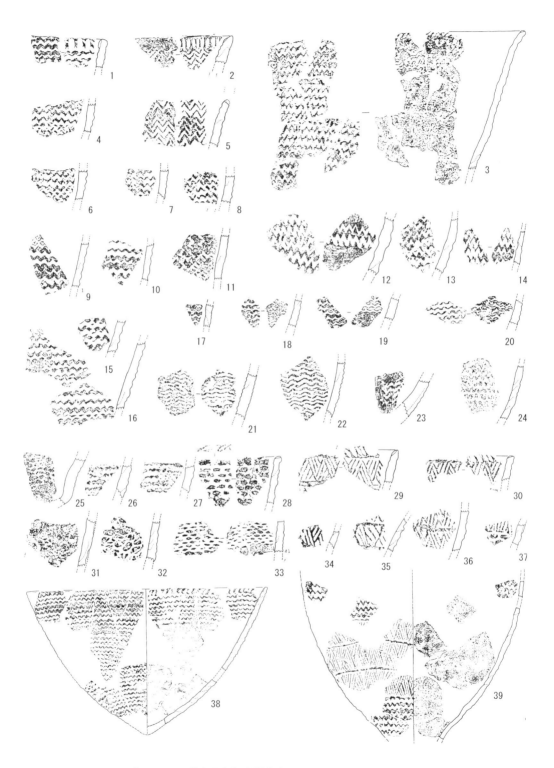

第122図 徳島県宝伝岩陰遺跡 ［縮尺不同］〔同志社大学 1999〕

ずれも口縁裏面に刻みを有している。比較的まとまった資料で、黄島式以前に位置づけることができる［第122図］。上黒岩岩陰遺跡からは多くの押型紋が出土しており、黄島式とそれ以前の押型紋がある。山形＋楕円の併用紋は細久保2式の文様構成の特徴でもある。また異形押型紋に似た矢羽根状（D1）をとる押型紋も出土する［第121図B］。

　中・四国の異形押型紋は検討に耐えうる資料は少ないが、その波及時期を近畿地方でいえば「北白川廃寺下層式」すなわち細久保2式段階と交差すると結論づけておきたい。九州島では、現在のところ異形押型紋は発見されていない。しかし押型紋前半期終末の列島レベルでの細久保2式段階の大きな胎動が、九州島の押型紋土器の成立・出現に係わったと想定するに難しいことではないであろう。

おわりに

　細久保2式を携え、異形押型紋をナビゲーターとした中部押型紋土器文化圏から西部押型紋土器文化圏を巡る旅はようやく終わろうとしている。両文化圏を貫く細久保2式の胎動は、西部のネガティヴ押型紋の終焉を告げるとともに、九州島における押型紋土器出現の契機ともなった。

　また、この画期は押型紋文化を前半期と後半期に二分するに留まらず、列島全体おける早期の再編成をもたらすことになる[14]。すなわち、西日本は九州島（早水台式～手向山式）から西部（黄島式～穂谷式）・中部（黄島式併行～相木式）の斉一化された広域の西部押型紋土器文化圏に再編される。

　一方、東日本は東北の日計式押型紋土器文化圏が崩壊し、関東（田戸下層式～田戸上層式）・東北（寺の沢式～鳥木沢式）・北海道島（住吉町式）に至る貝殻・沈線紋土器文化圏が形成される。早期における西の押型紋と東の貝殻・沈線紋の二大文化圏の成立である。

　今回の西部押型紋土器文化圏への旅を通して、ネガティヴ押型紋とポジティヴ押型紋の世界を俯瞰してきた。その視点は地域の異なる異系統の押型紋を如何に把握するかに係わっている。搬入か模倣かという問題もあるが、何時の時代でも在地だけで完結した社会はない。押型紋人は行き交い、文物も動くのである。他地域の型式があっても不思議なことではない。二系統論の視点から、「神並上層式」および「北白川廃寺下層式」を異系統の型式として捉え、細久保2式との交差関係を論じた。最後にまとめにかえて、その要約と押型紋文化全体のガイドラインを提示しておきたい。

1.　細久保2式とは、山形紋・楕円紋および異種原体（山形＋楕円紋）を用い、横位密接施紋を施紋規範とする。この段階に異形押型紋が出現する。細久保2式は関東地方の沈線紋土器三戸3式と交差する。

2.　異形押型紋は原体の形態・大きさ・彫刻・文様からみて、東北地方の日計式押型紋に出自をもつ。中部押型紋土器文化圏で採用され、広く西部押型紋土器文化圏にも分布する。しかし九州島には、現在のところ発見されていない。

第6章　西日本の前半期押型紋土器　その3

3. 異形押型紋は単独で施紋されることはない。楕円紋・山形紋と組み合い、併用紋として構成される。信州では楕円紋との併用紋が殆どであるのに対し、美濃や東海では山形紋との組み合わせが多くなる。

4. 異形押型紋を伴う「北白川廃寺下層式」は在地型式ではなく、ネガティヴ押型紋土器文化圏における異系統（中部押型紋土器文化圏）の型式である。「北白川廃寺下層式」に対応する在地型式は「桐山和田式」であろう。

5. 西部押型紋土器文化圏におけるネガティヴ押型紋は、異系統としての「北白川廃寺下層式」つまり細久保2式段階をもって終焉を迎えた。この画期をもって前半期（ネガティヴ押型紋）と後半期（黄島式～穂谷式）に大別することができる。

6. 西部押型紋土器文化圏における楕円紋の出現は、後半期の黄島式以前に求めることができる。楕円紋の横位密接施紋や楕円＋山形紋の併用紋、口縁内外・上端の刻みをもつ楕円紋などの一群である。この段階に異形押型紋が伴う。

7. 九州島の押型紋文化は、異形押型紋を伴う細久保2式段階の広域的なインパクトによって成立したと考えられる。九州島でも多くみられ、列島西部・東部を越えて広域に分布する「トロトロ石器」は、これを契機として拡散したのであろう。

8. 九州島や中部をも含めた後半期の押型紋文化は斉一性をもって変遷し、列島は西部押型紋土器文化圏と東部貝殻・沈線紋土器文化圏に再編される。長らく続いた押型紋文化は九州島～中部（手向山式・穂谷式・相木式）でほぼ同時に終わりを告げることになる。それは田戸上層式直後[15]である。東部貝殻・沈線紋土器文化圏も終焉し、早期後半の条痕紋土器の世界が広がって行くのである。

［註］

1）西部押型紋土器文化圏はその前半期がネガティヴ押型紋の分布域であり、九州島に及んでいない。これに対し東部押型紋土器文化圏前半期には、中部押型紋（樋沢・細久保式）と東北押型紋（日計式）の二つの地域が含まれる。その間に関東沈線紋（三戸式）の分布域があり、東部には三つの地域性が認められる。後半期になると西部押型紋土器文化圏は、九州島や中部押型紋にまで拡大し、斉一的に変化する。東部押型紋土器文化圏は消滅し、貝殻・沈線紋土器文化圏に変化する。

2）系統とは型式の連鎖であり、押型紋にはポジとネガの二系統の規範が存在する。これは実体であり、矢野が批判するように「実体不明」・「実体忘失」の議論から二系統論が提示されている訳ではない。「戦前の二系統論を想起させる」との批判はお門違いであろう〔矢野1993a〕。むしろ、一系統論の方が、実体のない撚糸紋文化と対比する点で「戦前の二系統論」に近い。

3）通常の沈線紋土器は石英などの砂粒を含んでいるが、この併用紋土器は胎土に繊維を含み、器形3口縁部形態・刻みとも日計式押型紋の製作技法を受け継いでいる。

4）日計式押型紋の起源と終末については、三戸式沈線紋とほぼ交差するとみられるが、その　前段階についてはよく判らない。

5）^{14}C年代に関わる年代表記については、生の^{14}C年代B.P.、較正年代としてのリビー起源（1950年）cal.B.P.、西暦起源cal.B.C.の三通りで表記される。現在、用いられるInt.Cal.09が更新されると年代が変わる。著者は比較年代による較正曲線をもっているので不自由はないが、年代表記だけでも統一してほしい。歴年代ではないのだから、リビー起源でB.P.で統一すべきと考える。ところが、最近

では較正年代をもとに「1000」年を単位とするka法の表記もみられるようになった。「ka12」とは今から12000年前ということであり、「今」とはリビー起源（1950年）を切り上げて、A.D.2000を基準とするものである。仮数年代と考えれば、単純で合理的な表記法ともいえる。

6) 著者が中尾岳洞穴遺跡と呼ぶのは、「盗人岩洞穴遺跡」のことである〔森ほか1969〕。佐藤達夫は最下層出土の連続刺突紋土器を草創期・最古の箆紋土器の仲間として位置づけている〔佐藤1971〕。

7) 図版の作成にあたり原報告にあたることを心掛けたが、『押型文土器期の諸相』〔関西縄文文化研究会2011〕によったものもある。拓本資料はほぼ1/3に揃えたが、復原資料は任意である。なお、図版の引用文献については、所在地が判るように教育委員会名を記した。

8) 熊谷博志は細久保式3細分案を提示し、異形押型紋をもつものを3段階に位置づける。

9) 本文中で異種併用紋土器について楕円＋山形紋と表記した場合、楕円紋と山形紋の横〔熊谷2008〕。しかし、異形押型紋だけで構成される型式はない。横位密接施紋を表している。

10) 「北白川廃寺下層式」という型式名称は、学史的に前期「北白川下層式」、中期「北白川上層式」が存在し、やや紛らわしいと考えるのは著者だけであろうか。関西縄文文化研究会で検討してほしい。

11) 異系統あるいは非在地系土器は、縄紋時代各時期にわたって存在している。縄紋人が動き、文物が交流する証である。畿内でいえば前期の「北白川下層式」と「諸磯式」の関係をみても然りである。ネガティヴ押型紋の世界にも異系統土器の理解が必要である。

12) 「桐山和田式」とは同遺跡出土の2群C類を中心とした横帯施紋の土器群である。熊谷が「神並上層式」にした鳥浜貝塚の横帯施紋の土器も、「桐山和田式」の仲間であろう〔熊谷2011b〕。「桐山和田式」→「神並上層式」→「北白川廃寺下層式」への直線的な編年観には、大きな問題があろう。

13) 裏面に異形押型紋を施紋する例は、宝伝岩陰遺跡のほか、豊松堂面洞穴遺跡・刈谷我野遺跡にみられ、口縁内面に刻みをもつ。

14) 中部押型紋土器文化圏後半期の黄島式に併行する型式については早急に検討しなければならない重要な課題である。黄島式の特徴である裏面に棚状紋をもつものは見当たらない。

15) 押型紋文化の終焉については、高山寺式を検討した関野哲夫によって田戸上層式〔関野1988〕に、また阿部芳郎は信州の沈線紋土器の判ノ木山西式（古段階）に相木式が共伴することから、その時期を田戸上層式として位置づけている〔阿部1997〕。押型紋土器と沈線紋土器の終焉はほぼ一致する。

第7章 西日本の後半期押型紋土器
― 黄島式土器・高山寺式土器 ―

はじめに

本州島西部の黄島式から高山寺式の押型紋土器後半期の広がりを考える時、瀬戸内海が「海の中道」・「先史時代の西海道」として大きな役割を果たした。本州島と四国島は瀬戸内海を通して「中・四国」という一衣水帯の文化圏を形成し、また九州島とを結ぶ主要な交通路であった。瀬戸内海に浮かぶ黒島・黄島・犬島・小蔦島は東西・南北を結ぶ先史時代の中継基地であり、今流にいえば、交易のジャンクションの役目を負っていた。これらの島々には押型紋後半期の貝塚が遺され、縄紋海進による瀬戸内海の成立や形成過程を考える上でも重要な意味をもっている。こうした「海の路」は東にもつながり、紀州高山寺貝塚や三河先刈貝塚にも通じている。

一方、中国山地の峯々を通り、飛騨山地から信州に抜ける「山の路」にも、帝釈峡遺跡群を初め、数多くの山間部に押型紋期の遺跡が点在している。言い換えるならば、海民と山民の二つのルートにより情報や「モノ」が行き交い、早期の一大文化圏ともいうべき共通の押型紋文化が、その後半期に広く列島に形成されるのである。その中心的な役割を果たすのが黄島式であり、高山寺式と呼ばれる後半期の押型紋土器である。

1 瀬戸内海の成立と押型紋

瀬戸内海が成立する以前、瀬戸内低地帯が形成された時代から、先史時代の人びとの活動の痕跡が瀬戸内海に浮かぶ島々に遺っている。分水界にあたる、櫃石島（花見山遺跡・大浦遺跡・長崎鼻遺跡）、岩黒島（初田遺跡）、羽佐島（羽佐島遺跡）与島（西方遺跡・東方遺跡）井島（井島遺跡）など、ナイフ形石器や尖頭器・細石器時代の遺跡が数多く見つかっている。その四国島の沿岸には最大のサヌカイト原産地である国府台遺跡が控えていた。

こうした前時代から続くルートを通った縄紋人たちは四国山地に入り、上黒岩岩陰遺跡・穴神洞穴遺跡・不動ガ岩洞穴遺跡など草創期の遺跡を営み、本州島と四国島の一体の縄紋文化が形成されていくのである。その後、縄紋海進により瀬戸内低地帯に海が入ってくると、瀬戸内海の島々を経由しながら、海路による交通路を開拓していく。それが押型紋土器の時代であり、瀬戸内海から九州島への押型紋土器の進出もこの時代から始まるのであろう。

瀬戸内海の形成 　更新世における最終氷期最寒冷期の海水面は、通説に従えば現海水面より約−100ｍ下位にあったといわれている。瀬戸内海底は平均約−32ｍであり、まだ海ではなく、ナウマン象などの大形獣の行き交う広大な渓谷であった。現岡山市と高松市を結ぶ備後瀬戸を分

1 瀬戸内海の成立と押型紋

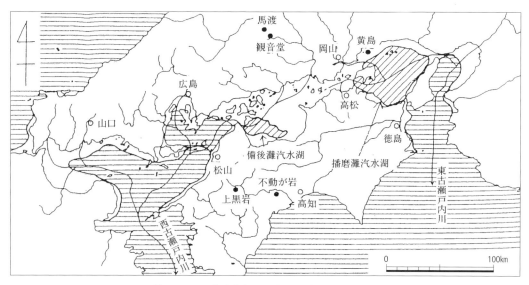

第123図　後氷期初頭の瀬戸内海〔河瀬1988〕

水界として吉井川や旭川は東方の紀伊水道（東古瀬戸川）へ、高梁川以西の河川は西方の豊後水道（西古瀬戸川）に流れていた〔第123図〕。更新世は陸地としての「瀬戸内」の景観を示していたのである。完新世の温暖化を迎えると、ダイナミックな海水面変動がおこる。最終氷期の海水面から現海水面にいたる上昇は100mに及ぶ大規模なものであった。氷河期と後氷期の日本列島は全く異なった景観・環境をもっていたことになる。完新世の温暖化現象の海進によって、「陸」の瀬戸内から「海」の瀬戸内海の景観に生まれ変わる。

　完新世初頭の海水面は東京湾基底部礫層（HBG）の位置から約−40mとみられている。この約−40m海水面を境に、それ以前の更新世末からの海水面上昇を「7号地海進」、後氷期以降の上昇「縄紋海進」と呼び分けている。すなわち、瀬戸内海の海底が平均して−32mとすると、完新世初頭にはまだ瀬戸内海は陸化していたと推定される。以降、縄紋海進は上昇を続け、内海としての「瀬戸内」の景観を形成することになる。なお、縄紋海進の最盛期は現海水面を超えて約＋3m上昇したと推定され、考古学的には縄紋時代前期初頭にあたる。

縄紋海進の変遷　　縄紋海進は約40m以上の上昇を続けたことになるが、一気に上昇したわけではない。最近の長崎県鷹島遺跡・佐賀県東名遺跡・愛知県先刈貝塚・千葉県沖ノ島遺跡などの海底遺跡の調査成果から段階的に海水面が上昇したことが判ってきた。古い順に、撚糸紋海水面（−30m）、押型紋1期海水面（−25m）、押型紋2期海水面（−13m）、早期末海水面（−5m）、前期初頭海水面（＋3m）の五段階に分かれる〔岡本2012〕。これらは海水準の安定期にあたり、海進が一時停滞していたことを示している。おそらく温暖化の中においても、周期的な寒冷化現象によって海進は停滞し、海水面が一定の水位を保っていた時期があったことを示している。

　縄紋海進による瀬戸内海の形成時期を考えると、撚糸紋海水面（−30m）は分水界の東側に播磨灘汽水湖、西側に備後灘汽水湖が形成された時期であり、一つの内海とはなっていない。現在の

第7章　西日本の後半期押型紋土器

ところ、この時期の遺跡は見つかっていない。押型紋1期海水面（−25m）は広義の黄島式の時期にあたる。おそらくこの時期に、瀬戸内海が形成されたのであろう。黄島貝塚・黒島貝塚からは上・下二層の貝層が確認されており、下層がヤマトシジミ、上層がハイガイ主体となっている。瀬戸内の環境が、汽水域から湾奥干潟へ変化したことを読み取ることができる。押型紋2期海水面（13m）は高山寺式の時期にあたる。瀬戸内海では約−17mにマガキ層が確認されており、対比できるとすれば、押型紋2期海水面に対応しよう〔鈴木2005〕。現在のところ高山寺式の遺跡は、わずかに直島や局島で確認されるに留まっており、沿岸部でも少ない。問題になるのは、早期末海水面（−5m）と最盛期を迎える前期初頭海水面（+3m）の検証であろう〔第124図〕。

瀬戸内海のハマ遺跡　　最盛期へ向かう縄紋海進を考える上で重要なことは、河瀬正利が指摘した縄紋海進と瀬戸内沿岸の低湿地性遺跡の関係である〔河瀬1998〕。瀬戸内海沿岸にも海の生産活動に関わる「ハマ遺跡・ハマ貝塚」が存在する。山口県与浦遺跡・黒島浜遺跡、広島県太田貝塚・地御前南遺跡、里木貝塚・大橋貝塚・羽島貝塚、愛媛県大見遺跡・江口貝塚はいずれも標高約3m前後の海浜砂州上に立地し、包含層は現海面あるいは海面下に存在する。多くは前期初頭とされる羽島下層式に始まり、中期・後期に及んでいる。貝塚を構成する貝はハイガイ・マガキなどの鹹水産貝類である。これらの低湿地性遺跡が前期初頭（羽島下層式）に形成されたとするならば、縄紋海進最盛期に現海水面を超えて約+3m上昇したという通説はなり立たない。河瀬はこうした事実を踏まえ、「縄文前期には従来言われてきた大きな海進はなかった考えざるをえないのである」と結論づけている〔河瀬1998〕。

しかし、東京湾では現海水面を超え、関東平野の奥深くまで海水が浸入した事実をみれば、瀬

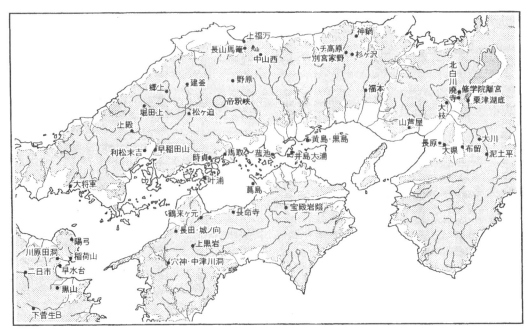

第124図　西部押型紋土器文化後半期の遺跡〔赤塚2003〕

戸内海でも同じように海面上昇が起きるはずである。とすれば、その要因は列島的な海面変動ではなく、地域的な地質構造による地殻変動に求めるべきであろう。房総半島では縄紋海進後、今日までに約25mほどの激しい地殻隆起現象を起こした地域もある。一方、瀬戸内海は後氷期の急激な海水流入によるハイドロアイソスタシー現象によって、地盤沈下を起こした地域である。千年単位で1mほど沈下したことを考慮すれば、現海水面を超える最盛期の縄紋海進を否定するわけにはいかない。実際、岡山平野では海抜0mでカキ礁が確認されている〔鈴木2005〕。

また、瀬戸内海の低湿地性遺跡が早期末海水面（−5m）時に立地していた可能性も探らなければならない。また現在の包含層が現海水面前後としても、地盤沈下による現象であれば、前期初頭海水面（＋3m）時には耐えられる立地条件を有していた可能性も考えられる。列島的な縄紋海進は地域的な地殻変動と連動し、海水準は一定でも「水位一帯」とはいかない。海面変動と地殻変動の相対的関係から、遺跡の原位置の海抜を復元することは難しい問題を含んでいる。

低湿地遺跡における層位的な更なる検証と合わせて、海進の進行過程を復元するためには、中・四国の早期後半すなわち押型紋終焉以降、前期初頭に至る土器編年の確立が急務であろう。現在、押型紋の高山寺式以降、羽島下層式に至る早期後半期の変遷は空白になっている。ここでは、黄島式や高山寺式の時期が瀬戸内海の成立に関わり、押型紋1期海水面（−25m）、押型紋2期（−13m）の海水面上昇を確認するに留めておきたい。

2　小蔦島・黒島そして黄島

いつの時代でも常識派は多数を形成し、非常識派は異端として扱われるのは世の常であり、学界の常でもある。昭和初期、山内清男は縄紋時代の下限を亀ヶ岡式土器、上限を押型紋土器などの尖底土器の追究によって、新たなる「日本遠古之文化」の枠組を提示した〔山内1932〕。縄紋人が先住民、弥生人が日本人とする人種的解釈が主流の中にあって、「縄紋時代が終わって弥生時代が始まる」という編年学的方法論に導かれた結論は、斬新かつ革命的な響きをもっていた。1936（昭和11）年、縄紋時代の終焉に端を発した「ミネルヴァ論争」は単に下限年代のみならず、上限の押型紋土器の位置づけにも大きな影を与えたのである。ちょうど、この時期に発掘されたのが小蔦島貝塚であり、黒島貝塚の押型紋土器である。

小蔦島貝塚の発掘　瀬戸内海に浮かぶ島々の遺跡が、学界に知られるようになった昭和に入ってからであろう。山内清男は押型紋土器を古式縄紋土器として分析する中で、小蔦島貝塚出土の押型紋を紹介する〔山内1935〕。これは杉山寿栄男掲載の拓本資料からの引用であった〔杉山1934〕。翌1936（昭和11）年、樋口清之によって押型紋期の小蔦島貝塚が報告される〔樋口1936〕。

小蔦島貝塚は海に突き出た丘陵先端部、標高約10mの三地点で確認されている。貝層からは押型紋土器と無紋土器が発見されている。貝塚を構成する貝類はシオフキ・ハマグリ・カキ・ニナ・モガイ・ツメタガイ・ニシなどの鹹水産のものである。押型紋の多くは裏面に柵状紋＋押型紋をもつ楕円紋・山形紋・複合鋸歯紋である。無紋土器は押型紋に較べ、厚手で胎土・焼成が

第 7 章　西日本の後半期押型紋土器

異なっていた。樋口は押型紋には型式名を与えず、なぜか無紋土器に注目し「蔦島式」と命名したのである。その意図は、無紋土器すなわち「蔦島式」が弥生式土器に由来する型式であることを重要視したからに他ならない。そして押型紋土器が「縄紋式土器と同一群の文化所産品であると考へるよりもむしろ彌生式土器の或物との同一文化群中の所産品である」と結論づけたのある〔樋口1936〕。山内の「古式縄紋土器」としてのまなざしを無視し、押型紋土器を弥生式土器に関連した型式して新しく位置づけていたことになる。まさに「ミネルヴァ論争」最中の一齣でもある。

1936（昭和11）年の樋口報告を受けて、同年、京都大学考古学研究室が直ちに発掘調査を実施した。浜田耕作の名を冠するが、主導したのは三森定男であろう。ほかに角田文衛・小林行雄等が参加している。その報告は翌年に三森定男によってなされる〔三森1937〕。小蔦島貝塚の押型紋の特徴について、口縁部裏面の柵状紋を「櫛目状並行短線」と呼び「つけるのが一般的であって、つけない場合は稀である」と、今日の黄島式の型式表象を端的に指摘した。一方、三森は「縄文末期」とされた九州島の御領式と押型紋の共伴を肯定的に捉え、押型紋土器の位置づけを「極めて初期の段階であることは疑へないところである。それにも不拘、種々の可成り発達した諸型式と伴出する事實が、認められることも厳然とした事實である。かかる事實こそ我国に於ける先史文化の真の姿を示すものであったのである」と結論づけた〔三森1938〕。樋口と同様、三森の見解は山内が提示した「日本遠古之文化」の枠組を意識したものであった。下限の亀ヶ岡式土器に端を発した「ミネルヴァ論争」は、実は上限の押型紋土器からも反動形成がなされていったである。

三森は京都学派の一員として、主宰した考古学研究会の『考古学論叢』誌上に多くの縄紋土器研究を発表し、『人類学・先史学講座』で東西列島の縄紋文化を概観した〔三森1938〕。西の縄紋土器研究の第一人者として、自他共に認める存在であった。こうした三森の言説は西日本縄紋土器研究に大きな影響力をもち、戦後に至るまで九州島の押型紋土器の編年研究に大きな混乱を持ち越す要因となったのである。その詳細については、別稿で述べたとおりである〔岡本2014b〕。山内は縄紋土器型式の年代的組織（仮製）〔山内1936〕で、当初「小蔦島」式と表記したにも関わらず、翌年の「縄紋土器型式の細別と大別」〔山内1937〕の編年表において、急遽わざわざ型式名を「黒島」式に差し換えている。明らかに三森の押型紋土器の位置づけへの怒りを表明したのであろう。なお山内が編年表に掲げた黒島貝塚については、同1937（昭和12）年、伊藤忠志によって発掘が行われた〔伊藤1938〕。灰層を挟んで上下の貝層が確認された。貝類は鹹水産とされるが、戦後の岡山大学考古学研究室の発掘調査では下層貝層はヤマトシジミ、上層はハイガイ・カキであることが確認されている〔近藤1986〕。押型紋土器は裏面に柵状紋＋押型紋をもつ黄島式である。黒島貝塚出土の押型紋土器の位置づけについて、伊藤は弥生式や志楽式（師楽式）との共伴の可能性を示唆したのである。「黒島」式に差し換えてまで古式縄紋土器と主張した山内の苛立ちは、如何ばかりのものであったであろうか。こうした状況を見ても、「ミネルヴァ論争」をめぐる山内の立場は孤立無援な戦いであったことがよく判る。

202

2 　小蔦島・黒島そして黄島

黄島貝塚の発掘　　黒島にも貝塚があれば、黄島にも貝塚があるに違いないという予測のもと、吉備考古学会の指導者であった水原岩太郎・時実黙水によって 1942（昭和 17）年発見・試掘がなされた。翌 1943 年、岡山に帰省していた鎌木義昌によって発掘がなされる。その資料は直ちに山内清男のもとにもたらされたが、東京の鎌木の下宿先での戦災によって焼失してしまう。

　戦後まもない時期、関東では花輪台貝塚（1946 年）・平坂貝塚（1947 年）・夏島貝塚（1950 年）などの撚糸紋期貝塚、普門寺遺跡（1948 年）などの押型紋期遺跡が発掘されている。同じように西日本においても、黄島貝塚に多くの研究者が集結し早期の発掘が展開する。豊　元国・島田暁（1947 年）、鎌木義昌・江坂輝弥・豊　元国・酒詰仲男・立命館大学（1948 年）、鎌木義昌・江坂輝弥・酒詰仲男・池田次郎（1949 年）、同志社大学考古学研究会（1964 年）によって、正に黄島貝塚はゴールドラッシュと化し、ほぼ貝塚全面を掘り尽くす状況となった［第 125 図］。こうした列島的な縄紋早期の研究動向は、戦後の新たな科学的方法に基づく列島史の再構築の出発点となった。縄紋文化の起源を解明しようとする新たな潮流が、多くの研究者を黄島貝塚の発掘へと駆り立てたのであろう。

　黄島貝塚の発掘調査を主導した鎌木は、出土した押型紋土器が「弥生式との聯関は考えられない」と裁断し、縄紋海進との関連から早期（末）の所産であることを主張する。また東では、芹沢長介が平坂貝塚や夏島貝塚の層位例から、撚糸紋土器に後続する段階に押型紋土器を位置づけ、江坂輝彌による戦前の行き過ぎた南北二系論を訂正する。こうして戦後、ようやく科学的な「日本遠古之文化」の秩序が正当に評価されるに至ったのである。

　黄島貝塚は黒島貝塚同様、舌状台地鞍部斜面、標高約 17 m〜13 m の地点に所在する。北側斜面

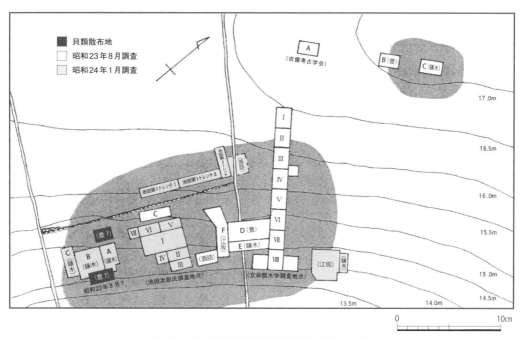

第 125 図　黄島貝塚の各発掘地点〔遠部 2003〕

第7章　西日本の後半期押型紋土器

のやや大きい貝塚（20×15ｍ）と地点貝塚（径5ｍ）の二カ所に形成される。上層がハイガイ、下層がヤマトシジミ主体であることが確認されている。出土した押型紋土器は、裏面が櫛状紋＋押型紋の二帯型と押型紋一帯型のものがある。上層は黄島式で、下層を九州島の稲荷山式とみる見解もある〔遠部2003〕。この点については後述することにしよう。

　戦後の黄島貝塚の発掘を出発点として、押型紋土器研究が始まり、井島大浦遺跡、広島県早稲田山遺跡、広島大学考古学研究室による帝釈峡遺跡群の継続調査により早期土器研究が進展しつつある。また中国山地を越えた日本海側の高山寺式期の上福万遺跡、智頭遺跡など、四国では上黒岩岩陰遺跡・愛媛県猿川西ノ森遺跡、高知県刈谷我野遺跡など注目される押型紋期の遺跡が発見されている。また、近年、犬島で新たな押型紋期の貝塚（標高11ｍ）が発見され、遠部　慎を中心としたプロジェクトチームによって発掘調査が実施された。これを契機として、瀬戸内海の縄紋海進や押型紋土器の変遷に精力的に取り組んでいる。

黄島式とその細分　　江坂輝弥は黄島貝塚の発掘の2年後、押型紋土器全体を概観する中で、黄島式文化について解説する〔江坂1950b〕。これが黄島式と称した初出であろう。合わせて、編年表の「岡山・広島」に〔黄島〕式、「四国」に〔小蒦島〕式をあげている〔江坂1950a〕。翌1951（昭和26）年、発掘者の一人である酒詰仲男も『考古学辞典』で、「黄島貝塚」・「黄島式」、「小蒦島貝塚」・「小蒦島式」を解説し、その編年表にも〔黄島〕式・〔小蒦島〕式と記す〔酒詰1951〕。鎌木義昌は黄島貝塚の発掘後、1950（昭和25）年、押型紋土器の細分を目的として岡山県畑ノ浦遺跡の発掘を手がけた〔鎌木1951〕。その成果をもとに『日本考古学講座』3「四国」で押型紋土器を畑ノ浦A式（山形紋主体）→黄島式（山形紋・楕円紋主体）→畑ノ浦B式（楕円紋主体）の三段階に細分し、その変遷観を示唆した〔鎌木・木村1956〕。これは芹沢長介による東の押型紋の変遷観に連動するものであった[1]〔芹沢1954〕。

　その後1980年代以降の発掘調査で、中・四国の豊富な押型紋土器の資料が増加する。押型紋土器後半期の様相が明らかになるとともに、黄島式の細分についても議論されてくる。平井　勝は上・下貝層が二分されることから、下層に繊細な文様をもち薄手で縦位に施紋するものと、上層に粗大な文様をもち厚手で、斜位ないし不規則な施紋の二者に細分できる可能性を指摘した〔平井1984、1994〕。

　中・四国の後半期の変遷に先鞭をつけたのは、矢野健一の七細別編年である〔矢野1989〕。九州島における大分編年を軸に編成したものである。稲荷山式（1期）→早水台式（2期）→下菅生B古式（3期）→下菅生B新式（4期）→高山寺古式（5期）→高山寺新式（6期）→手向山式（7期）の変遷である。大分編年を基準にしたにも関わらず、西日本の高山寺式を用いたのは、大分編年の不備の表れであろう。また、矢野の下菅生B式の古・新の二細分案は充分な型式学的検討がなされているのであろうか。

　続いて久保穣二郎は高山寺式以前の押型紋後半を四期に分類した〔久保1991〕。ネガティヴ押型紋・稲荷山式併行期（I期）、黄島式（II期）、高山寺式（III期）、穂谷式（IV期）の細分案である。更に矢野は改めて穂谷式を古・新に細分し、八細別編年に改定する〔矢野1997〕。黄島式を

204

古・新（2・3期）の二細分したが、4期とした下菅生B新式は消え、型式名が空白となっている。この八細別の変更は、4期の押型紋を黄島式と弁別し、高山寺式との中間式として捉えようとする矢野の意図が読み取れる〔矢野1997〕。赤塚　亨は矢野の柵状紋の有無を基準とした四期、すなわち1期から4期までを黄島式として四細分している〔赤塚2003〕。しかし、黄島式の定義を超えた細分案となっている。兵頭　勲は矢野細分案を踏襲し、矢野が4期とした段階も黄島式に含め古・中・新の三細分を提示した〔兵頭2008〕。結果、中・新段階を下菅生B式新・古に細分する旧矢野七細別編年に逆戻りしてしまいている。

　本稿においては、裏面に柵状紋＋押型紋二段構成の施紋を黄島式の型式表象と捉え、黄島式1式、2式の二細別としたい。これは大分編年の早水台式、下菅生B式に対比する。また黄島式の成立をもって、押型紋文化後半期と考えたい。この区分はほぼ関東早期編年における三戸式と田戸下層式の境にあたる。

3　中・四国における押型紋土器の変遷

　縄紋文化は「ヤマトシジミに始まり、ヤマトシジミに終わる」貝塚文化でもある。東の西之城貝塚・夏島貝塚（撚糸紋期）に始まり、荒海貝塚（晩期）に終わる。瀬戸内海でも押型紋期の豊島礼田崎貝塚・犬島貝塚（ヤマトシジミ）に始まり、黒島貝塚・黄島貝塚下層とつづき、そして上層（ハイガイ）で変化し、大内田貝塚の後期末（ヤマトシジミ）で終わる。遠部　慎は瀬戸内海における島々の貝塚の貝類の詳細な分析を行い、礼田崎貝塚→犬島貝塚→黒島貝塚・黄島貝塚下層→黒島貝塚・黄島貝塚上層とする変遷を提示した〔遠部2009〕。問題なのはヤマトシジミも若干出土するが、ハイガイ・ハマグリが8割近くを占める鹹水産の小蔦島貝塚の存在である。貝類の変化からみると黒島貝塚・黄島貝塚上層以降に位置づけられよう。しかし、その推移は^{14}C年代で証明することはできないであろう。あくまで土器の型式学的方法によらなければならない。

ネガティヴ押型紋　中・四国でも数は少ないが、ネガティヴ押型紋が出土している。その出土例は高知県飼古屋岩陰遺跡、広島県馬取東貝塚・早稲田山遺跡・弘法滝洞穴遺跡、島根県堀田上遺跡、鳥取県取木遺跡・長山第1遺跡・長山馬籠遺跡・上福万遺跡などである。押型紋前半期の階梯は近畿地方と同じで、本州島西部と四国島が一つの文化圏を形成していたことことが判る。時期の判別できるものは、取木遺跡出土の口縁部横方向二帯・胴部縦方向施紋の大川2式、堀田上遺跡・長山馬籠遺跡出土の口縁部一帯・胴部縦位方向施紋の神宮寺式である。後続の桐山和田式段階の資料も飼古屋岩陰遺跡・宝伝岩陰遺跡・黄島貝塚・堀田上遺跡・観音洞洞穴遺跡（19層）などにも散見される［第126図］。

　最も古い大鼻式や大川1式段階のものは見つかっていない。矢野健一によって神宮寺式とされる弘法滝洞穴遺跡例や早稲田山遺跡例はやや施紋流儀が異なっているようにみえる〔矢野2003〕。なお、『日本考古学年報2』の鎌木による黄島貝塚の発掘速報の付図にはネガティヴ押型紋のような沈紋の拓本が掲載されいる［第126図34〕〔鎌木1954a〕。『吉備考古77』報告の第九図（6）に

第7章 西日本の後半期押型紋土器

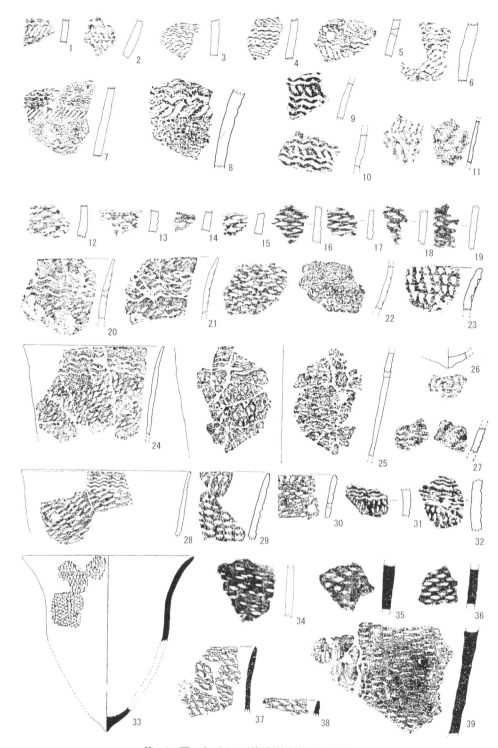

第126図 ネガティヴ押型紋土器 [縮尺不同]

1～7：飼古屋岩陰遺跡　8：宝伝岩陰遺跡　9・10・34：黄島貝塚　11・20～27：堀田上遺跡　28～30：長山馬籠遺跡
31：林ヶ原遺跡　32：北田山遺跡　33：取木遺跡　35・36：馬取貝塚　37・38：弘法滝洞穴遺跡　39：早稲田山遺跡

あたると思われるが、孔版が不鮮明でしかも上・下が逆に掲載されている〔鎌木1949〕。鎌木は「江坂輝弥氏発掘の刺突沈紋一片、色調は褐色、比較的薄く、吸水性が強い」と記している〔鎌木1949〕。しかし、この資料は再整理された江坂資料でも確認できない〔遠部2003〕。黄島貝塚は、貝塚以前のネガティヴ押型紋の時期から遺跡の形成が始まっていたのかもしれない。

黄島式前段階　西部ネガティヴ押型紋が終焉し、ポジティヴ押型紋が出現する前半期最後を飾る押型紋土器である。東部押型紋土器文化圏の細久保2式段階、九州島では稲荷山式段階にあたる一群である［第127・128図］。

　九州島における稲荷山式段階の押型紋は、確実に中・四国にも存在する。弘法滝洞穴遺跡12層を中心とした複合鋸歯紋を含む押型紋土器である。報告者中越利夫が黄島式として包括した中に、口縁部裏面に刻目や短沈線を施した一群のものが出土している〔中越1995〕。表面に山形紋や楕円紋を横方向密接施紋した押型紋で、裏面がまだ柵状紋＋押型紋にならない。複合鋸歯紋は楕円紋と組み合う。山形紋や複合鋸歯紋は12層下層から出土している。また13層からは、表・裏面に貝殻条痕の調整の後に、表面に横方向山形紋をやや帯状に施紋したものが出土している。類例はないが、おそらくこの段階のものである。矢野は時貞遺跡例もこの時期とする〔矢野1997〕。瀬戸内海の犬島貝塚にもこの段階の押型紋があり、表採の複合鋸歯状紋もこの時期のものであろう。小蔦島貝塚からも複合鋸歯紋[2]が出土する。口縁部はないが横方向山形紋を主体とする礼田崎貝塚も黄島式以前のものであろう。山陰地方では、刻目をもつ島根県智頭枕田遺跡・上ノ原遺跡、長山馬籠遺跡などからも若干出土する。

　四国島では、宝伝岩陰遺跡出土の押型紋がこの段階に対比されよう。山形紋が主体で、楕円紋も伴う。複合鋸歯紋は山形紋と組み合う。楕円紋と組み合うものも1点ある。いずれも裏面に短沈線を施すが、柵状紋になっていない。楕円紋には口端部に刻目を施すものがある。上黒岩岩陰遺跡にも山形紋＋楕円紋の横帯施紋や裏面に短沈線を施す山形紋・楕円紋・格子目紋の押型紋もこの段階のものであることは、先に述べたとおりである〔岡本2013〕。

　猿川西ノ森遺跡の押型紋もこの時期であり、上黒岩岩陰遺跡同様、横方向帯状施紋が伴う。同じく愛媛県穴神洞穴遺跡Ⅳ層出土の楕円紋や山形紋も同時期であろう。また山形紋を主体とする横方向密接施紋の高知県刈谷我野遺跡遺跡4層出土の押型紋もこの仲間であろう[3]。裏面に複合鋸歯紋をもつ例もある。同例は宝伝岩陰・豊松堂面洞穴遺跡にある。また稲荷山遺跡同様、多数の無紋土器が伴っている。黄島式などが混在する例が多く、分別することは難しいが、黄島式の前段階の押型紋として位置づけることができる。いま仮に中国地方では弘法滝式、四国島では宝伝式とでも呼んでおこう。そして複合鋸歯紋をもつものが多く、この段階までが押型紋文化前半期に位置づけられる。

黄島1式・2式　矢野健一や兵頭　勲によると、黄島1式は表面に横方向に施紋するもの、2式は縦方向ないし斜方向に施紋するものとされる〔矢野1997、兵頭2008〕。こうした違いは早水台式と下菅生B式のメルクマールであり、直行口縁とやや外反する口縁の違いでもある［第129～131図］。裏面の柵状紋＋押型紋の二段施紋は押型紋を施紋した後、柵状紋を施紋する例が確認で

第7章 西日本の後半期押型紋土器

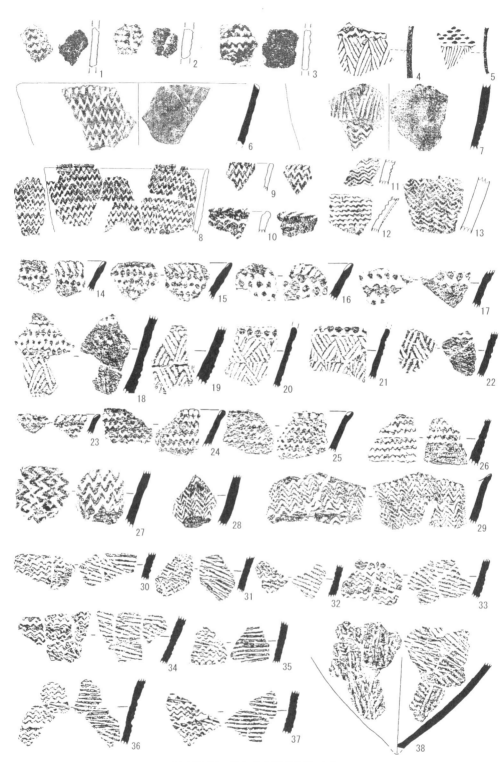

第127図 黄島式土器前段階（1）

1〜3：札田崎貝塚 4・5：小蔦島貝塚 6・7：犬島貝塚 8〜10：智頭枕田遺跡
11〜13：上ノ原遺跡 14〜38：弘法滝洞穴遺跡

3 中・四国における押型紋土器の変遷

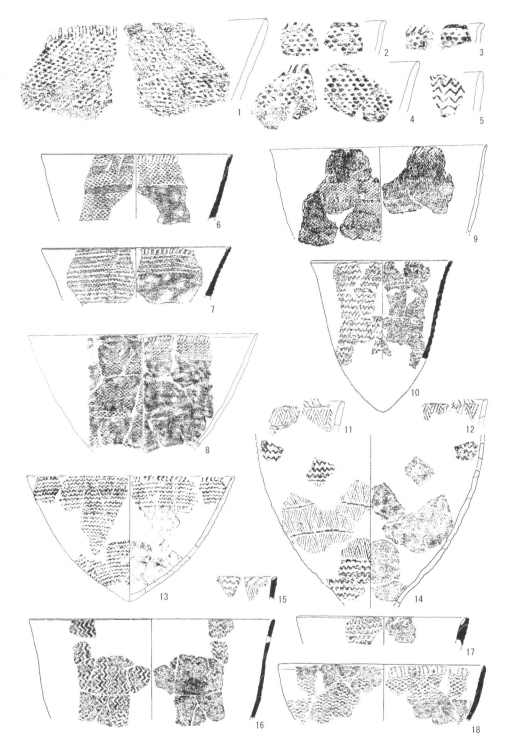

第128図 黄島式土器前段階（2）
1~5：穴神洞穴遺跡　6~8：猿川西ノ森遺跡　9：上黒岩岩陰遺跡
10~14：宝伝岩陰遺跡　15~18：刈谷我野遺跡

第7章　西日本の後半期押型紋土器

きる。

　細分を考える上で重要な層位的傾向もつ出土例は、帝釈峡の馬渡岩陰遺跡と弘法滝洞穴遺跡の
押型紋である。馬渡岩陰遺跡の3層下からは、裏面に柵状紋＋押型紋、表面に縦方向楕円紋を施
す黄島2式と、口縁部裏面は不明だが、横方向施紋の楕円紋・山形紋がある。後者は黄島1式
か、前段階の押型紋である。上層の3層上からは裏面が二重柵状紋の楕円紋や高山寺式である
〔帝釈峡遺跡群発掘調査団1964〕。弘法滝洞穴遺跡では、13層下から条痕地山形紋、13層上からは
鋸歯紋を伴う黄島式前段階の押型紋、12層は黄島1・2式が、11層が高山寺式、10層から穂谷
式が出土する〔中越1995〕。

　出土傾向から判断すると、刈谷我野遺跡・猿川西ノ森遺跡・小蔦島貝塚・早稲田山遺跡・井島
大浦遺跡では黄島1式が主体的である。このほか、黄島1式は上福万遺跡例・堀田上遺跡例があ
る。黄島貝塚や黒島貝塚は黄島2式が優勢である。なお黄島貝塚や犬島貝塚からは小型のトロト
ロ石器[4]が出土しており、黄島式に伴うものであろう。上黒岩岩陰遺跡も黄島式前段階の資料
を除けば、黄島2式が主体である。黄島2式は先にあげた帝釈峡の馬渡岩陰遺跡例・観音堂洞穴
遺跡例・郷土遺跡例をあげることができる。

　次の問題は、瀬戸内海に浮かぶ島々の貝塚形成の時期である。黄島貝塚が1式と2式の時期と
すれば、下層のヤマトシジミの時期が黄島1式、上層がハイガイの時期が黄島2式とみることが
できる。沿岸の波張崎遺跡や井島大浦遺跡では小貝塚が伴いヤマトシジミが主体である。この時
期も黄島1式である。礼田崎貝塚・犬島貝塚は黄島式前段階に遡る可能性もあり、黄島式前段階
もしくは黄島1式にかけて貝塚の形成が始まると考えておきたい。一方、小蔦島貝塚はハイガイ・
ハマグリ・マガキを主体とする鹹水産の貝塚である。貝塚形成が同じ黄島1式の時期であると、
小蔦島貝塚が面した燧灘の海水化が早かったことを意味している。

　小蔦島貝塚は西古瀬戸川水系に位置し、縄紋海進後、備後灘汽水湖が形成されていた。礼田崎
貝塚、犬島貝塚・井島大浦遺跡・黄島貝塚・黒島貝塚は、分水界を隔てた東古瀬戸川水系に立地
し、播磨灘汽水湖が形成されたと考えられている［第123図］。小蔦島貝塚のある備後灘汽水湖は
海面上昇によって来島海峡から海水流入が始まったと推定される。このため早くから鹹水産の貝
類が採集できたのであろう。一方、分水界が堤防となり、その東側の播磨灘汽水湖沿岸は黄島貝
塚をはじめ、貝塚形成期には海水化が遅れ、なお汽水域を呈していたと推定される。すなわち黄
島1式では瀬戸内海はまだ分断されており、黄島2式になって初めて一つの内海になったのでは
ないか。この細別時期の変化は瀬戸内海の形成過程と関わる重要な問題であり、更に隣接諸学と
の検討が必要である。

　黄島1式・2式は九州島に分布の広がりをみせる。それが早水台式・下菅生B式であり、同じ
流儀を有する兄弟型式である。九州島北部を中心とした早水台式は次第に南下し、下菅生B式
段階で九州島南部まで広がり、独自の円筒形貝殻紋文化と対峙することになる〔岡本2014b〕。黄
島式の分布は、九州島と本州島の中・四国にわたる広域の文化圏を形成する。この西への広がり
は瀬戸内海の成立と深く関わり、島々に貝塚を遺した海民の役割は大きい。しかし中・四国以東

210

3 中・四国における押型紋土器の変遷

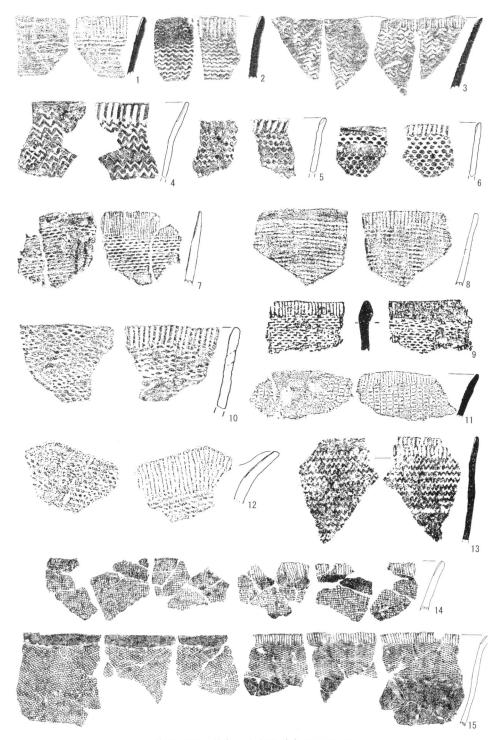

第129図　黄島1式土器（1）［縮尺不同］

1〜3：刈谷我野遺跡　4〜6：上黒岩岩陰遺跡　7〜9：小蔦島貝塚　10・11：黄島貝塚
12：黒島貝塚　13：早稲田山遺跡　14・15：高田遺跡

第7章　西日本の後半期押型紋土器

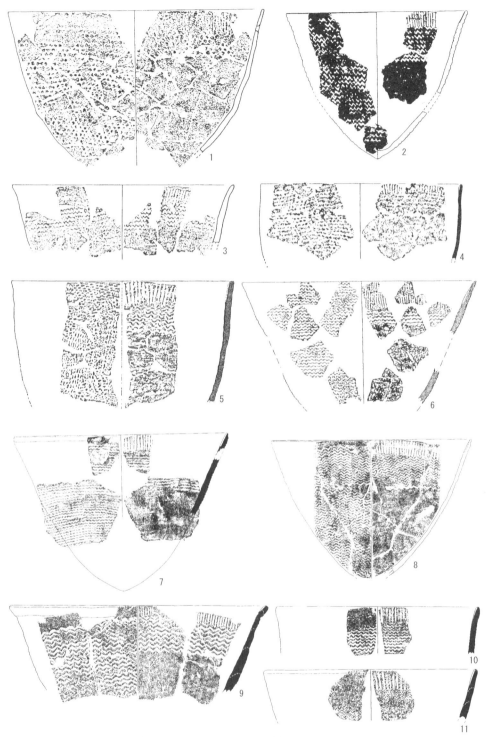

第130図　黄島1式土器（2）［縮尺不同］

1・3：堀田上遺跡　2：上福万遺跡　4：井島大浦遺跡　5：観音堂洞穴遺跡　6：カジ屋遺跡
7：犬島貝塚　8：猿川西ノ森遺跡　9～11：刈谷我野遺跡

3 中・四国における押型紋土器の変遷

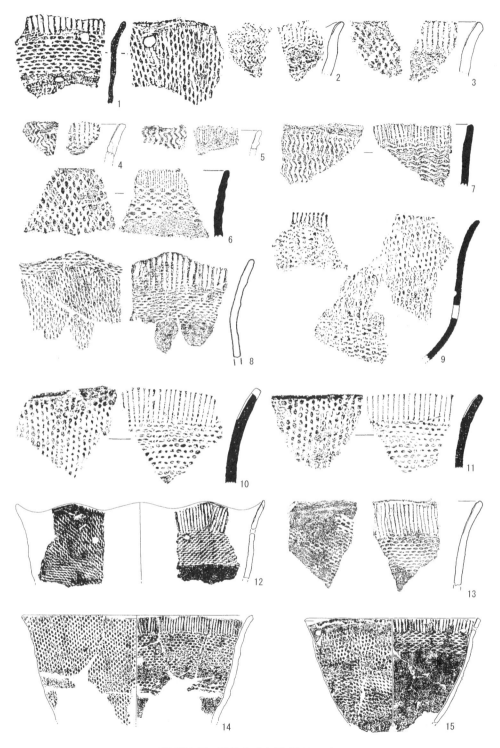

第131図　黄島2式土器［縮尺不同］
1：小蔦島貝塚　2・3：黒島貝塚　4〜9：黄島貝塚　10・11：馬渡岩陰遺跡
12・13・15：上黒岩岩陰遺跡　14：郷上遺跡　15：郷上遺跡

第7章 西日本の後半期押型紋土器

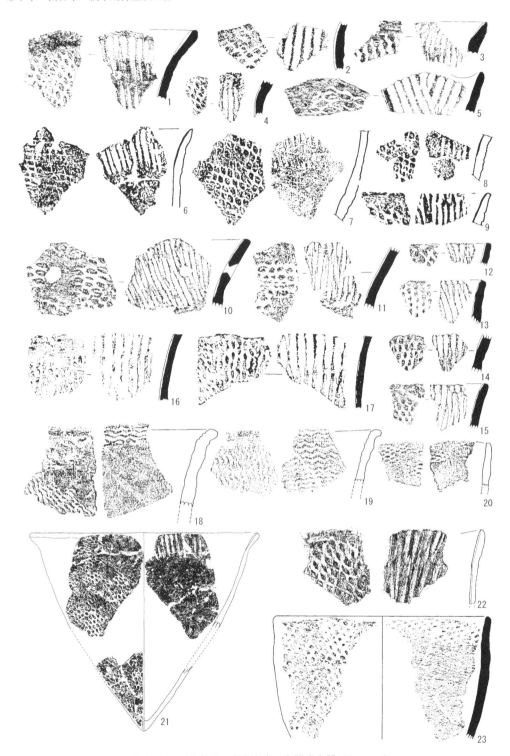

第132図　黄島式と高山寺式の中間式土器［縮尺不同］
1～5：吉田二本松遺跡　6～9：高田遺跡　10～15・23：弘法滝洞穴遺跡　16・17：馬渡岩陰遺跡
18～20：黄島貝塚　21：猿川西ノ森遺跡　22：上黒岩岩陰遺跡

の広がりは、黄島式の表象（栅状紋＋押型紋）を確認できる程度で、極めて希薄である。数少ない分布は兵庫県福本遺跡・カジ屋遺跡・山宮遺跡、滋賀県磯山城遺跡、三重県赤坂遺跡、東限は岐阜県塚奥山遺跡、愛知県山沢遺跡であろう。黄島式に対比する近畿・東海独自の押型紋土器については、その実体を明確に提示するまでには至らない。今後の課題としておきたい。

黄島式と高山寺式のあいだ　　かつて和田秀寿が裏面の「二段短斜行沈線文」と呼び、高山寺式に先行型式として位置づけた一群の土器がある〔和田1988〕。九州島にも田村式の型式表象の一つとして二段短斜行沈線紋を施すものがあり、南部の鹿児島県桐木耳取遺跡にまで及んでいる。器形も高山寺式のように大きく外反しない［第132図］。本州島における二段短斜行沈線紋は、帝釈峡の馬渡岩陰遺跡では黄島2式（3層下）の上層（3層上）から出土する。弘法滝洞穴遺跡12層にもみられ、上層の11層からは高山寺式が出土している。報告者の中越利夫は「黄島式と高山寺をつなぐ資料」として位置づけている〔中越1995〕。観音洞洞穴遺跡19層（押型紋）から粗い撚糸紋土器の裏面に二段短斜行沈線紋を施すものがある。豊松堂面洞穴遺跡にもある。広島県内では牛川遺跡からも出土する。四国では上黒岩岩陰遺跡2層、山陰の鳥取県折渡遺跡・井後草里遺跡、島根県高田遺跡、近畿の兵庫県福本遺跡・山宮遺跡、京都府吉田二本町遺跡、北陸の福井県市港遺跡などで散見することができる。東限資料は現在のところ静岡県築地鼻遺跡であろう。栅状紋のみの一段施紋のものが、岐阜県梨子谷遺跡・港町岩陰遺跡、長野県浜弓場遺跡・深山田遺跡、静岡県上長尾遺跡・葛原沢遺跡から出土する。これらも高山寺式直前のものであろう。

　量的にみても、二段短斜行沈線紋のみで型式を構成するとは考えられないが、いずれも小振りの縦方向の楕円紋である。また裏面に押型紋を施紋する弘法滝洞穴遺跡例（楕円紋）や黄島貝塚例（山形紋）も二段斜行沈線紋に伴うものであろう。和田はこの時期、「二段斜行沈線の存在を介することで、高山寺式土器の成立過程を理解することが可能になる」と指摘している〔和田1988〕。黄島式と高山寺式をつなぐ中間式として把握しておきたい。なお、弘法滝洞穴遺跡・奈良県鵜山遺跡・愛知県天井平遺跡出土の高山寺式には、二段斜行沈線紋の流儀が残存している。

4　高山寺式土器をめぐって

　山内清男が押型紋土器を古式縄紋土器と位置づけたのは、1935（昭和10）年のことであった。その翌年（1936年）小蔦島貝塚が、翌々年（1937年）黒島貝塚が、更にその翌年（1938年）に和歌山県高山寺貝塚が発掘された。偶然とはいえ、西日本の押型紋期の貝塚が立て続けに発掘調査が行われたことになる。こうした押型紋土器の追究が、東京都稲荷台遺跡の撚糸紋土器、最古の縄紋土器の発見につながっていく。それは1939（昭和14）年の出来事であった。

　「紀伊国高山寺貝塚発掘調査報告」を掲載した雑誌『考古学』の編輯者（坪井良平）は、「高山寺貝塚押型文土器の発見は、近畿における最初の同式土器単純遺蹟たるの記念的意味に止まらず、今や次第に認識せられんとしつゝある押型文土器の二様式の、その一者の単純遺蹟として、讃岐小蔦島・備前黒島等に相対するものである点に、より重要な価値を認められる々ものであ

第7章　西日本の後半期押型紋土器

る」と評価した〔坪井1939〕。編輯子のいう押型紋土器の二つの様式とは、一つが単純遺跡における様式であり、もう一つは複合遺跡（他時期との共伴）における様式を指すのであろう。発掘をすればするほど押型紋土器の単純遺跡が多くなり、古式縄紋土器に限りなく近づく。しかし、もう一つの複合遺跡における様式論が払拭されるのは、戦後の出水貝塚の発掘（1954年）、御領貝塚（1956年）の発掘まで俟たなければならなかったのである〔岡本2014b〕。

高山寺式土器　　高山寺貝塚は墓地造成工事中に見つかり、1938（昭和13）年に発掘調査された。調査には報告者浦　宏をはじめ、小林行雄・藤森栄一・樋口清之・酒詰仲男・和島誠一などが参加している。標高約30mの丘陵の斜面に形成された貝塚で、その後、三つの地点貝塚であることが判明している。構成する貝類は、ハイガイ・ヒメアカガイ・オキシジミ・ハマグリを主とする鹹水産である。浦は「高山寺貝塚を作った人々は、東か西か、海路によって田邊湾深く舟を乗り入れて高山寺山に暫の安住の地を求めて上陸したのであろう」とその原風景を浮かべながら語っている〔浦1939〕。貝塚形成期の海水面は、押型紋2期海水面にあたり、海面は約－13mにまで上昇していた。押型紋2期は高山寺式期に対比でき、このことは愛知県先刈貝塚の発掘成果からも明らかである〔南知多町教委1980〕。

　浦は、後に高山寺式を称される高山寺貝塚出土の押型紋土器の特徴を的確に述べている〔浦1939〕〔第133図〕。

1. 楕円紋は小粒もの（穀粒紋）と大粒のもの（格子目紋）が主で、山形紋が少ないこと。

2. 裏面の縦溝短線の並列文（櫛状紋）ではなく、溝状斜行線文となること。

3. 全国の押型紋単純遺跡では認められない繊維を含むこと。

　こうした特徴をもつ押型紋を、いち早く「高山寺式」として位置づけたのは江坂輝弥である〔江坂1944・1950a・c〕。江坂は類例として、滋賀県石山貝塚貝層下例・下豊浦遺跡例、愛知県村上遺跡例の楕円紋を高山寺式としている。黄島式との先後関係は層位的に不明としながらも、文様・形態や共伴土器の特徴から黄島式より新しい近畿地方早期末の段階に位置づけた〔江坂1950c〕。

　江坂が類例とした石山貝塚の発掘調査が、坪井清足等によって1949（昭和24）年〜1951（昭和26）年に実施される。貝層下の黒土層から高山寺式が、その上層の混貝土層・貝層からは早期後半の条痕紋土器群（茅山式〜入海2式）が層位的に出土した。その結果、高山寺式は早期後半の茅山式以前の編年的位置が確定する。また高山寺式の包含層（黒土層）からは穂谷式も出土した。高山寺式と穂谷式の関係を考える上でも重要な層位例となっている[5]〔坪井1956〕。岡田茂弘は近畿の押型紋を概観する中で、穂谷式を高山寺式に後続する型式として位置づけている〔岡田1965〕。同様に近畿地方の押型紋の変遷を論じた片岡　肇も穂谷式を高山寺式の後続型式とした〔片岡1974〕。一般に高山寺式の後出型式とされる穂谷式の位置づけについては、改めて後述することにする。

　同じく山陰・中国山地の押型紋を解説した潮見浩は、従来から想定されてきた黄島式→高山寺式の変遷を、馬渡岩陰遺跡3層上・下の層位例に基づき検証している〔潮見1964、潮見・間壁1965〕。後に観音洞洞穴遺跡・弘法滝洞穴遺跡でも同様の層位例が確認されている〔中越1991〕。

4 高山寺式土器をめぐって

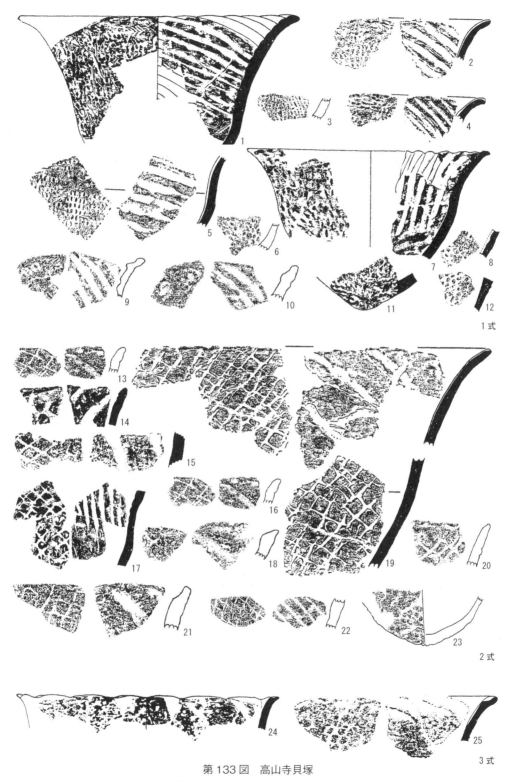

第133図 高山寺貝塚
1〜12：高山寺1式　13〜23：高山寺2式　24・25：高山寺3式

第7章　西日本の後半期押型紋土器

東海地方の愛知県先刈貝塚〔南知多町教委1980〕・織田井戸遺跡〔小牧市教委1983〕の発掘調査、山陰地方で始めて豊富な高山寺式が出土した鳥取県上福万遺跡の発掘調査がなされる〔鳥取県教育文化財団1985・1986〕。北陸の福井県破入遺跡〔仁科1977〕、長野県大原遺跡〔神村1986〕の発掘調査を通して、高山寺式は押型紋土器終末を飾る型式として定着することになる。その分布は広く九州島からの本州島東部の信州・伊豆にまで及んでいる。

　なお重要なことは遺跡が異なっていても、裏面の斜行沈線紋はほとんどのものが右下がり（右傾）に施紋されている。斜行沈線紋の断面形態については数種に分類されるが、その施紋具は原体端部を加工して用いた可能性があろう。施紋方向についても、破入遺跡の資料を分析した仁科　章は、胴部→口縁部に沈線を引くことを確認している〔仁科1977〕。利き手や施紋時の土器扱いに関わる重要な分析視点である。なお斜行沈線紋の施紋流儀とともに、胴部上半と下半を別作りし接合する製作法を提示している[6]。

高山寺式の細分　　高山寺式の編年的位置が定まるにつれ、また各地の豊富な資料をもとに高山寺式細分の議論がなされるようになる。中村貞史は高山寺の資料を小粒の楕円紋を高山寺Ⅰ式、大粒の楕円紋を高山寺Ⅱ式に分類した〔中村1981〕。その前後関係にはふれていないが、Ⅰ式からⅡ式への変遷を前提としたものであることは明らかである。『上福万遺跡発掘調査報告書』でも、楕円紋の粗大化によって古（小粒）→新（大粒）に二分して位置づけている〔鳥取県教育文化財団1985・1986〕。

　1988（昭和63）年、和田秀寿と関野哲夫によって高山寺式土器と細分に関する本格的な論考が提示された〔和田1988、関野1988〕。関西からのまなざしと関東からまなざしの違いはあるものの、裏面の斜行沈線紋の分析を基準にしたものであった。和田は高山寺式をⅠ・Ⅱ・Ⅲ式、関野は古・中・新と、共に三細分するが、高山寺式の初めと終わりの理解が異なっている。和田は指頭状工具によるf類を高山寺Ⅰ式として捉えるが、関野は高山寺式前段階と捉え、和田のⅡ式を高山寺（古）式、Ⅲ式が高山寺（中）式、その後を高山寺（新）式に位置づける。すなわち和田と関野では、高山寺式の範疇が一型式ずれている。和田の高山寺Ⅰ式の裏面沈線は、斜行沈線にならず柵状紋に近い。前段階の黄島式と高山寺式の中間式に含める方が良いように考えられる。この点については、矢野も同様の意見を述べている〔矢野2008〕。

　関野の三細別は、斜行沈線の間隔を密に胴部近くまで施紋する（古）式、粗に胴部近くまで施紋する（中）式、短く粗に口縁部近くに施紋する（新）式ということになる。この三細分をもとに、矢野は（古）段階を小粒の楕円紋（1式）、やや大きい菱形状になる楕円紋（2式）に二分し、四細別（1式〜4式）を提示している。矢野が高山寺1式・2式としたものは、中村が高山寺貝塚資料を二分した原理でもあり、有効な細分であろう。

　高山寺1式は前段階の〈中間式〉の小粒な楕円紋を縦方向に施紋する流儀を継承しており、最も古い段階のものであろう。上福万遺跡からは、小粒な楕円紋に三種がある［第134図］。裏面の斜行沈線紋が密で胴部まで施紋するもの、やや粗で胴部まで施紋するもの、粗に口縁部付近に短く施紋するものである。この流儀の違いが時間差とするならば、三型式に分かれる。小粒な楕円

4 高山寺式土器をめぐって

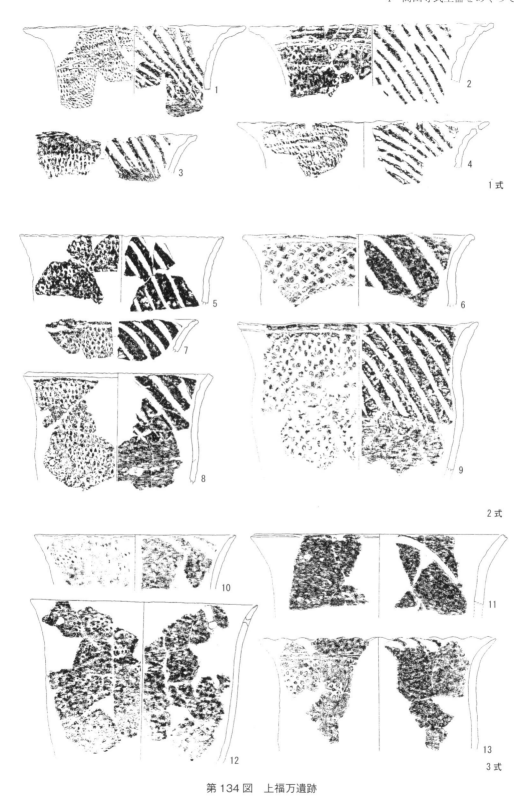

第134図　上福万遺跡
1~4：高山寺1式　5~9：高山寺2式　10~13：高山寺3式

第 7 章　西日本の後半期押型紋土器

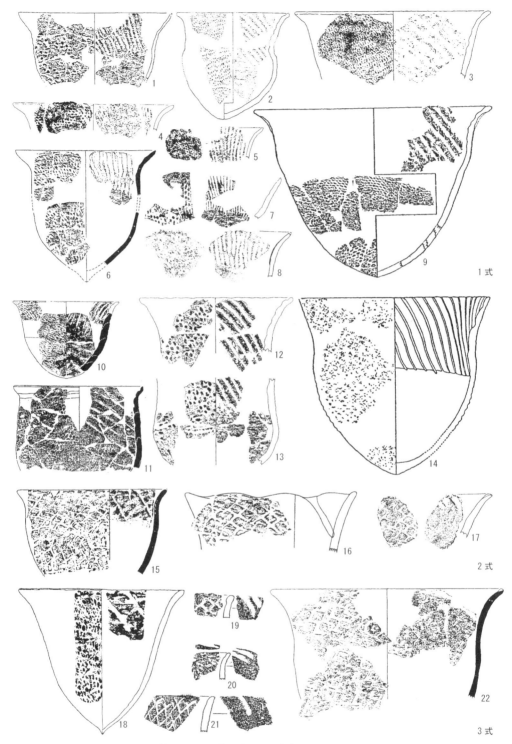

第 135 図　高山寺 1〜3 式土器 ［縮尺不同］

1：堀田上遺跡　2：細野遺跡　3：南光寺跡遺跡　4・5：天井平遺跡　6・22：弘法滝洞穴遺跡
7・12・13：山宮遺跡　8・17：蛍谷貝塚　9：磯山城遺跡　10・11：ゼニヤクボ遺跡　14：破入遺跡
15：不老井遺跡　16：向畑遺跡　18：穴神洞穴遺跡　19〜21：黒田向井遺跡

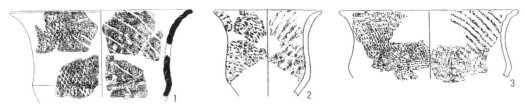

第136図　胴下半に屈曲をもつ高山寺式土器［縮尺不同］
1：ゼニヤクボ遺跡　2：八里向山B遺跡　3：二ッ洞遺跡

紋は各段階にあり、単純に小粒な楕円紋→大粒な楕円（菱形）紋へという図式にはならない。また矢野は上福万遺跡の資料をもとに3式と4式に分けるが、小粒な楕円紋の斜行沈線紋には3式段階のものは見当たらない。あるのは4式段階の斜行沈線紋である。3式・4式は一型式のヴァリエーションとして捉えることができる。ここでは高山寺式を大粒な楕円（菱形）紋の出現を高山寺2式段階とし、1式・2式・3式の三細分としておきたい［第135図］。

　高山寺式の終焉については、関野は黒田向林遺跡出土資料の分析から高山寺3式を田戸上層式（新々段階）に位置づけ、子母口式にみられる絡条体条痕紋・擦痕紋は高山寺式から継承される可能性を示唆している〔関野1988〕。一方、土肥や金子は関野が高山寺直後と分離した土器群を一括して高山寺式（新）に位置づけ、高山寺式（新）―穂谷式―相木式―子母口式の併行関係を模索している〔土肥1988、金子2004〕。金子は、この段階までを沈線紋土器群として位置づけている。

高山寺式と穂谷・相木式　　矢野健一は高山寺式を1式～4式の四細分、後続して穂谷式を古・新の二段階に細別する〔矢野1997・2008〕。押型紋の終末期を六期に編年したことになる。そうであれば関東の沈線紋土器後半の編年と高山寺式の関係は、如何なる対比関係をもつのであろうか。また九州島の手向山式と併行する穂谷・相木式が、高山寺式の継続型式とすれば、関東の条痕紋土器（野島式以降）と如何なる関係になるのであろうか。これらの対比関係を整合性をもって説明することができれば、矢野の編年案に与しよう。

　高山寺式と穂谷・相木式の関係については、九州島の手向山式を介して両型式がほぼ併行関係にあるとの見解を述べた〔岡本2014b〕。確固たる証拠はないが、高山寺式の遺跡を見回しても原体は楕円（菱形）紋であり、元来、山形紋をもってないように考えられる[7]。高山寺式に伴う山形紋は手向山式や穂谷・相木式に関連するものであり、高山寺貝塚出土の大振りの縦方向山形紋、上福万遺跡の縦方向山形紋には高山寺式の斜行沈線紋を施す。上福万遺跡では大振りの縦方向山形紋のものに、胴部に屈曲をもつ手向山式特有の器形が認められる。また半裁竹管による描線手法（手向山2式）のものがある。半裁竹管紋は高山寺貝塚からも出土する。弘法滝洞穴遺跡の穂谷・相木式には、裏面に高山寺式の型式表象である斜行沈線紋を施すものがある。高山寺式には極稀に胴部下半に屈曲をもつ器形があり、手向山式や穂谷・相木式の器形に類似する［第136図］。原体の太さや製作技法にも共通性が認められる。これらの特徴から、高山寺式と穂谷・相木式を併行関係とみなし、穂谷・相木式を本州島における異系統土器と位置づけたのである。通説のように穂谷・相木式が高山寺式を引き継いだ型式とみるならば、なぜ主文様の楕円紋や器形は継承

第 7 章　西日本の後半期押型紋土器

されなかったのであろうか。その理由を説明する必要があろう。

　穂谷・相木式の広がりは、高山寺式の分布域とほぼ重なって、西部押型紋土器文化圏終末期の様相を呈している。前稿において穂谷・相木式に古・中・新の三段階に細別し、それぞれ高山寺1式・2式・3式に対比することを想定した〔岡本 2014b〕。なお、穂谷・相木式の終末に関しては、信州や駿河に広がる判ノ木山西式と呼ばれる沈線紋土器との関係の中で検討していきたい。

5　穂谷・相木式と判ノ木山西式の関係

　押型紋土器の変遷や位置づけを考える場合、常に関東地方における沈線紋土器の編年との対比関係を心掛けて組み立てなければならない。西の押型紋も東の押型紋も、その起源は撚糸紋土器との関係を念頭におかなければ、その位置づけは難しいであろう。これは決して「東の基準（撚糸紋・沈線紋）に合わす」という意味合いではなく、「西の基準（押型紋）」との整合性が担保される交差年代を通して、正しい編年や細別が導き出されるのである。押型紋土器の枠組の中だけの細別は、間延びした編年や細分のための細別に陥り易い。

　西の研究者は、西の基準（押型紋）を更に西（九州島）に向ける「弥生的まなざし」に対し、東の研究者は東の基準（沈線紋）をもとに時間的関係を重視する「縄紋的まなざし」とでもいえようか。そのため西と東の目線は、なかなか交差しないことが多い。こうした西と東の風土と学的環境が、「様式論」と「型式論」の違いとなって、屡々表面化することは学史を繙くまでもない。

判ノ木山西式と穂谷・相木式　　押型紋と沈線紋の大局的な対比は、押型紋土器前半期が撚糸紋後半期（稲荷台以降）・沈線紋（三戸式）の時期、その後半期は黄島式が沈線紋（田戸下層式）の時期、終末期の高山寺式や穂谷・相木式が沈線紋（田戸上層式）の時期にほぼ対比できよう。全体的な対比関係については次の機会に論じることとし、ここでは終末期の穂谷・相木式と沈線紋（判ノ木山西式）の関係について考えてみたい。

　信州は広域に分布する西部押型紋土器文化圏終末期の高山寺式や穂谷・相木式の東限地域である。しかし、この終末期の押型紋の遺跡は散見されるものの、その出土量は極めて少ない。では、この地域で主体となる土器群はどのようなものなのであろうか。そこに浮上するのが、後に「判ノ木山西式」と呼ばれる中部地方特有の一群の沈線紋土器である［第 137 図］。長野県判ノ木山西遺跡から出土した判ノ木山西式は、当初、条痕紋土器の子母口・野島式に併行する土器群と考えられた〔小林 1981〕。その後、新水 B 遺跡・塚田遺跡・下荒田遺跡・禅海塚遺跡遺跡などの一連の沈線紋が、押型紋と田戸上層式から子母口式をつなぐ沈線紋土器群として注目されるようになる〔会田編 1997〕。こうした中、半蔵窪遺跡や古屋敷遺跡の発掘調査を手がけ、この種の土器に注意を払っていた阿部芳郎によって、「判ノ木山西式」と命名される〔阿部 1997〕。

　阿部は判ノ木山西遺跡の資料を四類にわけ、判ノ木山西式を構成する文様要素としている。更に主体となる第 1 類には腹面押捺沈線紋と背面押捺沈線紋の流儀の違いから二分し、禅海塚遺跡出土資料との比較によって古段階（腹面押捺沈線紋）と新段階（背面押捺施紋）に細分する。古

5 穂谷・相木式と判ノ木山西式の関係

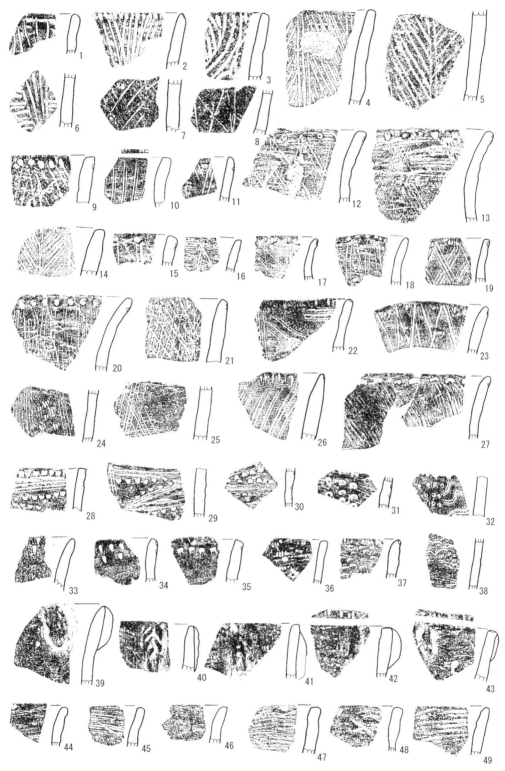

第137図 判ノ木山西式土器

第7章　西日本の後半期押型紋土器

段階は田戸上層式終末期、新段階は子母口式とする併行関係する提示している。穂谷・相木式については古段階に併行すると考えている〔阿部1997〕。しかし、小笠原永隆は子母口式の分析から阿部の二細別案には否定的であり、判ノ木山西式全般に穂谷・相木式が併行すると考えている〔小笠原1999・2001・2006a・b〕。金子直行は沈線紋終末の土器群を分析する中で、判ノ木山西式を子母口式に位置づける〔金子2004〕。その後、阿部は出流原遺跡の土器群を分析する中で、判ノ木山西式の前段階の平石遺跡の土器群（平石式）を田戸上層新式、判ノ木山西式を子母口式とした。結果として判ノ木山西式の細分や位置づけにやや曖昧さを残すことになった[8]〔阿部1999・2009・2010〕。

　一方、共伴とされる穂谷・相木式と判ノ木山西式の関係である。守屋豊人は押型紋や沈線紋の分析から、穂谷・相木式との共伴を否定する〔守屋1999〕。しかし判ノ木山西遺跡や禅海塚遺跡、静岡県石敷遺跡などの共存例から、著者はこの地の主体的な土器群が判ノ木山西式で、両者は共伴したと考えている。阿部が指摘するように穂谷・相木式を判ノ木山西式期の搬入土器すなわち異系統と捉える立場である。穂谷・相木式も判ノ木山西式同様、文様帯は一帯型である。口縁部は阿部のいう複列刻帯紋で区画し、その区画帯を縦位に区切り、斜沈線紋を充填する。この時期の共通した文様帯の流儀を反映している。

田戸上層式か子母口式か　　沈線紋土器群から条痕紋土器群にかけての転換期は複雑な様相をもち、田戸上層式→子母口式→野島式への変遷は百家争鳴、納得できる正案は得られていない現状である[9]。判ノ木山西式や穂谷・相木式から、田戸上層式や子母口式への変遷を検討することは、脇道から議論に割って入るようなものであるが、避けて通ることはできないであろう。これらの問題を解決するためには、改めて判ノ木山西式自身の型式学的検討や位置づけが必要であろう。

　判ノ木山西式は先に述べたように、阿部が四類（のち五類）に分けた文様構成と文様要素からなっている〔阿部1997・2010〕。その型式表象は1類によく表れている。文様帯の上・下を列点で区画し、その中を半裁竹管で綾杉紋や格子紋を直線的に描く。文様帯は一帯型で、細身の尖底深鉢となる。胎土には繊維を含む。類例は禅海塚遺跡・栃原岩陰遺跡・中島平遺跡・石敷遺跡などにみられ、穂谷・相木式と共存している。その分布は信州・甲斐・武蔵・相模・駿河に及ぶ。

　阿部は前述のように判ノ木山西式を二分し、古段階を田戸上層式の終末、新段階を子母口式に対比させる。穂谷・相木式の細分〔岡本2014b〕からみると、禅海塚遺跡例・中島平遺跡例の穂谷・相木式は中段階、判ノ木山西遺跡例・栃原岩陰遺跡例は穂谷・相木式新段階にあたる。前者が判ノ木山西式古段階、後者が新段階と対比できれば、阿部の細別の補強にもなろう。しかし、ここでは古・新の細分は判ノ木山西式のヴァリエーションとして捉えて置きたい[10]。

　では判ノ木山西式の一帯型の直線的な綾杉紋はどのように生成するのであろう。本場の田戸上層式は、口縁部と胴部の二帯型であった文様帯（1式）が次第に一帯型（2式）なり、区画帯を遺すだけのものが多くなる（3式）。曲線紋や入り組み紋が特徴の田戸上層式にも、数は少ないが2・3式になると直線的な斜線紋や綾杉紋が出現する。子母口式にも類例[11]は少ないが、直線的

5 穂谷・相木式と判ノ木山西式の関係

な綾杉紋や斜線紋がみられる。こうした直線的な文様構成が野島式に引き継がれ、主体的な文様として発展する［第138図］。

　一方、沈線紋土器終末（田戸上層式3式段階）の中部地方では、常世式系統の新水B遺跡や鍋久保遺跡〔鍋久保式〕の貝殻腹縁紋を施すもの多用する一群、田戸上層式系の貝殻紋をもたないで綾杉紋を構成する平石遺跡や笹見原遺跡〔平石式〕が併存しているように考えられる。こうした文様帯の流儀を引き継いだのが、判ノ木山西式の1類である（子母口式段階）。また、新水B遺

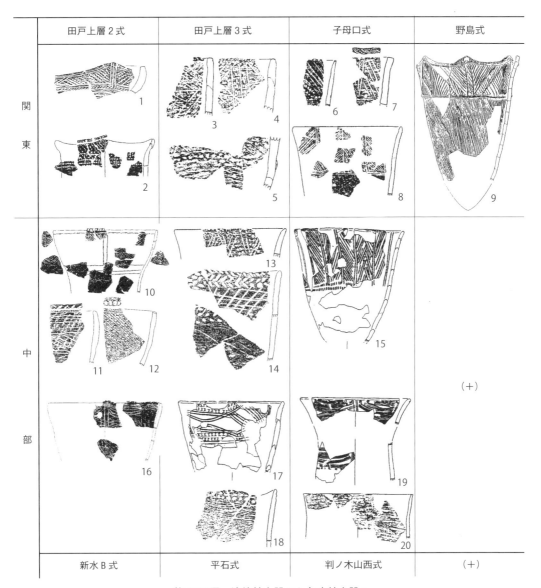

第138図　沈線紋土器から条痕紋土器へ
1：黒田向林遺跡　2：久保ノ坂遺跡　3〜5：引谷ヶ戸遺跡　6：子母口貝塚　7：多摩ニュータウンNo.200
8：桜井平遺跡　9：飛ノ台貝塚　10〜12・16：新水遺跡　13：栃原岩陰遺跡　14：諏訪前遺跡
15・17：笹見原遺跡　18：宮の平遺跡　19：石敷遺跡　20：上林中道南遺跡

225

第7章　西日本の後半期押型紋土器

跡には縦区画をもち、その区画内に対向弧線紋を施すものがある。既に金子が指摘しているが、笹見原遺跡や石敷遺跡の判ノ木山西式にも同じような対向集合弧線紋のものがある〔金子2004〕。上林中道遺跡には弧線ではないが、平行集合沈線紋もこの仲間であろう。穂谷・相木式が出土した近畿地方の宮の平遺跡にも同じ構成のものがある。格子状沈線紋の系譜も新水B遺跡から追うことができる。

　従来いわれてきたように、判ノ木山式は田戸上層式新々段階から子母口式段階に位置づけることが一般的な見解である。しかし如上の変遷が正しいとすれば、判ノ木山西式は子母口式に併行する位置づけになろう。細身の尖底深鉢の器形は、どちらかといえば条痕紋土器のそれに近い。穂谷・相木式と判ノ木山西式の共伴関係が正しいとすれば、穂谷・相木式は田戸上層式直後の子母口式段階まで存続したことになる[12]。高山寺式の終焉もまた然りである。なお判ノ木山西式前後の沈線紋土器や中部地方の野島式段階に至る変遷については、更なる型式学的検討が必要となろう。

おわりに

　本州島における黄島式、終末期の高山寺式や穂谷・相木式の分析を通して、広域に分布する西部押型紋土器文化圏後半期の押型紋土器の交差編年を試みてみた。そして西部押型紋土器文化圏の終焉が、東部の貝殻・沈線紋土器文化圏の終焉とほぼ一致するとの見通しのもとに検討を進めてきたが、田戸上層式直後の子母口式段階まで存続する蓋然性が高い。いつまで「田戸上層式の終末から子母口式にかけて」と曖昧にしておく訳にはいかない。

　黄島式や高山寺式の細別、高山寺式と穂谷・相木式の関係についても多様な見解が提示されている。異論があることは承知しているが、最後に本州島における西部押型紋土器文化圏の型式変遷について要約しておこう。

中・四国の前半期押型紋

1. は少ないが、中・四国にもネガティヴ押型紋がみられ、本州島と四国島が同じ押型紋土器文化圏を形成していた。現在、大川2式・神宮寺式・桐山和田式の三型式が確認できる。

2. 黄島式前段階の押型紋は、中国山地では複合鋸歯紋を伴う押型紋、地紋に貝殻条痕をもつ横方向山形紋の一群があげられる。山陰地方にも口縁部に刻目をもつ押型紋がある。四国島でも複合鋸歯紋を伴う押型紋、横方向帯状施紋の押型紋がこの時期のものである。本州島東部の細久保2式、九州島の稲荷山式に対比できる。

3. 瀬戸内海の犬島貝塚や礼田崎貝塚の押型紋には横方向山形紋をもつものがある。量的には少ないが、瀬戸内海の島々の遺跡形成は黄島式以前に遡る可能性がある。細久保2式の型式表象である複合鋸歯紋が犬島貝塚・小蔦島貝塚から出土している。

黄島式土器

1. 黄島式は裏面に柵状紋＋押型紋を施紋する押型紋土器で、1式・2式に細別できる。九州島

の早水台式、下菅生Ｂ式にそれぞれ対比できる広域型式である。その東限は東海・中部地方に及ぶ。

2. 黄島式期に瀬戸内海に浮かぶ島々に貝塚が形成される。この形成期は縄紋海進により内海となった瀬戸内海の原風景の成立時期ともほぼ一致する。この時期の海水準は、押型紋１期海水面（－25ｍ）の時期である。

3. 東古瀬戸川水系に位置する黄島貝塚など多くの貝塚は二層に分かれ、下層がヤマトシジミを主体とする汽水産、上層がハイガイを主体とする鹹水産の貝塚となる。下層が黄島１式、上層が黄島２式に対比される。

4. 西古瀬戸川水系に位置する小蔦島貝塚は同じく黄島１式期に形成されるが、ハイガイ・ハマグリ・マガキなどの鹹水産が主体となる。分水界を隔てた西側、小蔦島貝塚の所在する備後灘・燧灘の海水化が早かった可能性を示している。

5. 黄島式と高山寺式のあいだには、裏面に「二段斜行短沈線紋」を含む一群の押型紋が中間式として存在する。その分布も鹿児島県桐木耳取遺跡から、東は静岡県築地鼻遺跡・葛原沢遺跡の広範囲に及ぶ。

高山寺式土器

1. 高山寺式は楕円紋が主体であり、小粒（穀粒紋）と大粒（菱形状紋）の二者がある。裏面の幅広の斜行沈線紋を描く。口縁部が大きく外反した尖底土器で、胎土に繊維を含む。その分布は九州島から本州島東部の信州・伊豆にまで及ぶ、最も広範囲に分布する型式である

2. 高山寺式の細分については諸説あるが、関野哲夫の三細別（古・中・新）が最も妥当であり、高山寺１式・２式・３式と呼ぶ。それぞれ田戸上層式の三細別（１・２・３式）にほぼ対比できる。

3. 終末期の穂谷・相木式は、高山寺式の後続型式として位置づける見解が一般的であるが、文様（大振り山形紋）・器形・胎土や技法に両型式の互換性が認められ、ほぼ高山寺式に併行するものと考えられる。

判ノ木山西式土器

1. 信州は高山寺式や穂谷・相木式の西部押型紋土器文化圏の東限域にあたる。中部地方の東部押型紋土器文化圏はすでに終焉を迎え、新たな貝殻・沈線紋土器文化圏を形成していた。この系譜の中から生まれた土器が判ノ木山西式であり、共伴する穂谷・相木式は異系統の土器として捉えることができるである。

2. 判ノ木山西式は、文様帯の上・下を列点紋で区画し、直線的な綾杉沈線や格子状沈線を描き、幅広の文様帯をもつ。細身の尖底深鉢で、胎土に繊維を含む。分布は信州・甲斐・武蔵・相模・駿河に及ぶ。

3. 判ノ木山西式は半裁竹管の描線手法の違い（腹面押捺沈線紋・背面押捺沈線紋）によって古段階・新段階に二細分されるが、列点区画の有無同様、一型式のヴァリエーションと考えられる。

4. 判ノ木山西式は、関東地方の田戸上層式から子母口式への変遷、中部地方の鍋久保式（田戸

第7章　西日本の後半期押型紋土器

　　上層3式）・平石式（田戸上層3式）→判ノ木山西式（子母口式）へ至る型式変遷から、田戸上層
　　式終焉後の子母口式段階に位置づけられる。
　最後に、東部押型紋土器文化圏では押型紋土器が「いつ」終焉を迎えるのか、また貝殻・沈線
紋土器文化圏の形成過程で「どのように」に変容するのか、まだ幾つかの重要な課題をのこして
いるが、次回のテーマとしたい。

[註]
1）芹沢長介は稲荷台遺跡における押型紋土器の共伴例を清算し、その位置づけを平坂貝塚の無紋土器
　　（平坂式）から夏島貝塚の田戸下層I式層に求めた。その文様形態から格子目・山形→格子目・山
　　形・楕円→山形・楕円との変遷観を提示した〔芹沢1954〕。
2）小蔦島貝塚も複合鋸歯紋が出土している〔樋口1936〕。ことから、礼田崎貝塚・黄島貝塚・犬島貝塚
　　同様、黄島式以前から遺跡の形成が始まっている可能性がある。裏面に沈線をもつ稲荷山式併行の押
　　型紋もみられる〔矢野1997〕。
3）4層からは口縁部縦方向・胴部下半横方向の山形紋押型紋〔原報告第27図268〕が出土している。
　　第128図16に示した西トレンチ出土の山形紋〔原報告第84図708〕も同様の施紋方向をもつ〔松木
　　2005〕。後者は裏面に山形紋を施紋する。時期的な確証はないが、この時期のものであろう。
4）黄島貝塚から小型のトロトロ石器が3点出土している。黄島式に伴うものであろう。四国島では愛媛
　　県岩谷遺跡・長田遺跡・妙口遺跡・影平B遺跡、高知県北屋敷遺跡・屋敷地区遺跡・十川駄馬崎遺
　　跡・双海本駄馬遺跡・平野茶園遺跡・奈路遺跡・下益野B地区遺跡、香川県西出遺跡などで出土し
　　ている。中国山地では、広島県半坂遺跡〔広島県教委1983〕の一例のみであるが、管見にふれない
　　だけかもしれない。
5）原報告の「層位・型式対照表」では、押型紋と茅山式の間にカッコ付きで穂谷式を位置づけているが、
　　必ずしも押型紋の上位から出土したこと示したものではない〔坪井1956〕。出土した高山寺式と共伴
　　する可能性も考えられる。
6）矢野はこうした上・下別作りについては否定的である〔矢野2008〕。別々に施紋した後に接合するこ
　　とはやや問題もあるが、接合後に施紋した可能性は否定できない。改めて観察したい。
7）高山寺式を主体とする石山貝塚・磯山城遺跡・先刈貝塚では、山形紋はいっさい出土していない。
8）阿部は判ノ木山西式にいたる型式変遷を整備する中で、下荒田式→平石式→判ノ木山西式への変遷
　　を提示した〔阿部2010〕。妥当な変遷であるが、田戸上層式「新しい部分」として平石式を位置づけ
　　ると、判ノ木山西式（古段階）も同時期になる。判ノ木山西式の古・新の型式差より平石式との型式差
　　は大きい。平石式と判ノ木山西式古段階の両者を田戸上層式「新しい部分」に位置づけることにはや
　　や問題が生じよう。
9）田戸上層式と子母口式の型式弁別については、吉田　格が子母口式とした城ノ台北貝塚第五類土器の
　　理解に大きな離齬が生じている〔吉田1955〕。第五類土器は山内清男が設定した子母口貝塚の「子母
　　口式」とは明らかに異なっている〔山内1941〕。著者等は城ノ台南貝塚の第IVa群をもって子母口式
　　とする立場から、第五類土器は「田戸上層式」最も新しい（新々段階）とみる。これは北と南の貝
　　塚形成過程の画期（北貝塚第五類→南貝塚第IVa類）ともなっている〔千葉大学文学部考古学研究
　　室1994〕。一方、金子直行は「子母口式」古段階として捉えている〔金子2004〕。この点については
　　改めて言及したい。
10）阿部が指摘するように、判ノ木山西式第1類の腹面押捺沈線紋（古段階）と背面押捺施紋（新段階）
　　の違いは細別の基準となりうるのであろうか。古段階ついては細別型式の内容を整えているようにみ
　　えるが、差し引いした残りの背面押捺施紋を含む新段階の土器は細別要件を充分に備えているとはい
　　えない。

おわりに

11）第138図6の子母口貝塚の斜行沈線紋については、かつて野島式に位置づけたことがある〔千葉大学文学部考古学研究室1994〕。また第138図8の桜井平遺跡例も位置づけは難しいが、子母口式段階とした。

12）千葉県宮脇遺跡の穂谷・相木式には、口縁部の複列刻帯の刻みがイモムシ状の圧痕になっており、絡条体圧痕紋とするならば子母口式の特徴を備えている。判ノ木山西式との共伴関係だけでなく、穂谷・相木式自身の特徴からも子母口式との対比が可能である。

第8章　九州島の押型紋土器
― 押型紋土器と円筒形貝殻紋土器 ―

はじめに

　九州島の押型紋土器に初めて接したのは、長崎県岩下洞穴遺跡の発掘現場である。1966（昭和41）年、大学2年19歳の夏であった。その後も麻生　優の主宰する下本山岩陰・泉福寺洞穴遺跡の発掘調査に参加を許され、爾来、永きにわたって教えを受けることになる。また木下　修による福岡県深原遺跡の発掘調査、山崎純男による福岡市柏原遺跡の発掘現場に泊まり込み、酒宴に集う九州島の若き研究者との議論を戦わしたことを昨日のように思い出す。九州島の押型紋土器について多くを学ぶとともに、その風土と人柄に惹かれていった。

　その後、押型紋土器に至る草創期の土器群の変遷や九州島独自の細石器文化の様相に興味を覚え、押型紋土器に直接言及することはなかった。本州島・九州島に広がる押型紋期に伴う「トロトロ石器」の分析を通して、ともに同じ階梯で押型紋文化が展開することを知った〔岡本 1983〕。また、列島の押型紋土器を概観する中で、九州島における出現が押型紋文化後半期あたるとの見通しを述べたにすぎない〔岡本 1987〕。

　そして退職後、自由な立場から列島の押型紋土器を再構築するため本格的に連作に取り組むことを決意した〔岡本 2013・14a・14b・15a〕。しかし、あったはずの文献が見当たらない、仲間にコピーを依頼する毎日である。―もの忘れ、べんりな言葉、「あれ」と「それ」―状態である〔サラリーマン柳川 2014〕。一日一善、齢を重ねるとはこういうことか。

　また、共に学んだ友を失う機会も多くなる。高野晋司もその一人である。平底の押型紋土器を多数出土した長崎県弘法原遺跡や海に沈んだ押型紋期の鷹島海底遺跡は、彼が手がけた重要な標式遺跡である。追悼の意を込めて、手向山式の論考につづく九州島への旅立ちの第二弾として、九州島における押型紋土器の出現とその変遷について考えてみたい。

　読み手には直接、関係のない拙い自己の軌跡を振り返っても余り意味はない。さあ、前を向いて本題に入っていこう。

1　いわゆる「大分編年」について

　九州島の押型紋土器の位置づけや編年上の問題点は、前稿において包括的に指摘した〔岡本 2014b〕。今回は「大分編年」と呼ばれる、川原田式→稲荷山式→早水台式→下菅生B式→田村式→ヤトコロ式という九州島の押型紋土器の編年案について、その問題点を考えてみたい。1953（昭和28）年、大分県早水台遺跡の発掘調査に始まり、大分県下における押型紋期の諸遺跡

の発掘成果を基に、その編年案の骨子をつくられた賀川光夫の功績は大きい。これが九州島における押型紋土器の一つ編年指針として、その変遷の妥当性や検証・検討が議論され今日に至っている。しかし賀川が提示した標本資料をもとに各型式の土器が例示されるが、特に田村式やヤトコロ式については論者によって著しく型式内容が異なる。ここでは坂本嘉弘が図示した各型式の土器を参考〔坂本 1998〕にしながら、型式ごとの検討から始めたい〔第 139・140 図〕。

川原田式　　川原田岩陰遺跡は 1963（昭和 38）年に発掘調査がおこなわれた。賀川光夫らによる 1963 年・1964 年・1967 年報告と三つの概報が示されている〔賀川 1963、岩尾・酒匂 1964、賀川 1967〕。しかし、それぞれの概報は押型紋土器の文化層について層位・層順・表記の記載や対比に混乱や齟齬が生じている[1]。後に賀川は「基礎となる層位は、これまでの概報で不一致な点があった」と告白している〔賀川 1998〕。そればかりではなく、岩尾・酒匂 1964 年報告では早水台式にベルト状施紋の川原田式が伴ったとされる記載が、賀川の 1967 年報告ではベルト状施紋の川原田式が単独層位からの出土であったかのように記されている。川原田式が「早水台式」（のちの「稲荷山式」を含む）と共存か否か、層位の認識に大きな問題点を残した。これが「川原田式」の設定に疑義を生む結果となる〔松永 1984、多々良 1984、坂本 1986〕。1997（平成 9）年、綿貫俊一の第 2 次発掘調査を契機として、第 1 次調査の発掘資料が公開され、賀川自らによる再検討がなされることになった。層位は 5 層が田村式、8 層が早水台式（稲荷山式を含む）、9 層が川原田式、10 層が無紋土器の包含層と訂正される。賀川は 9 層から「文様の交互施文、ベルト状施文の単独型式」が出土したことを改めて主張し、第 2 次調査の成果や ^{14}C 年代（8800yB.P.）とともに、編年上、九州島の最古段階に位置づけられる〔賀川 1998〕。

　　川原田式は横方向帯状施紋の押型紋である。主体は楕円紋があるが、山形紋や格子目紋もある。裏面にも同一原体による施紋がなされる。器壁は 5mm 前後と薄い。しばしば「中部地方最古型式」樋沢式の帯状施紋と対比される〔賀川 1965、橘 1994〕。これに対し細久保式に対比する見解も示されている〔多々良 1984、山崎 1997〕。

稲荷山式　　1967（昭和 42）年、稲荷山遺跡の発掘調査で出土した一群の押型紋土器。二日市洞穴遺跡の発掘調査（1975・76・78 年）で早水台式の下層から出土する傾向にあることから、川原田式と早水台式をつなぐ型式として橘　昌信によって設定された〔橘 1980〕。

　　稲荷山式は横方向全面施紋の押型紋であるが、川原田式と同様、帯状施紋も共伴する。遠部は川原田式と型式上の差異は無いとしながらも、検討すべきは稲荷山式であるかのように述べる〔遠部 1998〕。しかし本来、問題は横方向帯状施紋の単独型式として川原田式が成立するかであろう。帯状施紋は稲荷山式の型式表象の一つでもある。施紋については横方向押型紋を施し、口唇部に刻みをもつものが特徴である。裏面には施紋はなされない。

　　文様は山形紋（60％弱）、楕円紋（40％弱）で若干の格子目紋・撚糸紋が伴う。これらの押型紋に多量の尖底無紋土器が共伴し、その比率は押型紋 3：無紋 7 の割合となる。無紋土器の口縁部は特徴的な瘤状の突起が貼付されている。橘は瘤付無紋土器が稲荷山式に限定されると考える〔橘 1994〕が、川原田洞穴遺跡や中原遺跡にも認められる。

第 8 章　九州島の押型紋土器

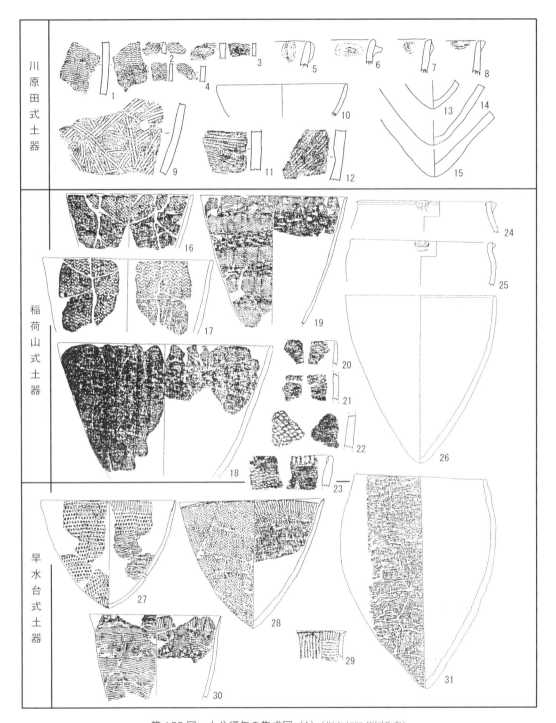

第 139 図　大分編年の集成図 (1)〔坂本1998原図改変〕
1〜15：東台遺跡　16〜18・20〜25：稲荷山遺跡　19・27〜31：菅無田遺跡　26：二日市洞穴遺跡

1 いわゆる「大分編年」について

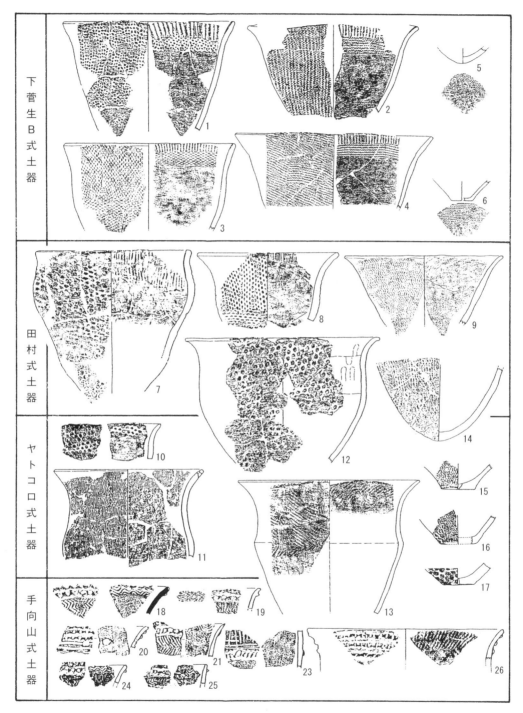

第140図 大分編年の集成図（2）〔坂本1998〕
1・2・11・12・15・16：下菅生B遺跡　3～6・9・14：西園南遺跡　7：川原田洞穴　8・10・13・17：ヤトコロ遺跡
18：黒山遺跡　19：虚空蔵寺遺跡　20・21・26：政所馬渡遺跡　23：崎山遺跡　24・25：平草遺跡

第8章　九州島の押型紋土器

早水台式　早水台遺跡は1955（昭和30）年、八幡一郎・賀川光夫によって発掘調査された九州島を代表する押型紋期の標式遺跡の資料である。出土した押型紋土器は今日大まかに二群に分類することができる。口唇部に刻みや口端内面に短沈線を施す稲荷山式と、柵状紋[2]をもつ早水台式の二時期のものが含まれる。

　早水台式は山形紋（67%）が多く、楕円紋（28%）は少なく、格子目紋や撚糸紋が伴う。早水台式では無紋土器が減り、撚糸紋が増える傾向にある。押型紋は横方向全面施紋を原則とする。器形は口縁部がほぼ直行し、胴部から直線的となる。坂本は菅牟田遺跡の壺形土器を早水台式とするが、下菅生B式であろう［第139図29］。

　賀川が指摘するように、早水台式は「黄島・小蔦等と相関」〔賀川1955〕する押型紋であり、本州島西部の黄島式に対比できよう。

下菅生B式　1980（昭和55）年、下菅生遺跡で発掘調査された一群の押型紋土器を標式とする。口縁部はやや外反し、縦方向の施紋が多い。設定者の後藤一重は「直立口縁で小形の押型文を外面横走施文するという早水台式から外反口縁で粗大な押型文を縦走施文するという田村式へという流れの間に下菅生B式を置くと型式変化の流れがよりスムーズになる」と早水台式から田村式への移行期の型式として位置づけた〔後藤ほか1986〕。しかし単純に、早水台式は横方向施紋、下菅生B式は縦方向施紋と振り分けるわけにはいかない。

　早水台式同様、口縁部裏面は柵状紋と押型紋が施紋される。器壁は厚くなる。既にこの時期、小さな平底を呈するものがある。押型紋の壺形土器の出現は、この時期のものであろう。早水台式とは異なり楕円紋（46%）が優勢となり、山形紋（約25%）は減少する。無紋土器の比率は更に減少する。黄島式の新しい段階に対比できよう。

田村式　1958（昭和33）年、賀川による田村遺跡の発掘調査で確認された押型紋で、早水台式とは異なる型式として早くから認識されていた。賀川は「口の部分が外反し、比較的厚手深鉢の全面に粗大な楕円文を縦走または斜走する田村式」と、その特徴を述べている〔賀川1965〕。口縁部裏面は沈線状の柵状紋が単独で施され、長大化するものや二段に施紋するものもある。和田秀寿は、二重の柵状紋をもつものを高山寺式直前の型式として位置づけている〔和田1988〕。器壁1cmを超え、底部は丸底ないし小さな平底となる。粗大な楕円紋が主体で山形紋は僅かに伴うとされる。田村式の例示として政所遺跡例をあげ、本州島の高山寺式に対比する考えもある〔橘1994〕。しかしやや小形の楕円紋をもつ戦場ヶ谷例や宮崎県大貫貝塚例もあり、この対比関係には検討を要しよう。

ヤトコロ式　ヤトコロ遺跡出土の平底押型紋を標式資料として、賀川によって設定された型式である〔賀川1965〕。型式設定の最大の理由は「尖底」の田村式から、「平底」のヤトコロ式へという器形の変遷観にあった。同じ平底をもつ鹿児島県の出水下層式や熊本県の沈目式に併行といわれる。わずかに復元図が示されるのみで、ヤトコロ式の型式内容を示す根拠は充分に説明されたとはいいがたい。

　こうしたことから、遠部は「研究史で見たように「ヤトコロ式」の観念は二転三転している上

に曖昧で、多くの研究者の困惑するところである」とその現状を指摘し、賀川の弁を借りると「田村式は田村遺跡の資料以外の何者でもない」のであり、（中略）それはヤトコロ式も同様である」とも述べている〔遠部1999〕。賀川の弁はあまりにも「哲学」過ぎて、著者には理解不能である。また水ノ江和同は混乱の原因を「本来セットであるはずの押型文土器の中でも、楕円文のものを田村式、山形文のものをヤトコロ式と命名したことに起因」すると述べている〔水ノ江1998〕。水ノ江は田村式とヤトコロ式を一型式のヴァリエーションとみるが、遠部は「田村式の範疇に含める見解には戸惑いを覚える」とヤトコロ式に固執する〔遠部1999〕。

編年の問題点　川原田式→稲荷山式→早水台式→下菅生Ｂ式→田村式→ヤトコロ式と変遷する大分編年は、手向山式をもって終焉を迎える。編年の骨子を構築した賀川の功績は大きいが、その反面、問題点も賀川自身の型式学のなかに内包されている。次世代の研究者はおくすることなく、「先学」に学びつつ前進するのみである。各型式の問題点については先に述べたが、改めて整理しておこう。

川原田式は九州島における押型紋土器最古段階に位置づけられる。量的には極く少ないが、大分県をはじめ北は福岡県、南は宮崎県・鹿児島県にも広く分布している[3]。横方向帯状施紋が九州島における出現期の押型紋の道しるべとなっている。しかし問題は、帯状施紋のみで「川原田式」を型式設定できるのかという点である。川原田洞穴遺跡での単独出土の保証はない〔岩尾・酒匂1964〕。後に設定された稲荷山式にも帯状施紋があり、遠部が指摘するように型式学的にみて、稲荷山式に極めて近い〔遠部1998〕。水ノ江が15年前に指摘した「九州最古式の押型文土器としての川原田式を認定するにはまだ解決しなければならないいくつかの問題が存在しており、今後慎重な対応が望まれよう」といった状況は今日まで続いている。ここでは九州島における押型紋の出現を考える重要な一型式として、川原田式を稲荷山式とは、ひとまず切り離して位置づけておきたい。

稲荷山式も本州島の黄島式の前段階に対比される資料であり、その時期は細久保２式段階に関連し、四国島の上黒岩岩陰遺跡４層例に近い。また稲荷山式に伴うとされる格子目紋を「西部ネガティヴ紋」と関連する資料とみなす坂本の見解が示されている〔坂本1998〕。裏面に柵状紋を施すものがあり、西部ネガティヴ紋とは時期的にも異なるものであろう［第139図20〜23］。

早水台式と下菅生Ｂ式は裏面に柵状紋＋押型紋の二段構成になり、黄島式の型式表象を良く示している。器形も早水台式の直行口縁から下菅生Ｂ式の外反口縁に変化する。早水台式の横方向施紋の施紋規範は、次第に崩れ縦方向施紋に変わる。下菅生Ｂ式になると、九州島全域に安定して分布している。小さな平底を呈するのもこの時期であろう。また熊本県瀬田裏遺跡では下菅生Ｂ式に伴う壺形注口土器（古）が現れる。

田村式の代表例は川原田洞穴遺跡例である［第140図7］。裏面に凹沈線状の柵状紋が幅広く施される。田村式は高山寺式に対比されると考えられている。とするならば、つづくヤトコロ式は高山寺式特有の柵状紋はみられず、高山寺式以降（手向山式段階）ということになる。こうした変遷は正しいのであろうか。賀川によって設定された田村式・ヤトコロ式は施紋規範も型式内容

も明確でないため、本来は解消すべき型式であろう。学史的型式名を活かすならば、田村式・ヤトコロ式は本州島の黄島式以降、高山寺式の変遷を踏まえた型式概念として再編成する必要がある。

手向山式については別稿で述べたので再論しないが、手向山式は本州島の高山寺式に対峙する、九州島南部で生まれた型式という見通しをたてた〔岡本 2014b〕。言い換えるならば、本州島の高山寺式と九州島南部の手向山式は併行することになる。高山寺式を大分編年のどの段階（田村式・ヤトコロ式）に対比させるか重要な課題である。この点については後述する。いずれにしても瀬戸内海に接する豊後では高山寺式と手向山式が同時に共存した複雑な様相を呈しており、その実態を読み解くことは容易ではない。

以上のように問題点はあるものの、ひとまず大分編年の枠組みの中で、九州島における押型紋土器の出現期の様相を探っていきたい。

2　押型紋土器の出現前夜

問題は九州島の押型紋土器の出現を如何に把握するかである。大分編年をみても、その出現期は本州島の黄島式から差ほど遡らない時期、すなわち九州島の押型紋の様相は、押型紋文化の後半期に位置づけられよう。その根拠は前半期の西部ネガティヴ押型紋土器が欠落していること、本州島と九州島に共通するトロトロ石器が細久保式以降の産物であり、列島的には押型紋文化後半期の様相を呈している。九州島における押型紋文化前半期の空白は、おそらく円筒形貝殻紋土器や条痕紋土器など九州島独自な早期土器文化の形成と関わるものであろう。

九州島の出現期の川原田式につなげる早期前半期の独自の土器群とは如何なるものであのか。いくつかの変遷案が提示されているが、いずれもミッシング・リンクは埋まらない〔綿貫 1999、岡田 2003、上杉 2003、木﨑 1996、鈴木 2003、矢野 2007〕〔第 14 表〕。妙案はないが、川原田式に至る変遷を考えてみたい。

隆起線紋と押型紋のあいだ　　山内清男の草創期と早期の大別区分は、平坂式などの無紋土器、普門寺式などの押型紋土器の「稀縄紋型式群」の出現を早期のメルクマールとしている。また「九州方面では早期の初めの押型文以前の土器を草創期としてよい。佐賀県中尾岳洞窟には櫛目文の横列を持つ式がある。これと似た丸底完形土器が大分から出ている」と述べ、合わせて「政所式土器」の写真を掲載している〔山内 1969〕。すなわち、山内は政所式を草創期の土器に位置づけたのである。

しかし、九州島では早期前葉の押型紋が欠落している現状を踏まえると、押型紋以前を即、草創期とするわけにはいかない。九州島における草創期の変遷は政所式だけでなく、南部の円筒形貝殻紋土器の位置づけにも関わってくる。川原田式以前、すなわち草創期初頭の隆起線紋・爪形紋から早期の押型紋に至る編年の確立が大きな課題となってくる。九州島における草創期と早期の大別区分は、編年ができれば自ずと解決するであろう。

2 押型紋土器の出現前夜

第14表 九州島における草創期・早期の各編年案

鈴木正博〔2003〕
※遠部（2007 作図）

二日市洞穴	東九州	北部九州	西部九州	南部九州
二日市9文化層		松木田		岩本
二日市8文化層		（松木田系）		
		大原 D14	岩下 IX	
（二日市7文化層）	野田山	柏原		
	中原　成仏	（柏原系）		
（二日市6文化層）	東台　東台	（柏原系？）		
二日市5文化層	稲荷山　稲荷山			

綿貫俊一〔1999・2003 改編〕

時期 ＼ 地域	九　　州		中　国	近　畿
	東 北 部	北　部		
草創期（終末）	二日市 I	泉 福 寺	観音堂20・21	鳥　浜
早　前半	二日市 II a／二日市 II b／高並垣（中原）／野 田 山／二 日 市 III／陽 弓 古新	柏原 E—条痕 I／柏原 E・柏原 F／松 木 田／柿原 I・柏原 K	早稲田山 ↓ 神宮寺（弘法滝15）	大　鼻／大　川　？／神　宮　寺
期　後半	川 原 田／稲 荷 山／早 水 台	川 原 田／稲 荷 山／早 水 台	弘法滝13層下／弘法滝12中〜13層／黄　島	葛籠尾崎2／福本（古）／福本（新）

※綿貫 1999に加筆修正　柏原 K—SK135・SK140・SK150　柏原 E—条痕文土器 I

岡田憲一〔2003〕

綿貫編年1999				本稿編年対比案	
九州東北部	九州北部	中　国	近　畿	九州北	近畿他
二日市 I	泉 福 寺	観音堂20・21	鳥　浜		鳥　浜 I
二日市 II a	↓	早稲田山	大　鼻	柏原 E	椛の湖 II ＋
二日市 II b	（柏原？）			柏原 F	大　鼻
高 並 垣			大　川		大　川
野 田 山	元岡／	（弘法滝15）	神 宮 寺		神 宮 寺
二日市 III	松木田			松 木 田	
陽　弓	（柏原 II 層）				

矢野健一〔2007〕

南九州地方	福岡県	大分県	中四国地方	近畿地方
隆起線文（隆帯文）	隆起線文			
	爪形文			
貝殻文土器	無文（上げ底）	条痕文（平底、二日市 A）→無文・条痕文（平丸底・丸底、二日市 B）	無文（平底）	
	？		？	押圧縄文
				多縄文（平底）
			？	多縄文（丸底〜尖底）
	松木田式（尖底）		？	大鼻
円筒形貝殻条痕文土器	刺突文・条痕文（尖底、柏原式）	無文・条痕文（尖底）		大川
				神宮寺
				神並上層
	＋	東台 III 層	弘法滝13（下）・14層	（北白川廃寺下層）
弘法原式	（柏原 F II 層）	稲荷山式		＋
＋	＋	早水台式	黄島	＋

237

第8章　九州島の押型紋土器

　隆起線紋から押型紋に至る変遷は、長崎県泉福寺洞穴遺跡の層位事例が一つの基準になろう。その層位は、隆起線紋（9層〜7層）→爪形紋（6層）→押引紋（5層）→条痕紋（4層）→押型紋（3層）となる。草創期前半に関連する隆起線紋・爪形紋・押引紋土器はひとまず置き、押型紋に直接関連する条痕紋土器からみてみよう。泉福寺洞穴4層の条痕紋には円盤状に突出した特異な平底が2点出土している。これらは条痕紋の底部であり、岩下洞穴IX層の条痕紋にも同様の底部がある。また条痕紋に混じって円形刺突紋が出土している。これも押型紋に関連する土器であり、3層の押型紋文化層からも出土する。同じ3層には貝殻腹縁紋を横方向に施紋した政所式が出土している。岩下洞穴VI層の押型紋文化層からも出土する。

　泉福寺洞穴遺跡にみられる条痕紋土器、円形刺突紋土器、貝殻腹縁紋土器は、本州島における草創期前半の寿能下層式、円孔紋、篦紋にそれぞれ対比されてきた。著者も本州島東部の草創期前半との関連性を模索してきた〔岡本2008〕。しかし、今回「遠くの縁者より、近くの仲間」というまなざしから、これらの土器群を押型紋土器と接近した草創期後半に標準を合わせ再検討してみたい。合わせて押型紋土器に共伴する撚糸紋土器や瘤付土器の由来についても考えていきたい。

円形刺突紋土器［第141図］　　長崎県岩下洞穴遺跡の発掘調査では押型紋に混じって、当時「突瘤紋」と呼んだ円形刺突紋土器が知られていた。泉福寺洞穴遺跡でも条痕紋層（4層）や押型紋層（3層）からも出土している。その後、福岡県柏原遺跡の押型紋の下層から条痕紋や撚糸紋とともに円形刺突紋土器が出土した。大塚達朗によって「柏原式」と命名され、本州島の円孔紋土器に関連する土器群として草創期前半に位置づけられることになる〔大塚1991〕。

　現在、長崎県・福岡県・大分県を中心に九州島北部[4]に分布している。円形刺突紋を施すものには無紋のものや条痕紋・撚糸紋に施すもの、薄手のものや厚手のものもあり、時期差があるかもしれない。今、一括して円形刺突紋が多量に出土した大原遺跡15地点に因み「大原D15式」と呼んでおこう[5]。

　柏原遺跡例のように口縁部に廻らされた円形刺突紋の直下に瘤状突起を有する特徴は、大原D遺跡例・原遺跡例・貫・丸尾遺跡例、中原遺跡例にあり、いずれも条痕紋土器に施される。円形刺突紋土器とともに瘤付無紋土器が出土する横道遺跡・柿原I縄文遺跡もほぼ同一時期と考えられる。こうした瘤付土器は稲荷山式に伴う瘤付土器に通ずるものがある。

　原遺跡例では、こうした円形刺突紋とともに帯状施紋を含む押型紋が出土している。重要な点は、その押型紋の口縁部にも円形刺突紋を廻らせていることである。押型紋の口縁部には元々、円形刺突紋を施す作法はないから、円形刺突紋土器の施紋流儀を継承したものと考えられる。すなわち押型紋の川原田式につなぐ型式として、円形刺突紋の大原D15式を位置づけることができる。

撚糸紋土器［第142図］　　柏原F遺跡の最下層（III e層）から出土した撚糸紋土器は、その後、松木田遺跡からまとまって出土している〔福岡市教委1998・2001〕。今日「松木田式」と呼ばれるが、平底の柏原F遺跡例とは異なり、尖底となる。やや器形は異なるが、「浦江式」と呼ばれる

238

2 押型紋土器の出現前夜

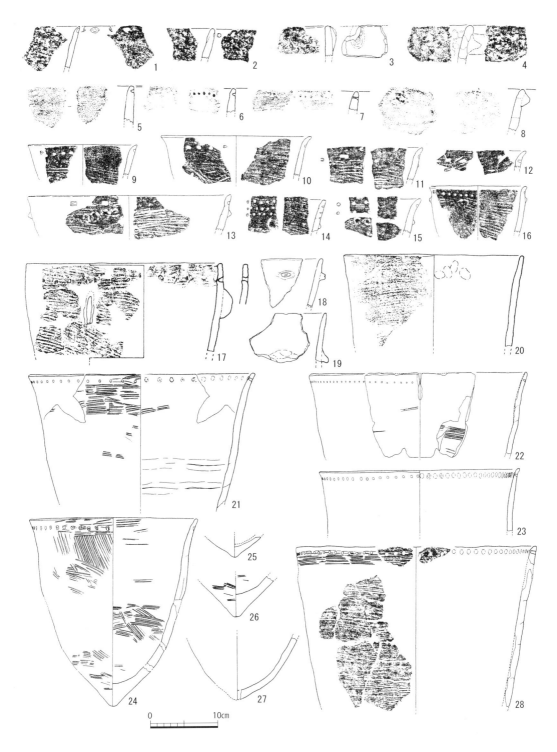

第141図 円形刺突紋土器

1～4：柿原縄文遺跡　5～8：横道遺跡　9～11：原遺跡　17～20：中原遺跡　21～28：大原D遺跡（15区）

第8章 九州島の押型紋土器

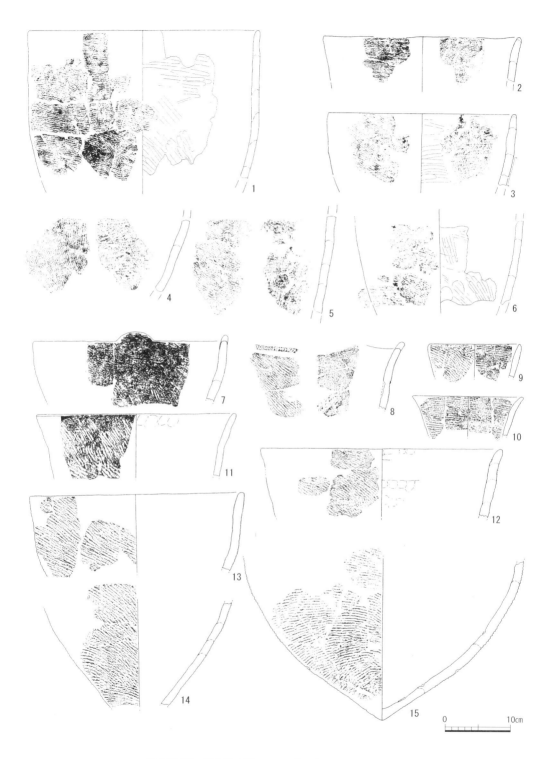

第142図 撚糸紋土器 1～6：溝江遺跡 7～15：松木田遺跡

撚糸紋や撚糸条痕紋もこの仲間である〔福岡市教委2004〕。松木田式には半円状の把手や波状口縁を呈するものがある［第142図7］。特異な半球状把手について、報告者の米倉秀紀は稲荷山遺跡の無紋土器と比較している〔米倉2001〕。やや形態は異なるが同様な例は、大分県大久保遺跡・宮崎県古城遺跡・熊本県沈目立山遺跡にもある。一方、こうした突起を有する埼玉県寿能遺跡の条痕紋土器と対比する考えも提示されている〔鈴木2003、栗島2004〕。円形刺突紋同様、撚糸紋土器は九州島北部に分布している。

　元岡遺跡や原遺跡には円形刺突紋をもつ撚糸紋土器もあり、大原D15式とも関連しよう。松木田式には波状口縁を呈する撚糸紋土器が存在している［第142図8］。また撚糸紋による回転施紋は押型紋と共通する流儀であり、松木田式は大原D15式より新しい要素をもっている。そして松木田式は押型紋に共伴する撚糸紋土器の系譜にも関連するものであろう。

　これとは別に南部・中部に広がる円筒形条痕紋の影響を受けた円筒形撚糸紋土器が福岡県原ノ口遺跡・本堂遺跡が見つかっている〔林2006〕。円筒形条痕紋は島原半島の一野式はじめ福岡県白木西原遺跡など、北部まで及んでおり、円筒形撚糸紋はその変容であろう。撚糸施紋のものは熊本県諏訪原遺跡にもある。

条痕紋土器［第143図］　　大原D遺跡には15地点から出土した円形刺突紋土器のほか、14地点には円形刺突紋を施紋しない条痕紋と無紋の一群がある。この条痕紋には尖底や平底に混じって上底や台付を呈する特殊な底部を有している。同じ台付底部は元岡遺跡や横道遺跡からも出土している。これらを「大原D14式」と呼ぼう。報告者の池田祐司は大原D14式を古く、大原D15式を新しく位置づける〔池田2003〕。円形刺突紋の有無からみても妥当な変遷であろう。大原D14式の特殊な底部は、岩下洞穴遺跡や泉福寺洞穴遺跡出土の条痕紋の円盤状に突出する底部とも関連しよう。同様の台付底部は九州島南部のサツマ火山灰層下から出土した鹿児島県建昌城遺跡の無紋土器がある〔姶良町教委2005〕。これを「健昌城IX層式」と呼び、九州島北部の大原D14式と対比しておこう。年代的には本州島の草創期前半末の条痕紋土器（寿能下層式）とも近い。

　このほか、二日市洞穴遺跡には押型紋包含層（4文化層）の下層～9文化層の六層にわたって条痕紋土器の包含層が形成されている。ここでは尖底を有する4文化層下部～6文化層を「二日市上層式」、平底や丸底を有する7文化層～9文化層を「二日市下層式」に二分しておこう。二日市下層式は特殊な台付底部はないが、岩下IX層式・泉福寺5層式・大原D14式の仲間であろう。二日市上層式には瘤付土器があり、瘤付条痕紋土器を有する大分県野田山遺跡・市場久保遺跡、長崎県西輪久道遺跡もこの時期ものであろう。

貝殻刺突紋土器［第144図］　　アナダラ属の貝殻刺突紋による丸底土器が紹介されたのは1960（昭和35年）のことであった〔賀川1960〕。後に「政所式」と呼ばれる貝殻刺突紋は当初、賀川光夫によって押型紋に関連する土器として位置づけられる。その後、前述のように山内は押型紋以前の草創期に、佐藤達夫は草創期初頭の篦紋土器の仲間に編年している〔佐藤1971〕。また木崎康弘は政所式を九州島中・南部の円筒形条痕紋（中原III～V式）以前に、政所式を中部の中原I・II式として位置づけている［第15表］〔木崎1996・1998a・b〕。今日、政所式は上杉彰紀によって

第8章 九州島の押型紋土器

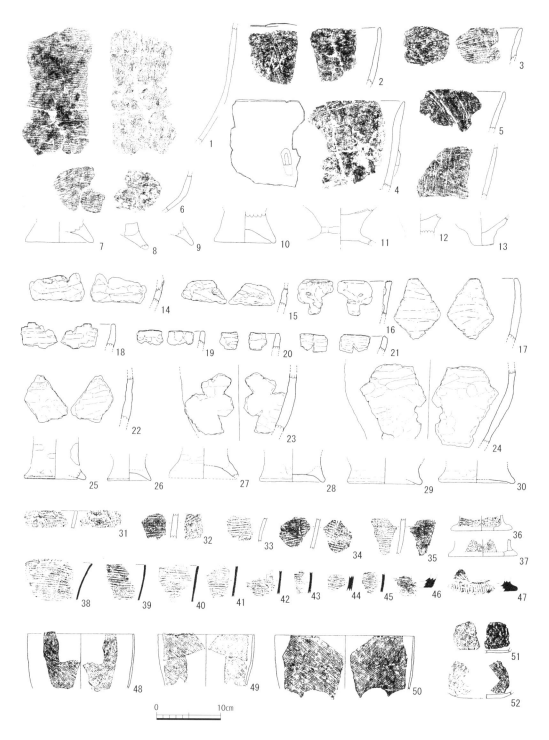

第143図 条痕紋土器

1～13：大原D遺跡（14区） 14～30：建昌城跡 31～37：泉福寺洞穴遺跡 38～47：岩下洞穴遺跡 48～52：二日市洞穴遺跡

2 押型紋土器の出現前夜

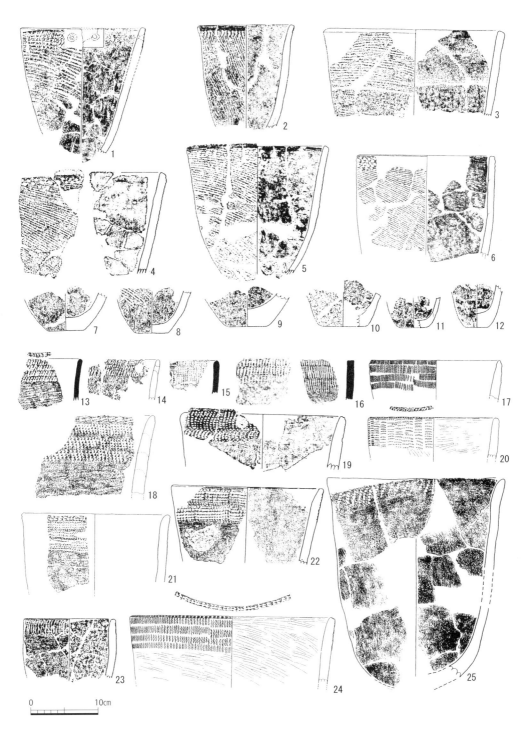

第144図 貝殻刺突紋土器 （別府原式（1〜12）政所式（13〜15））
1〜3・7〜12：別府原遺跡　4・5：内屋敷遺跡　6：市ノ原遺跡　政所式　13：岩下洞穴遺跡　14：泉福寺洞穴遺跡
15：白蛇山岩陰遺跡　16：中尾岳洞穴遺跡　17：大原D遺跡　18：頭地田口A遺跡　19：内屋敷遺跡
20・24：湯屋原遺跡　21：村山闇谷遺跡　22：別府原遺跡　23：木脇遺跡　25：フミカキ遺跡

第8章　九州島の押型紋土器

現状と課題が詳しく提示され、その分布は九州島全域に及んでいる[6] ことが判明している〔上杉2005b〕［第141図13〜25〕。器形は丸底や尖底であるが、佐賀県小ヶ倉遺跡のように円筒形を呈するものある〔森田2007〕。

これとは別に全面に条痕紋を施し口縁部に貝殻刺突紋をもつ別府原式は、宮崎県を中心に南部にも広がっている[7]［第142図1〜12〕。その詳細については上杉彰紀や山下大輔によって分析がなされている〔上杉2004、山下2012〕。中には貝殻条痕紋だけで刺突紋をもたないものもある。やや外反する深鉢形を呈し、底部は小さな平底となる。政所式と別府原式は、ともに貝殻刺突紋を施すこと、器壁が厚いこと、円筒形を呈するものもあることから、広義の円筒形貝殻紋の系譜に由来する土器であろう。おそらく政所式と別府原式は近縁型式であり、深鉢平底（別府原式）→深鉢丸底（政所式）に変化するように考えられる。別府原式・政所式は、おそらく円筒形の器制が崩れる円筒形条痕紋以降の後半期に位置づけられよう。

円筒形条痕紋土器［第145図〕　　円筒形条痕紋は広義の円筒形貝殻紋土器[8] の仲間である。円筒形・角筒形を呈する貝殻紋土器は九州島南部で発達した土器である。これらの土器は建昌城跡の発掘調査の層位的所見によれば、IX層式の上位のVI・VII層から広義の前平式・吉田式・石坂式、円筒形条痕紋、押型紋などと共に出土する。いま円筒形貝殻紋土器の変遷を検討する準備はできていないが、円筒形の器制が画一的な前半期（前平式・吉田式）とやや外反する深鉢形の後半期（石坂式）に大別できよう。

円筒形条痕紋は口縁部に貝殻条痕による平行線紋を施すもので、中には撚糸条痕によるものもみられる。南部をはじめ中部の中原式（III〜V式）、島原半島の一野式、北部の白木西原遺跡など、九州島全域に広がりをみせる[9]。円筒形条痕紋は新東晃一によれば円筒形貝殻紋の前半期末（吉田式）に位置づけられている〔新東1989〕。問題は政所式（中原I・II式）と円筒形条痕紋（中原III〜V式）の関係である。木崎康弘は政所式を古く、円筒形条痕紋を新しく位置づけるが、果たしてそうであろうか［第15表〕。木崎の根拠は、文様帯の拡大化による型式学的変化と中原V式と手向山式との共伴関係に基づくものである〔木崎1996・1998a・b〕。しかし木崎の想定とは逆に、北部の条痕紋が円形刺突紋を施紋するように、貝殻条痕紋から貝殻刺突紋に変化するとみることもできる。

該期の編年的枠組　　ここでいう該期とは、草創期後半（撚糸紋文化）から九州島の押型紋出現以前の範囲を指す。この時期の上限資料は九州島北部では大原D14式、南部では無紋の建昌城IX層式である。施紋流儀は異なるが、共通して特殊な台付底部を有している。建昌城跡を報告した上杉彰紀は、両者を「相同の関係」と述べている〔上杉2005a〕。こうした作り方や器形の流儀が九州島の南・北で別個に派生したのでない限り、同時期のホライゾンとみなすことができる。おそらく岩下IX層式・泉福寺5層式・二日市下層式もこの時期であろう。

これらの土器群を該期の上限資料として、九州島では大きく二つの系統の土器群の変遷が考えられる。一つは、九州島北部を中心とした大原D14式→二日市上層式→大原D15式→松木田式の系統と、もう一つが南部を中心とした健昌城IX層式→円筒形貝殻紋土器（前平式・吉田式、石坂

2 押型紋土器の出現前夜

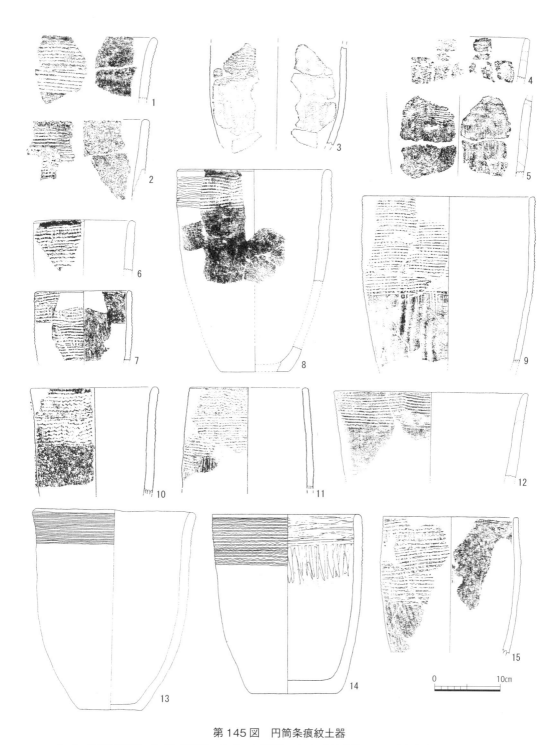

第145図　円筒条痕紋土器
1・2：白木西原遺跡　3：原ノ口遺跡　4・5：本堂遺跡　6・8：畑中遺跡　7：下末宝遺跡　9：一野遺跡
10：蒲生・上の原遺跡　11：扇田遺跡　12：頭地田口A遺跡　13：小山遺跡　14：石峰遺跡　15：上野原遺跡第2・3地点

245

第8章　九州島の押型紋土器

第15表　縄紋時代早期前半土器編年対比表

	中九州東部	中九州西部		南九州西部	
早期前半	政所式	中原I式 中原II式		前平式	
	川原田式 稲荷山式	川原田式 稲荷山式	中原III式		
	早水台式	早水台式	中原IV式	知覧式 吉田式	
	下管生B式	下管生B式	↑	倉園B式 石板式	
	田村式	沈目式	中原V式	（押型紋土器）	下剝峰式
	ヤトコロ式	石清水式	↓	手向山式	桑ノ丸式
	大分県編年	木崎編年（1996）		新東編年（1992）	

式）→円筒形条痕紋土器（中原III～V式）→深鉢形貝殻刺突紋（別府原式）→貝殻刺突紋（中原I・II式・政所式）である。二つの系統は、巨視的にみれば条痕紋文化であり、条痕紋→刺突紋→回転紋（撚糸紋・押型紋）と共通した施紋流儀を踏まえ変遷している。九州島における押型紋の出現も、前段階のこうした南・北の伝統的な構造が流動化する過程を反映しているともいえよう。

3　九州島における押型紋土器の変遷

　九州島における押型紋土器は大分編年を軸に、どのように変遷するのであろうか。改めて検討したい。終末期は九州島の手向山式であり、列島西部の高山寺式・穂谷式に対比でき、押型紋土器は列島全体に終焉を迎える。この終末期の併行関係はほぼ動かないであろう〔岡本2014b〕。問題は九州島における出現の時期である。再三述べるように、その出現期に西部ネガティヴ押型紋が九州島に及んでいない点である。本州島の押型紋文化前半期は、おそらく九州島独自の早期土器文化が展開したと考えられる。それが前章で述べた夜明け前の土器たちである。九州島における押型紋土器の出現は、当然、西部押型紋土器文化と関連するものであろう。その対比関係を検討しながら、その変遷過程を追ってみたい。

横方向帯状施紋　　川原田式の唯一の型式表象は横方向帯状施紋である。施紋は楕円紋・山形紋・格子目紋で裏面にも施紋される。つづく稲荷山式にもその施紋流儀は継承される。川原田洞穴遺跡の川原田式は楕円紋・山形紋・やや変形な格子目紋があり、大半は口縁部裏面には同一原体が施紋される。同じく楕円紋・山形紋・格子目紋で構成されるものに宮崎県鹿毛第3遺跡例がある。小六洞穴遺跡例では口唇部に山形紋を施している。ほかに裏面に押型紋を施さない市場久保遺跡・柏原K遺跡例もある。帯状施紋を施す川原田式は量的には少なく客体的であるが、九

246

3 九州島における押型紋土器の変遷

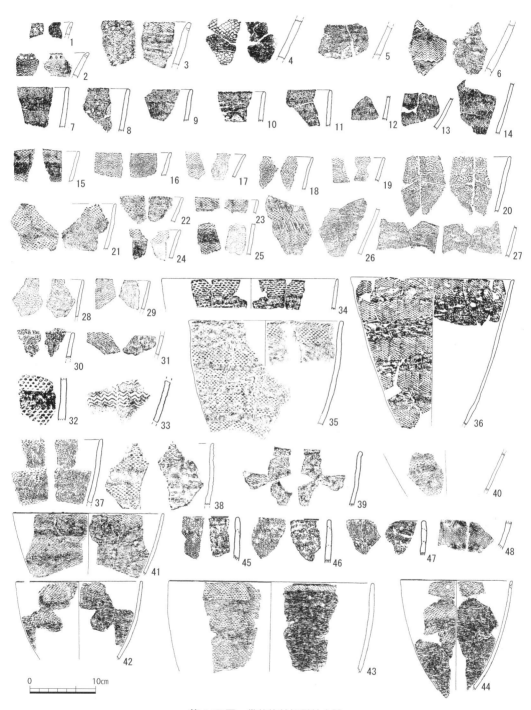

第146図　帯状施紋押型紋土器
1〜6：原遺跡　7〜14：柏原遺跡K地点　15〜27：川原田洞穴遺跡　28・29・31：新生遺跡　30：手崎遺跡
32：下城遺跡　33：中原遺跡　34・36：菅無田遺跡　35：成仏岩陰遺跡　37：清武上猪原遺跡　38：垂水第2遺跡
39：虚空蔵免遺跡　40：蒲生・上の原遺跡　41・44：野尻小西遺跡　45〜48：上野原遺跡第10地点

第8章　九州島の押型紋土器

州島全域に広がっている[10]［第146図］。前述したように原遺跡例は横方向帯状施紋に円形刺突紋を有しており、出現期の押型紋を示している。帯状施紋をもつ川原田式が九州島の最古段階の押型紋土器であろう。九州島全域に広がる横方向帯状施紋が川原田式として成立するか否か、しばらく様子をみることにしよう。

　西部押型紋土器文化圏でも横方向帯状施紋は単独に出土することはなく、量的にも決して多くないが、広く散見している[11]。多くは山形紋や楕円紋で構成されるが、愛媛県上黒岩岩陰遺跡例のように山形紋＋楕円紋の併用帯状紋もある。こうした併用帯状紋は長野県樋沢遺跡にもある。裏面にも押型紋を施し、口端近く刻目をもつものが多い。上黒岩岩陰遺跡例をみても、おそらく黄島式の前段階、東部押型紋土器文化圏の細久保2式段階にも横方向帯状施紋があり、この時期に併行しよう。

柵状紋の出現　　裏面に施される柵状紋は、早水台式の一つのメルクマールとなっている。柵状紋は多くは平行押型紋で描出されるが、ヘラ状工具による平行沈線で描出するものもある。早水台式は柵状紋＋押型紋の二帯構成になり、下段の押型紋が先、上段の柵状紋が後で施紋されることが観察されている〔坂本2000〕。早水台式の柵状紋＋押型紋の施紋流儀は下菅生B式に継承され、早水台式・下菅生B式ともに西日本の黄島式の兄弟型式であることが判る。早水台式には表面の口縁上部に無紋帯をもつ例がしばしば認められるが、この伝統は下菅生B式にもみられ、裏面に柵状紋をもたないものや無紋のものもある。早水台式の分布は九州島中部まで広がっているが、南部には確実な例はないようである〔坂本2000〕。器制は直線的な円錐形を呈する尖底を保持し、施紋方向は横方向を原則としいる。多くの研究者が指摘するように、早水台式は本州島西部の黄島式の古い部分に対比される。

　同じく裏面に柵状紋＋押型紋を施紋する下菅生B式は早水台式に較べて、器壁が厚く、口縁がやや外反する。口縁から胴部上半は縦方向・斜方向に施紋する。波状口縁のものが顕著になる。また壺形土器も出現する。熊本県瀬田裏遺跡からは壺形と深鉢形の形態の異なる二種の注口土器が多量に出土して注目された〔緒方1991c〕。前者の壺形注口土器は、九州島にみられる早期壺形土器の初期のものであり、押型紋土器終焉後も平栫式・塞ノ神式の時期まで、その壺形の器制は存続する。また注口土器としても、草創期前半の室屋下層式の例を除いて系統的に出現する初出資料といえよう。壺形注口土器は口縁部の裏面に柵状紋＋押型紋が施されている［第147図］。口縁部がやや外反することや口縁部から頸部にかけては縦方向施紋が多い。その文様は山形紋・楕円紋・格子目紋などである。これらの特徴から下菅生B式に対比される。壺形以外の柵状紋＋押型紋をもつ土器の大半は、同じく下菅生B式の時期である。壺形注口土器は胴部中央部に稜をもつ器形であり、手向山式の胴部の稜と共通し、同じ作り方の流儀をもっている。類例は菅牟田遺跡、鷹島海底遺跡にある［第147図4～9］。

　もう一つの深鉢形注口土器は高山寺式に併行するものであり、それについては後で述べる。

弘法原式の位置づけ　　後に「弘法原式」と呼ばれる円筒形押型紋土器に注目したのは山崎純男と平川祐介である。両氏は円筒形貝殻紋と円筒形押型紋の関係について「押型文土器がその分布

248

3 九州島における押型紋土器の変遷

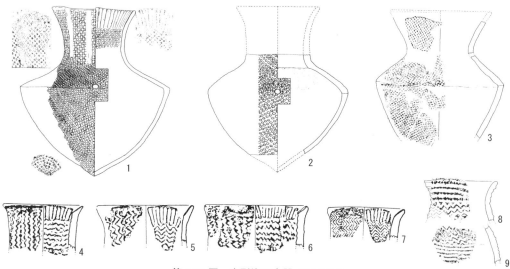

第147図 壺形注口土器［縮尺不同］
1〜3：瀬田裏遺跡　4〜7：菅無田遺跡　8・9：鷹島海底遺跡

を拡大過程の中で、円筒土器（貝殻紋円筒土器）と接触し、影響によって円筒形押型文土器が発生したものと考えられる」と指摘し、弘法原式が九州島おける押型紋文化の古い段階に位置づけられる可能性を示唆している〔山崎・平川1986〕。

島原半島には水ノ江和同によって設定された「一野式」と呼ばれる円筒形条痕紋が分布している。中部の中原（Ⅲ〜Ⅴ）式もこの仲間である。こうした円筒形条痕紋の影響を受けた平底の押型紋が弘法原遺跡から多量に出土し、同地域の弘法原式の実態が明らかになる［第148図］。水ノ江は一野式と弘法原式の関係について、山崎・平川同様、前者が古く、後者が新しいとする見解を示し、後者の弘法原式を稲荷山式段階に位置づけている〔水ノ江1998〕。この水ノ江の見解に対し、渡邊康行は弘法原式が田村式以降の可能性を模索している〔渡邊1999〕。近年、大坪芳典は円筒形条痕紋を二段階（一野式→下末宝式）に分け、弘法原式をやや下げて早水台式近くに位置づけている〔大坪2012〕。

今日、弘法原式は「平底円筒形押型紋」とよばれ、九州島南部・中部にも広く分布している[12]。北部の岩下洞穴遺跡にもみられる。弘法原式の型式的特徴は平底円筒形を呈する点である。口の開くバケツ形深鉢が多いが、やや内湾するものもある。底部には木葉痕・網代痕・撚糸圧痕がみられる。器壁は厚く1cmを超え、胎土は砂粒・雲母・石英を含む。押型紋は80％以上が山形紋が主体で、楕円紋・格子目紋は10％にも充たない。施紋の大きな特徴は裏面に施紋しない点である。施紋法は口縁部は横方向、胴部は斜方向（右下がり）のものが主体であり、縦方向のものはみられない。

弘法原式は押型紋を施紋する以外、「作り方の作法」・「カタチの流儀」・「胎土の流儀」のいずれも、円筒形貝殻紋土器の製作流儀に沿って作られた土器である。円筒形貝殻紋の終末段階に位置づけられる桑ノ丸式は円筒形の器制が崩れた時期のものであり、口が開きバケツ状の器形や底

第8章 九州島の押型紋土器

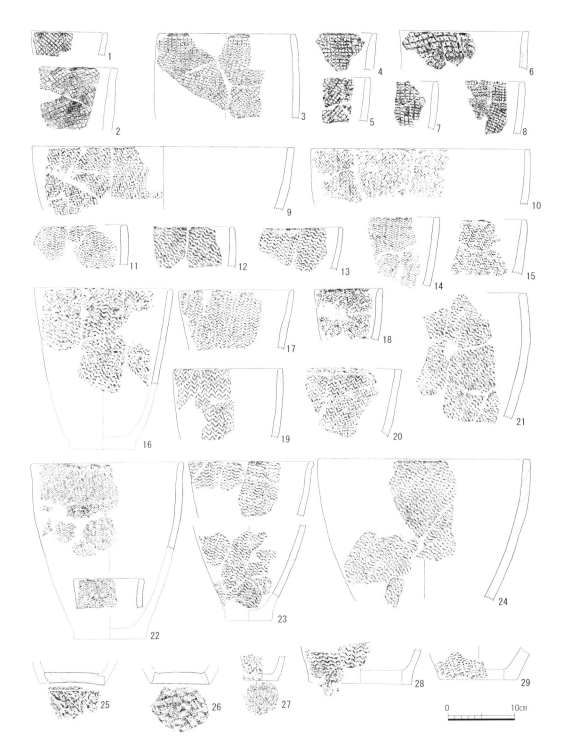

第148図 弘法原式土器 弘法原遺跡

3　九州島における押型紋土器の変遷

部の網代痕は弘法原式と共通する。内湾するものもあり、これに山形紋を施紋する例が、桐木耳取遺跡や打馬遺跡、大戸ノ口第2遺跡などにある［第149図1〜3、7］。口縁部に貝殻条痕紋を横方向、胴部に斜・縦方向に施紋する例が奥木場遺跡・天ヶ城跡遺跡にある。円筒形貝殻紋と弘法原式は器形・施紋方向に共通が認められ、新東が指摘するように弘法原式をはじめとする南部の平底円筒形押型紋は桑ノ丸式に対比できよう〔新東1990〕。

　南部・中部における押型紋の初出が横方向帯状施紋とすれば、在地化した平底円筒形押型紋（弘法原式）はそれにつづく段階であり、この地域に普遍的な下菅生B式が波及する前段階の押型紋であろう。大分編年の稲荷山式に対比する考えもあるが、ここではやや下って早水台式段階として位置づけておきたい。

南部の押型紋事情　　鹿児島県野里小西遺跡出土の楕円紋の帯状施紋や円筒形押型紋の時期の押型紋は南部でもわずかに確認できるが、円筒形貝殻紋土器に付随して検出されるに過ぎない。南部を中心にした円筒形貝殻紋文化における川原田式・稲荷山式・早水台式は極めて客体的な存在で、異系統の土器として捉えることができる。この時期の押型紋人は強固な円筒形貝殻紋文化圏に飛び込んだ侵入者たちであり、まだ生活基盤は充分に整っていない。南部や中部には弘法原式と同じ平底円筒形押型紋が展開する［第149図］。普遍的な押型紋土器が全島的に定着するのは、おそらく下菅生B式の段階になってからである。また平底バケツ形の「イチゴ状押型紋」と呼ばれる押型紋は裏面に柵状紋＋押型紋をもつものもあり、この時期のものであろう〔栁田2003〕。下菅生B式段階のものは山形紋主体的であるが、楕円紋もある。いずれも器形は口縁部が外反する深鉢形であるが、尖底ではなく小さな平底となる。底面には円筒形貝殻紋・円筒形押型紋同様、網代痕をもつ下菅生B式が上野原遺跡第4地点から出土している。

　下菅生B式は九州島全域に広がった型式であり、本州島西部の黄島式が全島的に波及したのは、黄島式後半にあたる下菅生B式の段階であったことが判る[13]［第150図］。この広がりを下敷にして、つづく高山寺式も九州島に波及し始めたと考えられる。しかし、九州島南部には高山寺式はほとんど認められない[14]。このことから在地の手向山式と列島西部の高山寺式がほぼ併行関係にあるという予測を立てた〔岡本2014b〕。南部では下菅生B式と手向山式のあいだには、なお型式学的に間隙があるように考えられる。「出水下層式」や「変形撚糸紋」と呼ばれる平底押型紋の一群の土器がある。

　出水下層式は、賀川光夫による「ヤトコロ式」設定の基準資料の一つでもあった〔遠部2000〕。口縁部裏面は柵状紋＋押型紋の二帯型ではなく、一帯型となる。近年、桐木耳取遺跡から良好な資料が出土している〔鹿児島県埋蔵文化財センター2005〕。中部の熊本県無田原遺跡でも、裏面一帯型の押型紋が単独で出土している〔熊本県教育委員会1995〕。器形も下菅生B式よりも大きく外反する。壺形のような球形状の土器もある。山形紋と楕円紋があり、施紋方向は縦方向全面、上半部に縦方向、胴部を横方向に施紋する傾向にある。なお口縁部をV字形に帯状施紋し、胴部横方向に施紋する土器もこの時期のものであろう。同様の文様構成をもつ押型紋は、上野原遺跡第4地点の下菅生B式にも類例がある。

第8章 九州島の押型紋土器

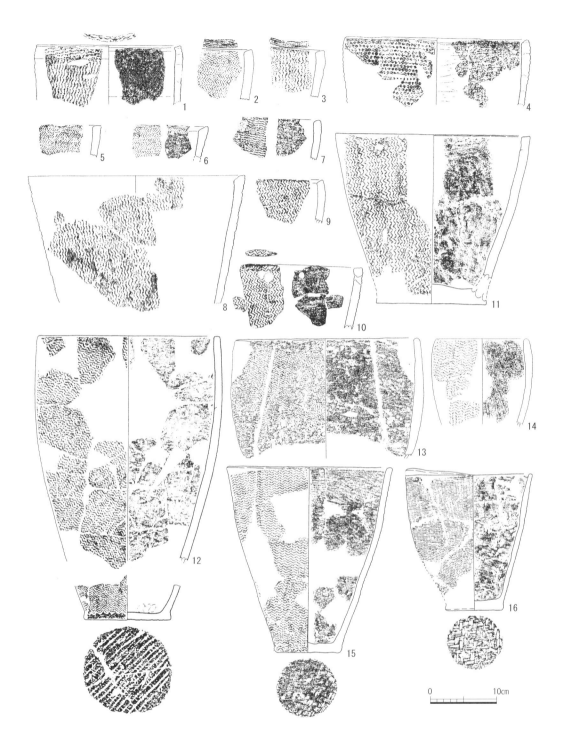

第149図 平底円筒形押型紋土器

1・4・8：桐木耳取遺跡　2・3：打馬平原遺跡　5：札ノ天遺跡　6：山田第1遺跡　7：大戸ノ口第2遺跡
9：木脇遺跡　10：横堀遺跡　11・14：上野原遺跡第2地点　12・13・15・16：市ノ原遺跡

3 九州島における押型紋土器の変遷

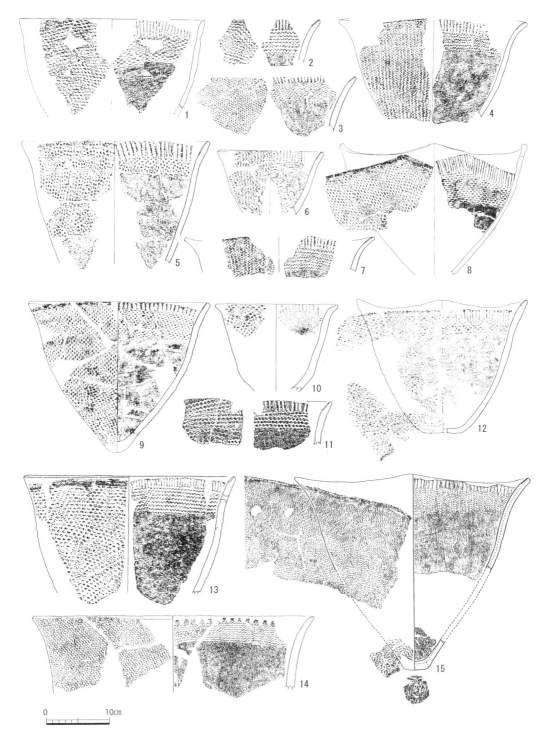

第150図 下菅生Ｂ式土器
1：十文字第1遺跡　2〜7：下菅生Ｂ遺跡　8：エゴノクチ遺跡　9：中後追遺跡　10・12：瀬田裏遺跡
11：木脇遺跡　13・14：上野原遺跡　15：建昌城跡

第 8 章　九州島の押型紋土器

変形撚糸紋土器は、河口貞徳は手向山式の前段階〔河口 1980〕、新東晃一は手向山式の一群に位置づけた〔新東 1981〕。変形撚糸紋は確かに胴部に稜をもつ器形や球形の壺をもち、深鉢と壺のセットは手向山式に近い。しかし併用される押型紋は楕円紋であり、裏面施紋しないものもあり、変形撚糸紋土器は手向山式の前段階として捉るべきであろう。

これら下菅生 B 式と手向山式の中間に位置する土器群の細分や、型式名をどのように設定するかは課題があるが、ここでは仮に「出水下層式」と呼んでおこう。これらの土器群は大分編年でいう田村式に併行しよう。なお南部の押型紋終末を飾るのは、この地域で発達した手向山式である。前稿で述べたのであえて再論はしない〔岡本 2014b〕。

4　大分編年後半期の再編成

大分編年によれば、田村式とヤトコロ式がその後半期にあたる。次に最終段階の手向山式が位置づけられる。遠部　慎は師である賀川光夫の設定資料をもとに、学史的に振り返りながら田村式とヤトコロ式を詳細に検討し、その型式内容を裏付ける努力を試みる〔遠部 1999・2000〕。しかし検証すればするほど、その実態は混迷を極めることになる。それは田村式からヤトコロ式の流れに、手向山式や高山寺式が絡み合っているからに他ならない。解釈論によってはどのようにも変容する。では如何に再編するべきであろうか。

そのためには広域編年の確立、すなわち早水台式―黄島式の対比同様、本州島西部の高山寺式との対比を明確にする必要があろう。遠部は標式遺跡にない資料や標式資料が拡大した議論に批判的〔遠部 1999〕であるが、学史的には田村式・ヤトコロ式は型式名称は定着しおり、新名称をつければ更に混乱することになろう。

田村式の再編　田村式は賀川によって早水台式に後続したものとして設定された〔賀川 1956〕。型式内容の明確でない田村式に対し、寺の前遺跡の発掘資料をもと「寺の前式」として再編しようとする試みもなされている〔高橋 1981・2003〕。その位置づけについては、高山寺式に対比すべき資料とされている。確かに田村遺跡には高山寺式に対比される資料もあることはある。田村式にとって重要なのは、口縁裏面一帯型や無施紋の土器群であろう。坂本が田村式として例示したヤトコロ遺跡出土の楕円紋平底土器が田村式を表象しているようにみえる［第 140 図 8］。口縁部を縦方向に、胴部下半横方向に施紋し、裏面に櫛状紋一帯型を配している。同様な例は菅牟田遺跡にもあり、二段櫛状紋のものもある。裏面無施紋や一帯型楕円紋もこの時期のものであろう［第 151 図］。

二段櫛状紋は川原田遺跡の田村式にもみられ、和田秀寿が「二段短斜行沈線」と呼んだ高山寺式直前の特徴である。田村式の位置づけは、広域編年に照らしてみると黄島式と高山寺式の一群の中間型式として捉えることができる。九州島全域を大局的に見わたしてみると、先に述べた出水下層式（南部）―無田原式・沈目式（中部）―田村式（北部）を同一の併行型式として位置づけることができる。

4 大分編年後半期の再編成

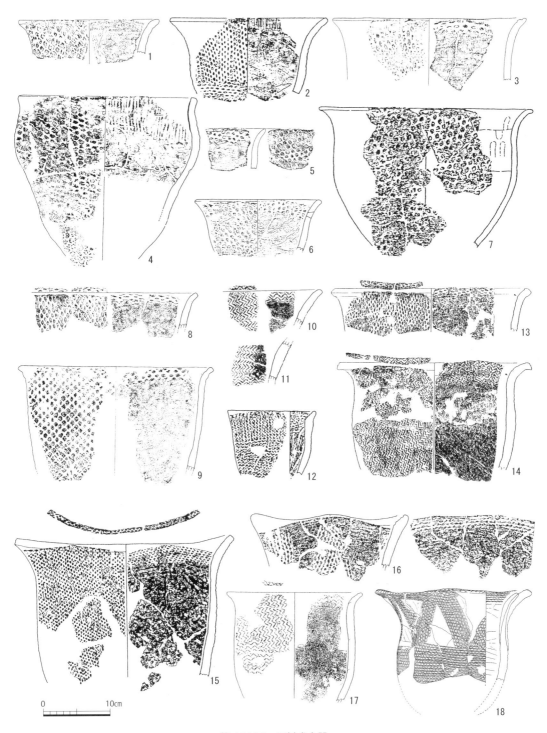

第151図 田村式土器
1・3：寺前遺跡　2・5：ヤトコロ遺跡　4：川原田洞穴遺跡　6：西園南2遺跡　7：下菅生B遺跡
8〜11：無田原遺跡　12：ズクノ山遺跡　13・14：臼ヶ野第2・3遺跡　15・18：桐木耳取遺跡
16・17：上野原遺跡第2地点　11：木脇遺跡　13・14：上野遺跡　15：建昌城跡

第8章　九州島の押型紋土器

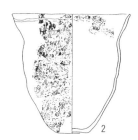

第152図　ルーズな土器［縮尺不同］
1：出水貝塚　2：岩清水遺跡　3：川原田洞穴遺跡　4：高田遺跡

　また川原田遺跡の田村式は通常の器形とは異なり、かつて流行った「ルーズソックス」のようなだらしない断面を呈している。こうした土器は出水貝塚例、石清水遺跡例（石清水式）、本州島では島根県高田遺跡例[15]にもある［第152図］。単に下手くそな作りではなく、同一時期の「つくり方の流儀」を反映したものであろう。
　ここでいう田村式とは小さな平底深鉢を呈し、施紋が縦方向→横方向あるいは縦方向に施され、裏面が一帯型あるいは無施紋の一群の土器として再編しておきたい。大枠において田村式は黄島式と高山寺式の中間型式であるが、なお細分が可能と考えられる[16]。

ヤトコロ式の再生　ヤトコロ遺跡の標式資料は、遠部の詳細な検討によっても「ヤトコロ式」としての型式的条件を備えていないことは明らかである〔遠部 1999・2000〕。ヤトコロ式については、前章において施紋規範や型式内容が明確でないことから、解消すべき型式であると述べた。唯一の型式表象は平底を呈することだけである。またヤトコロ式が田村式の後続型式である点は正しい。設定者の賀川自身は南部の出水下層式を標式資料として代用にしている〔賀川 1957〕。しかし水ノ江も指摘するように、出水下層式は田村式に併行するものだろう〔水ノ江 1998〕。
　九州の研究者の多くがヤトコロ式に苦慮しているのは、標式資料を提示できないことにある。この時期、高山寺式の波及と手向山式の広がりが複雑に交差し、その実態が把握しづらいのも事実である。田村式でもなく、手向山式でもない平底の土器を抽出しヤトコロ式として仮置しているに過ぎない。坂本嘉弘は、胴部にくの字型に屈曲した山形紋や縄紋施紋の土器をヤトコロ式の類例にあげている〔坂本 1998〕。これらは施紋流儀からも器形からも手向山式そのものか、在地化した型式であろう。またヤトコロ遺跡の標式資料の中には高山寺式もあり、瀬戸内に面した豊後には、寺の前遺跡・政所遺跡・菅牟田遺跡など高山寺式が集中して分布している。ここでは本州島の高山寺式が在地化した型式をヤトコロ式として位置づけてみたい［第153図］。
　本来、広域型式として九州島に出現する高山寺式は「高山寺式」と呼ぶべきであろうが、大分編年の序列と最後の型式名を尊重し、ヤトコロ式を在地化した高山寺式に充てたいのである。黄島式を大分編年の「早水台式」と呼ぶのと同じ原理である。ヤトコロ式を媒介として、九州島の手向山式と本州島の高山寺式が併存した複雑な様相を解明する手がかりとなる。ヤトコロ式を在地の高山寺式として再生させることには問題があることは承知している。当然、異論が予想され

4 大分編年後半期の再編成

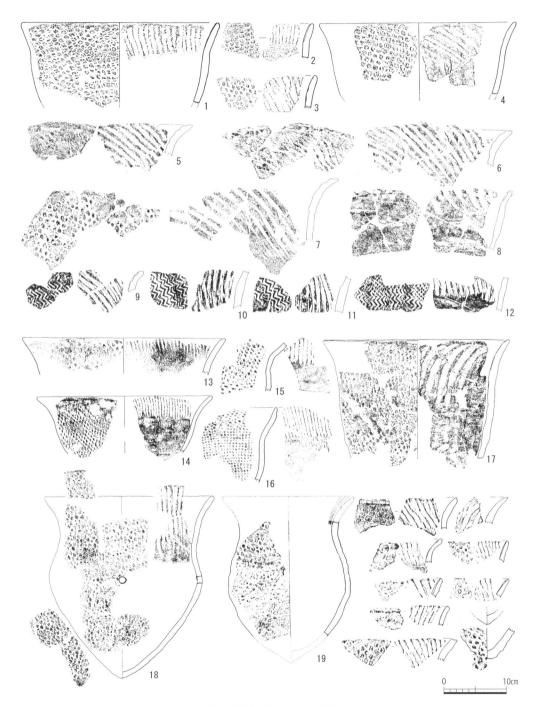

第153図　ヤトコロ式土器
1～4：深原遺跡　5～12：エゴノクチ遺跡　10～13・18：瀬田裏遺跡　17：早日渡遺跡　19：政所馬渡遺跡

257

第8章　九州島の押型紋土器

るところであるが、反論するのであれば、ヤトコロ式の型式内容を提示してから批判してほしい。

高山寺式と手向山式　　本州島の高山寺式が波及するのは、瀬戸内に面した大分県豊後地方に集中している。更にその広がりは北部の福岡県深原遺跡、中部の熊本県瀬田裏遺跡、数は少ないが宮崎県通山遺跡などから出土する。しかし鹿児島県では、桐木耳取遺跡から高山寺式直前の二段櫛状紋の楕円紋が一点出土するに過ぎない。おそらく手向山式の中心域がバリアーとなっているのであろう。同時に、こうした高山寺式の南下が本場の手向山式と接触し、その刺激によって手向山式の北上の要因となったのであろう。高山寺式と手向山式の併行関係については前稿で述べたとおりであるが、改めて検証したい。

　政所遺跡の高山寺式（ヤトコロ式）には、口縁部が外反し胴部が球形状になる深鉢注口土器がある。口縁部の裏面に幅広の太沈線による櫛状紋を施し、高山寺式の櫛状紋の特徴をよく表している。瀬田裏遺跡にも類例がある。こうした注口深鉢土器は現在のところ高山寺式の組成には認められない。在地化した高山寺式の様相を呈している。瀬田裏遺跡の深鉢注口土器（新）には、その前段階の下菅生B式の注口壺形土器（古）に由来し、九州島特有の壺形土器から生成された注口土器と考えられる。

　また政所遺跡から手向山式も出土している。ヤトコロ遺跡からは手向山式特有の屈曲した胴部をもつ縄紋土器があり、施紋流儀も手向山式と共通する。楕円紋ではあるが、上げ底の平底も出土している。なかなか高山寺式と手向山式の交差関係を見いだすことは難しいが、その要因は両型式の生態系や生活圏の違いに起因するのであろう。

おわりに

　九州島における草創期・早期の土器の系統を分析してみると、その構造は南部を起点として北上する系譜と、北部を起点とした南下の系譜からなっている。南北の二つの系譜の交流や接触が九州島の草創期・早期文化の構造を大きく規定しているようにみえる。すなわち南部の草創期後半に形成された円筒形貝殻紋文化が早期に至り、本州島の押型紋文化が波及することによって、新たな胎動を呼び起こしたのであろう。これは関東の撚糸紋文化に中部の押型紋文化が波及し、早期の新たな沈線紋文化に変容する構造とよく似ている。

　最後に九州島における草創期後半の土器群と早期押型紋土器にわけて、その論旨を要約しておこう。

草創期後半期土器群

1.　草創期後半の最も古かるべき土器は、北部では条痕紋土器の大原D14式である。類例は、岩下Ⅸ層式・泉福寺4層式・二日市下層式である。台付きや上げ底をもつ同様の器形は、南部では無紋土器の建昌城Ⅸ層式に対比される。建昌城Ⅸ層式はサツマ火山灰層下から出土している。

2.　北部では条痕紋土器がつづき、二日市上層式が、南部では円筒形貝殻紋初頭（前平式）が出

258

現する。南部特有の平底の角筒・円筒形貝殻紋土器文化が形成され、その伝統は、早期まで存続する。

3. 北部では条痕紋の系譜に、口縁部に円形刺突紋をもつ大原D15式が加わる。円形刺突紋を施すものに無紋土器もある。南部・中部では円筒形貝殻紋前葉（吉田式）の時期に対比されよう。

4. 北部では条痕紋にかわり、回転施紋の撚糸紋土器が出現する。松木田式・浦江式と呼ばれる尖底土器で、撚糸紋土器はその後の押型紋土器の組成要素となる。南部・中部では貝殻条痕紋の中原Ⅲ〜Ⅴ式、島原半島の一野式が撚糸紋土器にほぼ併行しよう。貝殻条痕紋の代わりに撚糸紋を用いるものもある。

5. 別府原式・政所式は口縁部に貝殻刺突紋をもつ、円筒形貝殻紋の系譜に由来する土器であろう。地紋に貝殻条痕をもつ別府原式は南部・中部に、無紋の政所式は九州島全域に広がっている。前者が古く、後者が新しい。

6. 九州島のこれらの土器群は大局的には、条痕紋→刺突紋→回転紋の変遷を辿り、押型紋土器に移行したと考えられる。時期的には本州島東部の編年に照らしてみれば、草創期後半の撚糸紋土器直前の寿能下層式から早期前葉の三戸式の時期にあたる。

早期押型紋土器

7. 九州島における押型紋土器は、本州島西部からの波及によって成立した。その時期は本州島の押型紋文化前半期の最終末、西部ネガティヴ押型紋の終焉後のことであろう。東部押型紋では細久保2式、関東沈線紋では三戸3式段階であろう。

8. 九州島の最古の押型紋は横方向帯状施紋の土器である。量的には僅かであるが、九州島全域で出土する。北部の原遺跡では帯状押型紋に大原D15式や松木田式にみられる円形刺突紋を施され、押型紋土器への移行の様相が明らかになる。

9. 稲荷山式は、黄島式の型式表象である柵状紋を有しないことから黄島式以前に位置付けられる。施紋に横方向帯状施紋をもつものもある。北部を中心に分布する。南部や中部ではその実態を追うことはできない。

10. 島原半島の弘法原式は、中部・南部にみられる平底円筒形押型紋もこの仲間である。弘法原式や平底円筒形押型紋は円筒形貝殻紋土器文化圏の最終段階（桑ノ丸式）に出現した、この地域特有の押型紋である。時期は大分編年の早水台式に対比される。

11. 裏面柵状紋＋押型紋をもつ早水台式・下菅生B式は、黄島式併行期の土器である。前者が古く、後者が新しい。早水台式は北部を中心に広がりをみせるが、稲荷山式同様、中部や南部にはみられない。下菅生B式に至り、全島的に展開する。

12. 田村式については、口縁部に縦方向・胴部に横方向あるいは縦方向に施紋する深鉢平底の土器群を充てる。裏面には柵状紋・押型紋の一帯型となるものや無施紋のものもある。南部の出水下層式、中部の無田原式・沈目式が併行関係にある。

13. ヤトコロ式は解消すべき型式であるが、大分編年の最終型式としての学史的意義を尊重し、空になったヤトコロ式に豊後に波及して在地化した高山寺式をそのまま充てたい。高山寺

第8章　九州島の押型紋土器

第16表　九州島における草創期〜早期の編年

九　州　島			
		北部	中部	南部

			北部	中部	南部
草創期前半	隆起線紋		泉福寺9層	（＋）	（＋）
	爪形紋		6層	（＋）	（＋）
	押引紋		5層	（＋）	（＋）
	条痕紋		4層	（＋）	健昌城IX
草創期後半	押型紋前半	円筒形貝殻紋	二日市上層	（＋）	前平式
			大原15	（＋）	吉田式
			松木田/原ノ口	中原（III〜V式）	円筒形条痕紋
			川原田式	別府原式	倉園B式
			稲荷山式	政所式	石坂式
早期前半	黄島式（＋）高山寺式		早水台式	弘法原式	桑ノ丸・剥峯式
			下菅生B式	中後迫式	上野原式
			田村式	無田原式	出水下層式
			ヤトコロ式	瀬田裏式	手向山式

　　　式は中部まで広がるが、南部には及んでいない。

14. 押型紋土器の最終段階は、南部の手向山式と高山寺式（ヤトコロ式）が対峙し、併行関係に
　　ある。この高山寺式の進出が契機となり、手向山式も北上し、本州島の穂谷・相木式に影響
　　を与えたのであろう。

　以上、草創期後半から押型紋文化にいたる土器群の変遷について、試行錯誤を繰り返しながら
暫定的な大枠を提示した［第16表］。なお、結論を得るためには円筒形貝殻紋土器の変遷と実態
を解明しなければならない。道半ばではあるが、批判をいただきながら更に九州島の草創期・早
期の編年網を整備していきたいと考える。

［註］
　1) 押型紋土器の文化層はIII層とされ、下部から出土した無紋土器は押型紋以前のものとされた〔賀川
　　　1963〕。続く1964年報告では、先のIII層の押型紋土器文化層（5・8・9・10層）はIV層とされ、更
　　　に三つに分層された。IVa層が田村式を主体とする文化層、IVb層が早水台式を主体とし、帯状施紋

の「ベルト施文」を含む文化層、Ⅳc層が尖底無紋土器の文化層して報告されている〔岩尾・酒匂1964〕。賀川による1967年報告では、それまで文化層に用いたローマ数字表記を、堆積層にローマ数字表記を用いたためか、混乱がみられる。Ⅳ層（4層）が田村式、Ⅴ層（5層）が早水台式、Ⅵ層（6層）が「ベルト状施紋」の川原田式、Ⅶ層（7層）が尖底無紋土器と、それぞれ独立した文化層として報告されている〔賀川1967〕。

2) 裏面上段に施紋される平行沈線紋については「原体条痕紋」・「裏面沈線」・「斜行沈線」・「線状押型紋」などと呼ばれるが、最近では「柵状紋」と表する例が多い。この柵状紋には、平行押型紋によるものと描線による沈線紋がある。

3) 川原田式は、大分県成仏岩陰遺跡（楕円紋）・稲荷山遺跡（楕円紋・山形紋）・菅牟田遺跡（楕・山）・東台遺跡（山）・新生遺跡（山）・小六洞穴遺跡（山）・下城遺跡（楕）・手崎遺跡（山）・横手遺跡群（楕・山）、福岡県柏原遺跡（山）・原遺跡（山・格）・宮崎県垂水第2遺跡（楕）・虚空蔵免遺跡（山）・清武上猪ノ原遺跡（楕）・鹿毛第3遺跡（楕・山・格）、熊本県蒲生・上の原遺跡（山）鹿児島県野里小西遺跡（楕）・上野原遺跡10地点（山）などがある。

4) 九州島を三区分し、福岡県・大分県・長崎県を北部、熊本県・宮崎県を中部、鹿児島県を南部と表記する。なお、島原半島は中部の色彩が強い。

5) 円形刺突紋土器は、福岡県大原D遺跡・元岡遺跡・原遺跡・貫・丸山遺跡・浦江遺跡・横道遺跡・柿原Ⅰ縄文遺跡、大分県中原遺跡・粉洞穴遺跡・川原田洞穴遺跡・炭竈遺跡、佐賀県吉野ヶ里遺跡・今町共同山遺跡、長崎県泉福寺洞穴遺跡・岩下洞穴遺跡などにみられる。

6) 政所式・中原（Ⅰ・Ⅱ）式は、福岡県大原D遺跡、佐賀県小ヶ倉遺跡・白蛇山岩陰遺跡・中尾岳洞穴遺跡、長崎県泉福寺洞穴遺跡・岩下洞穴遺跡、大分県政所馬渡遺跡、宮崎県垂水第2遺跡・内野敷遺跡・木脇遺跡・長藺原遺跡・下星野遺跡・上ノ原遺跡・松元遺跡・柊野第1遺跡・別府原遺跡、熊本県頭地田口A遺跡・狸谷遺跡・村上闇谷遺跡・襟ノ平遺跡・扇田遺跡、鹿児島県大口市勝毛遺跡・松尾山遺跡・湯屋原遺跡・池之頭遺跡・大原野遺跡・フミカキ遺跡・宮尾遺跡などにみられる。

7) 別府原式は宮崎県別府原遺跡をはじめ権現第2遺跡・上ノ原遺跡・杉木原遺跡・内屋敷遺跡・木脇遺跡・内城跡、鹿児島県市ノ原遺跡などにみられ、政所式と重複して出土する例が多い。

8) 角筒を含めた円筒形貝殻紋を、「九州貝殻文系土器」・「貝殻文円筒形土器」・「円筒土器」などと呼ばれるが、ここでは「円筒形貝殻紋土器」と総称する。

9) 一野式・中原（Ⅲ～Ⅴ）式と呼ばれる円筒形条痕紋は、福岡県原口遺跡・本堂遺跡・白木西原遺跡、長崎県一野遺跡、畑中遺跡・上畔津大崎鼻遺跡、熊本県扇田遺跡・頭地田口A遺跡・大丸・藤ノ迫遺跡・城・馬場遺跡・白鳥平B遺跡、宮崎県柊野第1遺跡・内野敷遺跡・古城遺跡、鹿児島県小市原遺跡・湯屋原遺跡・小山遺跡・宮ノ上遺跡・健昌城跡・木場A遺跡・石峰遺跡・上野原遺跡第10地点・桐木耳取遺跡などにみられる。なお、南部における円筒形条痕紋の型式名は必要であろう。

10) 註3）に同じ。

11) 西部の横方向帯状紋は上黒岩岩陰遺跡をはじめ愛媛県猿川西ノ森（楕）・広島県豊松堂面洞穴遺跡（山）・島根県板屋Ⅲ遺跡（山）・鳥取県上福万遺跡（山）・兵庫県神鍋遺跡10地点（山）・奈良県大川遺跡（山）などにみられる。東部では新潟県卯ノ木遺跡の横方向帯状施紋（格・山）がまとまっている。

12) 平底形押型紋は器形からみても円筒形貝殻紋に由来するものである。鹿児島県市ノ原遺跡・内屋敷遺跡・上野原遺跡2・3地点・桐木耳取遺跡・石峰遺跡、宮崎県木脇遺跡などにみられる。弘法原式に対応する南部の型式名が必要であろう。

13) 南部の鹿児島下でも下菅生B式段階で押型紋が顕在化する。上野原遺跡第4地点（楕・山）・健昌城跡（山）・宮ヶ原遺跡（山）・桐木耳取遺跡（山）・松木原遺跡例（山）・手向山遺跡例（山）・花ノ木遺跡（山）三大寺遺跡（山）などがある。中部でも熊本県瀬田裏遺跡（楕・山・格）・中後迫遺跡（楕・山）・上の原遺跡（山）、宮崎県早日渡遺跡（楕・山）・木脇遺跡（楕）・天ヶ城遺跡（楕・山）・ズクノ山遺跡（楕・山）などにみられる。なお、八木澤一郎は円筒形貝殻紋土器の終焉について、次の出水下層式段階まで下がると考えている〔八木澤2003〕。

第8章　九州島の押型紋土器

14) 中部の高山寺式に対比されるものは宮崎県陣内遺跡・薄糸平遺跡・通山遺跡・早日渡遺跡など、熊本県瀬田裏遺跡で類例は少ない。

15) 高田遺跡の試掘調査で出土した無紋土器であるが、裏面に二段櫛状紋をもつ楕円紋も出土している〔津和野町教委 1991〕。

16) 通常、黄島式は三細分、つづく高山寺も三細分されている〔関野 1988、和田 1988〕。田村式は両型式の中間型式であるが、黄島式の最も新しい部分と高山寺式の最も古い部分の要素が含まれている。和田が高山寺直前型式とした「二段短斜行沈線」の評価も含め、その細分案については改めて検討したい。

第9章　押型紋土器の終焉
── 手向山式土器と穂谷・相木式土器 ──

はじめに

　過去も現在においても、時代の変革期は人びとに社会的動揺をもたらし、思いもよらないような事件が勃発したり、時には暴動や内戦、戦争を誘発する。先史時代においても同じである。縄紋時代草創期の撚糸紋文化や早期の沈線紋文化終末期、ここに取り上げる押型紋文化の終末期も複雑な様相を呈している。安定した社会を形成しているときは「型式」の規範を明確に読み取ることができるのに対し、動揺した終末期には「型式」の実態を掴むことが難しい。その要因は地域社会が崩壊しつつある混沌とした様相と「夜明け前」の新たな胎動が複雑に絡み合っているからに他ならない。

　押型紋土器後半期の黄島式・高山寺式の変遷後、最終末に九州島の手向山式、本州島の穂谷式や相木式が位置づけられるが、実はその実態がよく判らない。広範囲に分布する高山寺式との時間的な関係や手向山式と穂谷式・相木式の関係も型式学的に解明されているわけではない。九州島を含めた西日本の押型紋文化、東日本の沈線紋文化は終焉を迎え、列島の広範囲に形成される条痕紋文化へ推移する。巨視的にみれば「尖底土器」に終わりを告げ、安定した「平底土器」の縄紋土器へ移行する早期の大きな転換点でもある。この「夜明け前」に位置するのが九州島の手向山式であり、本州島の穂谷式や相木式である。おそらく歩調を合わせるかのように、九州島と本州島の押型紋文化は終焉を迎えるのであろう。今回は予告[1]を変更して、九州島への上陸を押型紋文化の最終ステージである手向山式の探索から始めることにしたい。

1　手向山式をめぐる九州島の押型紋土器事情

　九州島への上陸に際し、この地の押型紋文化を概観してみよう。列島レベルから見ると、九州島の押型紋土器の出現は細久保2式以降の押型紋文化後半期と考えられるが、実に多彩な様相を呈している。文様も同心円紋・重菱紋や「イチゴ」紋といわれる細かなネガティヴ紋など九州島独特の文様が展開している。器形も平底や注口土器・壺形土器などがあり、なぜ早期のこの時期に壺形が出現するのか驚きである。

　こうした多様性が九州島における押型紋土器の型式学的理解に混乱をもたらす要因の一つになっている。あわせて押型紋土器出現前段階の角筒・円筒形貝殻紋土器との関係や押型紋土器に後続する平栫式・塞ノ神式との関係も、編年的・型式学的に充分な解明がなされているわけではない。九州島全域が火山灰のスモッグに被われ、その前後・左右の視界は極めて不明瞭なのである。

第9章　押型紋土器の終焉

九州島へのまなざし　　九州島の押型紋土器を列島レベルで早期に位置づけたのは山内清男である。山内は古式縄紋土器を追究する中で、三戸式に対比しうる西日本の土器として押型紋土器に辿り着き、列島における「古式縄紋土器研究最近の情勢」を分析した〔山内1935〕。山内は佐賀県戦場ヶ谷遺跡、熊本県御領貝塚・轟貝塚出土の押型紋土器を取り上げ、「形も文様も同様な、しかも特殊な圧痕を有する例が、異なった時期にあるものとは容易に考えられない」、「是非他地域の所見を考慮して資料を吟味して戴きたいと思う」と述べている。

こうした山内の先見的なまなざしや喚起に対し、在地の研究者はどのように受けた留めたのであろうか。肥後の小林久雄は、押型紋土器が平底を呈することや縄紋末期の御領式と共伴することなどから、古式縄紋土器の可能性も考慮しつつ押型紋土器が縄紋時代全般に渉って存続したことを強調する〔小林1939〕。最後に「押捺文土器本来の底部が尖底であるのか平底であるのかを決することが捺型文の原流を探究し、惹いては九州押捺文土器の地位を知る捷径ではあるまいか」と結んでいる。これでは古式縄紋土器の意義が失われてしまう。

薩摩の寺師見國も鹿児島県下の縄紋土器を概観する中で、押型紋土器にふれ「本形式の編年上の位置は見る人によって相異が区々で、古式縄文土器と見る人があり、亦末期に近く見る人もある、大体に於て関東では古く見る人が多く、九州では最古と見ない人が多い」と解説している〔寺師1943〕。いつの時代でも九州島のアイデンティティを強調するあまり、山内のような他者の「まなざし」を素直に受け入れないのが、良くも悪くも九州島のお国柄・お人柄である。

戦前の手向山式　　押型紋土器が縄紋時代全時期にわたって存在するという認識の中で、手向山式はどのように理解されたのであろうか。のちに手向山式とよばれる特徴的な押型紋土器を出土した大口市手向山遺跡と田中白坂遺跡が寺師見國によって報告されたのは1936（昭和11）年、ちょうど山内が押型紋土器を古式縄紋土器として位置づけた翌年でもあった〔寺師1936〕。手向山式は古式縄紋土器の特徴とされる尖底土器とは異なり平底を呈し、回転による押型紋と描線による沈線紋を併用した特殊な押型紋土器であった。この特殊な器形と文様が手向山式の位置づけを混迷へと導く要因の一つとなっていく。

三森定男は『人類学・先史学講座』で「先史時代の西部日本」を概観する。九州島の押型紋土器ついて御領貝塚・熊本県牟田平遺跡、手向山遺跡を取り上げ、それらの押型紋土器の特徴を解説した〔三森1938〕。「注意されるのは、くの字形に屈曲する胴部に幅狭い山形連続文を有する突帯を廻らし、その突帯の上部に太形凹線による重弧文を施すものが存することである」と手向山式の特徴的な器形や文様を述べる。また田中白坂遺跡の押型紋にもふれ、「肩部を繞る突帯に連続山形文を施す鉢がある」ことを指摘する。これら手向山式の特徴を、重弧紋をもつ弥生土器（免田式）や阿多式（轟式）に類似点を求めたのである。

同じく「九州の縄文土器」を解説した小林久雄は、押型紋土器の特殊な文様として沈線紋をもつ押型紋や同心円紋などの手向山式を図示・紹介する。解説は押型紋一般を指すものであるが、「比較的大形の深鉢形甕形が多く、底部は厚くて大きく角度の開いた平底」、「鋸歯状に併列した山形連続文」など手向山式の器形・文様の特徴について述べている〔小林1939〕。

1　手向山式をめぐる九州島の押型紋土器事情

　発見者の寺師見國は、戦時下の 1943（昭和 18）年鹿児島県における縄紋土器の分類と地名表を発表する〔寺師 1943〕。県下の押型紋の特徴として大部分が山形連続紋で、穀粒紋（楕円紋）は数少ないこと。底部は軽い上げ底であること。また通常の押型紋にはない「平行凹線文様を附して胴部の突帯丈けに僅か山形の押型紋を施した物があり、亦外部は非押型文を附して口縁内側丈け押型文を附した物もある」と手向山式押型紋の特徴を述べる。その文様には山形紋のほか竹管紋・同心円紋、「表面は轟式文様を附して口縁裏面に押型文」があることを指摘している。

　三森・小林・寺師の三氏いずれも、他の縄紋土器はすべて型式名で表記するのに対し、押型紋土器のみ文様名で解説している。押型紋土器が縄紋時代全般にわたって存在するとの認識から、特定の時期を示す型式名で表記することができなかったためであろう。これが手向山式の位置づけをますます不安定にしたのである。

　ところが、樋口清之の概説書に「縄文文化の年代的組織」と題する編年表［第 17 表］が掲載された〔樋口 1943〕。その編年表には〔カッコ〕付きながら、〔沈目〕→〔戦場ヶ谷〕を早期に、〔田中白坂〕早期・前期の境に、〔手向山〕→曽畑式・轟式・日勝山式とする九州島の押型紋土器の変遷が提示されている。この編年表は日本古代文化学会縄文式文化調査部によって作成[2]されたもので、江坂輝弥が深く関与していることは、戦後の江坂の変遷観や編年表［第 18 表］を見ても明らかである〔江坂 1950〕。この編年表で示された〔手向山〕は型式名ではなく、編年表の下註にあるように遺跡名すなわち「手向山遺跡で出土した土器」という意味合いであった。しかし九州島に

第 17 表　縄文文化の年代的組織〔樋口 1943〕

第 18 表　日本各地に於ける縄文式文化の変遷〔江坂 1950〕

おける押型紋土器の変遷観をはじめて明示したものとして重要である。

戦後の動向　1951（昭和26）年、日本考古学協会縄文式文化編年研究特別委員会（金関丈夫）によって熊本県御領貝塚の発掘調査が行われた。御領式との共伴関係が取り沙汰されていた押型紋土器は、貝塚形成（御領式期）以前の遺物であることが判明する。小林行雄は「早期の押型文土器が発見されているが、これは貝塚堆積以前の遺物が混合したものである」とはっきり記述している〔小林1959〕。江坂輝弥も「押型文土器の時代と御領式土器の使用された時代には、かなり時間的距りがあ」り、「九州地方の押型文土器も中期初頭より後の時代まで下るものはないと考えている」との見解を示した〔江坂1953〕。しかし、御領式との混在の事実は1965（昭和40）年正式報告書が刊行されるまで、周知されることはなかった〔坪井1965〕。

　また1953（昭和28）年賀川光夫は八幡一郎を招聘し、大分県早水台遺跡の大規模な学術調査を実施した。九州島における押型紋文化の解明のための先駆的役割を果たす〔八幡・賀川1955〕。しかし、その成果もまた九州島全般にわたる押型紋土器の見直しにつながる契機とはならなかった。残念なことである。早水台遺跡の報告書が刊行された翌年の『日本考古学講座』3で、賀川光夫は九州島の縄紋土器を概観した〔賀川1956〕。押型紋土器については、早期の早水台式・前期の手向山式・中期の石清水式・後期の松添式の各時期に渉って存続した編年表が示された〔第19表〕。この時点に及んでも、押型紋土器の主体が御領式にあるとする小林久雄・寺師見國の旧説をなおも紹介している。

　その10年後の1965（昭和40）年刊行の『日本の考古学』Ⅱにおいて、ようやく御領式との共伴説は払拭されたものの、依然として手向山式は前期に据え置かれたままだ。九州モンロー主義は貫かれ、戦後20年を経過しても「ミネルヴァ論争」は克服されていないことが判る。

手向山式の設定　1950（昭和25）年、江坂輝弥は歴史評論に連載した「縄文式文化について」において、九州島の押型紋土器を「手向山式文化」として次のように分析した〔江坂1950a・b〕。「南九州地方には稲荷台系の回転押捺文系文化のみが独自の発展をなし、縄文式文化中葉前半以に朝鮮半島方面より伝播したと考えられる櫛目文系文化の影響する曽畑、日勝山式の影響により手向山式の如き特

第19表　九州の縄文式土器編年表〔賀川1956〕

晩期	夜臼 黒川 御領	夜臼 御領	東昌寺 黒川		
後期	三万田 西平 鐘崎 岩崎上	市木 指宿	三万田 西平 鐘崎 （小御手洗B）	市来C 市来B 市来A	松添 川下 ？
中期	岩崎下 阿高 並木	西原	指宿（綾村） 岩崎下 阿高 御手洗		
前期	春日町 塞神 吉田 手向山 轟？	苦浜	轟B 轟A（並木） 塞神	石清水 塞神 手向山B 手向山A	
早期	田中 戦場 石日曾沈 （北九州）	白坂 谷山 勝畑目 （南九州）	宿北方（本城） 曾畑 早水台	下城 牟田平 早水台（沈目） 早水台A	（押型文系）

1 手向山式をめぐる九州島の押型紋土器事情

殊文化が発生したのではないか思われるのである」との江坂流の融合文化論を展開している。ここに初めて「手向山式」という型式名が登場する。

こうした江坂の位置づけや見解に触発されたのか、寺師見國は南九州の押型紋土器の変遷を発表する〔寺師 1952・53〕。寺師は大口市所在の田中白坂・手向山・永山・松木原の4遺跡を取り上げ、南九州の押型紋土器を次の三系統に分類する。白坂・手向山文化系—凹線紋系押型紋、永山文化系—ミミズ腫れ紋（轟式文様）の手向山式の特徴をもつ押型紋、凹線紋やミミズ腫れ紋をもたない松木原文化系—山形紋・楕円紋の三つ系統に分けた。そして白坂・手向山文化系→永山文化系→松木原文化系とする押型紋土器の変遷観を提示したのである。同じ年、江坂が批判〔江坂 1953〕したように、今日の押型紋土器の編年とは逆転したものとなっている。なお「器壁は、上腹部が厚く、中腹部の帯状附着部を境として却って薄くなって居るのも他の縄文式土器には見られない特徴である」との寺師の指摘は、くの字状の屈曲部をもつ手向山式の製作技法を考える上で重要な観察点であった〔寺師 1953〕。

また翌年に出版された『南九州の縄文土器』において寺師もはじめて型式名を用い、手向山式について次のように解説している〔寺師 1954〕。「土器の地紋に多くは押型を附けて其の上から「ヘラ」描きで平行線を使った曽畑式に見るような幾何学的の図文を描いている。而して上下胴部の堺にはおおくは突起帯を作り、この突起帯上に押型を押した物があり、この突起帯以下の下腹部には又押型だけを押捺している。特に注意すべきことは此形式押型文は底が図で見る如く凹底である。私は（3）（4）（5）のような形式の押型文を特に「手向山式」と呼びたい」と定義した［第154図］。前述の白坂・手向山系の沈線紋を狭義の「手向山式」とし、永山文化系の微隆起線紋を轟式の一種として手向山式から分離していることが判る。

前期・手向山式　早水台遺跡の押型紋土器を発掘した賀川光夫は、先に述べた『日本考古学講座』3における九州編年で、手向山式をA・B式に2分している。A式は「幾分肩部の張りが弱く土器装飾の施文の押型文のみ

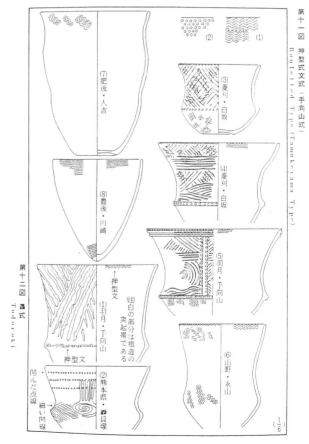

第154図　寺師による手向山式土器〔寺師1954〕

267

をほどこすもの」、B式は「へら描き、平行線文様等曽畑式土器の幾何学文を併用し、さらに肩部の張り強く、これに隆起帯を作り、この帯上部に押型文を押捺するもの」とする。こうした手向山式の押型手法は南九州だけでなく、九州全体に分布することを指摘した〔賀川1956〕。

1962（昭和37）年、乙益重隆は『日本考古学辞典』で「手向山式土器」を執筆担当した〔乙益1962〕。Ⅰ式が押型紋、Ⅱ式が撚糸紋、Ⅲ式が沈線紋、Ⅳ式がミミズ腫れ紋の四型式に分類した。これは寺師の文様分類を単に型式名に置き換えただけのやや安易な型式細分であった。

1965年（昭和40）年になって、『日本の考古学』Ⅱでは、前述のように御領式共伴説は姿を消したが、九州地方を解説した乙益や賀川は手向山式を前期に位置づけたままにしている。乙益は先の手向山式の四細分案を示し、賀川が中期の押型紋土器とした石清水式も手向山式の一種と考えている。乙益は「手向山式土器の例から判断して、前期の頃まで踏襲されていたうたがいがあり、その点、他の地域のようすとはちがっている」と九州島の独自性を強調する〔乙益1965〕。また賀川も手向山式（跡江式）が「宮崎市跡江貝塚の発掘事実から、〈中略〉前期初頭に押型施文がおこなわれることをしった」と述べている〔賀川1965〕。

このように手向山式が前期の枠組みに留め置かれた大きな要因は、器形が胴部下半で屈曲し、上げ底風の平底を呈したこと、曽畑式の沈線紋や轟式の細隆線紋と関連するとの戦前からの系統観によるものであった。多くの研究者が前期の曽畑式や轟式と融合する時期に手向山式を位置づけたのは、学史的経緯からも型式学的にみても無理からぬ側面をもっていた。

手向山式の追究　押型紋土器を精力的に追究した片岡　肇は、九州島の特異な押型紋土器である手向山式に果敢に取り組む〔片岡1970〕。手向山式の沈線紋を曽畑系、微隆線紋を轟系と捉える分析視点は、九州島の研究者同様、「前期」の呪縛から解放されていない。

「縄文時代早期の中頃に九州に入ってきた押型文土器は、早期末までに少なくとも近畿地方以西の他の地域とほぼ同様のテンポで変化してきた。九州以外の地域では押型文土器は早期末で姿を消す。しかしながら、九州においてはその後もしばらく残存し、独自の発展をとげる。そうして、おそらく前期の中頃に、押型文手法以外の施文を取り入れた特異な押型文となり、それを最後に長い押型文土器の伝統は終止符を打つ。この最後の特異な土器が、いわゆる手向山式土器である」と位置づけた。江坂同様、九州島の押型紋土器は前期まで残存し、独自の発展を遂げるというシナリオを描く。

こうした前提を除けば、片岡の分析は手向山式の型式学的な基礎研究として評価することができる。まず、片岡は押型紋だけで構成される手向山式を先行型式として「永山式」と呼び、手向山式から除外して最後の純正押型紋土器として位置づける。手向山式は押型紋と沈線紋や微隆起線紋と併用する土器に限定する。第1類を押型紋＋沈線紋、第2類を押型紋＋微隆起線紋に二分する。これは第1類が曽畑式、第2類が轟式の影響による文様とする旧来からの系統観に依拠している。片岡は第1類と第2類の前後関係について、前段階の「永山式」押型紋と「轟B式」微隆起線紋（第2類）が個別に共存し、次の手向山式（第1類）の段階で両型式の文様が融合したと考えている。更に第1類の沈線紋が後続の跡江式→塞ノ神式に引き継がれるとみている。と

すれば第2類→第1類への変遷が導き出されてもよさそうであるが、その前後関係は必ずしも明確にしていない。今からみると永山式→手向山式（第2類）→手向山式（第1類）→跡江式→塞ノ神式とする正しい型式学的変遷を提示したのであるから、曽畑式や轟式との関係を見直す絶好の機会になったかもしれない。

　また本州島の手向山式類似土器にも言及したにも関わらず、「現在の少ない資料からは何ともいえないし、むしろ手向山式土器とは切り離して考えるべきである」とその糸口を自らの手で閉ざしてしまった[3]。片岡が類例にあげた石山貝塚例については、坪井清足が穂谷式と命名し「押型文と突帯や箆描文の複合、しかも山形押型文や複合鋸歯文状の文様などは、南九州の手向山式を思わすものがある」と早くから指摘していた〔坪井1956b〕。穂谷式は層位的にも他の押型紋土器と同じ黒土層から出土し、明らかに茅山式土器（混土貝層）より下層すなわち早期中葉の押型紋の仲間であることが確認されていたのである。

　石山貝塚の確かな層位例をもとに本州島のまなざしで分析していれば、手向山式の理解にも別の展望が開けたかもしれない。しかし、これも結果論である。

アカホヤ火山灰　　1970年代後半になると鬼界カルデラを噴出源とするアカホヤ火山灰が広域テフラとして重要な鍵層となることが判明する〔町田・新井1978〕。これにいち早く対応したのが、新東晃一である。鹿児島県下の早期・前期の土器を再編成する〔新東1979・80〕。押型紋の手向山式をはじめ、前期とされてきた吉田式・前平式など角筒・円筒貝殻紋土器や平栫式・塞ノ神式などの土器群は、一括してに早期に組み込まれる事態が生じたのである。「みんなで渡れば怖くない」といえばそれまでであるが、九州島における縄紋土器研究は何であったのであろうか。御領貝塚の発掘事実を引くまでもなく遺跡間の層位学的研究はなく[4]、長い間、誤った型式学的研究だけがまかり通っていたことになる。

　前期から早期に移籍・編入された諸型式については、押型紋土器を基軸として前後の関係を如何に系統的に編年するのか、今なお型式学的議論や系統観に混乱が生じている。また草創期と早期の境界も明確に提示されていない。今日アカホヤ火山灰を基準に降下前を早期、降下後を前期に大別するのが常識となっているが、アカホヤ火山灰の上層から出土する轟式が確かに前期に属する保証はあるのか。アカホヤ火山灰が鍵層であることと、考古学上の大別区分とは別の問題である。大別は土器による細別型式の系統的蓄積によって決定するのが原則であろう。「土器は土器から」ということである。このままでは何のために早期に移籍したのか分からない。また近年、草創期サツマ火山灰と早期アカホヤ火山灰の鍵層の間には、三層の桜島火山灰層P13（Sz-Tk3）、P12（Sz-Up）、P11（Sz-Sy）が確認されている。今後、鍵層になり得るのであれば、更に層位的検証が進むと考えられる〔黒川2003〕。合わせて各土器群の型式学的な系統関係や変遷を組み立てることが急務であろう。

早期・手向山式　　山内の指摘から約半世紀を経て「前期」の冤罪から解放され、早期に復帰した手向山式は押型紋土器の最終段階に位置づけられる。全国の押型紋文化の仲間入りを果たし、列島レベルでの議論が展開されるようになる〔松永1984、新東1996〕。そして、ちょうど濃霧が晴

れたように九州島の手向山式と本州島の穂谷式・相木式が最終段階の一連の土器群として見通せるようになった〔可児 1989、坂本 1995〕。

大規模な開発に伴う発掘調査によって手向山式が九州島全域に分布し、その実態も次第に判明する。九州島北部の福岡県治部の上遺跡では、深鉢や壺形土器それに伴う蓋など豊富な多量の手向山式が出土した。調査者である中間研志は山形紋だけで構成するⅠ式と口縁部に突帯をもつⅡ式に細分し、九州島南部でもⅠ式のみの遺跡（星塚遺跡）があることからⅠ式→Ⅱ式の時間的変遷を考察した〔中間 1994〕。中間は単純な押型施紋から器形の優美さや器形装飾を求めた手向山式に、「押型文文化の社会規制が崩れかかてきた時に、いち早くその枠の中であがいて一歩前進した進歩的集団が手向山文化社会であった」と積極的に評価した。

また松舟博満や新東晃一によって治部の上遺跡でも出土した手向山式の壺形土器の集成がなされ、東アジアの新石器文化との関連、その出自や塞ノ神式に至る変遷が論じられている〔松舟 1990、新東 1991〕。手向山式に後続するとみられる刻目突帯を多用した土器群が熊本県天道ヶ尾遺跡や宮崎県妙見遺跡から出土している。手向山式と平栫式をつなぐ天道ヶ尾式・妙見式として注目されている〔熊本県教委 1990、宮崎県教委 1994〕。

手向山式の実態が明らかになる 1990 年代、横手浩二郎によって本格的な手向山式に関する型式学的研究が進められる〔横手 1994・1997・1998a・98b〕。それは横手自らが述べるように、「手向山式土器およびそれに伴う文化総体の研究と縄文早期内のおける位置づけ」をめざし、型式分類、型式組列、分布論、時間的変遷について自己の分析視点を提示した。手向山式は文様の分析から、Ⅰ式が押型文単独のもの、Ⅱ式が微隆起線紋や沈線紋のもの、Ⅲ式は口縁部に突帯をもつ沈線紋のものの三型式に分類する。器形の変化などからもⅠ式→Ⅱ式→Ⅲ式の変遷が考えられ、この変遷が九州島全体に分布する手向山式の時間的階梯を示していると考察した。

手向山式と穂谷式・相木式との関係、手向山式に至る押型紋土器の起源、手向山式から塞ノ神式・平栫式の関係については問題点の提起に留まっているものの、今後の一層の型式学的研究の推進が期待されよう。

2　手向山式の型式学的分析

1990 年代、横手浩二郎の型式学的分析によって、手向山式土器研究の一つの指標が提示さた〔横手 1998a・b〕。横手の調べによると手向山式期の遺跡は 61 ヶ所であったが、現在優に 100 遺跡を越え、その遺跡は山間部に多く立地している。今日、横手の手向山式土器研究を手本に、改めて押型紋文化終末期の実態を究明する段階を迎えているといえよう。

手向山式の表象　　手向山式は九州島全域に広がりをみせるが、その中心は九州島南部であろう。特徴的な器形や多彩な文様から手向山式に弁別することは容易であるが、一遺跡内での出土量は決して多くない。言い換えるならば、型式内容を明らかにできる手向山式の遺跡は少ない。断片的な情報をつなぎ合わせて総体化するしかない。手向山式の型式内容が整っている数少ない

遺跡は、鹿児島県中尾田遺跡であろう〔鹿児島県教委1981〕。出土した早期土器群のなかで第9類に分類された手向山式を参考にしながら、その表象を分析していきたい。

器　種

　列島における早期の土器群は通常、大小はあっても深鉢の単一形である。ところが手向山式には壺形土器がある。壺形土器に伴う蓋がある。器種としては深鉢・壺の二種である。

器　形

　手向山式を表象する特徴の一つは、先学が指摘するように深鉢の器形にある。その特徴は、外反する口縁から胴上半部と下半部の境が「く」の字状に屈曲し、底部は上げ底状の平底を呈することである。寺師見國が早くから指摘したように、屈曲部を境に上半部の器壁が厚く下半部が薄くつくられているのは、おそらく製作技法に関連する関連するものと考えられる。胴上半部と下半部が別々に作られ、屈曲部で接合したためであろう。屈曲部に疑似口縁が認められることや接合部（屈曲部）を隆帯状の粘土紐で補強していることからも、こうした製作技法を傍証することができよう。胴上半部と下半部を別作りして接合する手法は、高山寺式の製作技法と共通している〔仁科1979〕。比較的的大型のものが多く、口径が40㎝を超えるものもある。

　一方、壺形土器の胴部は球体状を呈し、「く」の字状にはならない。なぜであろうか。深鉢の製作技法と異なるのであろうか。手向山式以前に位置づけられる熊本県瀬田裏遺跡の壺形注口土器の胴部は屈曲部をもっているのに、全く不可解である。壺形土器も頸部がやや長いものと単頸壺がある。壺形土器の出現の意義や系統については今後の課題としたい。

文　様

　手向山式の押型紋の特徴は、大振りの山形紋が多用される点である。高山寺式で多用される大振りの楕円紋はない。同心円紋がその代用であろうか。

　施紋する部位は、口唇部・胴上半部・胴下半部・裏面口縁部である。胴上半施紋帯[5]は区画をもたないもの（Ⅰ類）と口縁部と屈曲部あるいは屈曲部に突帯による区画を設けるもの（Ⅱ類）が大別できる。言い換えると絵画（キャンバス）そのものと額縁をもった絵画の違いであり、刻目突帯紋は文様というより区画帯の役割を担っている。

　胴上半部に施紋された文様は、回転施紋（A）と描線施紋（B）の二種に分類できる。A類は山形紋[6]・同心紋・重菱紋などの押型紋、撚糸紋（網目状撚糸紋）、縄紋による回転紋が施される。同一原体による施紋が多いが、表面に異種原体をもちいるものや表面と口縁裏面で異なる原体をもちいるものがある。施紋は原則として縦方向である。

　B類は凸紋の微隆起線紋（B1）と、凹紋の沈線紋（B2）の描出施紋がある。B類は各施紋部位に回転施紋した後、胴上半部のみ微隆起線紋や沈線紋を上描きしている。微隆起線紋のB1類は丁寧に調整して微隆起線紋を描出しているため、回転紋の痕跡は認められない。しかし口唇部・裏面口縁・胴下半部に押型紋や撚糸紋を施紋している。

　沈線紋のB2類は上描きした沈線紋の間に回転紋の痕跡が明瞭に残り、地紋のようにみえる。沈線紋には半裁竹管による平行沈線（a）、細沈線（b）、太沈線（c）の三種がある。平行沈線（a）

第9章　押型紋土器の終焉

は流水状や波状に描出される。細沈線はB1類の微隆起線のモチーフと共通している。太沈線
(c) は直線的あるいは曲線的な集合沈線で幾何学的な文様を構成する。口縁部と屈曲部に突帯に
よる区画帯を設けるもの（Ⅱ類）は、この太沈線 (c) に限られる。

手向山式の細分　　横手浩二郎は文様の変遷や器形の変化から、手向山式の三細分案を提示した
〔横手1998a・b〕。回転手法から描線手法への三細分は、型式学的変遷には正しいように考えられ
る［第155〜157図］。

　回転施紋のⅠA類は深鉢だけでなく、壺にも回転紋だけで構成するものがある。一細分型式
を設定できる要素をもっている。これを手向山1式としよう［第155図］。1式は施紋を基本とし
て、胴上半部に描線文様が上描きされる。手向山式の意義は正にこの描線手法の出現にある。回
転施紋から文様を描くという描線手法への変化は縄紋土器文様の発達史上、大きな画期となる。
九州島における押型紋土器に終わりを告げ、描線手法による平栫式や塞ノ神式の沈線紋土器を生
み出す契機となったのである。

　手向山2式は1式同様、区画帯のない微隆起線紋（B1）と平行沈線紋（B2a）・細沈線紋（B2b）
の一群の土器である［第156図］。描線手法が浮紋（凸紋）、沈紋（凹紋）のどちらから始まるのか
文様史上重要な視点である。微隆起線紋（B1）は壺にも用いられており、平行沈線・細沈線紋（B2a.
B2b）に先行して出現するとも考えられる。しかし、横手は凸紋の微隆線線紋と凹紋の沈線紋は
文様のモチーフに共通点が多く、凹紋と凸紋をネガ・ポジの反転現象と見なして微隆起紋と沈線
紋を同時期とした[7]〔横手1998b〕。ここでは横手の見解に従い、あえて細分しない。

　手向山3式は突帯による区画をもち、その区画内を直線的あるいは曲線的な集合太沈線で
幾何学的に充填する一群の土器である［第157図］。刻みをもつ隆帯は口縁部と屈曲部を区画す
るものと屈曲部のみを区画するものがある。太沈線紋だけで構成するものもある［第155図1〜
10］。このほか本場の九州島南部ではみられないが、大分県菅無田遺跡には刻目突帯をもった山形
紋だけで構成された土器がある［第158図］。刻目突帯からみると、手向山3式に伴う可能性が考え
られる。手向山2式以降も
描線手法で飾られた（沈線
紋・隆起線紋）が作られる一
方、飾られない地紋（押型
紋）だけの土器が残存する
のか、重要な検討課題であ
る。いずれにしても3式を
もって、押型紋による施紋
の痕跡は完全に消滅する。

　以上、文様と細別型式を
整理すると次のようになる
［第20表］。

第20表　手向山式土器の文様分類

　Ⅰ．区画帯のないもの・・・　A．回転施紋—押型紋
　　　　　　　　　　　　　　　　　　（山形・同心円・重菱）
　　　　　　　　　　　　　　　撚糸紋
　　　　　　　　　　　　　　　縄紋
　　　　　　　　　　　　　B．描線施紋—1．微隆起線紋
　　　　　　　　　　　　　　　　　　2．沈線紋
　　　　　　　　　　　　　　　　　　　a．平行沈線紋
　　　　　　　　　　　　　　　　　　　b．細沈線紋
　　　　　　　　　　　　　　　　　　　c．太沈線紋

　Ⅱ．刻目突帯をもつもの・・・　B．描線施紋—2．沈線紋
　　　　　　　　　　　　　　　　　　　a．太沈線紋

2 手向山式の型式学的分析

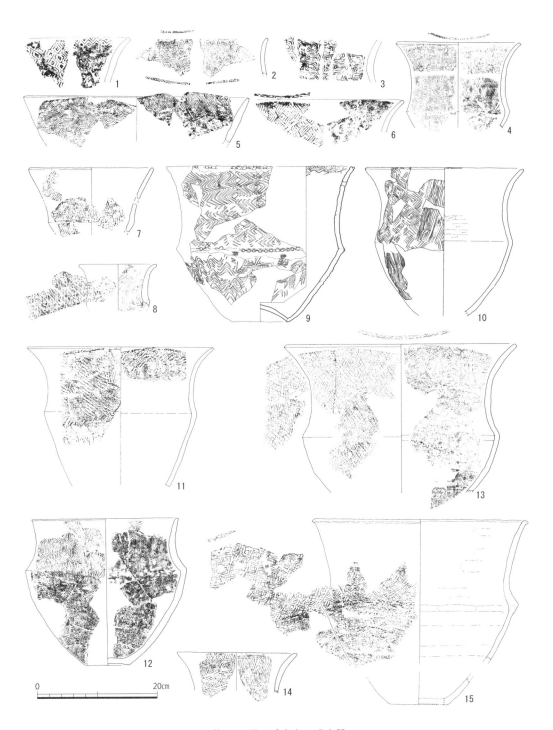

第155図 手向山1式土器
1・3・6：中尾田遺跡　2・8・15：湯屋原遺跡　4・12・13：建山遺跡　5：天道ヶ尾遺跡　7：狸谷遺跡
9：隠追遺跡　10：市原遺跡　11：ヤトコロ遺跡　14：山口遺跡

第9章　押型紋土器の終焉

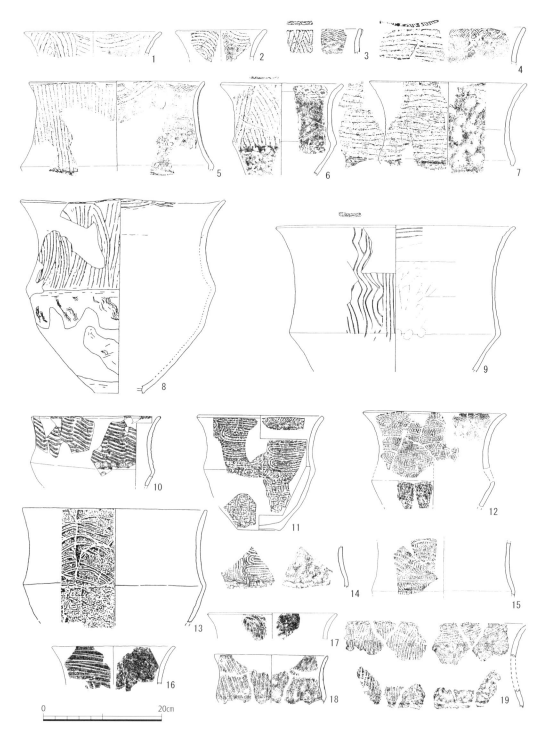

第156図　手向山2式土器

1・2・4・15：城・馬場遺跡　3・5・7・9・14：妙見遺跡　6・16：建山遺跡　8：耳載遺跡　10：供養之天遺跡
11：正ノ平遺跡　12：狸谷遺跡　13：高城遺跡　17：中尾田遺跡　18・19：野首第1遺跡

2 手向山式の型式学的分析

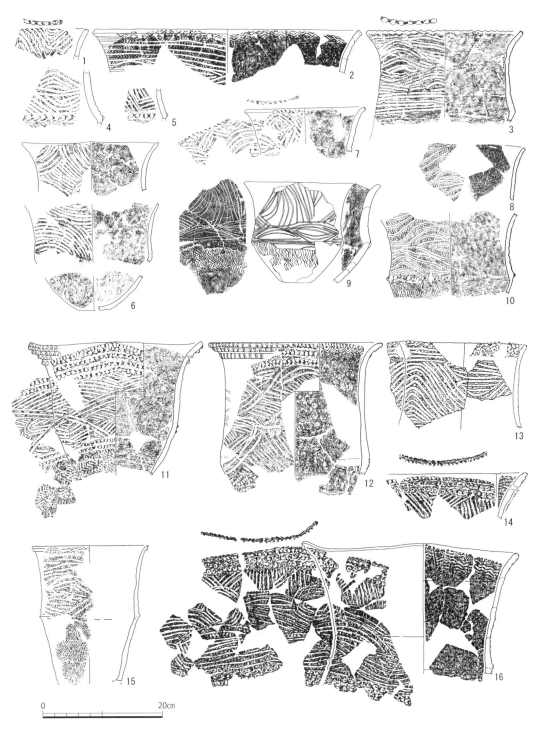

第 157 図 手向山 3 式土器

1・4・5：城・馬場遺跡　2・14・16：桐木耳取遺跡　3・11・12：稲荷追遺跡　6：山口遺跡　7：建山遺跡
8・10：隠追遺跡　9：横井竹ノ山遺跡　13：天神河内第 1 遺跡　15：東城原第 2 遺跡

第9章　押型紋土器の終焉

手向山式の位置　九州島おける手向山式は、列島の広域編年上、どのような位置にあるのであろうか。中村五郎は手向山式に続く平栫式・塞ノ神式の考察〔中村2000〕において、九州島と東日本の早期・前期の対比編年を提示した〔第21表〕。その中で手向山式に言及し、「手向山式の場合には押型紋の代替で隆線が出現しており、同じ状況が野島式にもあり手向山式と野島式のある段階が並行との推定も許されよう」との見通しを立て手向山式と野島式を対比させた。

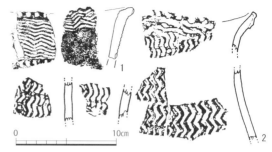

第158図　刻目突帯をもつ山形紋土器（菅無田遺跡）

押型紋の代替で隆線紋が出現するかは別にして、手向山式にみられる微隆起線紋や沈線紋や突線区画は子母口式や野島式段階の文様やモチーフと共通している。しかし、両者の関係を直接的に結びつける根拠はなにもない。また田戸上層式から野島式に至る関東編年については、型式の弁別や実態をめぐって議論のあるところである。中村の型式学的な見通しを検証するためには、本州島と交差関係にある高山寺式や穂谷式・相木式との対比関係を明らかにしなければならない。

第21表　東日本の縄紋早・前期の編年対比〔中村2000〕

九州	近畿	伊勢湾周辺	関東
押型紋	＋	＋	子母口
妙見			野島
？			
平栫・塞ノ神型式群	＋		鵜ヶ島台
	＋	八ツ崎	茅山下層
	＋	粕畑	茅山上層
	＋	上ノ山	＋
	＋	入海Ⅰ	＋
	＋	入海Ⅱ	
	石山	＋	打越
？		天神山	神之木台
？	（安土N上層）	塩屋	下吉井 菊名下層 広義の 花積下層
羽田の一部 轟？	粟津湖底SZ？	（上ノ山Z）木島	
	（鳥浜80R1区）	清水ノ上Ⅱ(a)	関山Ⅰ
曽畑	羽島下層	同 (b)	同 Ⅱ
	北白川下層Ⅰ	同 (c)	黒浜

註記　1．この表は仮製のもので、後日訂正増補される部分がある。
　　　2．＋印は相当する式があるが、型式名の付いていないもの。
　　　3．吉田1984の第2表に拠った部分がある。

高山寺式との関係について、いま言えることは広域な高山寺式の分布域が九州島中部（宮崎県・熊本県）以北であり、手向山式の中心的分布域の南部（鹿児島県）にまでは及んでいない点にある。文様も楕円紋主体の高山寺式、山形紋主体の手向山式と対照的な様相を示している。また高山寺式の広域的な広がりを背景として、本州島にも手向山式の分派ともいうべき穂谷式・相木式が出現するのであろう。

とすれば、押型紋文化終末期の高山寺式と手向山式が交差する関係にあることを示唆している。問題は本州島の穂谷式・相木式が、手向山式の細分型式とどのように交差するのかという点である。それにについては、穂谷式・相木式を分析するなかで後述することにしよう。

2 手向山式の型式学的分析

手向山式以降　九州島の押型紋土器の終焉を手向山式に求める点においては研究者間の齟齬はない。しかし手向山式に至る押型紋の変遷も、手向山式以降の変遷も一致する見解は得られていないのが現状であろう。手向山式以前の押型紋土器の変遷については別稿を予定でおり、ここでは平栫式・塞ノ神式に至る変遷の見通しを述べてみたい。

　平栫式と塞ノ神式の関係については、平栫式を古く、逆に塞ノ神を古く位置づける一系統説〔河口1972、高橋1997、中村2000、木崎1985、松永1987a〕、円筒形貝殻紋との関係から複系統併存説〔新東1988、多々良1985〕など活発な議論が展開され、いまだ定説に至っていない。一系統説をとる中村は、限られた種子島の範囲でも九州島一円でも平栫式や塞ノ神式の細別型式が確認できることは一系統での変遷の証明であり、複系統併存説は成立しないと強く主張している〔中村2000〕。

　著者も手向山式の文様構成や口縁部の刻みから手向山式→天道ヶ尾式・妙見式→平栫式に至る一系統説を支持したい〔第159図〕。手向山2式の微隆起線紋の文様構成の中には、横方向の施紋を分断するように縦方向の施紋をするものがある。3式の沈線紋にも同じ構成をもつものがあり、次の天道ヶ尾式・妙見式にも平栫式にも刻目突帯や列点紋で表象される。平栫式では口縁部は肥厚し、矢羽根状の刻みをもつ〔第159図A〕。こうした矢羽根状の刻みは手向山3式の口唇部にみられ、天道ヶ尾式・妙見式に受け継がれ、平栫式の肥厚した口端部の刻みとして定着する。また手向山3式の胴上半部の集合沈線紋には分帯化するものがある。やはり天道ヶ尾式・妙見式→平栫式に続き、その肥厚した口端部には矢羽根状の刻みをもつ〔第159図B〕。また手向山3式で多用される胴上半の波状の太沈線紋は、平栫式の肥厚した口縁部施紋帯として集約される例がみられる。こうした型式学的変遷が認められるならば、この間に塞ノ神式を介在させる余地はない。また肥厚した口縁部をもつ平栫式のⅠ群を初出型式とする高橋信武の見解は正しいと考えられる〔高橋1997〕。口縁部が異常に肥厚する現象は存続型式の初めか、終わりにみられる型式表象の一つである。手向山式以降の変遷についてはその見通しに留め、いずれ本格的に平栫式・塞ノ神式土器に取り組んでみたい。

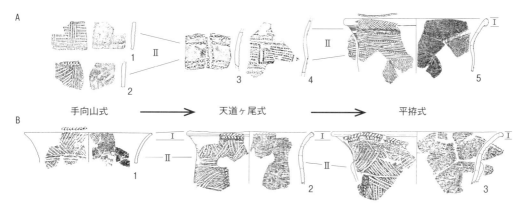

第159図　手向山式→天道ヶ尾式→平栫式土器の文様変遷　[縮尺不同]

第9章　押型紋土器の終焉

3　本州島の穂谷式・相木式

　1952 年（昭和 27）、片山長三による穂谷遺跡の発掘調査で出土した十数点の押型紋土器の中から口縁部表裏に大振りの山形紋を施紋したやや厚みのある押型紋を抽出し、「穂谷式」と命名したのは坪井清足であった。

　坪井が「わずか二点」〔片山 1967〕の破片から「新型式」と認定し得た理由は、滋賀県石山貝塚の発掘調査（1949~51 年）で、すでに押型紋土器の文化層から穂谷式の押型紋を発掘していたからに他ならない〔坪井 1956a・b〕。なお坪井が穂谷式と九州島の手向山式との関連を即座に想起することができたのは、前述したように押型紋土器との共伴が取り沙汰されていた御領貝塚の発掘調査を手がけた経験によるものと考えられる。

　一方、長野県栃原岩陰遺跡から出土した「相木式」と呼ばれる特殊な押型紋土器が紹介されたのは 1976（昭和 51）年のことである〔小松ほか 1976〕。近畿地方の「穂谷式」と中部地方の「相木式」は近縁関係にあり、本州島に広く分布していることが判明する。

　約 30 遺跡が知られているが出土量は少なく、器形や文様構成が判明するものは限られている。また分布域の東限は現在のところ千葉県宮脇遺跡[8]であろう〔君津郡市文化財センター 1988〕。「穂谷式」・「相木式」と呼ばれる押型紋は九州島の手向山式同様、今日では本州島の押型紋文化終焉を飾る土器群として認識されるに至っている。

穂谷・相木式　　坪井清足が「相木式」をみれば、「穂谷式」というであろう。両者は果たして別型式であろうか。両型式は近畿地方と中部地方の違いはあるものの、型式内容に相違があるとは思えない。石山貝塚出土の「穂谷式」について、坪井は「やや外反した口縁部とその下に刻目をつけた突帯をつけ、両者の中間及び口縁内側に大きな山形押型を横位につけ、下方の突帯以下を幅 3mm ほどの線状刺突文で複合鋸歯文状の文様をつけた土器」としている〔坪井 1956b〕。石山貝塚の「穂谷式」は口縁部から横方向山形紋＋刻目突帯＋押引紋の文様構成をもっている。だからこそ、穂谷遺跡のわずか二片の口縁部の横方向山形紋を「穂谷式」と認知したのである。

　「相木式」の型式学的検討をおこなった守屋豊人は、突帯を貼り付けるのものを「穂谷式」、押引紋を多用するものを「相木式」に弁別した〔守屋 1999〕。自己の分類基準をもとに、石山貝塚の「穂谷式」が穂谷遺跡の標式資料と異ることを理由に、守屋は「相木式」であるかのように主張する。しかし本来の「穂谷式」は石山貝塚の資料であり、単に型式名に穂谷遺跡を冠しただけであり、学史的にも本末転倒した意見といわざるをえない。

　石山貝塚の「穂谷式」をみれば、「相木式」は「穂谷式」と同一型式であることは明らかである。学史的にみても本州島の「相木式」を含めた最終末の押型紋土器を「穂谷式」と呼ぶべきであろう。「穂谷式」と「相木式」を別型式として議論することは生産的ではない、むしろ弊害といえよう。しかし「相木式」という名称も定着していることから、ここでは同一型式の名称として「穂谷・相木式」と呼んでおこう。重要なことは同一型式としての穂谷・相木式の分類や細別を分析することが肝要であろう。

3 本州島の穂谷式・相木式

弘法滝洞穴遺跡の二者　　穂谷・相木式の細分については、押引紋を多用するものと口縁部に突帯をもつものに分類する守屋案〔守屋1999〕や口縁部の突帯の有無によって二段階に分類する矢野案〔矢野1997〕が提示されている。また、本州島のまなざしから穂谷・相木式を論じた遠部慎や柳田裕三は「口縁部付近山形横施文」に着目し、本州島からの影響を示唆している〔遠部・柳田2001〕。

　遠部や柳田が指摘したように、穂谷・相木式の最大の型式学的特徴は幅狭な口縁部施紋帯に廻らされた横方向山形紋である。こうした施紋流儀は手向山式にはない。口縁部施紋帯の横方向山形紋を基準に穂谷・相木式を概観してみよう。押型紋のみの施紋や竹管状の波状や擦痕で施紋したもの（Ⅰ類）、口縁部に横方向山形紋を施紋したもの（Ⅱ類）、横方向山形紋をもたないもの（Ⅲ類）に大まかに分類できよう。Ⅰ類やⅢ類については後述するとして、まずは横方向山形紋を施紋するⅡ類からみてみよう。

　横方向山形紋をもつ一群（Ⅱ類）を考える上で重要な資料は、広島県弘法滝洞穴遺跡から出土した穂谷・相木式である［第160図］。口縁部に横方向山形紋を施紋したものに二種の施紋規範が認められる。一つは横方向の直下から縦方向山形紋が胴部に施紋されるもの[9]（ⅡA類）。縦方向山形紋が密接か帯状に施紋されるか定かではない。この縦方向山形紋が胴部施紋帯であり、下半にも横方向山形紋の区画帯が施されるかもしれない。口縁部の形態は隆帯は貼付しないがやや肥厚した口縁部を呈する。これをA系列の施紋規範と呼ぼう。

　もう一つは横方向山形紋の口縁部施紋帯から帯状に縦方向山形紋で区画し、その胴部の施紋区画内を太沈線紋や一部に押引紋の集合沈線で充填するものである（ⅡB類）。有段状の幅狭な口縁部の横方向山形紋も胴部の縦方向山形紋も区画帯としての役割をもつ。胴部下半に横方向山形紋を廻らすかは不明であるが、横沈線で区画している。以下、縦方向の密接山形紋が施紋されると推定される。

　胴部上半に集合太沈線を施す施紋流儀は、手向山3式の文様構成に共通する。山形紋を隆帯区画の上に施す例は手向山遺跡の復元例［第154図(5)］にみられ、穂谷・相木式にみられる縦・横区画帯としての山形紋は手向山式に関連するとも考えられる。また部分的にみられる押引紋はこうした太沈線紋から変化であり、穂谷・相木式に特徴とされる押引紋の施文手法とも類似する。これをB系列の施紋規範とする。

　このように弘法滝洞穴遺跡にみられるⅡA類とⅡB類の二者が共存しており、この事実は穂谷・相木式の文様構成にはA系列とB系列の二つの施紋流規範を内在[10]していたを示している。二者の違いが時間的な差異でないことは、その後の変遷をみても明らかであろう［第161図］。

分類・細別　　弘法滝洞穴遺跡の口縁部に横方向山形紋を施紋したⅡ類について述べたが、先の分類に従って、改めてⅠ類からみていこう。

　ⅠA類は山形紋を縦方向に施紋したものである。広島県豊松堂洞穴遺跡例、鳥取県上福万遺跡例、高知県奥谷南遺跡・城ノ台洞穴遺跡、岐阜県いんべ遺跡例・鷹ノ巣遺跡例がある［第162図］。いずれも屈曲部をもち突帯を貼付するものもある。豊松堂洞穴遺跡例は口縁部直下に突帯を貼付

第9章　押型紋土器の終焉

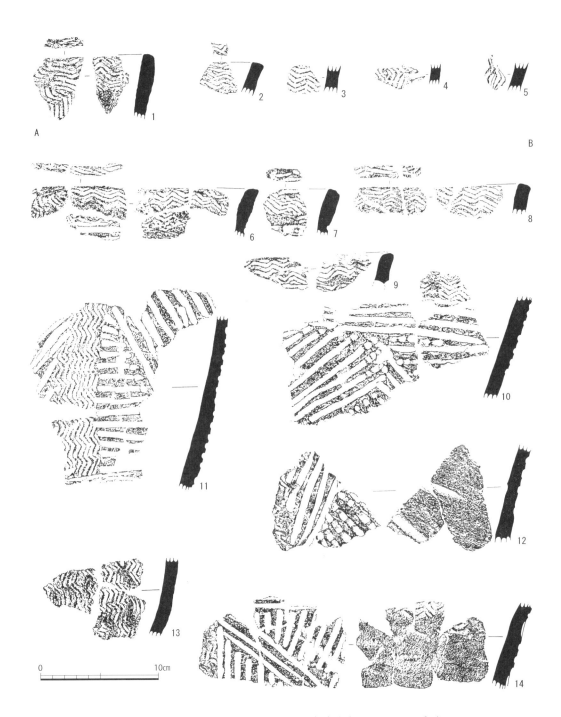

第160図　弘法滝洞穴遺跡出土　穂谷・相木式土器のA・B二系列

3　本州島の穂谷式・相木式

する。新しい要素とも考えられる。いんべ遺跡例では口縁部直下に列点を配し、屈曲部には横方向山形紋を施紋している。ⅠA類は手向山1式に共通しており、中には搬入品もあるのかもしれない。ⅠB類は竹管状の波状沈線紋のもので、高山寺貝塚や上福万遺跡でみられる［第162図9・17〜21］。器形は胴部に屈曲部をもち手向山式に共通する。竹管状の沈線紋や細沈線紋を施す手法は手向山2式に類似する要素をもっている。

ⅡA類は弘法滝洞穴遺跡例をはじめ穂谷遺跡例、奈良県布留遺跡例、愛知県大麦田遺跡例、岐阜県塚奥山遺跡例・小の原遺跡例・いんべ遺跡例がある［第163図1〜9］。穂谷遺跡例・布留遺跡例・いんべ遺跡例はいずれも口縁部直下の扁平な隆帯上に横方向山形紋を施す。これら口縁部の横方向山形紋に接して縦方向山形紋を施紋するもの（ⅡA1類）のほか、口縁部施紋帯と胴部施紋帯の間に刻目突帯や押引紋による頸部施紋帯をもつもの（ⅡA2類）がある。類似例は岐阜県九合洞穴遺跡例・小の原遺跡例、長野県的場遺跡例・恒川遺跡例・禅海塚遺跡例、静岡県石敷遺跡例［第160図］にあり、やや変則的なものに岡山県野原遺跡例がある。これらはやや後出的要素をもっている。

胴部の太沈線施紋帯に縦方向山形紋による区画をもつⅡB類は、弘法滝洞穴遺跡例をはじめ鳥取県上福万遺跡例・塚田遺跡例にある［第163図10〜16］。胴部下半の横方向山形紋が確認できるものもある［第163図15・16］。兵庫県神鍋遺跡例は胴部施紋帯の集合太沈線紋を全面的に押引紋に置き換えたもので、口縁部の直下に刻目突帯をもつものもある。同じ突帯をもつものに石山貝塚例がある。突帯下には4条の押引紋があり、以下集合太沈線・押引紋で構成される。破片のため縦方向山形紋による区画は確認できないが、ⅡB類の仲間であろう。刻目突帯と数条の押引紋をもつ石山貝塚例［第163図17］は、ⅡA2類の禅海塚遺跡例［第162図12］の頸部施紋帯と共通しており、おそらく同時期のものであろう。口縁部の横方向山形紋を施紋するⅡ類の中でも、特異なものとして滋賀県唐橋遺跡例があげられる。口縁部に幅広く刻目突帯で区画された中に横方向山形紋を施紋し、下端突帯以下胴部に縦方向山形紋を施紋するものである。遠部が指摘するように九州島の大分県菅無田遺跡例［第158図1］に類例があり、興味深い〔遠部・柳田2001〕。

Ⅲ類は口縁部の横方向山形紋がないもの［第165図、第166図］。言い換えるならば口縁部施紋

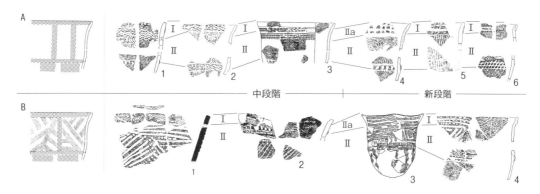

第161図　穂谷・相木式土器の文様変遷［縮尺不同］

第9章 押型紋土器の終焉

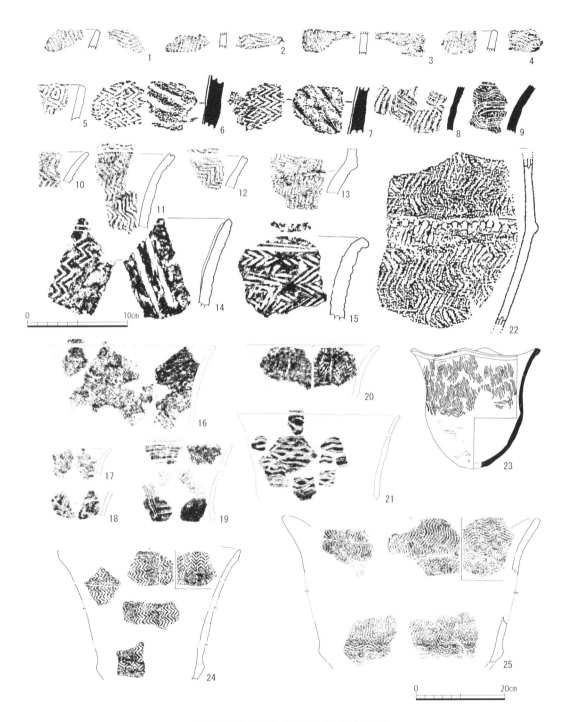

第162図　穂谷・相木式土器（古）段階

1〜4：鷹ノ巣遺跡　5：磯山城遺跡　6〜9：高山寺貝塚　10〜21：上福万遺跡
22：城ノ台洞穴遺跡　23：豊松堂洞穴遺跡　24・25：いんべ遺跡

3 本州島の穂谷式・相木式

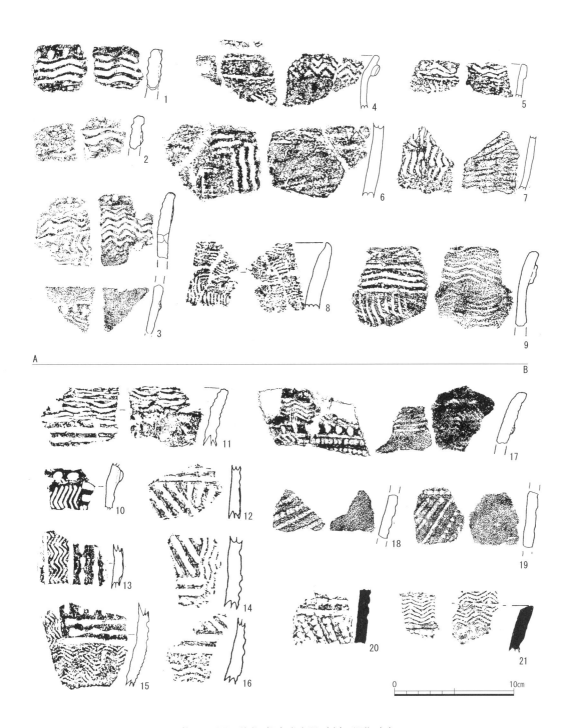

第163図　穂谷・相木式土器（中）段階（1）
A.1～3：穂谷遺跡　4～7：布留遺跡　8・9：小の原遺跡　B.10：上福万遺跡
11～16：塚田遺跡　17～19：石山貝塚　20・21：神鍋遺跡

第9章 押型紋土器の終焉

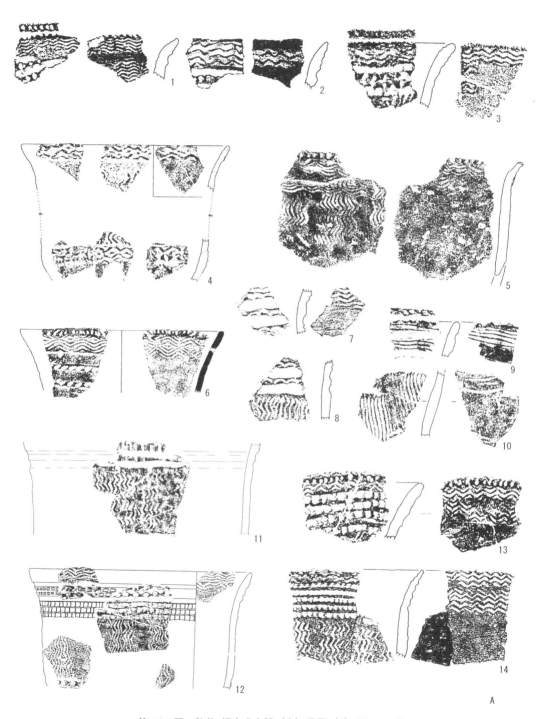

第164図　穂谷・相木式土器（中）段階（2）［縮尺不同］
A.1～3：石敷遺跡　4：いんべ遺跡　5：小の原遺跡　6：中島平遺跡
7・8・13・14：恒川遺跡　9～12：禅海塚遺跡　13：的場遺跡

3 本州島の穂谷式・相木式

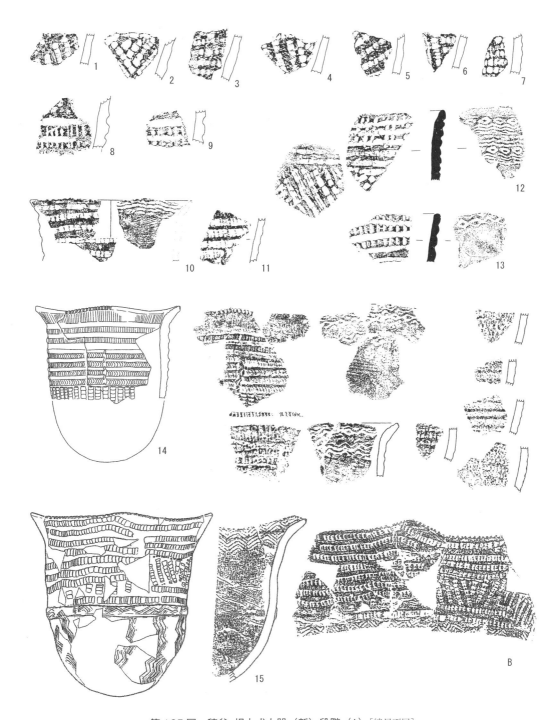

第165図　穂谷・相木式土器（新）段階（1）［縮尺不同］
B.1～9：石敷遺跡　10・11：禅海塚遺跡　12・13：判ノ木山西遺跡　14：八王子貝塚　15：栃原岩陰遺跡

第9章 押型紋土器の終焉

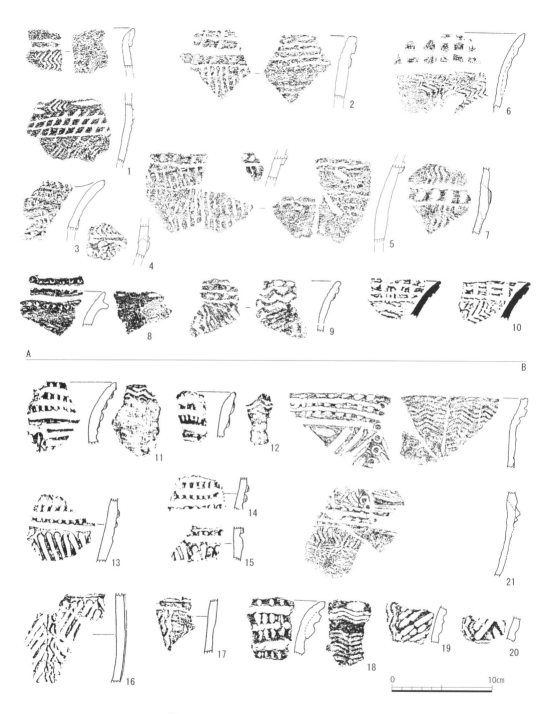

第166図　穂谷・相木式土器（新）段階（2）
A.1～5：宮の平遺跡　6・7：岩井谷遺跡　8：石敷遺跡　9：いんべ遺跡　10：神子柴遺跡
B.11～17：城ヶ尾遺跡　18～20：石敷遺跡　21：岩井谷遺跡

3　本州島の穂谷式・相木式

第 22 表　穂谷・相木式土器の分類

Ⅰ　類―A……縦方向押型紋をもつもの
　　　　　B……竹管状沈線紋・擦痕紋をもつもの

Ⅱ　類―A1……口縁部に横方向山形紋、胴部に縦方向山形紋を施紋するもの
　　　　　A2……口縁部と胴部の間に頸部施紋帯をもつもの
　　　　　B1……口縁部に横方向山形紋、胴部に太沈線や押引紋で構成するもの
　　　　　B2……口縁部と胴部の間に頸部施紋帯をもつもの

Ⅲ　類―A ……口縁部の数条の太沈線紋の間に縦刻みの太沈線や刻目突帯を施したもの
　　　　　B1……押引紋で構成されたもの
　　　　　B2……口縁部の数条の太沈線紋の間に縦刻みの太沈線や刻目突帯を施したもの

帯が消去し、頸部施紋帯の刻目突帯や押引紋が口縁部に施紋されたもの。Ⅲ類も施紋流儀としてのA・B二系列が存在する。口縁部の数条の太沈線の間に縦刻みを入れたものや刻目突線紋を貼付したもの（ⅢA類）、押引紋で構成されたもの（ⅢB1類）、同じく太沈線の間に縦刻みや刻目突帯をもつもの（ⅢB2類）に分けることができる。

　ⅢA類は上福万遺跡・北田山遺跡、奈良県宮の平遺跡例、岩井谷遺跡例、いんべ遺跡例、長野県神子柴遺跡例、静岡県石敷遺跡例などである［第166図 A1～10］。ⅢB1類は「相木式」の標式資料である栃原岩陰遺跡例・禅海塚遺跡例、石敷遺跡例[11]［第165図 1～9、10・11・15］、同じような器形や押引紋をもつ愛知県八王子貝塚例[12]などもこの仲間であろう［第165図14］。ⅢB2類は太沈線の間に縦刻み太沈線をもつ長野県判ノ木山西遺跡例、刻目突帯をもつ岩井谷遺跡例、城ヶ尾遺跡例・石敷遺跡例などである［第165図12・13、第166図11～21］。岩井谷遺跡例は口縁部に刻目突帯紋を数条廻らせ、胴部施紋帯を集合太沈線で構成し、刻目突帯で下端を区画する。以下縦方向山形紋を施紋している［第166図21］。なお胴部施紋帯に円形竹管を垂下させているが、城ヶ尾遺跡例や石敷遺跡例の垂下した一条の山形紋同様［第166図16・17・19・20］、ⅡB類の弘法滝洞窟例や塚田遺跡にみられる縦区画の名残であろう。以上これらを整理すると次のようになる［第22表］。

　本州島の穂谷・相木式を出土する遺跡は30ヶ所に充たない。文様構成が判るものはわずかであり、ほとんどが破片資料である。分類はしたものの、型式細分に耐えられる確証はない。ここでは手向山式の細分型式に照らして、大まかに細分することにしよう。

　Ⅰ類は手向山1式と2式段階にあたると考えられる。太沈線紋を多用するⅡ類とⅢ類はほぼ手向山3式に対応する。型式学的にⅡ類からⅢ類へ変遷し、更にⅢ類のなかでもⅢB2類は後出的要素をもっている。暫定的にⅠ類を穂谷・相木式（古）段階、Ⅱ類を（中）段階、Ⅲ類を（新）段階の三細分案を提示しておきたい。穂谷・相木式（古）段階は、手向山式の搬入か模倣あるいは類似する仲間である。狭義の穂谷・相木式は、A・B二系列の施紋流儀をもち、独自の型式内容

第9章　押型紋土器の終焉

を有する（中）・（新）段階のものであろう。栃原岩陰遺跡例や八王子遺跡例のように底部も丸底を呈するものある。

高山寺式との関係　　本州島の押型紋文化後半期は黄島式をへて高山式にその終末期を迎える。では終末期の高山寺式と穂谷・相木式は如何なる関係にあるのであろうか。

　高山寺式と穂谷・相木式の関係を論じる前に、両者の型式の在り方を理解しなければならない。高山寺式は本州島に広く分布し、本州島にまで拡大している広域型式であり、質量ともに細分できる型式内容をもっている。それに較べ穂谷・相木式は一遺跡から出土する量は一握りほどの量で、すべてを集めたとしても平箱一杯ほどの貧弱な量しかない。自立した型式内容を充分に備えているとはいえない。

　時期は異なるが、いわゆる「亀ヶ岡式」が西日本で出土する現象と同じで、九州島の手向山式が本州島で変容した型式が穂谷・相木式と考えられる。後続する九州島の平栫式などが本州島で出土するのも同じである。質量ともに少ない理由は、異系統土器であるからに他ならない。本州島に手向山式の影響が現れた大きな要因は、おそらく高山寺式の九州島への拡大に関連するのであろう。その接触や交流によって桜島のマグマが弾け出すように、手向山式が本州島に拡散したと想定される。だからこそ、手向山式と穂谷・相木式が併行し、九州島も本州島も同時に押型紋土器の終焉を迎えるのである。

　高山寺式と穂谷・相木式の関係については相異なる見解が示されている。その一つは両者を横（共伴）の関係とみる見解である。高山寺式土器の分析と編年を手がけた和田秀寿は、石山貝塚の高山寺式と穂谷・相木式を共伴と見なし、高山寺式の範疇として捉えた〔和田1988〕。同じく関野哲夫は直接、穂谷・相木式には触れていないが、上福万遺跡の高山寺式の新段階に穂谷・相木式を含めている〔関野1988〕。土肥　孝は穂谷・相木式が「高山寺式の時間幅に収まる」と指摘している〔土肥1982b〕。こうした見解は高山寺式を主体とし、穂谷・相木式を異系統とみなす立場である。

　もう一つは両者を縦（時間差）の関係とする見方である。可兒通宏は高山寺式をⅣ期に、穂谷・相木式を後続するⅤ期に位置づける〔可兒1989〕。鳥取県下の押型紋土器を分析した久保穰二朗は関野細分案に賛意を示しながらも、上福万遺跡の高山寺式をⅢ期、穂谷・相木式をⅣ期として分離した〔久保1991〕。矢野健一は高山寺式に後続する穂谷式期を設ける〔矢野1997・2008〕。こうした考えは穂谷・相木式を本州島の自立した後続型式とみる立場である。中越利夫が指摘するように弘法滝洞穴遺跡の9層を穂谷・相木式、10・11層を高山寺式と弁別できれば、層位的事例にもなろう〔中越1991〕。しかしながら、そうは簡単にはいかない。

　ここでは穂谷・相木式を異系統土器とみる立場から、その位置づけを考えてみよう。高山寺式は原則として楕円紋で用いる。高山寺貝塚の出土の中には、古かるべき横方向の山形紋を除いて、大振りの縦方向山形紋[13]や竹管状よる沈線紋の資料がある［第162図6～9］。これらは手向山式と穂谷・相木式との関連が認められる。滋賀県磯山城遺跡の高山寺式にはない、手向山式特有な同心円紋に類似する資料が一点出土している［第162図5］。前述した弘法滝洞穴遺跡の穂谷・

288

相木式のⅡB類には、口縁裏面に幅広の斜行凹線を施紋したものがある［第160図12］。調査者が指摘するように高山寺式との関連が窺える資料である。高山寺貝塚にも大振りの縦方向山形紋の裏面に斜行凹線を施紋したものがある［第162図6・7］。また、多量に高山寺式を出土した上福万遺跡からは異系統の手向山式[14] や穂谷・相木式が少量出土する。高山寺貝塚・石山貝塚などの事例とともに共伴関係を示しているとも考えられる。このように穂谷・相木式は高山寺式に交差する可能性が高い。また、穂谷・相木式は高山寺式に伴う異系統土器ともいえよう。

　高山寺式については後日検討することにし、いま関野分類に従って高山寺式（古）式に穂谷・相木式（古）段階、高山寺式（中）に弘法滝洞穴遺跡例のようなⅡ類を穂谷・相木式（中）段階、高山寺（新）式に口縁部施紋帯をもたないⅢ類を穂谷・相木式（新）段階に対比しておこう。なお、穂谷・相木式（新）段階は細分され、刻目突帯をもつⅢB1類は高山寺式以降に存続する可能性をもっている。こうした対比にはやや問題を残しているが、大筋では妥当性が認められよう。改めて高山寺式の分析を通して再検証していきたい。あわせて中部地方で穂谷・相木式と伴うとされる判ノ木山西式の位置づけや高山寺式との関係についても明らかにしたい。

おわりに

　押型紋土器の終焉に出現した九州島の手向山式と本州島の穂谷・相木式の親和性については多くの研究者の認めるところであろう。本州島における穂谷・相木式は量的にも少なく、常に客体的な存在である。本稿では手向山式が本州島で変容した型式が穂谷・相木式であり、本州島の高山寺式に伴う異系統土器との結論に達した。

　九州島の手向山式が大振りの山形紋、本州島の高山寺式は大振りの楕円紋、それぞれ異なる施紋流儀をもっている。手向山式が山間部に広がる「山の文化」であるのに対し、高山寺式は貝塚を形成する「海の文化」と対照的な集団の在り方を示している。こうした地方の異なる押型紋人の施紋流儀や「山」と「海」の交流を通して、押型紋文化終焉を迎えた九州島と本州島の胎動を垣間見ることができる。その終焉の時期は、中部地方では判ノ木山西式、関東編年では子母口式の時期に対比できよう。

　以下、論旨を要約してまとめとしたい。

1. 九州島南部で独自に発達した手向山式は深鉢の胴部下半に屈曲部をもつ平底の特有の器形を呈する。主たる施紋具は大振りの山形紋である。大型の深鉢のもの（口径約40cm）もみられる。また早期にはめずらしい壺形土器も共伴する。

2. 手向山式はおおよそ三細分（1式・2式・3式）することができる。純粋な回転手法による押型紋は1式のみで、2式・3式の主文様は描線手法に代わる。隆帯紋をもつ手向山3式の中に口縁部に数条の刻目突帯をもつものがあり、後出の天道ヶ尾式・平栫式につながる要素をもっている。

3. 手向山式は本州島の高山寺式が九州島に拡大する過程で、その接触・交差に刺激され、九州

第9章　押型紋土器の終焉

島北部そして本州島に拡散したと推定される。高山寺式は九州島南部の手向山式の中心域にまで及んでおらず、両者は対峙した併行関係にある。

4. 本州島の「穂谷式」や「相木式」は別型式ではなく、手向山式が本州島に拡散し変容した異系統土器であり、一つの型式として「穂谷・相木式」と呼ぶべきものであろう。本州島においては出土量も極少なく約30遺跡を数えるに過ぎず、質量ともに客体的な在り方を示し、主体となる高山寺式に伴う異系統土器として共存する。

5. 穂谷・相木式も手向山式と同様、大振りの山形紋を主体とする。手向山式と弁別できる穂谷・相木式の特徴は、口縁部施紋帯に横方向山形紋を配する点にある。幅狭の口縁部施紋帯にめぐる横方向山形紋の直下から縦方向山形紋を胴部施紋帯に配するA系列と胴部施紋帯に集合太沈線・押引紋を配するB系列の二つの施紋規範をもっている。

6. 穂谷・相木式は分類・細分に耐えうる充分な資料は出揃ったといえないが、大まかに三段階（古・中・新）に分かれる。（古）段階は手向山式の搬入品あるいは模倣品・類似品というべきもので、手向山1・2式段階に相当する。変容した本州島独自の穂谷・相木式の特徴は、口縁部施紋帯に横方向山形紋をもつ（中）段階からである。

7. （新）段階になると、口縁部施紋帯の横方向山形紋は姿を消し、（中）段階に派生した突帯や押引紋の頸部施紋帯が口縁部施紋帯に移る。A・B二系列の施紋規範は最終段階まで引き継がれる。

8. 高山寺式との関係は次回の課題とするが、暫定的に高山寺式（古）―穂谷・相木式（古）、高山寺式（中）―穂谷・相木式（中）、高山寺式（新）―穂谷・相木式（新）の三段階の変遷を想定しておきたい。なお刻目突帯をもつⅢB1類は穂谷・相木式最終段階にあたり、主文様の集合沈線紋は中部地方の判ノ木山西式や関東地方の野島式の施紋流儀として継承されていく。

〔註〕
1）九州島への押型紋土器の旅については、その出現期の究明から始める予定であった〔岡本2013〕。今回、予定を変更して終末期の手向山式土器の中心域である九州島南部南から上陸することとした。
2）この「縄文文化の年代的組織」と題した編年表〔樋口1943〕については、かつて言及したことがある〔岡本1992〕。この編年表における九州島の押型紋土器の変遷については、戦前、この地を踏査した江坂輝彌の所見とみられ、戦後、最も早い江坂編年表〔江坂1950〕と同じ階梯となっている。また寺師見國1943『鹿児島県下の縄文式土器の分類と出土遺蹟表』を古書で購入した際、孔版の「縄文文化の年代的組織」が挿まれていた。同書の付録であったのか定かではないが、遠く九州島まで「山内編年表」を改ざんした「古代文化編年表」が流布していたことが判る。
3）その後、片岡は近畿地方の押型紋土器を分析する中で、高山寺式とともに穂谷・相木式を終末の第3期に位置づけた〔片岡1974〕。穂谷・相木式については資料の制約もあり、手向山式との類似性を指摘に留まっている。
4）中村五郎は九州島における縄紋早期の型式学的な混乱の要因が「層序の過信」にあると述べている〔中村2000〕。層位学的にみると土器型式が上層か下層かという「地層累重の法則」のみが追究され、土器型式の認定による遺跡間の「地層同定の法則」が欠如していたことによると考えられる。
5）山内清男の文様帯系統論によれば、回転施紋による撚糸紋土器・押型紋土器には文様はなく、文様帯の断絶する期間があるとされている〔山内1964〕。手向山2式以降、穂谷・相木式の描線手法による文様帯が出現するが、ここでは「施紋帯」と記すことにした。

6) 手向山式の山形紋は原体が太く、大ぶりな横刻原体が原則であるが、天道ヶ尾遺跡例のように縦刻原体も稀にみられる［第155図5］。

7) 器面の文様構成だけでなく、微隆起線紋（B1）の裏面に施紋された弧状の微隆起線紋［第156図1・2・5・8］のモチーフは、細沈線紋（B2b）の裏面施紋［第156図19］と共通する。なお、横手は太沈線紋の城・馬場遺跡例［第157図1・4］を手向山2式とするが、3式に含めるべきであろう〔横手1998b〕。

8) 木更津市宮脇遺跡から穂谷・相木式が1点出土している。ⅢA類の資料である。別地点の報告〔君津郡市文化財センター1988〕はなされているが、十数年経つが今だに未発表となっている。早く公表してほしい。

9) ［第160図1・6・9・10・11・13・14］は10層出土、第2〜9次〔1995〕報告。［同図7・12］は9層出土、第15次〔2001〕報告。［同図2〜5］は同一個体で第9・10層出土、第17次〔2003〕報告である。［同図11］は上下逆に図示〔中越1991〕され、そのまま引用されている例が屡々みられる。

10) A・B二系列の施紋規範がどのような過程で出現するのか、現在のところ明らかにできない。集合太沈線が主流の手向山3式に、菅無田遺跡例のような山形紋だけで構成されるものが共存したとすれば、飾られた押型紋（描線手法）と飾られない（回転手法）の二者があったことになる。穂谷・相木式の二者は、手向山式の二つ施紋流儀に由来するともいえる。今後の課題としたい。

11) 石敷遺跡例［第165図1〜9］は口縁部片でないが、ここではⅢB1類に含めたが、ⅢB2類かもしれない。

12) 口縁部と頸部は角柱状工具による回転施紋がみられるが、ⅢB1類の仲間とした。

13) 高山寺貝塚の原報告では、拓本が横方向山形紋として図示〔第七図19〜21〕されるが、原本文では「縦に施されている」と記載されている〔浦1939〕。中村報告では同一個体を縦方向山形紋として図示している〔中村1981〕。高山寺式には大振りの山形紋は極めて稀である。手向山式に関連する資料であろう。

14) 上福万遺跡では手向山式に伴って放射肋をもつアナダラ属貝殻の背面押捺したものも出土する。同様な事例は菅無田遺跡からも出土する。

終　章　総括と課題

1　押型紋土器の起源

　押型紋土器の起源は、おそらく回転施紋による縄紋土器の伝統の中から生まれたのであろう。すなわち縄の原体を彫刻棒の原体に持ち替えて回転施紋したのが押型紋土器である。押型紋土器の原体が前段階の撚糸紋土器の原体を模したのか、表裏縄紋土器の原体から派生したのかは、その起源を考える上で重要であろう。

　しかし、関東の撚糸紋文化圏における押型紋土器の在り方は後半期の稲荷台式以降に共伴し、あくまでも搬入的であり客体的な存在でしかない。その起源が撚糸紋土器の伝統から生成したとは考え難い。おそらく撚糸紋文化圏外縁に拡がる中部を中心とした表裏縄紋土器を母胎として出現したのであろう。

　中部の押型紋土器にその起源を求めることができるが、ポジティヴ押型紋の樋沢・細久保式とネガティヴ押型紋の立野式の二者が存在し、その新旧関係は未だ解明されたとはいい難い。樋沢・細久保式は樋沢1式→樋沢2式→樋沢3式→細久保1式→細久保2式と変遷し、立野式は1式・2式に細分される。また、立野式が西日本のネガティヴ押型紋の系統の押型紋土器であることは、多くの研究者の認めるところでもある。この問題を解決するためには、西日本に拡がるネガティヴ押型紋の大川・神宮寺式との関係を明らかにする必要があろう。

　西日本の押型紋の変遷は、大鼻式→大川式1式→大川2式→神宮寺式→桐山和田式と変遷する。大川1式にはネガティヴ紋とは異質な山形紋が併用されており、樋沢・細久保式の影響が認められる。おそらく樋沢2式と交差によってキメラ土器が出現したのであろう。逆に大川2式の影響が東の中部に拡がったのが、立野式押型紋である。大川2式—立野1式は施紋流儀（施紋方向）が異なっているものの、その対比関係は動かしがたい。とするならば、樋沢・細久保式と立野式は系統の異なる二者として位置づけられ、中部における押型紋の起源はポジティヴ押型紋の樋沢・細久保式にあると考えられる。

　しかし、西日本ネガティヴ押型紋の最古段階の大鼻式と中部ポジティヴ押型紋の樋沢1式は併行関係にあり、押型紋土器の生成が西のネガティヴ押型紋にあるのか、東のポジティヴ押型紋にあるのか、決着するまでには到っていないのが現状であろう。そのためには、押型紋土器出現の前段階の様相が解明する必要があろう。具体的にいえば、関東の撚糸紋土器とその外縁に拡がる表裏縄紋土器の編年的研究を進めていかなければならない。しかし撚糸紋土器と表裏縄紋土器の位置づけにも議論がわかれ、一筋縄ではいかないのが現状であろう。

2　東北の押型紋土器

　日計式押型紋土器は北海道島渡島半島から利根川以北に分布し、東北を中心に約150遺跡を数える。東北の日計式押型紋は、主に重層山形紋と重層菱形紋を単位文様し、しばしば菱目紋（斜格子紋）を伴う。また日計式押型紋には特徴的な羽状縄紋（0段多条）などの縄紋土器が共伴する。日計式押型紋の原体は太く（約1cm）長く（約4cm）、両端は加工しない縦刻原体である。施紋流儀は横方向に密接施紋した後、口縁部と胴部に平行沈線紋で区画する。共伴する縄紋土器も押型紋同様、平行沈線紋で区画する。胎土は繊維を含む。

　日計式押型紋土器は三段階（古・中・新）に弁別でき、三戸式沈線紋土器や樋沢・細久保式押型紋土器と対比関係が認められる。三者のあいだには三戸1式との文様構成やモチーフの共通性、日計式と三戸2式・3式との間にキメラ土器、日計式と細久保式2との間にキメラ土器が認められ、その交差関係は次のように検証できる。

　こうした交差関係をみても、日計式押型紋は列島に同一時期に拡がった押型紋土器と共通し、東北独自に生成したものでないことが判明する。日計式押型紋独自の文様は、むしろ広域に拡がった押型紋文化の一つの地域性を示しているといえよう。東北に押型紋文化が出現した契機は、樋沢・細久保式系の一つである卯ノ木1式（樋沢2式併行）の東北南部への波及が関連すると考えられる。こうした前段階の胎動を踏まえて東北に誕生した日計式押型紋土器は、関東の三戸式沈線紋土器と対峙する。そして三戸式沈線紋土器の北上とともに日計式押型紋は衰退し、新たな貝殻・沈線紋文化が生まれていくのである。

　三戸式以降、東北の貝殻・沈線紋土器は関東や中部の沈線紋土器とともに広域の東日本沈線紋文化圏を形成する。これに対し西日本では押型紋文化（後半期）が継続し、列島の西部と東部に異なる二つの土器文化圏（沈線紋・押型紋）が成立する。こうした二大文化圏の対比関係についても検証し、更に広域編年を確立していく必要があろう。

日計式系（東北）…………	日計（古）式	→日計（中）式	→日計（新）式	→貝殻・沈線紋
沈線紋系（関東）…………	三戸1式	→三戸2式	→三戸3式	→田戸下層式・上層式
樋沢・細久保式系（中部）…	樋沢3式	→細久保1式	→細久保2式	→押型紋終末期

3　関東の押型紋土器

　関東の押型紋土器は撚糸紋土器の後半、すなわち稲荷台式以降に共伴する。その出土量も撚糸紋土器が主体のなかに、僅かに押型紋が混じる程度である。総じて中部の樋沢・細久保式押型紋の波及によって、客体的・搬入的な在り方を示している。押型紋の施紋方法も撚糸紋の施紋規範に沿って、縦方向に施紋するものが多い。文様も矢羽根状、平行紋、三角紋など独自のものが多く、原体もトラクターのタイヤのような車輪状の原体であった可能性が考えられる。

　撚糸紋土器に伴う押型紋土器の時期は樋沢式の段階である。樋沢式は三細分されるが、それに

終　章　総括と課題

較べて、稲荷台式以降の終末期撚糸紋の型式は多数に細分される。一方の型式が短く、他方の型式が長い訳ではないから、撚糸紋土器の細分型式は時間差というよりはその崩壊過程の小地域差を示しているように考えられる。撚糸紋土器の共伴関係や細分型式の在り方は、検討の余地を残している。続く沈線紋土器と押型紋土器の対比は、三戸1式―樋沢3式、三戸2式―細久保1式、三戸3式―細久保2式が交差する。三戸1式と樋沢2式の共伴事例、三戸2式と細久保1式の耳状突起の共通性、三戸3式と細久保2式の文様の互換性などから三戸式と樋沢・細久保式押型紋の対比関係は動かしがたい。その対比関係を整理すると次のようになる。

　更に田戸下層式（1～3式）段階にも楕円紋が共伴しており、押型紋土器との関係は認められるが、どの段階で消滅するのか、なお検討を要する。田戸上層式（1～3式）段階に西日本の高山寺式や相木・穂谷押型紋をごく僅か出土するが、その影響は少ない。これは波及源の樋沢・細久保式押型紋や西日本の押型紋土器の終焉事情と関わるものであろう。関東の沈線紋土器は田戸上層式で終末を迎え、条痕紋土器（子母口式以降）に移行する。

　　撚糸紋・沈線紋系……　稲荷台式　→　終末期　　→三戸1式　→　三戸2式　　→　三戸3式
　　樋沢・細久保式系……　樋沢1式　→樋沢2式　　→　樋沢3式　　→細久保1式　→細久保2式

4　中部の押型紋土器

　中部の押型紋土器は樋沢・細久保式と立野式の二系統の押型紋土器が存在する。この二者は樋沢・細久保式が在地型式のポジティヴ押型紋であり、立野式が西日本ネガティヴ押型紋の影響を受けた異系統型式であることを物語っている。通説によると立野式が古く、樋沢式が新しいとされるが、両者の時間的関係は型式学的対比によって決めるのが原則であろう。立野式は1式・2式に細分され、立野1式は西日本の大川2式の波及によって成立したネガティヴ押型紋文化圏東限域の地方型式である。続く立野2式は在地の樋沢・細久保式によって変容した段階であり、神宮寺式に交差する。また山の神遺跡などの共伴事例から立野2式は細久保1式に対比できよう。

　一方、立野式が成立する前段階の大川1式には帯状山形紋とネガティヴ紋のキメラ土器が存在し、すでに樋沢式が成立していたと考えられる。おそらく樋沢2式段階であろう。こうした交差関係からみると樋沢式は立野式より古い。中部における樋沢・細久保式と立野式の関係は一系統の変遷ではなく、中部の在地型式（樋沢・細久保式）と異系統型式（立野式）の二系統の関係として理解しなくてはならない。両者の関係は下記のとおりである。

　樋沢式は1式～3式の三段階に分かれる。施紋流儀は口縁部横方向・胴部縦方向の帯状施紋を原則とする。3式は帯状が密接化する傾向にある。また器形も1式・2式では下膨れ状尖底であるのに対し、3式では鋭角的な尖底となる。1式から3式をつなぐ中間式としての2式段階に楕円紋の出自を求めることができるが、どのような契機で楕円紋が出現するのか、課題を残している。合わせて2式の型式表象をより明確にする必要があろう。

細久保式は1式・2式の二段階に分かれる。施紋技法は横方向密接施紋を原則とする。1式は頸部を無紋帯を設け、口縁部と胴部施紋帯を区分する。その無紋帯には刺突紋が施される。また三戸式に共通した耳状突起が顕在化する。2式は山形+楕円紋、楕円+格子目紋といった異種原体の併用紋が多くなり、日計式の影響による複合鋸歯紋・複合山形紋との併用紋も広く西日本まで分布する。また2式には三戸3式のクランク状文様を回転紋で表現した押型紋があり、細久保2式と三戸3式が交差していることが判明する。細久保式の後も楕円紋を主体とした存続するものとみられるが、田戸下層式段階の押型紋の実体は不明な点が多い。また西日本の黄島式、高山寺式、穂谷式の影響を受けた後半期の押型紋もみられるが、客体的な存在である。

樋沢・細久保式系⋯⋯⋯⋯ 樋沢1式 →樋沢2式 →樋沢3式 →細久保1式 →細久保2式
立野式系（異系統）⋯⋯⋯⋯⋯⋯⋯⋯⋯⋯⋯ 立野1式 → 立野2式

5　西日本の前半期押型紋土器

ネガティヴ押型紋は大鼻式→大川1式→大川2式→神宮寺式→桐山和田式の五段階に分かれ、この順序で変遷する。大鼻式は西日本最古のネガティヴ押型紋である。口縁部の縄紋帯と胴部のネガティヴ紋（枝回転紋）から構成される。施紋流儀は口縁部横方向・胴部縦方向である。大鼻式には関東ではみられない撚糸紋土器が伴う。分布は近畿・東海・中部に拡がっている。その出自を撚糸紋土器や表裏縄紋土器を求め、関東撚糸紋編年の井草式段階に出自に併行する位置づけと稲荷台式以降とする二つの考えがある。大川2式が立野1式を介して樋沢3式に併行するならば、関東の三戸1式段階にあたる。それ以前の二型式（大鼻式・大川1式）が撚糸紋土器初頭に遡るとは考えられない。年代的には稲荷台式以降に対比すべきであろう。

大川式は1式・2式の二段階に分かれる。大川1式はより大鼻式に近く、大川2式はより神宮寺式に近い特徴をもつ。1式は口縁部が大きく外反するが、大鼻式のように口端部は肥厚しない。施紋流儀は口縁部横方向・胴部縦方向を原則とする。口縁部と胴部施紋帯の間には無紋帯を設け、縄圧痕紋や刺突紋を施す。施紋には同一原体を用いるものと、山形+ネガティヴ紋の異種原体併用紋がある。前者は口縁部一帯型が、後者は口縁部二帯型が多い。ネガティヴ紋と併用する山形紋は帯状施紋であり、樋沢・細久保式とのキメラ関係を示す。山形の条数も多いことから、おそらく樋沢2式段階であろう。分布は近畿・東海・中部に及ぶ。大川2式も大きく外反するが、1式に較べ器壁は薄く、神宮寺式に近い。施紋流儀は1式と同じであるが、頸部の無紋帯は消滅し、口縁部と胴部文様が密接化がする。施紋は同一原体のものと山形紋との併用紋がある。2式段階には分布域が中・四国にまで拡大すると同時に、東限域の中部では2式の地方型ともいうべき立野式が成立する。

神宮寺式のネガティヴ紋は「舟形沈紋」と呼ばれたように細長く、器壁は薄くつくられる。口縁部はほとんど外反ぜず、直線的な尖底となる。波状口縁を呈するものみられる。施紋流儀は口縁部横方向・胴部縦方向である。文様も舟形ネガティヴ紋のほか、矢羽根状くの字状紋などがみ

終　章　総括と課題

られ、同一原体施紋のものと山形紋との併用紋がある。ほかに山形紋のみで構成されるものが伴うが、これらは樋沢・細久保式の異系統土器である。その段階は細久保1式に対比されよう。続く桐山和田式は神宮寺式の文様を継承しているが、ネガティヴ紋の施紋流儀は崩れ、横方向密接施紋が主体となる。同じく同一原体施紋と山形紋との併用紋がある。この桐山和田式もって、西日本のネガティヴ紋の終焉を迎える。その要因は、おそらく西日本まで広範囲に波及した細久保2式の影響と考えられる。近畿の北白川廃寺下層式は近畿に波及した細久保2式段階であり、さらに中・四国にまで拡大する。

ネガティヴ押型紋⋯⋯⋯　大鼻式　→大川1式　→大川2式　→　神宮寺式　→桐山和田式
立野式系押型紋⋯⋯⋯⋯⋯⋯⋯⋯⋯⋯⋯⋯⋯⋯⋯立野1式　→　立野2式
樋沢・細久保式系⋯⋯⋯　樋沢1式　→樋沢2式　→樋沢3式　→細久保1式　→細久保2式

6　西日本の後半期押型紋土器

　西日本の押型紋土器はネガティヴ紋押型紋が前半期、その後半期が黄島式・高山寺式・穂谷式の段階である。後半期は関東編年からみれば、大まかに田戸下層式以降から田戸上層式に時期にあたる。東日本では東北の日計式や中部の樋沢・細久保式押型紋がほぼ終焉し、新たな沈線紋土器の時代を迎えた時期に相当する。

　西日本では前半期のネガティヴ押型紋が終わるのが、ほぼ細久保2式の段階である。細久保2式は関東の田戸下層1式段階と考えられる。この対比が正しければ、後続する黄島式は田戸下層2式・3式に想定することが可能である。しかし物的証拠はなく、この対比関係は更に検証する必要があろう。

　黄島式は1式・2式の二段階に分かれるが、いずれも口縁部内面に柵状紋＋押型紋（山形紋・楕円紋）の施紋規範をもっている。1式は施紋流儀が横方向に施紋し、口縁部が直行口縁となるものが多い。2式は施紋流儀が縦方向あるいは斜方行に施紋し、口縁部はやや外反する。黄島式は瀬戸内の島々に貝塚を形成した時期であり、瀬戸内海の成立を考える上で重要な手がかりを与えてくれる。この内海を通って黄島式は九州にも波及する。

　続く高山寺式との間には中間式が設定できそうであるが、更に検討を要しよう。高山寺式はほぼ田戸上層式に対応するものと考えるが、この関係も直接的な証拠はない。高山寺式と穂谷式はいずれも1式〜3式の三段階に分かれる。高山寺式は口縁部内面に太沈線紋を、穂谷式は押型紋を施紋する。この高山寺式と穂谷式と関係については、九州島の手向山式とも関係し、押型紋土器の終焉の様相は後述する。

押型紋⋯⋯⋯　黄島1式　→　黄島2式　→　　（＋）　　→高山寺1式　→高山寺2式　→高山寺3式
沈線紋⋯⋯⋯　田戸下層1式　→田戸下層2式　→田戸下層3式　→田戸上層1式　→田戸上層2式　→田戸上層3式

7 九州島の押型紋土器

　九州島に押型紋土器が出現するのはいつのことであろうか。賀川光夫をはじめとして九州の研究者によって、川原田式→稲荷山式→早水台式→下菅生B式→田村式→ヤトコロ式とする「大分編年」を軸に議論されている。

　広域編年の定点となる早水台式と下菅生B式は口縁部内面に柵状紋＋押型紋を有し、黄島式に対比できる型式である。本州島と九州島をつなぐ広域編年の基準となっている。すなわち早水台式以降の諸型式は、広域編年に照らせば押型紋土器後半期に属する時期に該当する。これに較べて前半期の九州島の押型紋土器は、横方向帯状施紋の川原田式と横方向全面施紋の稲荷山式の僅か二型式である。本州島に比して九州島の押型紋土器の出現は後出的な存在となっている。

　前半期の押型紋土器が展開しない理由は、南九州で発達した円筒形貝殻土器が九州島全体に及び、独自の円筒形貝殻紋文化を形成していたことと関連する。弘法原式押型紋は「平底円筒形押型紋」と呼ばれ、円筒形貝殻土器の影響を受けた押型紋土器である。関東の撚糸紋文化に押型紋土器が波及した現象と同じ様相を呈している。これは九州島独自の円筒形貝殻紋文化に、異系統としての押型紋土器が波及したことを物語っている。また横方向帯状施紋川原田式の中には口縁部に円形刺突紋を施すものがあり、草創期後半の大原D15式と呼ばれる尖底土器と共通する要素をもっている。少なくとも九州島における押型紋土器の出現は、本州島の押型紋の出現より遅れると予想される。

　一方、南九州に押型紋が本格的に波及するのは黄島2式段階の下菅生B式段階であり、黄島式と高山寺式の中間式を経て、独特な手向山式が生まれる。北九州では下菅生B式と高山寺式の中間式としての田村式から高山寺式に併行するヤトコロ式へと変遷する。また南九州の手向山式押型紋は終末期に九州島全体に及び、本州島の穂谷式にも影響を与える。手向山式と高山寺式との対比関係については、押型紋土器終焉との関わりの中では後述することにする。

南九州	貝殻紋土器後半 →	上野原式	→ 出水下層式	→ 手向山式
中九州	別府原式 → 政所式	→弘法原式	中後迫式	無田原式 → 瀬田裏式
北九州	川原田式 →稲荷山式	→早水台式	→下菅生B式	田村式 →ヤトコロ式
西日本	押型紋土器前半 →黄島1式	→ 黄島2式	→ （十）	→ 高山寺式

8 押型紋土器の終焉

　列島に拡がった回転施紋の押型紋土器がどのように終焉を迎え、描線手法による新たな土器文化を展開していくのかという問題は、縄紋土器の装飾史あるいは縄紋社会の変遷を考える上でも重要な課題である。

　回転施紋の押型紋土器から描線施紋の沈線紋土器への画期は、列島の東と西で異なった推移を示している。東日本で回転施紋からいち早く転換したのは、関東の撚糸紋土器から沈線紋土器への変化であり、それは早期初頭（三戸式）の時期にあたる。東北や中部では前半（田戸下層式）に

終　章　総括と課題

押型紋土器から沈線紋土器に推移する。この画期が押型紋土器の変遷の前半期と後半期の境となる。一方、西日本ではネガティヴ紋の前半期以降もなお押型紋土器が存続し、終焉を迎えるのは東日本の沈線紋土器が終わるほぼ田戸上層式の段階である。それは沈線紋土器から装飾性の乏しい条痕紋土器への移行期と一致する。すなわち東日本では押型紋土器前半期が終わり、沈線紋土器に移行する。これに対し西日本では沈線紋土器に推移することなく押型紋土器は存続し、つぎの条痕紋土器への移行とともに終焉を迎えるのである。

　九州島の押型紋土器の終焉は、手向山式で三細分される。終末期には九州島から本州島に上陸し、関西の穂谷式・中部の相木式に影響を与える。本州島では高山寺式が終末期に位置づけられ、三細分される。本州島で生まれた高山寺式は九州島にも波及し、手向山式と交差する。こうした交差関係の刺激が本州島にも手向山式の流入する要因ともなった。

　手向山式は山沿いに拡がった「山の文化」、高山寺式は貝塚を形成する「海の文化」としてともに併存したとみることができる。一つの文化の終末は複雑な様相を呈するのが常である。押型紋土器の終末期の対比関係を下記のように示したが、検討すべき問題は多い。

南九州……出水下層式　→　手向山1式　　　→　手向山2式　　　→　手向山3式

北九州……　田村式　　→　ヤトコロ1式　→　ヤトコロ2式　→　　　（＋）

西日本……　　（＋）　→　高山寺1式　　→　高山寺2式　　→　高山寺3式

　　　　　　　　　　　→穂谷・相木式(古)　→穂谷・相木式(中)　→穂谷・相木式(新)　→判ノ不山西式

東日本……田戸下層3式　→　田戸上層1式　　→　田戸上層2式　　→　田戸上層3式　　→　子母口式

9　まとめにかえて

　以上のごとく各地域における押型紋土器の対比関係を提示してきたが、北は北海道島渡島半島から南は九州島南端まで、押型紋土器のネットワークは列島の広範囲に拡がっている。また、こうした押型紋土器の斉一性のなかにも各地の地域性が認められ、地域圏と呼ぶべき地域社会が形成している。押型紋ネットワークは「トロトロ石器」の分布域とも一致する。押型紋土器を表徴する石器として、押型紋人の情報・交易・移動の通行手形ともいうべき存在となっている。

　土器型式の中には、広範囲に広がりをもつ広域型式と地域圏を表象する在地型式が存在している。こうした広域型式と在地型式の連鎖的な地域構造が基礎となって、長きにわたる独自の縄紋文化が日本列島に展開するのである。早期の押型紋土器をはじめ、前期の諸磯式・北白川下層式、中期の大木式・加曽利E式・船元式、後期の称名寺式・中津式、晩期の亀ヶ岡式など、大別時期の画期や発展を象徴する広域型式として存在している。それに対し在地型式は、広域型式の彩り（地域色）や各時期の崩壊過程に顕在化する傾向にある。こうした縄紋時代における基礎的なケース・スタディとして、早期押型紋土器の広域編年を考えた次第である［付図1〜3］。こうした編年作業はあくまでも問題解明の手段であり、目的ではない。共通の基準を通して、縄紋社会・文化の究明に向かっていかなければならない。

［引用・参考文献］

ア

会田　進　1970「長野県南安曇郡奈川村学間遺跡発掘調査報告」『信濃』第 22 巻第 2 号

会田　進　1971「押型紋土器編年の再検討」『信濃』第 23 巻第 3 号

会田　進　1988「中部山岳地方押型文文化の様相」『縄文早期を考える』帝塚山考古学研究所

会田　進　1993「中部山岳地方の押型文系土器（前半期）の様相」『研究紀要』第 2 号　三重県文化財センター

会田　進ほか　2000『樋沢遺跡　平成 11・12 年度健唉道路改良工事に伴う樋沢遺跡発掘調査報告』岡谷市教育委員会・塩尻市教育委員会

会田　進・中沢道彦編　1997『シンポジウム押型文と沈線文』長野県考古学会縄文時代（早期）部会

相原淳一　1978a「宮城県南部発見の菱形格子目押型文土器」『山麓文化』1

相原淳一　1978b「東北地方押型文文化に関する考察」(1)『山麓文化』2

相原淳一　1979「東北地方押型文文化に関する考察」(2)『山麓文化』3

相原淳一　1982「概説日計式土器群の成立と解体」『赤い本』創刊号

相原淳一　1988「東北地方の押型文文化をめぐって」『縄文早期を考える』

相原淳一　2008a「再論日計式土器群の成立と解体」『芹沢長介先生追悼考古・民族・歴史論叢』六一書房

相原淳一　2008b「押型文系土器（日計式土器）」『総覧縄文土器』アム・プロモーション

相原淳一　2008c「編年研究の現状と課題東北地方」『縄文時代の考古学』第 2 巻　同成社

相原淳一　2015『東北地方における最古の土器の追究』纂修堂

始良町教育委員会　2005『健昌城跡』始良町埋蔵文化財発掘調査報告第 10 集

青木秀雄ほか　1983『前原遺跡』宮代町教育委員会

青山　航　2014「高山寺式成立前後の土器の検討」『東海地方における縄文時代早期前葉の諸問題』東海縄文研究会

赤司善彦編　1994『原遺跡』福岡県県教育委員会 119 集

赤塚　亮　2003「押型紋土器と無紋土器の関係について（予察）」『利根川』24・25 号

赤星直忠　1929「相模三戸遺跡」『考古学雑誌』第 19 巻 11 号

赤星直忠　1936「古式土器の一形式としての三戸式土器に就いて」『考古学』第 7 巻 9 号

吾妻町教育委員会　1983『弘法原遺跡』吾妻町の文化財 7

秋山真澄ほか　1992『東大室クズレ遺跡』加藤学園考古学研究所

あきる野市秋川南岸道路関連遺跡調査会 1998『坪松 B・引谷ヶ戸・儘上・天王沢』

浅谷誠吾　2010『二宮東遺跡　第 3 次調査発掘調査報告書』神戸市教育委員会

芦沢玲子ほか　2005『上ノ段遺跡（2）市道 230 号線関連遺跡（縄文）』沼津市文化財調査報告第 87 集

足助町誌編纂委員会　1967『山沢・大屋敷遺跡』足助町誌資料 2

足助町教育委員会　1887『大麦田遺跡概報』

麻生敏隆　2009『楡木Ⅱ遺跡（2）』（縄文時代編）（財）群馬県埋蔵文化財事業団

麻生優編　1968『岩下洞穴の発掘記録』佐世保市教育委員会

麻生優編　1985『泉福寺洞穴の発掘記録』佐世保市教育委員会

阿部千春ほか　1990『川汲遺跡川汲 D 遺跡』南茅部町埋蔵文化財調査団

阿部千春・領塚正浩　1996「南茅部川汲遺跡における縄文時代早期前半の一様相」『北海道考古学』32

阿部芳郎　1989「第Ⅱ群 1 類土器の型式学的検討」『半蔵窪遺跡調査報告』

阿部芳郎　1990「早期第Ⅳ群土器の型式学的検討」『古屋敷遺跡調査報告』

阿部芳郎　1997「判ノ木山西遺跡出土土器の分類と編年」『押型文と沈線文』本編

阿部芳郎　1999「縄文時代早期後葉土器編年における北関東地方の様相」『駿台史学』第 106 号

引用・参考文献

阿部芳郎　2009「出流原式土器の研究」『野州考古学論攷』中村紀男先生追悼論集刊行会

阿部芳郎　2010「判ノ木原西式土器の研究」『考古学集刊』第6号

雨宮瑞生　2007「南九州における縄文草創期後葉〜早期中葉土器の系統関係」『九州における縄文時代早期前葉の土器相』第17回九州縄文研究会

網　伸也　1994「30.北白川廃寺2」『京都市埋蔵文化財調査概要』（財）京都市埋蔵文化財研究所

荒井世志紀　1994『鴇崎天神台遺跡』香取郡市文化財センター

新谷　武ほか　1977「幸畑遺跡（1）」『むつ小川原開発予定地域内埋蔵文化財試掘調査概報』青森県埋蔵文化財調査報告書　第36集

有明町教育委員会　1992『一野遺跡』有明町文化財調査報告書第11集

有明町教育委員会　2001『一野遺跡Ⅱ』有明町文化財調査報告書第14集

安斎正人編　2011『縄紋時代早期を考える』公開シンポジウムⅡ予稿集

安藤道由ほか　1996『上ノ山A・上ノ山B・下根田A・下根田B・御所塚遺跡』（財）君津郡市文化財センター発掘調査報告書第115集

安中　宏ほか　1994「労振B遺跡」『摺上川ダム埋蔵文化財発掘調査報告3』福島市埋蔵文化財調査報告書第61集

イ

飯田市教育委員会　1986『恒川遺跡』

池田大助　1984「北総台地における沈線文土器群の出現」『千葉県文化財センター研究紀要』8

池田祐司　2003「第6章結語」『大原D遺跡4』福岡市埋蔵文化財調査報告第741集

池谷信之　2003「縦位密接施文から異方向帯状施文へ」『利根川』24・25

石川恵美子　1990「岩井堂洞窟における早期貝殻沈線文土器の系統と変遷」『秋田県立博物館研究報告』第15号

石川真紀　2015「真田・北金目遺跡群における押型文土器破片の分布の様相」『神奈川を掘る』

石田由紀子　2011「奈良県の押型文土器の概観・集成」『押型文土器期の諸相』

石野博信編　1979『縄文時代の兵庫』兵庫県考古学研究会

石原正敏・小熊博史　1988「新潟県の研究動向」『縄文早期の諸問題』第2回縄文セミナー

石橋宏克　1887「大栄町酒造遺跡の資料」『竹箆』3

伊藤玄三　1977「福島県田島町石橋遺跡発見の押型文土器」『法政考古学』1

伊藤忠志　1938「押型文土器を出せる豊前黒島遺蹟」『考古学』第3巻9号

井上智博　1991「西日本における縄文時代前期初頭の土器様相」『考古学研究』第38巻第2号

井上智博　1995「西日本における縄文時代早期末の土器様相」『大阪文化財センター研究助成報告書研究紀要』Vol.2（財）大阪文化財センター

井上雅孝　2006『法誓寺1遺跡発掘調査報告書』滝沢村埋蔵文化財センター第2集

井上雅孝　2009「岩手山降下火山灰と縄文土器」『盛岡の縄文時代草創期〜早期の土器文化』

井上雅孝　2010『法誓寺遺跡・大喰堤発掘調査報告書』滝沢村埋蔵文化財センター第6集

伊庭　功ほか　2000『粟津湖底遺跡　予備調査・南調査区（粟津湖底遺跡Ⅳ）』

伊庭　功ほか　2001『粟津湖底遺跡自然流路（粟津湖底遺跡Ⅲ）』

茨城高校史学部　1972「水戸市十万原遺跡発見の縄文早期沈線文系土器」『常総台地』6

岩尾松美・酒匂義明　1964「速見郡山香町大字広瀬川原田洞穴の調査」『大分県地方史』第34集

岩瀬彰利　1993「嵩山蛇穴遺跡再考」『三河考古』第5号

岩田貴之編　2009『常世遺跡資料—1940・1958年における桑山龍進の調査—』

岩手大学考古学研究会　1978『大館町遺跡』

岩永哲夫　2006「南九州の押型文土器」『宮崎考古』第20号

岩花秀明　1989『諸岡遺跡発掘調査報告書』坂内村教育委員会

引用・参考文献

ウ

上杉彰紀　2003「北部九州の縄文時代早期初頭の土器（1）」『九州縄文時代早期研究ノート』第1号

上杉彰紀　2004「「別府原式土器」とその周辺」『九州縄文時代早期研究ノート』第2号

上杉彰紀　2005a「第Ⅸ層の土器」『健昌城跡』始良町埋蔵文化財発掘調査報告第10集

上杉彰紀　2005b「「政所式土器」研究の現状と課題」『九州縄文時代早期研究ノート』第3号

上杉彰紀　2006「南九州における縄文時代早期の前半の様相」『九州縄文時代早期研究ノート』第4号

上野　誠・畠中清隆　1986『岩の鼻遺跡―1985年度調査概報』

上ノ台遺跡調査会　1981『鴨居上の台遺跡』

上野原町教育委員会　1976『仲大地遺跡』

上松町教育委員会　1993　『最中上遺跡』

上峰篤志・矢野健一　2011「京都府の押型文土器概要・集成」『押型文土器期の諸相』

宇佐市教育委員会　2002「山下横穴墓中原遺跡上居屋敷遺跡神田遺跡別府遺跡」『一般国道387号道路加療
　　　　工事に伴う埋蔵文化財発掘調査報告書』

氏平昭則　2005「箱E遺跡」『岡山県埋蔵文化財発掘調査報告』193

宇土靖之ほか　2001『一野遺跡Ⅱ』

浦　　宏　1939「紀伊国高山寺貝塚発掘調査報告」『考古学』第10巻7号

浦田和彦編　1992『一野遺跡』有明町文化財報告書　第11集

エ

江坂輝彌　1942「稲荷臺文化の研究―東京都赤堤町新井遺跡調査報告―」『古代文化』第13巻8号

江坂輝彌　1944「廻轉押捺文土器の研究」『人類学雑誌』第59巻8号

江坂輝彌　1947「縄文文化の古さ」『あんとろぷす』第6号

江坂輝彌　1948「回転押捺文土器の研究（一）」『あんとろぷす』第9号

江坂輝弥　1950a「縄文式文化について（その一）」『歴史評論』第4巻5号

江坂輝弥　1950b「縄文式文化について（その二）」『歴史評論』第4巻6号

江坂輝弥　1950c「青森県下北郡東通村、尻屋、物見台遺跡調査報告」『考古学雑誌』第36巻4号

江坂輝弥　1950d「縄文式文化について（その三）」『歴史評論』第4巻7号

江坂輝弥　1950e「縄文式文化について（その四）」『歴史評論』第4巻8号

江坂輝弥　1951a「縄文式文化について（その五）」『歴史評論』第5巻1号

江坂輝弥　1951b「縄文式文化について（その六）」『歴史評論』第5巻3号

江坂輝弥　1952「日本始原文化の起源問題」『古代学』第1巻2号

江坂輝彌　1953「九州地方押型文土器について」『鹿児島県考古学会紀要』第3号

江坂輝弥　1956a「各地域の縄文式土器・東北」『考古学講座』3　河出書房

江坂輝弥　1956b「縄文文化の起源の研究」『史学』第29巻2号

江坂輝弥　1957『考古学ノート2　縄文時代』日本評論新社

江坂輝弥　1959a「縄文文化の起源の研究」『歴史教育』第7巻3号

江坂輝弥　1959b「縄文文化の発現　縄文早期文化」『世界考古学大系』1　平凡社

江坂輝弥　1967「愛媛県上黒岩岩陰」『日本の洞穴遺跡』平凡社

江坂輝弥　1982『縄文土器文化研究序説』六興出版

（財）愛媛県埋蔵文化財センター　2008『猿川西ノ森遺跡』

遠藤香澄ほか　1992『中野A遺跡』北海道埋蔵文化財センター文化財調査報告書第79集

遠藤香澄ほか　1993『中野A遺跡（Ⅱ）』北海道埋蔵文化財センター文化財調査報告書第84集

遠藤　佐　2005「新潟県における沈線文系土器の様相」『早期中葉の再検討』第18回縄文セミナー

オ

大石崇史　2011「岐阜県の押型文土器の概要・集成」『押型文土器期の諸相』

引用・参考文献

大　分　県　1983『大分県史』先史篇Ⅰ

大分県教育委員会　1980『稲荷山遺跡緊急発掘調査』

大分県教育委員会　1993「日出町エゴノクチ遺跡」『宇佐別府道路・日出ジャンクション関係埋蔵文化財調査報告書』2

大分県教育委員会　1998「手崎遺跡　大部遺跡」『日田市高瀬遺跡群の調査』2

大下　明・深井明比古　2011「兵庫県下の押型文土器概要」『押型文土器期の諸相』

大竹憲昭ほか　1998『貫ノ木遺跡・西岡Ａ遺跡』長野県埋蔵文化財センター

大野政雄・佐藤達夫　1967「岐阜県沢遺跡調査予報」『考古学雑誌』第53巻2号

大参義一ほか　「織田井戸遺跡発掘調査報告」『いちのみや考古』No.6

大田原潤ほか　『新納屋（1）遺跡』青森県埋蔵文化財調査報告書第256集

大塚達朗　1991「九州地方の縄紋草創期」編年と泉福寺洞穴」『縄文時代』2

大塚達朗　2014「主旨説明にかえて」『東海地方における縄文時代早期前葉の諸問題』東海縄文研究会

大坪芳典　2003「戦場ヶ谷遺跡の押型文土器」『利根川』24・25

大坪芳典　2012「島原半島における押型文土器研究の再考」『九州縄文時代早期研究ノート』第5号

大坪芳典・遠部　慎　2000「南九州の押型文土器研究についての覚書」『鹿児島考古』34

岡崎正雄ほか　2008『福本遺跡Ⅱ』神河村教育委員会

岡田憲一　2003a「大鼻式土器の多面性」『利根川』24・25号

岡田憲一　2003b「穂谷式その後」『宮の平遺跡Ⅱ』奈良橿原考古学研究所調査報告86集

岡田憲一　2014「大鼻式成立覚書」『東海地方における縄文時代早期前葉の諸問題』東海縄文研究会

岡田憲一ほか　2006『鵜山遺跡』奈良県橿原考古学研究所調査報告第96冊

岡田茂弘　1965「近畿地方」日本の考古学Ⅱ　縄文時代　河出書房新社

岡田泰洋　2003「帝釈弘法滝洞窟遺跡（第17次）の調査」『広島大学文学部帝釈峡遺跡群発掘調査報告ⅩⅦ』

岡本　勇　1953「相模・平坂貝塚」『駿台史学』3号

岡本　勇・加藤晋平　1963「青森県野口貝塚の発掘」『ムゼイオン』9

岡本　勇・戸沢充則　1965「縄文文化の発展と地域性　関東」『日本の考古学』Ⅱ

岡本健児　1956「各地域の縄文式土器―四国―」『日本考古学講座』3

岡本東三　1980「神宮寺・大川式押型紋土器について」『考古学論叢　藤井祐介君追悼記念』集

岡本東三　1983「トロトロ石器考」『人間・遺跡・遺物』1号

岡本東三　1987「押型紋土器」『季刊考古学』21号

岡本東三　1989「立野式土器の出自とその系統をめぐって」『先史考古学研究』2号

岡本東三　1992「埼玉県・大原第3類土器をめぐって」『人間・遺跡・遺物』2

岡本東三　1994「城ノ台南貝塚の田戸下層式の細分」『城ノ台南貝塚発掘調査報告書』千葉大学文学部考古学研究報告第1冊

岡本東三　1997「関東・北の沈線紋と関・東北の押型紋」『人間・遺跡・遺物』3

岡本東三　2001「縄紋土器における曲線紋の成立」『千葉県史研究』第9号

岡本東三　2010「関東・中の沈線紋と関・中部の押型紋」『土器型式論の実践的研究』Ⅰ人文社会科学研究科プロジェクト研究第128集

岡本東三　2012a「沖ノ島海底遺跡の意味するもの」『考古学論攷』千葉大学文学部考古学研究室30周年記念

岡本東三　2012b『縄紋文化起源論 序説』六一書房

岡本東三　2013「西部押型紋土器文化圏への旅立ち」『日本先史考古学論集』

岡本東三　2014a「西部押型紋土器文化圏への旅立ち―第2章」『型式論の実践的研究』Ⅱ人文社会科学研究科プロジェクト研究第276集

岡本東三　2014b「押型紋土器の終焉」『鹿児島考古』第44号

岡本東三　2015a「西部押型紋土器文化圏への旅立ち―第3章―」『考古学論攷』Ⅱ

引用・参考文献

岡本東三　2015b「九州島における押型紋土器の出現とその前夜」『高野晋司氏追悼論文集』

岡本東三　2015c「黄島式から高山寺式土器へ」『先史考古学研究』第 12 号

岡本東三　2015d「「本ノ木論争」とは何か」『考古学ジャーナル』676 号

岡本東三　2016a「中部押型紋土器をめぐる内外事情」『駿台史学』156 号

岡本東三　2016b「海峡を渡った押型紋土器」『宮城考古学』18 号

岡本東三　2017「発掘調査のまとめと考察」『沢遺跡』飛騨市文化財調査報告書　第 10 集

岡本東三編　1994『千葉県城ノ台南貝塚発掘調査報告書』千葉大学文学部考古学研究報告　第 1 冊

岡谷市教育委員会　1998『間下丸山・禅海塚遺跡』郷土の文化財 20

小笠原永隆　1997a「子母口式土器の成立についての予察」『人間・遺跡・遺物』3

小笠原永隆　1997b「関東地方における田戸上層式・子母口式土器の様相」『押型文と沈線文』本編

小笠原永隆　1999「中部地方を中心とした縄紋時代早期中葉土器の編年の展望」『長野県考古学会誌』87・
　　　　88 号

小笠原永隆　2000「谷津代貝塚出土の田戸上層終末期の土器」『貝塚研究』第 5 号

小笠原永隆　2001「子母口式成立の広域編年作業にむけての問題点」『先史考古学研究』第 8 号

小笠原永隆　2003「千葉県内における押型紋土器出現期の研究展望」『利根川』24・24 号

小笠原永隆　2006「押型紋土器と子母口式土器の関係」『先史考古学研究』第 10 号

小笠原永隆　2009「千葉県下における非在地系土器―押型紋土器について」『研究紀要』26 号千葉県教育振
　　　　興財団

緒方　勉　1991a『瀬田裏遺跡調査報告』Ⅰ　大津町教育委員会

緒方　勉　1991b「熊本県大津町瀬田裏遺跡出土の縄文早期の注口土器」『考古学雑誌』第 77 巻第 1 号

緒方　勉　1992『瀬田裏遺跡調査報告』資料Ⅱ　大津町教育委員会

緒方　勉　1993『瀬田裏遺跡調査報告』Ⅱ　大津町教育委員会

置田雅昭・矢野健二　1988「奈良県天理市布留遺跡縄文時代早期の調査」『考古学調査研究中間報告』14

奥　義次　2011「三重県の押型文土器出土遺跡の概要・集成」『押型文土器期の諸相』

小熊博史　1997a「卯ノ木遺跡出土土器の研究Ⅰ」『長岡市立科学博物館研究報告』第 32 号

小熊博史　1997b「新潟県における押型紋系及び沈線文土器群の様相」『押型文と沈線文』

小倉　宏　1957「高山寺貝塚発掘調査報告」『田辺文化財』1

小崎　晋　2014「静岡県東部における押型文土器の新知見」『東海地方における縄文時代早期前葉の諸問題』
　　　　東海縄文研究会

乙松重隆　1962「手向山式土器」『日本考古学辞典』東京堂出版

乙松重隆　1965「縄文文化の地域性―九州西北部―」『日本の考古学』Ⅱ　河出書房新社

小野上村教育委員会　1978『八木沢清水遺跡』

小野上村教育委員会　1979『八木沢清水遺跡』

小保内裕之　2006「青森県八戸市出土の早期貝殻文土器」『縄文時代早期中葉土器群の再検討』

恩田　勇　1991「沈線文土器の成立と展開（1）」『神奈川考古』第 27 号

恩田　勇　1994「沈線文土器の成立と展開（2）」『神奈川考古』第 30 号

恩田　勇　1997「神奈川県における沈線文土器後葉期の一様相」『押型文と沈線文』本編

恩田　勇　1998『宮ヶ瀬遺跡群ⅩⅥ久保ノ坂（No.4）遺跡』かながわ考古財団調査報告 42

恩田　勇　2002「縄文早期沈線文土器後葉期の異相」『神奈川考古』第 38 号

遠部　慎　1998「川原田式土器小考」『おおいた考古』第 9・10 集

遠部　慎　1999「九州押型文土器の再編に向けて」『長野県考古学会誌』第 87・88 号

遠部　慎　2000「ヤトコロ式土器と出水下層式土器の関係」『九州旧石器』第 4 号

遠部　慎　2001「黄島貝塚の焼成前穿孔土器」『古代吉備』23 集

遠部　慎　2003a「黄島貝塚再考」『立命館大学考古論集』Ⅲ-1

引用・参考文献

遠部　慎　2003b「九州における出現期押型文土器概観」『利根川』24・25

遠部　慎　2004「九州における押型文土器出現期（予察）」『古代』第114号

遠部　慎　2009a「上黒岩遺跡の押型文土器の炭素14年代測定」『愛媛県上黒岩遺跡の研究』国立歴史民俗博物館研究報告　第154集

遠部　慎　2009b「犬島の炭素14年代測定」『犬島貝塚』

遠部　慎　2014「東海地方における押型文土器期の年代測定値集成」『東海地方における縄文時代早期前葉の諸問題』東海縄文研究会

遠部　慎編　2003『特集：押型文土器とその周辺』利根川24・25号

遠部　慎編　2008『犬島貝塚の発見』犬島貝塚調査保護プロジェクトチーム第1回研究会・講演会資料集

遠部　慎編　2009a『犬島貝塚2008』犬島貝塚調査保護プロジェクトチーム第2回研究会・講演会資料集

遠部　慎編　2009b『犬島貝塚』　六一書房

遠部　慎編　2009c『犬島貝塚2009』犬島貝塚調査保護プロジェクトチーム第3回研究会・講演会資料集

遠部　慎編　2010『犬島貝塚2010』犬島貝塚調査保護プロジェクトチーム第4回研究会・講演会資料集

遠部　慎・小林謙一・宮田佳樹　2007「北部九州における撚糸文土器群と炭素14年代測定」『九州における縄文時代早期前葉の土器相』

遠部　慎・栁田裕三　2001「九州押型文土器終末期の様相」『鹿児島考古』第35号

遠部　慎・武内信三　2000「直島新発見の押型文土器出土遺跡」『九州縄文時代早期研究ノート』第5号

遠部　慎ほか　2003「黄島貝塚採集資料の紹介」『利根川』24・25

遠部　慎ほか　2007「瀬戸内海における縄文海進期の基礎的検討」『縄文時代』18

遠部　慎ほか　2007「瀬戸内海最古の貝塚」『汽水域研究』14

遠部　慎ほか　2008「瀬戸内海新発見の縄文時代早期貝塚」『汽水域研究』15

　　カ

海峡土器編年研究会　2006『縄文時代早期中葉土器群の再検討』資料集

香川県教育委員会　1983「礼田崎貝塚」『新編香川叢書考古編』

賀川光夫　1956「各地域の縄文式土器—九州—」『日本考古学講座』3　河出書房

賀川光夫　1957「押型文土器共伴資料」『九州考古学』2

賀川光夫　1960「早期縄文式土器の新資料」『考古学雑誌』第46巻第3号

賀川光夫　1963「川原田洞穴調査概報」『洞穴遺跡調査会会報』7

賀川光夫　1965「縄文文化の発展と地域性—九州東南部—」『日本の考古学』II　河出書房新社

賀川光夫　1967「大分県川原田洞穴」『日本の洞穴遺跡』平凡社

賀川光夫　1998「大分県川原田岩陰の再検討」『おおいた考古』第9・10集

賀川光夫・八幡一郎　1955『早水台』大分県文化財調査報告第3輯

鹿児島県教育委員会　1979『三代寺遺跡木佐貫原遺跡』鹿児島県埋蔵文化財報告書（11）九州縦貫自動車同関係埋蔵文化財調査報告III

鹿児島県教育委員会　1980『石峰遺跡』鹿児島県埋蔵文化財調査報告書（12）九州縦貫自動車同関係埋蔵文化財調査報告IV

鹿児島県教育委員会　1981『中尾田遺跡』鹿児島県埋蔵文化財調査報告書（15）九州縦貫自動車同関係埋蔵文化財調査報告VII

鹿児島県教育委員会　1990『前畑遺跡』鹿児島県埋蔵文化財調査報告書（52）九州縦貫自動車同関係埋蔵文化財調査報告VII

鹿児島県立埋蔵文化財センター　1993『星塚遺跡』鹿児島県立埋蔵文化財センター発掘調査報告書（7）

鹿児島県立埋蔵文化財センター　2001『上野原遺跡（第10地点）』鹿児島県立埋蔵文化財センター発掘調査報告書（24）

鹿児島県立埋蔵文化財センター　2002『九日田遺跡 供養之元遺跡 前原和田遺跡』鹿児島県立埋蔵文化財セ

ンター発掘調査報告書（36）

鹿児島県立埋蔵文化財センター　2002『上野原遺跡（第2～7地点）』鹿児島県立埋蔵文化財センター発掘
　　　調査報告書（41）

鹿児島県立埋蔵文化財センター　2003『城ヶ尾遺跡Ⅱ』鹿児島県立埋蔵文化財センター発掘調査報告書（60）

鹿児島県立埋蔵文化財センター　2004『横井竹ノ山遺跡』鹿児島県立埋蔵文化財センター発掘調査報告書（67）

鹿児島県立埋蔵文化財センター　2005『桐木耳取遺跡Ⅱ』鹿児島県立埋蔵文化財センター発掘調査報告書（91）

鹿児島県立埋蔵文化財センター　2006『野里小西遺跡』鹿児島県立埋蔵文化財センター発掘調査報告書（100）

鹿児島県立埋蔵文化財センター　2006『伏野遺跡 隠迫遺跡 枦堀遺跡 仁田尾遺跡 御仮屋遺跡』鹿児島県立
　　　埋蔵文化財センター発掘調査報告書（101）

鹿児島県立埋蔵文化財センター　2007『前原遺跡』鹿児島県立埋蔵文化財センター発掘調査報告書（107）

鹿児島県立埋蔵文化財センター　2009a『建山遺跡西原段Ⅰ遺跡野鹿倉遺跡』鹿児島県立埋蔵文化財セン
　　　ター発掘調査報告書（139）

鹿児島県立埋蔵文化財センター　2009b『市ノ原遺跡（第3地点）』鹿児島県立埋蔵文化財センター発掘調
　　　査報告書（140）

鹿児島県立埋蔵文化財センター　2012a『稲荷迫遺跡』鹿児島県立埋蔵文化財センター発掘調査報告書（169）

鹿児島県立埋蔵文化財センター　2012b『宮ヶ原遺跡 野方前段遺跡B地点　柿木段遺跡2』鹿児島県立埋蔵
　　　文化財センター発掘調査報告書（173）

鹿児島県立埋蔵文化財センター　2013『山口遺跡』鹿児島県立埋蔵文化財センター発掘調査報告書（179）

鏡 野 町　2000『鏡野町史　考古資料編』鏡野町史編集委員会

河西克造ほか　2002『馬捨場遺跡』

鹿島保宏　1988『寺谷戸遺跡』横浜市埋蔵文化財委員会

柏倉亮吉・加藤　稔　1959「山形県東置賜郡日向洞窟遺跡群（俗称立石）」『日本考古学年報』8

春日信興ほか　1983『鴨平（1）遺跡発掘調査報告書』青森県埋蔵文化財調査報告書第72集

片岡　肇　1967「大分県大分郡野津原町黒山遺跡調査報告」『古代学』第14巻1号

片岡　肇　1970「手向山式土器の研究」『平安博物館研究紀要』第1輯

片岡　肇　1972a「押型文土器における特殊な施紋方法について」『平安博物館研究紀要』第1輯

片岡　肇　1972b「神宮寺式押型文土器の再検討」『考古学ジャーナル』72号

片岡　肇　1978a「神宮寺式押型文土器の様相」『小林知生教授退職記念考古学論文集』

片岡　肇　1978b「押型文土器における特殊な施紋方法について」『古代文化』第30巻4号

片岡　肇　1980「樋沢式土器の再検討」『信濃』第32巻第4号

片岡　肇　1982「押型文土器」『縄文文化の研究』3

片岡　肇　1988「異形押型文土器について」『朱雀』京都文化博物館研究紀要　第1集

堅田　直　1983『高山寺貝塚発掘調査報告概要』帝塚山考古学研究所

片山長三　1957a「神宮寺早期縄文式遺跡の発掘」『石鏃』9号

片山長三　1957b「神宮寺遺跡の発掘について」『石鏃』11号

片山長三　1967「第二章　縄文時代」『枚方市史』第一巻

神奈川県教育委員会　1982『向原遺跡』神奈川県立文化財センター報告1

可児通宏　1969「押型文土器の変遷過程」『考古学雑誌』第55巻2号

可児通宏　1989「押型文土器様式」『縄文土器大観』1　小学館

加納　実ほか　1993『滝ノ口向台遺跡・大作古墳群』（財）千葉県文化財センター調査報告書第232号

金子直行　1994「貝殻沈線紋系土器群終末期の様相」『縄文時代』第5号

金子直行　2000「野島式土器の成立について」『土曜考古』第24号

金子直行　2004「押型文系土器群と沈線紋系土器群終末期の関係性」『研究紀要』第19号埼玉県埋蔵文化
　　　財調査事業団

引用・参考文献

金子直行　2005「沈線文土器群から条痕文土器群への構造的変換と系統性」『縄文時代』第 16 号

金子直行　2011a「絡条体圧痕紋の付く野島式土器」『研究紀要』第 25 号　埼玉県埋蔵文化財調査事業団

金子直行　2011b「条痕文土器群の成立とその意味」『縄紋時代早期を考える』

鎌木義昌　1949「備前黄島貝塚の研究」『吉備考古』77 号

鎌木義昌　1951「吉備地方に於ける早、前期縄文式土器の変遷について」『土』18

鎌木義昌　1952「瀬戸内海地域の縄文初期の文化に就て」『吉備考古』85

鎌木義昌　1954「岡山県邑久郡黄島貝塚」『日本考古学年報―昭和 24 年度―』2

鎌木義昌　1996『瀬戸内考古学研究』河出書房新社

鎌木義昌・木村幹夫　1956「各地の縄文式土器」『日本考古学講座』3　河出書房

神村　透　1968・69「立野式土器の編年的位置について」(1)～(7)『信濃』第 20 巻 10・12、第 21 巻 3～5、7・9

神村　透　1983a「二本木遺跡・稲荷沢遺跡」『長野県史』全 1 巻 (3)

神村　透　1983b「立野遺跡」『長野県史』全 1 巻 (3)

神村　透　1986a『開田高原大原遺跡』開田村教育委員会

神村　透　1986b「押型文土器―長野県の遺跡から―」『考古学ジャーナル』267

神村　透　2003a『木曽・稲沢遺跡』日義村教育委員会

神村　透　2003b「田舎っぺ、押型文土器（立野式）にこだわる」『利根川』24・25 号

茅野嘉雄　2006「八戸市潟野遺跡出土土器等から見た吹切沢式・鳥木沢式・物見台式」『縄文時代早期中葉土器群の再検討』

河口貞徳　1972「寒ノ神式土器」『鹿児島考古』第 6 号

河口貞徳　1980『石峰遺跡』鹿児島県埋蔵文化財調査報告書 (12) 九州縦貫自動車同関係埋蔵文化財調査報告Ⅳ

河口貞徳　1991「平栫貝塚」『鹿児島考古』第 26 号

川崎　保　2003a『山の神遺跡』国営アルプスあづみの公演埋蔵文化財発掘調査報告書 2

川崎　保　2003b「神村論文を読んで押型文土器の編年を考える」『利根川』24・25

川瀬知晴　1986『国道 246 号線西原遺跡』国道 246 号線西原遺跡調査団

河瀬正利　1981「岡山県黄島貝塚出土の遺物について」『帝釈峡遺跡群発掘調査室年報』Ⅳ

河瀬正利　1984「広島県佐伯郡廿日市町地御前南遺跡出土出土の遺物について」『帝釈峡遺跡群発掘調査室年報』Ⅶ

河瀬正利　1977「中国山地帝釈峡遺跡群に於ける縄文早期二、三の問題」『考古論集』

河瀬正利　1998「瀬戸内海北岸部の縄文低湿地性遺跡と海水準変化」『列島の考古学』渡辺誠先生還暦記念論文集刊行会

河本純一　2011「大阪の概要」『押型文土器の諸相』

関西縄文文化研究会　2011『押型文土器期の諸相』　第 12 回関西縄文文化研究会

神原雄一郎　2006「盛岡における縄文時代早期前葉から中葉にかけての土器」『縄文時代早期中葉土器群の再検討』

神原雄一郎　2009「盛岡における縄文時代草創期・早期の土器」『盛岡の縄文時代草創期～早期の土器文化』

神原雄一郎・室野秀文　1995「盛岡市庄ヶ畑 A 遺跡」『岩手考古学会第 14 回研究大会資料』

神原雄一郎ほか　2000a『盛岡市市内遺跡群―平成 11 年度発掘調査概報』

神原雄一郎ほか　2000b『薬師社脇遺跡』

　キ

木崎康弘　1985「熊本大丸・藤ヶ迫遺跡の寒ノ神式土器について」『寒ノ神式土器―地名表・拓影編・論考編―』

木崎康弘　1994「手向山式土器」『縄文時代研究事典』東京堂出版

木崎康弘　1998「中九州西部押型文土器の編年」『九州の押型文土器―論攷編―』

喜多方市教育委員会　2015『常世原田発掘調査報告書』喜多方市文化財調査報告書第 18 集

岐阜県教育委員会　1972「不老井遺跡」『岐阜県史』

岐阜県教育委員会　1991『小の原遺跡戸入障子遺跡』

岐阜県文化財保護センター　2000『いんべ遺跡』（財）岐阜県文化財保護センター調査報告第 55 集

岐阜県文化財保護センター　2000『岩井谷遺跡』（財）岐阜県文化財保護センター調査報告第 60 集

（財）君津郡市文化財センター　1988『宮脇遺跡』発掘調査報告書第 32 集

（財）君津郡市文化財センター　1996『上ノ山 A・上ノ山 B・下根田 A・下根田 B・御所塚遺跡』上総カデ
　　　ミアパーク建設に伴う埋蔵文化財調査報告（4）

木村一郎・相原淳一　1982「宮城県米原町上納遺跡の押型文土器」『赤い本』創刊号

木村剛朗　1997『四国西南沿岸部の先史文化』幡多埋文研

九州縄文研究会　1984『九州の押型文土器―地名表・拓影編―』

九州縄文研究会　1984『九州縄文土器編年の諸問題』

九州縄文研究会　1985『塞ノ神式土器―地名表・拓影・論考編―』

九州縄文研究会　1998『九州の押型文土器―論攷編―』

九州縄文研究会　2007『九州における縄文時代早期前葉の土器相』

興野義一　1965「宮城県北部出土の押型文土器について」『石器時代』7

　　ク

草間俊一ほか　1967『盛岡市一本松熊の沢遺跡調査報告』郷土資料写真集第 10 集

工藤利幸　1985「北部北上山地の草創期・早期資料」『紀要』Ⅴ

工藤利幸　1986『馬場野Ⅱ遺跡発掘調査報告書』岩手県文化振興事業団埋蔵文化財調査報告第 99 集

国東町教育委員会　1972「縄文時代に関する研究成仏岩陰遺跡の調査」『国東町文化財調査報告書』

久保穣二朗　1991「鳥取県出土の押型文土器の様相」『鳥取県立博物館研究報告』第 28 号

熊谷博志　2006「智頭枕田遺跡の編年的位置づけ」『早期研究の現状と課題』中四国縄文研究会

熊谷博志　2008「樋沢・細久保式土器小考」『泉拓良先生先生還暦記念論文集―文化財学としての考古学』

熊谷博志　2011a「鳥浜貝塚出土の押型文土器」『福井県立若狭歴史民俗資料館　館報　平成 22 年度』

熊谷博志　2011b「前半期押型文土器編年の再検討」『押型文土器の諸相』

熊谷博志　2012「鳥浜貝塚出土押型文土器の再検討」信濃 64 巻 4 号

熊谷博志　2014「樋沢併行期の地域間関係」『東海地方における縄文時代早期前葉の諸問題』

熊谷常正　2013「地域の様相　東北」『日本の考古学講座 3』縄文時代上　青木書店

熊本県教育委員会　1990a『狸谷遺跡』熊本県文化財調査報告第 90 集

熊本県教育委員会　1990b『城・馬場遺跡高城跡Ⅶ郭』熊本県文化財調査報告第 110 集

熊本県教育委員会　1990c『天道ヶ尾遺跡（Ⅱ）』熊本県文化財調査報告第 111 集

熊本県教育委員会　1993『白鳥平 A 遺跡』熊本県文化財調査報告第 127 集

熊本県教育委員会　1995『無田原遺跡』熊本県文化財調査報告第 148 集

熊本県教育委員会　1996『蒲生・上の原遺跡』熊本県文化財調査報告第 158 集

倉吉市教育委員会　1984『取木遺跡・一反半田遺跡発掘調査報告書』

栗島義昭　2004「「寿能下層式」の再検討」『埼玉県立博物館紀要』29

栗山葉子　2005「変形撚糸文の原体復元」『南九州縄文通信』No.16

栗山葉子　2009「文様からみた変形撚糸文土器」『南の縄文・地域文化論考』上巻

黒尾和久ほか　1998『坪松 B・引谷ヶ谷戸・儘上・天王沢』あきる野市秋川南岸道路関連遺跡調査会

黒川忠広　2003「南の押型文土器」『利根川』24・25

黒田哲朗ほか　2000『青山勘太山遺跡』（財）香取郡市文化財センター

桑月　鮮　1981「東北地方の押型文土器群」『長野県考古学会誌』41

引用・参考文献

桑月　鮮　1982「東北地方の押型文土器」『概報・樋沢遺跡』

桒畑光弘　1998「塞神式土器とその前後」『宮崎県内の平栫式・塞ノ神式土器集成』

桒畑光弘・上田　耕・雨宮瑞生　1993「貝殻円筒形土器と押型紋土器の関係」『南九州縄文通信』No.7

桑山龍進　1951「会津盆地の早期縄文文化」『日本考古学年報』1

桑山龍進　1964「個別解説3　常世遺跡1」『福島県史』第6巻　資料編1考古資料

群馬県考古学研究所ほか　1988『縄文早期の諸問題』第2回縄文セミナー

　　　コ

小池義人ほか　1998『上越自動車道関係発掘調査報告書Ⅳ　関川谷内Ⅰ』新潟県埋総文化財調査報告書第
　　　90集

小岩末治　1955「岩手内陸の早期縄文式土器」『岩手史学研究』19

小岩末治　1961『岩手県史』上古篇

高知県教育委員会　1983『飼古屋岩陰遺跡調査報告書』

高知県文化財団埋蔵文化財センター　2001『奥谷南遺跡』Ⅲ（財）高知県埋蔵文化財センター発掘調査報
　　　告書第63集

甲野　勇ほか　1936「座談会日本石器時代文化の源流と下限を語る」『ミネルヴァ』1-1

河野典夫ほか　1998『落合五郎遺跡発掘調査報告書』

河野典夫ほか　1998『宮ノ前遺跡発掘調査報告書』宮川村教育委員会

纐纈　茂　2013「桑田和町北貝戸遺跡」『豊田市史』18　資料編　考古Ⅰ旧石器・縄文

紅村　弘　1963『東海の先史遺跡』総括編

紅村　弘・原　寛　1975『金屋・星の宮遺跡』坂下町教育委員会

郡山町教育委員会　2003『湯屋原遺跡』郡山町埋蔵文化財発掘調査報告書(2)

小暮伸之　1996「縄文時代早期沈線文土器と押型文土器の変遷に関する一考察」『論集しのぶ考古』

小島正巳・早津賢二　1992「妙高山麓松ヶ峯No.237遺跡採集の押型文土器―日計式の波及―」『長野県考
　　　古学会誌』第64号

小杉　康　1987「樋沢遺跡押型文土器群の研究」『樋沢押型文遺跡調査研究報告』岡谷市教育委員会

小竹森直子　2013『粟津第3貝塚2・自然流路2』（粟津湖底遺跡Ⅴ）滋賀県教育委員会

後藤一重　1981「下菅生B遺跡」『菅生台地とその周辺遺跡Ⅵ』竹田市教育委員会

後藤一重　1983「寺の前遺跡縄文早期土器について」『荻台地の遺跡』荻町教育委員会

後藤一重ほか　1986「下菅生B遺跡上菅生B遺跡　」『菅生台地とその周辺遺跡Ⅺ』竹田市教育委員会

小林和彦ほか　1984『史跡根城跡発掘調査報告書Ⅵ』八戸市埋蔵文化財調査報告書第12集

小林和彦ほか　1986『史跡根城跡発掘調査報告書Ⅷ』八戸市埋蔵文化財調査報告書第16集

小林謙一　2007「縄文時代前半の実年代」『国立歴史民俗博物館研究報告』137集

小林達雄　1986「早期の文化」『新潟県史』通史編1原始・古代編

小林久雄　1939「九州の縄文土器」『人類学先寺史学講座』11

小林秀夫ほか　1981「判ノ木山西遺跡」『長野県中央道埋蔵文化財発掘調査報告書―茅野市・原村その3』

小林康男ほか　1985「福沢遺跡」『堂の前・福沢・青木沢』塩尻市教育委員会

小林康男ほか　1988「向陽台遺跡」『一般国道20号（塩尻バイパス）改築工事埋蔵文化財包蔵地発掘調査
　　　報告』塩尻市教育委員会

小林行雄　1959「御領貝塚」『図解考古学辞典』創元社

小牧市教育委員会　1983『織田井戸遺跡発掘調査報告書』

小松　虔ほか　1976「栃原岩陰遺跡出土土器1例について」『長野県考古学会誌』第27号

小宮　猛ほか　1984「今郡チカ内遺跡」『東総用水』千葉県文化財センター

近藤尚義　1988「八窪遺跡出土第一群土器の検討」『中央自動車道長野線埋蔵文化財発掘調査報告書2』―
　　　塩尻市内その1―（財）長野県埋蔵文化財センター

308

近藤義郎　1986「黒島貝塚」『岡山県史』第 18 巻　考古資料

サ

境　宏ほか　2000『花代遺跡発掘調査報告』青山町教育委員会

坂上有紀　2004『上越自動車道関係発掘調査報告書 XI　八斗蒔原遺跡』（財）新潟県埋蔵文化財調査事業団

酒詰仲男編『考古学事典』改造社

酒詰仲男・岡田茂弘　1958『大川遺跡』奈良県文化財調査報告 2

坂本洋一ほか　1991『中野平遺跡 1 縄文時代編』青森県埋蔵文化財調査報告書第 134 集

坂本嘉弘　1995「西日本の押型文土器の展開」『古文化談叢』第 35 集

坂本嘉弘　1998「東九州の押型文土器研究の現状と課題」『九州の押型文土器』

坂本嘉弘　2000「早水台式土器の現状と課題」『九州考古学』4 号

桜井拓馬・中村法道　2014「近年の三重県の調査事例」『東海地方における縄文時代早期前葉の諸問題』

佐々木洋次　1971『高畠町史別巻考古資料篇』

笹沢　浩ほか　1966「長野県上水内郡信濃町塞ノ神遺跡出土の押型文土器」『信濃』第 18 巻第 4 号

笹沢　浩ほか　1976「長野県更級郡大岡村鍋久保遺跡の調査」『長野県考古学会誌』第 23・24 号

笹津備洋　1960「青森県八戸市日計遺跡」『史学』第 33 巻第 1 号

佐藤達夫　1961「青森県上北郡出土の早期縄紋土器（追加）」『考古学雑誌』第 46 巻第 4 号

佐藤達夫　1971「縄紋時期土器研究の課題―特に草創期前半の編年―」『日本歴史』277

佐藤達夫　1978『日本の先史文化』河出書房新社

佐藤達夫　1983『東アジアの先史文化と日本』六興出版

佐藤達夫・二本柳正一　1956「青森県上北郡六ヶ所村唐貝地貝塚調査略報告」（佐藤達夫 1983『東アジアの
　　　先史文化と日本』に収録）

佐藤達夫・二本柳正一・角鹿扇三　1957「青森県上北郡早稲田貝塚」『考古学雑誌』第 43 巻第 2 号

佐藤達夫・渡辺兼庸　1958「青森県上北郡の早期縄紋土器」『考古学雑誌』第 43 巻第 3 号

佐藤達夫ほか　1960「早稲田貝塚」『上北考古学会報告』1

佐藤　洋・小熊　充・高橋正浩　1982「宮城県白石市・蔵王町のおける縄文早期遺跡の踏査報告」『赤い本』
　　　創刊号

佐藤康男　1995『飛瀬・底津遺跡』（財）岐阜県文化財保護センター

佐藤美枝子　1998「禅海塚遺跡の押型文土器と沈線紋土器」『間下丸山・禅海塚遺跡』

佐野　隆　1997「山梨県における縄文時代早期前半の様相」『押型文と沈線文』

シ

潮見　浩　1960「広島市牛田町早稲田山遺跡の発掘調査報告」『広島考古学研究』第 2 号

潮見　浩　1964「帝釈峡馬渡岩陰の調査」『広島考古学研究』第 3 号

潮見　浩・間壁忠彦　1965「縄文文化の発展と地域性―山陰・中国山地」『日本の考古学』II　河出書房新社

滋賀県教育委員会　1992「唐橋遺跡（本文編）」『瀬田川浚渫工事関連埋蔵文化財調査報告書』II

重住　豊　1991「東京都における押型と土器と遺跡」『縄文時代』第 2 号

重留康浩　2012「前原西式土器雑考」『九州縄文時代早期研究ノート』5

篠原　正　1985『寺向・捕込附遺跡発掘調査報告書』山武考古学研究所

柴　暁彦　1997「近畿地方における押型文土器後半期の様相」『押型文と沈線文』

島根県教育委員会　1991「堀田上遺跡」『主要地方浜田八重可部特殊改良工事に伴う埋蔵文化財発掘調査報
　　　告書』

島根県教育委員会　1998『板屋 III 遺跡』

下村晴文　1985「神並遺跡出土の押型文土器」『紀要 I』（財）東大阪市文化財協会

下村晴文ほか　1987『神並遺跡 II』東大阪市教育委員会

遮那藤麻呂　1973「上伊那郡赤坂遺跡における押型文土器と遺構」『長野県考古学会誌』16

引用・参考文献

白崎高保　1941「東京稲荷臺先史遺跡」『古代文化』第 12 巻 8 号

白鳥文雄ほか　1998「立見山 (1) 遺跡」『立て見山 (1) 遺跡・弥次郎窪遺跡Ⅱ』青森県埋蔵文化財調査報告
　　書第 283 集

白石市市史編さん委員会　1976『白石市史』別巻考古資料篇

白石地域文化研究会　1982「宮城県白井市下川原子 A 遺跡第 1 次調査報告」『赤い本』創刊号

城川町教育委員会　1979「穴神洞遺跡」『城川の遺跡』

縄文セミナーの会　2005『早期中葉の再検討』・『記録集』第 18 回縄文セミナー

新海和広　2006「秋田県における早期中葉貝殻沈線紋系土器群の様相」『縄文時代早期中葉土器群の再検討』

新東晃一　1979「南九州の火山灰と土器形式」『どるめん』19

新東晃一　1987「同心円押型文土器」『南九州縄文通信』No.1

新東晃一　1980「火山灰からみた南九州縄文早・前期土器の様相」『鏡山猛先生古希記念古文化論攷』

新東晃一　1981『中尾田遺跡』鹿児島県埋蔵文化財調査報告書 (15) 九州縦貫自動車同関係埋蔵文化財調
　　査報告Ⅶ

新東晃一　1982「九州地方」『縄文土器大成』1　講談社

新東晃一　1988「寒ノ神式土器再考」『日本民族・文化の生成』永井昌文教授退官記念論文集

新東晃一　1989「寒ノ神・平栫式土器様式」『縄文土器大観』1　小学館

新東晃一　1990「縄文早期土器の補修孔」『南九州縄文通信』No.3

新東晃一　1991「縄文早期の壺形土器」『南九州縄文通信』No.4

新東晃一　2003「縄文早期の壺形土器出現の意義」『縄紋の森から』創刊号

新東晃一　2013「第三章 地域の様相十九州南部」『日本の考古学講座』3　縄文時代上　青木書店

　ス

菅田　薫　1991「縄文土器―京都の土器」―講座 1―第 45 回京都市考古資料文化財講座資料

杉原荘介・芹沢長介　1958『神奈川県夏島における縄文文化初頭の貝塚』明治大学文学部研究報告　考古
　　学　第 2 冊

杉山寿栄男　1934「四国土器遍路」『考古学』第 6 巻 2 号

鈴鹿良一ほか　「松ヶ平 A 遺跡（第 2 次）」『真野ダム関連遺跡発掘調査報告Ⅱ』福島県文化財調査報告書第
　　129 集

鈴鹿良一ほか　1997「獅子内遺跡（第 2 次調査）」『摺上川ダム遺跡発掘調査報告Ⅳ』福島県文化財発掘調
　　査報告書第 338 集

鈴鹿良一ほか　1999「獅子内遺跡（第 4 次調査）」『摺上川ダム遺跡発掘調査報告Ⅷ』福島県文化財発掘調
　　査報告書第 351 集

鈴木昭彦　1995「則定本郷 B 遺跡 1 次調査概略」『三河考古』第 8 号

鈴木昭彦　1993「北貝戸遺跡」『愛知県埋蔵文化財情報』8 愛知県教育委員会

鈴木茂夫　1981『馬場遺跡概報』足助町教育委員会

鈴木茂之　2004「岡山平野における最終氷期最盛期以降の海水準変動」『岡山大学地球科学研究報告』11

鈴木茂之　2005「完新世における岡山平野での海水準変動曲線と沈降運動」『日本応用地質学会中国支部四
　　国平成 17 年度研究発表会』発表要旨

鈴木茂之　2012「岡山平野の泥炭層から推定される完新世の海水準変動と古環境変遷」『岡山大学地球科学
　　研究報告』19

鈴木正博　2003「二日市第 6 文化層への想い」『九州縄文時代早期研究ノート』第 1 号

鈴木道之助　1977「東寺山石神遺跡の撚糸文土器について」『京葉』Ⅱ

鈴木道之助　1979「押型文土器と撚糸文土器」『考古学ジャーナル』No.170

裾野市史編纂専門委員会　1992「城ヶ尾遺跡」『裾野市史』第 1 巻

澄田正一・大参義一　1956『九合洞窟遺跡』名古屋大学文学部

引用・参考文献

セ

西藤清秀　1983「高塚遺跡」『奈良県遺跡調査概報1982年度』奈良県立橿原考古学研究所

関根慎二　1988「群馬県縄文時代早期研究の状況」『早期中葉の再検討』第18回縄文セミナー

関野哲夫　1988「高山寺式土器の編年」『先史考古学研究』1

関野哲夫　1994「層位に関わる二・三の問題点」縄文時代5号

関野哲夫ほか　1980『長井崎遺跡発掘調査報告書』沼津市文化財調査報告書第18集

瀬戸口　望　1983「打馬平原遺跡の出土資料」『鹿児島考古』第22号

芹沢長介　1947「南関東に於ける早期縄文式文化研究の展望」『あんとろぽす』8号

芹沢長介　1951「撚糸文と押型文」『考古学ノート』3号

芹沢長介　1954「関東および中部地方における無土器文化の終末と縄文文化の発生とに関する予察」『駿台史学』4号

芹沢長介　1956「縄文文化」『日本考古学講座』3　中央公論社

芹沢長介　1958「縄文土器」『世界陶磁全集』1　河出書房

芹沢長介　1960a『石器時代の日本』築地書館

芹沢長介　1960b「縄文文化」『図説日本歴史』1

芹沢長介　1961「1960年度の歴史学界回顧と展望」『史学雑誌』70編5号

芹沢長介　2005「稲荷台遺跡の発掘について」『夢を掘った少年たち』板橋区立郷土資料館

芹沢長介・林　謙作　1965「岩手県蛇王洞洞穴」『石器時代』第7号

芹沢長介・林　謙作　1967「岩手県蛇王洞洞穴」『日本の洞穴遺跡』平凡社

タ

帝釈峡遺跡調査団　1964「帝釈峡馬渡岩陰遺跡の調査（第一次・第二次）」『広島考古研究』第三号　広島考古学会

高岡町教育委員会　1998『天ヶ城跡』高岡町埋蔵文化財調査報告書第16集

高木　晃・工藤利幸　1998『大日向Ⅱ遺跡発掘調査報告書』岩手県文化振興事業団埋蔵文化財調査報告書第273集

鷹島町教育委員会　1993『鷹島海底遺跡Ⅱ』

鷹野光行　1974「鶴塚遺跡出土の縄文式土器」『古代』58

高橋　徹　1981『荻台地の遺跡Ⅵ』

高橋　徹　2003「「寺の前式」再考」『利根川』24・25

高橋信武　1996「平栫式土器の系譜」『国分直一博士米寿記念論文集モノ・ヒト・コトバの考古学』慶友社

高橋信武　1997「平栫式土器と塞ノ神式土器の編年」『熊本大学文学部考古学研究室創設25周年記念論文集　先史学・考古学』

高橋信武　1998「縄文早期後葉の九州」『九州縄文土器編年の諸問題』

高橋　誠ほか　『湯倉洞窟』高山村教育委員会

高松龍雄　1972『別宮家野遺跡調査報告書』関宮町埋蔵文化財調査報告2

高山市教育委員会　1992『向畑遺跡』

高山市教育委員会　1983『向畑遺跡の遺物』

高山市教育委員会　1990『鷹ノ巣遺跡A・B地点、鷹ノ巣古墳発掘調査報告書』高山市埋蔵文化財調査報告書第18号

竹田市教育委員会　1986『下菅生B遺跡上菅生B遺跡』菅生台地とその周辺の遺跡ⅩⅠ武田耕平ほか1991『南諏訪遺跡』福島市埋蔵文化財報告書第44集

武田良夫　1969「盛岡市上堤頭・小屋塚遺跡の押型文土器」『考古学ジャーナル』36

武田良夫　1982「岩手県における押型文土器文化の様相」『赤い本』創刊号

武田良夫　2009「押型文土器から、沈線文土器そして貝殻文土器へ」『盛岡の縄文時代草創期～早期の土器

311

引用・参考文献

　　　　　　文化』

武部真木　2003『八王子遺跡』愛知県埋蔵文化財センター調査報告書112集

多々良友博　1984「九州地方の押型文土器」『金立開拓遺跡』佐賀県文化財調査報告第77集

多々良友博　1985「塞ノ神式土器の文様構成」『塞ノ神式土器―地名表・拓影編・論考編―』

立花町教育委員会　1995『白木西原遺跡Ⅱ』

橘　昌信　1969「九州の押型文土器について―分類と編年―」『史学論叢』4

橘　昌信　1980『大分県二日市洞穴発掘調査報告書』九重町文化財調査報告　第5輯

橘　昌信　1994「稲荷山式」・「川原田式土器」・「早水台式土器」・「田村式土器」・「ヤトコロ式土器」『縄文
　　　　時代研究事典』東京堂出版

辰野町教育委員会　2004『小田原遺跡』上野地区埋蔵文化財発掘調査報告書Ⅱ

舘　邦典ほか　2009『川上ダム建設事業内埋蔵文化財発掘調査報告書Ⅱ』伊賀市教育員会

田中　総　1997「中部、東海地方における沈線文土器の様相」『押型文と沈線文』

田中　総　1999「中部地方における縄文早期沈線文土器の終末について」『長野県考古学会誌』87・88

田辺市史編纂委員会　1995『田辺市史』第4巻資料1

谷口康浩　1996「室谷洞窟出土土器の再検討」『かみたに』

谷口康浩　2011　『縄文文化起源論の再構築』同成社

谷口和人ほか　1998『牛垣内遺跡』（財）岐阜県文化財保護センター

谷口和人ほか　1997『西田遺跡』（財）岐阜県文化財保護センター

谷口和人ほか　1995『岡前遺跡』（財）岐阜県文化財保護センター

田部剛士　2006『越町遺跡・小切山遺跡』山添村教育委員会

壇原長則　1996『上中道南遺跡Ⅲ』山ノ内町教育委員会

　　チ

智頭町教育委員会　2006『智頭枕田遺跡1』

千田和文ほか　1987『大館町遺跡群（大新町遺跡）―昭和61年度発掘調査概報―』

千田和文ほか　1990『大館町遺跡群（大新町遺跡）―平成元年度発掘調査概報―』

千葉県史料研究財団編　2000『千葉県の歴史　資料編』考古1（旧石器・縄文時代）

千葉大学文学部考古学研究室　1994『城ノ台南貝塚発掘調査報告書』研究報告第1冊

千葉大学文学部考古学研究室　2004『沖ノ島遺跡第1次調査概報』

千葉大学文学部考古学研究室　2006『沖ノ島遺跡第2・3次調査概報』

千葉　豊　2013「各地の様相―中国・四国」『日本の考古学講座』3縄文時代上

千葉　豊・坂口英毅　2005「京都大学吉田南構内AN22区の発掘調査」『京都大学構内遺跡調

　　ツ

土谷崇夫・田中裕二　2011「福井県における押型文土器の概要」『押型文土器の諸相』

堤　仙匡　2000「竹之内式土器について」『いわき地方史研究』第37号

坪井清足　1956a「近江石山貝塚の発掘予報」『日本考古学協会第八回総会研究発表要旨』

坪井清足　1956b『石山貝塚』平安学園考古クラブ

坪井清足　1965「御領貝塚の発掘調査」『城南町史』

坪井良平　1939「編輯者より」『考古学』第10巻7号

津和野町教育委員会　1991『高田地区埋蔵文化財分布調査報告書』

　　テ

帝塚山考古学研究所　1987『高山寺式をめぐって』縄文文化研究会紀要1

帝塚山考古学研究所　1988『縄文早期を考える』

手塚　孝・菊池政信　1983『米沢市万世町桑山団地造成地内埋蔵文化財調査報告書Ⅱ』米沢市埋蔵文化財
　　　　調査報告書第8集

引用・参考文献

寺師見國　1936「北薩（伊佐郡）地方の縄文土器」『史前学雑誌』　第8巻6号

寺師見國　1943『鹿児島県下の縄文式土器の分類と出土遺蹟表』

寺師見國　1952『鹿児島県の押型文土器』『鹿児島県考古学会紀要』第2号

寺師見國　1953「南九州の押型文土器」『古代学』第2巻2号

寺師見國　1954「押型文土器」『南九州の縄文土器』

　ト

土肥　孝　1982a「近畿押型文土器素描」『第2回縄文セミナー縄文早期の諸問題』

土肥　孝　1982b「近畿地方」『縄文土器大成』1　講談社

土肥　孝　1987『高山寺式土器をめぐって―縄文早期の諸問題』帝塚山考古学研究所

土肥　孝　1988「近畿押型紋土器素描」『縄文早期の諸問題』第2回　縄文セミナー

土井義夫ほか　1974『秋川市二宮神社境内の遺跡』秋川市教育委員会

東海縄文研究会　2014『東海地方における縄文時代早期前葉の諸問題』

堂込秀人　2003「南九州における押型紋土器文化期の存在」『利根川』24・25

同志社大学文学部文化学科　1999『加茂谷川岩陰遺跡群』同志社大学文学部考古学調査報告書第10集

東伯町教育委員会　1979『大法3号墳発掘調査報告書』

戸沢充則　1955「樋沢押型文遺跡」『石器時代』2

戸沢充則　1978「押型文土器群編年研究素描」『中部高地の考古学』

戸沢充則編　1987『樋沢押型文遺跡調査研究報告』岡谷市教育委員会

戸沢充則編　1982『概報・樋沢遺跡』岡谷市教育委員会・塩尻市教育委員会

戸沢充則編　1994『縄文時代研究事典』東京堂出版

戸田哲也　1988「表裏縄文土器論」『大和のあけぼの』Ⅱ

戸田哲也　1994「表裏縄文土器研究の現状と課題」『縄文時代』第5号

鳥取県教育文化財団　1985『上福万遺跡、日下遺跡、石州府第1遺跡、石州府古墳群』

鳥取県教育文化財団　1986『上福万遺跡Ⅱ』

富沢敏弘・黒沢文夫　1985『中棚遺跡』昭和村教育員会

富沢敏弘・黒沢文夫　1988「中棚遺跡」『群馬県史』資料編1原始古代1

富永勝也　2006「中野B遺跡の貝殻文土器群再考」『縄文時代早期中葉土器群の再検討』

富永勝也　2014「縄文早期の土器群（道西）」『環日本海北回廊における完新世初頭の様相解明』

友野良一ほか　1973『浜弓場遺跡』伊那市教育委員会

富山直人　2009「雲井遺跡第25次調査」『平成18年神戸市埋蔵文化財年報』

　ナ

中越利夫　1982「豊松堂面洞窟遺跡（第13次）の調査」『広島大学文学部帝釈峡遺跡群発掘調査報告』Ⅴ

中越利夫　1983「豊松堂面洞窟遺跡（第14次）の調査」『広島大学文学部帝釈峡遺跡群発掘調査報告』Ⅵ

中越利夫　1991「帝釈峡遺跡群出土の押型文土器」『縄文時代』第2号

中越利夫　1995「帝釈弘法滝洞窟遺跡（第2～9次）の調査」『広島大学文学部帝釈峡遺跡群発掘調査報告』Ⅹ

中越利夫　1996「帝釈弘法滝洞窟遺跡（第10次）の調査」『広島大学文学部帝釈峡遺跡群発掘調査報告』ⅩⅠ

中越利夫　2001「帝釈弘法滝洞窟遺跡（第15次）の調査」『広島大学文学部帝釈峡遺跡群発掘調査報告』ⅩⅤ

中後迫遺跡調査団　1978『中後迫遺跡調査報告』

中沢道彦ほか　『塚田遺跡』御代田町教育委員会

中沢道彦　1995「下荒田遺跡早期第Ⅰ群土器について」『下荒田遺跡』御代田町教育委員会

中沢道彦　2005「長野県における早期沈線文土器群後半期の様相」『早期中葉の再検討』第18回縄文セミナー

中沢道彦・贄田　明　1996「長野県北佐久郡御代田町戻場遺跡採集の縄文土器について」縄文時代第7号

中島英子ほか　2000「貫ノ木遺跡」『上信越自動車道埋蔵文化財発掘調査報告書16―信濃町その2』

引用・参考文献

中島　宏　1986「普門寺遺跡の押型文土器について」『利根川』7

中島　宏　1987「中部地方における押型文土器編年の再検討」『埼玉の考古学』

中島　宏　1987「埼玉県の押型文土器」『研究紀要』第 9 号　埼玉県立歴史資料館

中島　宏　1988a「埼玉県における押型文土器の様相」『縄文早期の諸問題』第 2 回縄文セミナー

中島　宏　1988b「関東地方における押型文土器の様相」『縄文早期を考える』帝塚山考古学研究所

中島　宏　1989「長野県栃原岩陰遺跡における層位的調査成果の検討」『利根川』10

中島　宏　1990a「普門寺式土器再論」『利根川』11

中島　宏　1990b「立野式土器についての一考察」『研究紀要』第 7 号　（財）埼玉県埋蔵文化財調査事業団

中島　宏　1990c「細久保遺跡 2 類 a 群土器についての覚書」『縄文時代』1

中島　宏　1991a「表裏縄文系土器群の研究」『埼玉県考古学論集』―創立 10 周年記念論文集―

中島　宏　1991b「書評―『岐阜県大野郡清見村はつや遺跡調査報告書』」

中島　宏　1995「群馬県安中市中原遺跡の樋沢式押型文土器をめぐって」『利根川』16

中島　宏　2004「樋沢式押型文土器の型式学的検討」『埼玉県立歴史資料館研究紀要』第 26 号

中野拓大　1992「福島県大熊町内遺跡出土の日計式土器」『史峰』18

中野拓大　1993「日計式土器研究の今後の展望」『史峰』19

中野拓大　1994「福島県大熊町腰巻遺跡出土縄文早期の考古資料」『史峰』20

中野拓大　1995「三戸式土器の成立と展開をめぐる試論」『みちのく考古』

中村健二ほか　1992『唐橋遺跡』滋賀県教育委員会

中村孝三郎　1958「卯ノ木押型文遺跡」『考古学雑誌』第 43 巻第 3 号

中村孝三郎　1963「卯ノ木押型文遺跡　見坂遺跡」長岡市立科学博物館研究調査報告第 5 冊

中村孝三郎　1964『室谷洞窟』長岡市立科学博物館研究調査報告第 6 冊

中村五郎　1986「東北地方の古式縄紋土器の編年」『福島の研究』第 1 巻　清文堂

中村五郎　1995「南九州の縄文土器をめぐる諸問題」『南九州縄文通信』No.9

中村五郎　1997「福島県内の縄文早期土器研究の諸問題」『福島考古』第 38 号

中村五郎　2000「平栫・塞ノ神型式群土器について」『古代』第 108 号

中村五郎ほか　1976『磐梯町の縄紋土器』磐梯町教育委員会

中村龍雄　1965「諏訪市明星屋敷・ハタ河原遺跡調査報告」『信濃』第 17 巻第 4 号

中村貞史　1981「縄文時代の遺跡と遺物」『和歌山の研究』1

中村貞史　1985「和歌山県高山寺貝塚」『探訪縄文の遺跡』西日本編

中村哲也　1998『西張 (2) 遺跡』青森県埋蔵文化財調査報告書第 233 集

中村信博　2002『天矢場』茂木町教育委員会

中村信博　2003「撚糸文系最後の土器群」『利根川』24・25

中村信博　1999「竹之内式土器の研究」『唐沢考古』第 18 号

中村由克ほか　1991『丸谷地遺跡・大道下遺跡』信濃町教育委員会

中村由克ほか　1997『大道下遺跡 (4 次) ほか信濃町内遺跡発掘調査報告書』信濃町教育委員会

中村由克ほか　2001『市道遺跡発掘調査報告書』信濃町教育委員会

中村由克ほか　2004『東浦遺跡東浦団地地点・町道芝山線地点調査発掘調査報告書』信濃町教育委員会

中間研志　1994「まとめ―手向山式土器について」『冶部の上遺跡』九州横断自動車道関係埋蔵文化財調査報告書 32

中山清隆　1985「日計式土器群の再検討 (1)」『日高見国』

長尾正義　1995『越下貝塚』三沢市埋蔵文化財調査報告書 13 集

長尾正義　2000「いわゆる「根井沼式土器」について」『村越潔先生古稀記念論文集』

長尾正義　2006「三沢市の貝殻文土器群」『縄文時代早期中葉土器群の再検討』

長尾正義ほか　1988『根井沼 (1) 遺跡緊急発掘調査報告書Ⅱ』三沢市埋蔵文化財調査報告書 4 集

引用・参考文献

長尾正義ほか　1988『根井沼（1）遺跡発掘調査報告書Ⅲ』三沢市埋蔵文化財調査報告書5集

長尾正義ほか　1992『小田内沼（1）・（4）遺跡発掘調査報告書』三沢市埋蔵文化財調査報告書10集

長尾正義ほか　2005『中山（1）遺跡』三沢市埋蔵文化財調査報告書22集

長尾正義ほか　2009『根井沼（3）遺跡』三沢市埋蔵文化財調査報告書23集

長沢展生　2003「新潟県の押型文土器の様相」『利根川』24・25

長野県考古学会　1995「表裏縄文から立野式へ」シンポジウム特集号『長野県考古学会誌』77・78

長野県考古学会縄文時代（早期）部会編　1997『押型文と沈線紋』資料集・本編

名久井文明　1974「北日本縄文式地方早期編年に関する一考察」『考古学雑誌』第60巻第3号

名久井文明　1982「貝殻文尖底土器」『縄文文化の研究』第3巻

名久井文明　1989「東北地方北部における縄文時代早期貝殻沈線文土器の系統」『第4回　縄文文化検討会』
　　　　シンポジウム資料集

名古屋大学文学部　1956『九合洞窟遺跡』

奈良市教育委員会　2007『県営圃場整備事業田原東地域のおける埋蔵文化財発掘調査概要調査報告書Ⅱ』

成田滋彦　1978「新納屋（2）遺跡」『むつ小川原開発予定地域内埋蔵文化財試掘調査概報』青森県埋蔵文化
　　　　財調査報告書第42集

成田滋彦　1990「物見台式土器の再検討」『青森県考古学』第5号

　　　ニ

西岡誠司　2011「後部市域での事例—六甲山南麓を中心として—」『押型文土器の諸相』

西岡誠司ほか　2010『雲井遺跡第28次発掘調査報告書』神戸市教育委員会

西川博孝　1980「三戸式土器の研究」『古代探叢』

西川博孝　1987「田戸下層式土器」『古代』第83号

西川博孝　1989「「物見台」と「吹切沢」」『先史考古学研究』第2号

西沢寿晃　1982「栃原岩陰遺跡」『長野県史』考古資料編全1巻（2）

西田敏秀　1992「穂谷遺跡」『枚方市文化財年報』12

仁科　章　1979『破入遺跡』勝山市教育委員会

西本正憲ほか　2003『笹見原遺跡』忍野村教育委員会

丹羽　茂　1972「松田遺跡」『東北縦貫自動車道関係遺跡発掘調査概報』宮城県文化財調査報告書第25集

丹羽　茂　1982「松田遺跡」『東北自動車道遺跡発掘調査報告書Ⅶ』宮城県文化財調査報告書第92集

　　　ヌ

沼津市教育委員会　2001『葛原沢第Ⅳ遺跡（a・b）発掘調査報告書』

　　　ノ

野内秀明　1982『長井町内原遺跡』横須賀市文化財調査報告書第9集

野内秀明　2010a「平坂貝塚」『新横須賀市史』別編　考古

野内秀明　2010b「長井内原遺跡」『新横須賀市史』別編　考古

野津町教育委員会　1982『野津川流域の遺跡Ⅲ』

野津町教育委員会　1984『野津川流域の遺跡Ⅴ—新生遺跡下藤遺跡—』

野津町教育委員会　1986『野津川流域の遺跡Ⅶ—菅無田遺跡—』

　　　ハ

芳賀英一　1977「常世遺跡出土の早期縄紋土器をめぐる2、3の問題点」『福島考古』第18号

芳賀英一　1992「塩川町南原遺跡の縄紋土器」『福島考古』第33号

芳賀英一　2013「縄文時代の塩川」『塩川町史』第1巻　通史編Ⅰ

橋本　淳　1995「田戸上層式土器（第Ⅲ群土器）について」『城ノ台南貝塚発掘調査報告書』

橋本　淳　2005「北関東における沈線紋土器の様相」『早期中葉の再検討』第18回縄文セミナー

橋本　淳　2009「「出流原式土器」の再検討」『上毛野の考古学』Ⅱ

315

引用・参考文献

橋本　淳　2010「中部地方における縄紋早期沈線文土器の編年」『研究紀要』28　群馬県埋蔵文化財調査事業団

橋本裕行・南部裕樹　2003『宮の平遺跡Ⅱ』奈良県立橿原考古学研究所調査報告書第 86 集

蜂谷孝之　1998「桜井平遺跡」『干潟工業団地埋蔵文化財調査報告書』千葉県文化財センター調査報告第 321

巾　隆之　1988「石畑岩陰遺跡」『群馬県史』資料編 1 原始古代 1

濱　修　2003『螢谷遺跡・石山遺跡』滋賀県教育委員会

林　茂樹　1984「三ツ木遺跡の押型文土器と撚糸文土器」『中部高地の考古学』Ⅲ

林　謙作　1982「縄紋文化の地域性・東北」『日本の考古学』Ⅱ

林　謙作　1962「東北地方早期縄文式文化の展望」『考古学研究』第 9 巻 2 号

林　謙作　1964「"事実誤認"と"見解の相違"」『考古学研究』第 11 巻 2 号

林　謙作　1965「縄紋文化の地域性・東北」『日本の考古学』Ⅱ　河出書房新社

林　謙作　1966「東北・北海道の貝殻文土器群」『北海道青年人類科学研究会』NO.6

林　潤也　2006「北九州出土の円筒形撚糸文土器」『九州縄文時代早期研究』第 4 号

林　潤也　2007「福岡県における縄文時代早期前葉の土器相」『九州における縄文時代早期前葉の土器相』第 17 回九州縄文研究会

原　明芳　1994『中央自動車道長野線埋蔵文化財発掘調査報告書―鳥林遺跡―』

原川虎夫・原川雄二　1971「いわき市金山中平遺跡について」『福島考古』12

原川虎夫・原川雄二　1974「東北地方押型文土器の諸問題」『遮光器』8

原川雄二　1977「いわき市小川町江田遺跡の押型文土器」『遮光器』11

原川雄二　1988「日計式土器について」『考古学叢考』下巻

原川雄二　1982「多摩ニュータウン No.205 遺跡」『多摩ニュータウン遺跡』―昭和 56 年度―（第 2 分冊）

原川雄二　1996「多摩ニュータウン No.200 遺跡」『多摩ニュータウン遺跡』―平成 8 年度―（第 2 分冊）

原田昌幸　1988「押型文土器について」『東金市久我台遺跡』（財）千葉県文化財センター

原田昌幸　1988「花輪台式土器論」『考古学雑誌』第 74 巻第 1 号

原田昌幸　1991『撚糸文土器様式』考古学ライブラリー 61　ニュー・サイエンス社

原田昌幸　1997「撚糸文土器様式の型式変容」『奈和』第 35 号

原田昌幸・新井和之『上長者台遺跡』上長者台遺跡調査会

春成秀爾・小林謙一編『愛媛県上黒岩遺跡の研究』国立歴史民俗博物館研究報告第 154 集

馬飼野行雄・伊藤昌光 1983『若宮遺跡』富士宮市文化財調査報告書第 1 集

馬場保之　1995「立野遺跡出土の立野式土器について」『長野県考古学会誌』77・78

馬場保之　1998『美女遺跡』飯田市教育委員会

　　ヒ

東田原八幡遺跡調査団　1981『東田原八幡遺跡』

樋口清之　1943『日本古代産業史』四海書房

樋口清之　1936「讃岐蔦島貝塚之研究」『史前学雑誌』8 巻 1 号

匹見町教育委員会　1995『島根県匹見町上ノ原遺跡の発掘調査』

平井　勝　1984「黄島式土器について」『縄文文化研究会』広島大会

平井　勝　1994「黄島式土器」『縄文時代研究事典』東京堂出版

平井幸弘　1991「波方町江口遺跡周辺の地形環境」『江口遺跡第 1 次調査』愛媛大学法文学部考古学研究報告第 1 冊

枚方市文化財研究調査会　2009『図録考古資料でみる枚方の歴史』

平林　彰　2007「石小原遺跡」『中央自動車道西宮線飯田南ジャンクション埋蔵文化財発掘調査報告書』長野県埋蔵文化財センター発掘調査報告書 80

飛騨市教育委員会　2017『沢遺跡』飛騨市文化財調査報告書　第 10 集

平野　功　1989「布野台遺跡」『小見川町内遺跡群発掘調査報告』

広瀬昭弘　1995「表裏縄文土器研究の現状と課題」『長野県考古学会誌』77・78

兵頭　勲　2000「愛媛県における押型文土器について」『愛媛県歴史文化博物館研究紀要』5 号

兵頭　勲　2003「四国島の押型文土器」『利根川』24・25

兵頭　勲　2005「福成寺・旦之上遺跡出土の縄文時代早期の土器群について」『福成寺・旦之上遺跡』

兵頭　勲　2006「北四国」地域における早期土器研究の現状と課題」『早期研究の現状と課題』中四国縄文
　　　　研究会

兵頭　勲　2008「押型文系土器（黄島式土器）」『総覧縄文土器』アム・プロモーション

兵庫県教育委員会 1998『山宮遺跡』兵庫県文化財調査報告　第 172 冊

　　　　フ

深野信之　2007「鹿児島県始良町健昌城跡の発掘成果」『九州における縄文時代早期前葉の土器相』第 17
　　　　回九州縄文研究会

福岡県教育委員会　1994「冶部の上・座禅寺遺跡」九州縦貫自動車道関係埋蔵文化財調査報告 32

福岡県教育委員会　1995「甘木市所在柿原Ｉ縄文遺跡」九州横断自動車道関係埋蔵文化財調査報告書 37

福岡市教育委員会　1983『柏原遺跡群Ｉ』福岡市埋蔵文化財調査報告書第 90 集

福岡市教育委員会　1988『柏原遺跡群Ｖ』福岡市埋蔵文化財調査報告書第 190 集

福岡市教育委員会　1994『原遺跡』福岡市埋蔵文化財調査報告書第 119 集

福岡市教育委員会　1998『松木田遺跡群』福岡市埋蔵文化財調査報告書第 578 集

福岡市教育委員会　2001『松木田遺跡群 2』福岡市埋蔵文化財調査報告書第 578 集

福岡市教育委員会　2003『大原Ｄ遺跡群 4』福岡市埋蔵文化財調査報告書第 741 集

福岡市教育委員会　2004a『金武 1』福岡市埋蔵文化財調査報告書第 792 集

福岡市教育委員会　2004b『元岡・桑原遺跡群 3』福岡市埋蔵文化財調査報告書第 829 集

福島正和　2013「貝殻・沈線文土器の型式学的研究」『紀要』ⅩⅩⅫ岩手県文化振興事業団埋蔵文化財セン
　　　　ター

福島邦夫　1982『新水遺跡』望月町教育委員会

福島邦夫　1988『平石遺跡』望月町教育委員会

福島邦夫・中沢道彦　1997「長野県北佐久郡望月町新水Ｂ遺跡の遺構と遺物」『押型文と沈線文』本編

福島県立博物館　1999『常世原田遺跡―吉田格氏昭和 23 年調査資料―』

藤井祐介・阿久津久　1970『神鍋遺跡』日高町教育委員会

藤田憲司ほか　1975「羽島貝塚の資料」『倉敷考古観研究集報』第 11 号

富士宮市教育委員会　1983『若宮遺跡』富士宮市文化財調査報告書　第 1 集

富士宮市教育委員会　2000『石敷遺跡』富士宮市文化財調査報告書　第 25 集

藤本彌城　1980『那珂川下流域の石器時代研究』Ⅱ

藤村新一　1982「宮城県古川市ごふく沢遺跡の押型文土器」『赤い本』創刊号

　　　　ヘ

別府大学考古学研究会　1977『考古学論叢』4

別府大学考古学博物館　1980『大分県二日市洞穴』

別府大学考古学博物館　1980『政所遺跡』

　　　　ホ

堀江　格・浅野　淳　2001『大枝館遺跡・入トンキャラ遺跡』福島市埋蔵文化財調査報告書第 162 集

　　　　マ

米原市教育委員会　1986『磯山城遺跡』

前迫亮一　1993「倉園Ｂ遺跡の再検討Ｉ」『南九州縄文通信』No.7

引用・参考文献

前橋市埋蔵文化財発掘調査団　1988『柳久保遺跡群Ⅷ』

間壁忠彦　1881「香川県直島町大浦の押型文遺跡」『倉敷考古観研究集報』第 16 号

増子康真　1977「岐阜県星の宮遺跡」『東海先史文化の諸段階』資料編 1

増子康真　2014「高山寺式土器以降の押型文土器の検討」『縄文時代』第 25 号

増田　修　1988「普門寺遺跡の調査と下層及び最下層について」『縄文早期の諸問題』第 2 回縄文セミナー

町田洋・新井房夫　1978「南九州鬼界カルデラから噴出した広域テフラ」『第四紀研究』17

松崎寿和ほか　1963「松永市馬取遺跡調査報告」『広島県文化財調査報告』4

松崎寿和編　1967『帝釈峡遺跡群』亜紀書房

松沢亜生　1957「細久保遺跡の押型文土器」『石器時代』第 4 号

松田真一　1988「奈良県出土の押型文土器」『橿原考古学研究所論集』8

松田真一　1989『大川遺跡―縄文時代早期遺跡の発掘調査報告書』山添村教育委員会

松田真一　1993「奈良県の押型文土器研究の動向」『研究紀要』第 2 号　三重県埋蔵文化財センター

松田真一　2002『桐山和田遺跡』奈良県文化財調査報告書第 91 集　奈良県立橿原考古学研究所

松田真一　2014a『奈良大和高原の縄紋文化・大川遺跡』遺跡を学ぶ 092　新泉社

松田真一　2014b「押型文土器期の遺跡動静からみた生産活動」『東海地方における縄文時代早期前葉の諸問題』東海縄文研究会

松永幸男　1984「押型文土器に見られる様相の変化について」『古文化談叢』13

松永幸男　1987a「塞ノ神式土器小考」『古文化談叢』第 18 集

松永幸男　1987b「九州地方における押型文土器の再検討」『東アジアの考古と歴史』（中巻）

松永幸男　2001『縄文時代重層社会論』

松藤和人ほか　1999『加茂谷川岩陰遺跡群』同志社大学文学部考古学調査報告　第 10 冊

松舟博満　1990「手向山式の壺について」『肥後考古』第 7 号

松村博信・畠中宏一　2003「南四国の押型文土器」『利根川』24・25

松本安紀彦　2005a『刈谷我野遺跡Ⅰ』香北町埋蔵文化財発掘調査報告書第 3 集

松本安紀彦　2005b「南四国の縄文土器考（1）」『九州縄文時代早期研究ノート』第 3 号

松本安紀彦　2006「高知県刈谷我野の発掘調査成果から」Ⅰ『早期研究の現状と課題』中四国縄文研究会

松本安紀彦　2007『刈谷我野遺跡Ⅱ』香北市文化財発掘調査報告書第 1 輯

松本安紀彦　2014「刈谷我野から犬島まで」『東海地方における縄文時代早期前葉の諸問題』東海縄文研究会

馬目順一ほか　1979『廣谷地 B 遺蹟調査報告』葛尾村埋蔵文化財調査報告第 1 冊

馬目順一・吉田生哉　1982『竹野内遺跡』いわき市埋蔵文化財調査報告　第 8 集

　　ミ

三浦圭介ほか　1984『売場遺跡発掘調査報告書（第 3 次調査・第 4 次調査）』青森県埋蔵文化財調査報告書第 93 集

三浦圭介ほか　1990『幸畑（7）遺跡』青森県埋蔵文化財調査報告書第 125 集

三浦圭介ほか　2006『林ノ前遺跡Ⅱ』青森県埋蔵文化財調査報告書第 415 集

三浦謙一ほか　1988『飛鳥台地Ⅰ遺跡発掘調査報告書』岩手県文化振興事業団埋蔵文化財調査報告書第 120 集

三重県生活部文化振興室　2005『三重県史』資料編考古 1

溝口町教育委員会　1985『長山第 1 遺跡発掘報告書遺跡』溝口町埋蔵文化財調査報告書

溝口町教育委員会　1983『上中ノ原・井後草履遺跡発掘調査報告書遺跡』

三田村美彦　2003「山梨の縄文早期沈線文土器終末期前後の検討」『研究紀要』山梨県考古博物館山梨県埋蔵文化財センター

三田村美彦　2003「笹見原遺跡上層文化から出土した縄文時代早期土器群について」『佐笹見原遺跡』忍野村教育委員会

三田村美彦　2005「山梨における沈線紋土器終末期前後の様相」『早期中葉の再検討』第 18 回縄文セミナー

引用・参考文献

水ノ江和同　1998「九州における押型文土器の地域性」『九州の押型文土器』

水ノ江和同　2012『九州縄文文化の研究における押型文土器の地域性』雄山閣

三森定男　1937「讃岐小蔦島遺跡の研究」『考古学論叢』4輯

三森定男　1938「先史時代の西日本」『人類学・先史学講座』第1巻・第2巻

皆川洋一ほか　2008「北杜市館野遺跡」『調査年報』20

皆川洋一ほか　2014『北杜市館野2遺跡C地区』北海道埋蔵文化財センター調査報告書第303集

皆川洋一　2006「北海道の縄文時代早期中葉に併存する尖底と平底、二つの土器群」『縄文時代早期中葉土器群の再検討』

南知多町教育委員会　1980『先刈貝塚』

南九州縄文研究会　2002『南九州貝殻文系土器』Ⅰ

美濃市教育委員会　1979『港町岩陰』美濃市教育委員会第1号

宮坂英弌・宮坂寅二　1966「御座岩遺跡」『蓼科』尖石考古館研究報告叢書　第Ⅱ冊

宮崎朝雄　1981「撚糸文系土器群の終末と無文土器群」『土曜考古』第3号

宮崎朝雄・金子直行　1990「撚糸紋系土器群と押型文土器群の関係（素描）」『縄文時代』創刊号

宮崎朝雄・金子直行　1992「若宮遺跡出土土器群の再検討」『研究紀要』第9号埼玉県埋蔵文化財事業団

宮崎朝雄・金子直行　1995「回転文様系土器群の研究」『日本考古学』第2号

宮崎朝雄・金子直行　2010「回転文様系土器群の再検討」『縄文時代』第21号

宮崎朝雄・金子直行　2012「回転文様系土器群の再検討（2）」『縄文時代』第23号

宮崎朝雄ほか　1980『甘粕山』埼玉県遺跡発掘調査報告書30集

宮崎県教育委員会　1994『野久首遺跡　平原遺跡　妙見遺跡』九州縦貫自動車道（人吉～えびの間）建設工事にともなう埋蔵文化財調査報告書第2集

宮崎県教育委員会　1995『打ち扇遺跡・早日渡遺跡・矢野原遺跡・蔵田遺跡』

宮崎県埋蔵文化財センター　1997『天神河内第2遺跡』宮崎県埋蔵文化財センター発掘調査報告書第2集

宮崎県埋蔵文化財センター　1999『内屋敷遺跡』宮崎県埋蔵文化財センター発掘調査報告書第14集

宮崎県埋蔵文化財センター　2002a『白ケ野第2・第3遺跡』宮崎県埋蔵文化財センター発掘調査報告書第52集

宮崎県埋蔵文化財センター　2002b『別府原遺跡　西ヶ迫遺跡　別府原第2遺跡』宮崎県埋蔵文化財センター発掘調査報告書第61集

宮崎県埋蔵文化財センター　2006『虚空蔵免赤石・天神本遺跡』宮崎県埋蔵文化財センター発掘調査報告書第122集

宮崎縄文研究会　1998『宮崎県内の平栫式・塞ノ神式土器集成』

宮澤久史・朝比奈竹男　2004『向境遺跡』八千代市遺跡調査会

宮下健司　1988「縄文早期の土器」『長野県史』考古資料編全1巻（四）遺構・遺物

三好元樹　2014「愛知県を中心とする草創期末から前期前葉にかけての編年」『東海地方における縄文時代早期前葉の諸問題』

　　ム

村上　昇　2011「愛知県の概要」『押型文土器の諸相』

室野秀文　1998『大館遺跡群大館町遺跡大新町遺跡―平成8年度・9年度発掘調査概報』

　　モ

森　諄一郎ほか　1969『西有田町縄文遺跡（本文編）』佐賀県教育委員会

森　諄一郎ほか　1974『白蛇山岩陰遺跡』伊万里市教育委員会

森岡秀人・和田秀寿　1984「大阪府枚方市穂谷遺跡採集の縄文土器」『郷土資料室だより』11-12月号　芦屋市教育委員会

森田尚宏ほか　1983『飼古屋岩陰遺跡』高知県教育委員会

引用・参考文献

守屋豊人　1994「高山寺式土器」「穂谷式土器」『縄文時代研究事典』東京堂
守屋豊人　1995「平坂貝塚出土土器の再検討」『考古学博物館館報』No.10
守屋豊人　1997「中部地方における押型文土器後半期の様相」『押型文と沈線文』
守屋豊人　1999「東海地方押型紋土器後半期の編と相木式土器の成立について」長野県考古学会誌87・88号
守屋豊人　2002「近畿地方押型文土器前半期における横位密接施文の展開と地域性」『桐山和田遺跡』奈良
　　　　県文化財調査報告書第91集
守屋豊人　2014「大川式土器にみられる主要類型の展開とその理解」『東海地方における縄文時代早期前葉
　　　　の諸問題』東海縄文研究会

　　　　ヤ

八木光則ほか　1983『大館遺跡群　大新町遺跡—昭和57年度発掘調査概報』盛岡市教育委員会
八木澤一郎　2003「堂込秀人「南九州における押型紋土器文化期の存在」を読んで」『利根川24・25』
八木澤一郎　2008「平栫式・塞ノ神式土器」『総覧縄文土器』
八木澤一郎　2009「変形撚糸文土器考」『南の縄文・地域文化論考』上巻
矢島清作　1942「東京市杉並区井草の石器時代遺跡」『古代文化』13巻9号
安田　滋ほか　1994「雲井遺跡第4次調査」『平成3年神戸市埋蔵文化財年報』
安田　滋ほか　2003『熊内遺跡第3次調査発掘調査報告書』神戸市教育委員会
柳浦俊一　2007「山陰の縄文早期土器」『島根県考古学会雑誌』第24集
柳田裕三　2003「通称「イチゴ」という名の押型文土器」『利根川』24・25
家根祥多　1997「高山寺式土器」『日本土器事典』
矢野健一　1988「出土遺物」『奈良県天理市布留遺跡の縄文時代早期の調査』考古学調査研究中間報告14
矢野健一　1984「近畿地方における押型文土器前半期の編年案」『縄文文化研究会広島大会資料』
矢野健一　1989「押型文土器の地域性」京都大学大学院修士論文
矢野健一　1993a「押型文土器の起源と変遷」『考古学雑誌』78巻4号
矢野健一　1993b「押型文土器の起源と変遷に関する新視点」『研究紀要』第2号三重県埋蔵文化財センター
矢野健一　1995「表裏縄文から立野式へ—シンポジウム—押型文土器コメント1.討議」『長野県考古学会誌』
　　　　77・78
矢野健一　1997「中四国地方における押型紋土器後半期の様相」『押型文と沈線文』
矢野健一　2003「北部九州地方における押型文土器出現の時期」『立命館文学』第578号
矢野健一　2005「土器型式圏の広域化」『西日本縄文時代の特徴』第1回西日本縄文文化研究会発表要旨集
矢野健一　2007「押型文土器出現以前の九州地方と本州地域との地域間関係」『九州における縄文時代早期
　　　　前葉の土器相』第17回九州縄文研究会
矢野健一　2008「押型文系土器（高山寺式・穂谷式土器）」『総覧縄文土器』アム・プロモーション
矢野健一　2011「押型文土器編年の現状と課題」『押型文土器期の諸相』
矢野健一　2014「押型文土器遺跡数の変化」『東海地方における縄文時代早期前葉の諸問題』東海縄文研究会
八幡一郎・賀川光夫　1955『早水台』
山形真理子ほか　1991a『三の原遺跡』立教学院三の原遺跡調査団
山形真理子ほか　1991b「多縄文土器編年に関する一考察」『東京大学文学部考古学研究室紀要』第10号
山崎純男・平川祐介　1986「九州の押型文土器」『考古学ジャーナル』No.267
山崎純男　1997「早水台式土器」『日本土器事典』雄山閣
山下孫継　1967「秋田県岩井洞岩陰」『日本の洞穴遺跡』平凡社
山下孫継　1979『岩井洞洞窟第4洞穴第8次調査報告書』
山下大輔　2005「下剌峯式および桑ノ丸式土器の再検討」『南九州縄文通信』No.16
山下大輔　2009「南九州の押型紋土器編年に関する一考察」『南の縄文・地域文化論考』上巻
山下大輔　2012「宮崎の中原式土器」『九州縄文時代早期研究ノート』第5号

引用・参考文献

山田　猛　1986「大鼻遺跡の縄文時代早期特集号」『国一バイパスだより』12号

山田　猛　1987『大鼻（二〜三次）・山城（三次）遺跡』一般国道1号亀山バイパス埋蔵文化財発掘調査概
　　　　要Ⅲ　三重県教育委員会

山田　猛　1988「押型文土器群の型式学的再検討」『三重県史研究』4

山田　猛　1993「大鼻式・大川式の再検討」『研究紀要』三重県埋蔵文化財センター

山田　猛　1994『大鼻遺跡』三重県埋蔵文化財センター

山田　猛　2003「神村論文を読んで」『利根川』24・25

山田　猛　2003「大川式について」『東海地方における縄文時代早期前葉の諸問題』

大和村教育委員会　1995『郷上遺跡』

山内清男　1932「日本遠古之文化」『ドルメン』第1巻4号〜第2巻2号 I

山内清男　1935「古式縄紋土器研究最近の情勢」『ドルメン』第4巻1号 I

山内清男　1936「縄紋土器型式の年代的組織（仮製）」ミネルヴァノーム

山内清男　1937「縄紋土器型式の細別と大別」『先史考古学』第1巻1号

山内清男　1955「鹿児島県出水貝塚の新発掘」『日本考古学協会彙報』別篇4 I

山内清男　1939『日本遠古之文化』補注付新版

山内清男　1941「子母口式」『日本先史土器図譜』第1部（関東地方）第12輯

山内清男　1964「縄紋式土器・総論」『日本原始美術』Ⅰ　講談社

山内清男　1969「縄紋草創期の諸問題」『ミュージアム』224号

山内清男　1979『日本先史土器の縄紋』先史考古学会

　　　　　ヨ

横手浩二郎　1994「手向山式土器研究史」『大河』第5号

横手浩二郎　1997「手向山式土器の編年」『第9回人類史研究会　発表資料』

横手浩二郎　1998a「手向山式土器の細分と編年試案」『九州の押型文土器』

横手浩二郎　1998b「押型文土器終末期の様相」『古文化談叢』

横山英介　2011「北海道における縄文文化の形成と鍵層火山噴出物について」『縄紋時代早期を考える』

吉朝則富　1990「高山市の縄文遺跡　二ひじ山遺跡」飛騨春秋　第35巻9・10号

吉朝則富ほか　1988『宮ノ下遺跡』国府町教育委員会

吉朝則富ほか　1989『はつや遺跡』清見村教育委員会

吉田英敏・篠原英敏　1989『塚原遺跡・塚原古墳群』関市教育委員会

吉田　格　1942「埼玉県大原遺跡調査報告」『古代文化』第12巻2号

吉田　格　1951「青森県発見の押捺文土器」『考古学ノート』4

吉田　格　1955「千葉県城ノ台貝塚」『石器時代』第1号

吉田　格　1963「福島県耶麻郡常世遺跡調査概報」『武蔵野』第43巻第1号

吉田　格　1964「個別解説4　常世遺跡2」『福島県史』第6巻　資料編1考古資料

吉田　格　1989「千葉県城ノ台北貝塚の日計式押型文土器」『立正考古』29

吉野真如　2007「同志社大学所蔵黄島貝塚出土資料調査報告（第1報）『同志社大学歴史資料館館報』第10号

吉野真如　2008「同志社大学所蔵黄島貝塚出土資料調査報告（第2報）『同志社大学歴史資料館館報』第11号

吉本正典　1994a「妙見遺跡」『野久首遺跡・平原遺跡・妙見遺跡』宮崎県教育委員会

吉本正典　1994b「宮崎県えびの市妙見遺跡において認識された縄文早期の一型式について」『考古学ジャー
　　　　ナル』No.378

米川仁一ほか　2003『上津大片刈遺跡』奈良県文化財調査報告書第104集　奈良県立橿原考古学研究所

　　　　　リ

立命館大学史前学会　1949「瀬戸内黄島貝塚発掘概報」『日本史研究』第11号

領塚正浩　1985「三戸式土器の検討」『唐沢考古』5

引用・参考文献

領塚正浩　1987a「三戸式土器の再検討」『東京考古』5
領塚正浩　1987b「田戸下層式土器の細分への覚書」『土曜考古』第 12 号
領塚正浩　1988「田戸下層式土器研究をめぐる問題」『縄文早期の諸問題』第 2 回縄文セミナー
領塚正浩　1992「三戸式と日計式」『人間・遺跡・遺物』2
領塚正浩　1996a「東北地方北部における縄文時代早期前半の土器編年（上)」『史館』第 27 号
領塚正浩　1996b「東北地方北部における縄文時代早期前半の土器編年（下）」『史館』第 28 号
領塚正浩　1997a「常世式土器の再検討」『押型文と沈線文』本編
領塚正浩　1997b「住吉式土器の編年的位置」『人間・遺跡・遺物』3
領塚正浩　2005a「東北・北海道に於ける早期中葉の土器編年」『早期中葉の再検討』第 18 回縄文セミナー
領塚正浩　2005b「中部地方における沈線文土器群終末期の土器編年」『佐久考古通信』No.92
領塚正浩　2008「貝殻・沈線文土器」『縄文時代の考古学』2　同成社

ワ
若月省吾・萩谷千秋　1999「西鹿田中島遺跡の発掘調査」『考古学ジャーナル』447
綿貫俊一　1998「速報川原田岩陰の第 2 次発掘調査」『おおいた考古』第 9・10 集
綿貫俊一　1999「九州の縄紋時代草創期末から早期の土器片年に関する一考察」『古文化談叢』第 41 集
綿貫俊一　2003「九州の縄紋時代早期前半の土器の土器」『利根川』24・25
和田長治　1979「太田神鍋の土器と石器」『縄文時代の兵庫』
和田秀寿　1988「縄文早期高山寺式土器の成立過程と細分編年」『古代学研究』117
渡辺　誠・斉藤基成　2002「北貝戸遺跡」『愛知県史』資料編 1　考古 1 旧石器・縄文
渡邊康行　1999「一野式・弘法原式の設定をめぐって」『西海考古』創刊号
渡辺洋一　1984『平船Ⅲ遺跡発掘調査報告書』岩手県埋文センター文化財調査報告書第 76 集

あ と が き

「四十・五十は洟垂れ小僧、六十・七十は働き盛り……」と頑張ってみるが、電車に乗っても席を譲られ、知力・体力・気力にも衰えを感じる齢となったことは否めない。残されているのは衰力という名の「老人力」のみである。しかし何もせず、枯れ行くわけにはいかない。早速、押型紋土器に関する連作を単著とすべく本書の編集作業に入った。その過程で自分史の区切りとして、合わせて「学位請求論文」とすることを思い立つ。昔の偉い先生は退官と同時に、それまでの業績をまとめ、その「博士号」の授与は名誉ある称号であった。しかし今では、若き研究者の就職時の必須のアイテムとなっている。いずれにしても退職した自分にとっては無用の長物。自身への古稀の記念として、出版と授与の合わせ技一本で頑張ることにした次第である。本来ならば、運転免許証を返上しなければならない歳である。何と独りよがりなことであろうか。受理し、審査して頂く側にとっても迷惑な話である。今になっては反省すること頻りである。

本書の対象となる押型紋土器の研究はその起源をめぐっても、地域的な特色をもつ系統的変遷についても大きく見解が異なっている。地域的な個別研究に由来する議論が多いが、列島レベルから俯瞰してみると別な視点や背景がみえてくる。押型紋土器の起源や変遷もさることながら、押型紋土器の列島的拡がりと地域的特質のなか、早期に形成されつつある縄紋社会の姿をみることができる。こうした「縄紋化」が草創期から早期への大きな転換点である。日本列島における独自の縄紋社会を基層として、普遍的大陸文化と独自的縄紋文化、狩猟社会と農耕社会、化内と化外といった列島史に内包された重層的構造が展開していくのである。

回転施紋の押型紋土器から新たな描線施紋を獲得した沈線紋土器の出現によって、美術的にも装飾性が高い多様な縄紋土器に発展する。本書では、文様の「互換性」をキーワードにして地域間おける同時代性を把握し、押型紋土器を軸とした縄紋時代早期の編年を構築することに努めた。日本列島における地域間交流・交易や地域集団の動向をとおして、縄紋社会の構造と特質を明らかにしたいと考えた。見解の異なる対立点は現在のところ何一つ解決していない。ここに提示した広域編年研究が契機となって批判や反論が提起され、更なる押型紋土器の研究が進展することを願ってやまない。2013年から始まった押型紋土器に関する連作の旅は、古くからの友人や各地の研究者に支えられ、ようやくゴールに辿り着くことができた。まずは、ご助言・ご教示を賜った下記の諸氏に感謝の意を表したい。

会田　進・相原淳一・浅田智晴・網　伸也・阿部義明・石原道知・井上　賢・宇土靖之・小笠原永隆・遠部　慎・神村　透・茅野嘉雄・金子直行・神原雄一郎・小竹森直子・佐藤智之・白石浩之・新東晃一・菅原章太・関野哲夫・瀬口真司・辻田尚人・堤　隆・寺田　徹・土肥　孝・戸田哲也・中沢道彦・中島　宏・中村信博・西川博孝・橋本　淳・原川雄二・馬場保之・松室孝樹・水ノ江和同・宮崎朝雄・柳澤清一・栁田裕三・横手浩二郎・領塚正浩・和田秀寿・和田長治（敬称略）。

あとがき

　本書を構成する原著は 2013 年以降の「論攷」8 編と「報告」1 編、退職後の「新集」を中心に編集した〔岡本 2013、2014a·b、2015a·b·c、2016a·b、2017〕。北から地域別に構成したため発表順とは異なっている。また中部地方〔2016a〕や西日本ネガティヴ押型紋土器〔2015a〕で記述した関東の押型紋土器に関する部分は、独立させて第 2 章とした。そのため第 2 章、第 3 章に退職前の「旧集」〔岡本 2010〕の一部を加え補足・修正した。本書の章立てと原著の関係は末尾に記したとおりである。原著の編集や校正には、千葉大学大学院生時代（人文社会研究科）から就職後に至っても書き殴った拙稿にお付き合い願い、詳細に校閲いただいた小林　嵩・佃　沙奈さんに感謝したい。

　最後に、学位論文の受理や審査にご尽力を賜った、明治大学文学部考古学研究室の安蒜政雄・石川日出志・阿部芳郎・佐々木憲一・藤山龍造、審査に加わっていただいた、國學院大學文学部谷口康浩の諸先生方に御礼申し上げたい。欧文要旨には明治大学文学部小島久和先生、石村　史さんにご尽力を賜るとともに、佐々木先生にも校閲いただいた。また阿部先生には主査になっていただいた上、雄山閣をご紹介いただき刊行する運びとなった。

　本書の編集にはイラストレーターやインデザインを駆使し、原著をすぐにでも出版できる状態にまで再構成してくれた千葉大学大学院人文社会研究科の北　沙織さんの労苦に感謝申し上げる。なお、出版に当たって雄山閣編集部羽佐田真一・桑門智亜紀氏には計画段階から相談にのっていただき、編集作業は児玉有平・八木　崇・戸丸双葉氏によって、短期間のうちに仕上げていただいた。

　また、この場を借りて生涯、教えを賜ることのできた麻生　優先生・佐藤達夫先生・山内清男先生の学恩に感謝をするとともに、自分を取り巻く古くからの学友や現役の頃より学位取得を奨めていただいた静岡大学名誉教授 原　秀三郎先生にお礼を申し述べたい。

　なお、私事ではあるがワープロのない時代から清書を助け、身勝手な生きざまにも辛抱強く共に歩んでくれた伴侶、妻明子への感謝の証としたい。

　　2017 年 8 月吉日

　　　　　　　　　　　　　　　　　　　　　　　　　　　　岡　本　東　三

あとがき

原著（初出論文）一覧

序　章　書き下ろし

第1章　東北の押型紋土器―北の日計式土器―

　　　　2016b「海峡を渡った押型紋土器」『宮城考古学』18号

第2章　関東の押型紋土器―異系統としての押型紋土器―

　　　　2016a「中部押型紋土器をめぐる内外事情」『駿台史学』156号

　　　　2010「関東・中の沈線紋と関・中部の押型紋」『土器型式論の実践的研究』Ⅰ

　　　　　人文社会科学研究科プロジェクト研究第128集

第3章　中部の押型紋土器―樋沢式土器・細久保式土器―

　　　　2017「発掘調査のまとめと考察」『沢遺跡』飛騨市教育委員会

　　　　2016a「中部押型紋土器をめぐる内外事情」『駿台史学』156号

　　　　2010「関東・中の沈線紋と関・中部の押型紋」『土器型式論の実践的研究』Ⅰ

　　　　　人文社会科学研究科プロジェクト研究第128集

第4章　西日本の前半期押型紋土器　その1―大鼻式土器・大川式土器―

　　　　2015a「西部押型紋土器文化圏への旅立ち―第3章―」『考古学論攷』Ⅱ

第5章　西日本の前半期押型紋土器　その2―神宮寺式土器・桐山和田式土器―

　　　　2014a「西部押型紋土器文化圏への旅立ち―第2章」『型式論の実践的研究』Ⅱ

　　　　　人文社会科学研究科プロジェクト研究第276集

第6章　西日本の前半期押型紋土器　その3―北白川廃寺下層式土器―

　　　　2013「西部押型紋土器文化圏への旅立ち」『日本先史考古学論集』

第7章　西日本の後半期押型紋土器―黄島式土器・高山寺式土器

　　　　2015c「黄島式から高山寺式土器へ」『先史考古学研究』第12号

第8章　九州の押型紋土器―押型紋土器と円筒形貝殻紋土器―

　　　　2015b「九州島における押型紋土器の出現とその前夜」『高野晋司氏追悼論文集』

第9章　押型紋土器の終焉―手向山式土器と穂谷・相木式土器―

　　　　2014b「押型紋土器の終焉」『鹿児島考古』第44号

終　章　書き下ろし

325

［索　引］

〈用語・型式名など〉────────────────

あ

アカホヤ火山　269

跡江式　268, 269

天道ヶ尾式　270, 277, 289

異形押型紋　29, 65, 158, 161, 167, 173, 179, 182, 187, 189, 192, 195〜197

石坂式　244, 246

出水下層式　234, 251, 254, 256, 259, 262, 297, 298

出流原式　94

石神式　38

一系統論　35, 37, 58, 102, 103, 114, 122, 124〜126, 165, 196

一野式　172, 241, 244, 249, 259, 261

Ⅰ文様帯　32, 48, 49, 89, 92

稲荷台型押型紋　35, 58

稲荷台式　7, 9, 14, 20, 31, 33〜35, 37, 38, 40, 42, 46, 47, 56, 57, 103, 107, 108, 126, 148, 168, 169, 292〜295

稲荷原型押型紋　37

稲荷山式　171, 204, 205, 207, 227, 228, 230, 231〜235, 238, 246, 249, 251, 259, 297

岩下Ⅸ層式　241, 244, 258

鵜ヶ島台式　99, 129

卯ノ木1式　18, 19, 21, 24, 60, 65, 69, 72, 73, 293

卯ノ木2式　5, 18, 30, 72, 73

浦江式　238, 259

円形刺突紋土器　238, 239, 241, 261

円孔紋土器　238

円筒形貝殻紋土器　2, 172, 230, 236, 244, 246, 249, 251, 259, 260〜263, 297

円筒形条痕紋土器　244, 246

横刻原体　3, 32, 122, 124, 125, 291

大分編年　171, 204, 205, 230, 232, 233, 235, 236, 246, 251, 254, 256, 259, 297

大川1式　109〜111, 115, 117〜119, 122, 123, 126〜128, 205, 292, 294〜296

大川2式　42, 74, 109, 112〜114, 118, 119, 122〜124, 126〜128, 205, 226, 292, 294〜296

大寺Ⅰ式　12

大鼻式　102〜109, 114, 115, 117, 122, 123, 125〜127, 134, 135, 145, 146, 148, 161, 205, 292, 295, 296

大原D14式　241, 244, 258

大原D15式　238, 241, 244, 259, 297

帯状押型紋　59〜61, 64〜72, 75, 76, 99, 100, 259

温根沼式　3, 10, 11

か

貝殻・沈線紋土器　7, 11, 13, 25, 26, 29, 30, 47, 166, 195, 196, 226〜228, 293

柏原式　238

金堀式　33, 38, 46

蕪島式　9

神居式　3

唐貝地下層c類　12, 13, 17, 26, 30

川原田式　171, 230, 231, 232, 235, 236, 238, 246, 248, 251, 261, 297

貫ノ木式　93, 95〜97, 100, 101

黄島1式　207, 210〜212, 227, 296, 297

黄島2式　210, 213, 215, 227, 296, 297

北白川廃寺下層式　147, 158〜165, 187, 189, 195, 196, 197, 296

吉備考古　203, 207

木の根式　33, 38, 46, 48, 49, 58, 169

キメラ土器　15〜17, 19, 29, 145, 163, 292〜294

九州島押型紋土器文化圏　2

桐山和田式　129, 135, 137, 145, 147〜149, 152〜158, 161〜164, 189, 196, 197, 205, 226, 292, 295, 296

熊ノ平式　29

健昌城Ⅸ層式　241, 246

考古学論叢　202

高山寺1式　217〜219, 221, 222, 227, 296, 298

高山寺2式　217, 219, 221, 296, 298

高山寺3式　94, 217, 219, 221, 296, 298

神並式　78, 124, 127, 145, 146, 156, 158, 164

神並上層式　134, 135, 145, 148, 149, 152, 154, 161
　　　〜164, 171, 189, 195, 197

黒鉛　59, 64, 65, 68, 69, 72, 75, 76, 119, 147

古式縄紋土器　6, 31, 201, 202, 215, 216, 264

小船渡式　9, 13

古文様帯　32

御領式　202, 264, 266, 268

さ

塞ノ神式　88, 89, 92, 101, 167, 171, 248, 263, 268〜
　　　270, 272, 276〜278

沢1式　35, 58, 60, 68, 69, 72, 74〜78, 100, 114, 119,
　　　121〜124, 126, 127, 292, 294, 295, 296

三戸1式　16, 17, 19, 20, 25, 29, 30, 40, 44, 47〜49,
　　　52, 57, 87, 166, 189, 293〜295

三戸2式　15, 16, 19, 24, 25, 29, 49, 52, 53, 57, 87,
　　　100, 166, 182, 189, 293, 294

三戸3式　13, 15〜17, 19, 24〜26, 29, 30, 49, 52, 57,
　　　83, 87, 90〜92, 100, 101, 166, 167, 173, 179, 182,
　　　195, 259, 293〜295

沈目式　234, 246, 254, 259

子母口式　2, 48, 54, 56, 57, 87, 93〜96, 99, 221, 222,
　　　224〜226, 228, 229, 276, 289, 294, 298

下荒田式　93〜97, 100, 101, 228

下菅生B式　171, 204, 205, 210, 227, 230, 233〜235,
　　　248, 251, 253, 254, 258, 259, 261, 297

下松苗式　9

蛇王洞II式　12, 13, 26〜28, 30

縦刻原体　3, 32, 42, 74, 89, 119, 124〜126, 146, 167,
　　　291, 293

寿能下層式　238, 241, 259

条痕紋土器　48, 56, 99, 129, 171, 172, 196, 216, 221,
　　　222, 224〜226, 236, 238, 241, 242, 244〜246, 258,
　　　259, 294, 298

縄紋海進　198〜201, 203, 204, 210, 227

白浜式　7, 9, 10, 13, 26〜30, 166

神宮寺式　33, 78, 100, 102, 103, 108, 109, 114, 119,
　　　122, 124〜127, 129〜132, 134〜137, 145, 146, 147
　　　〜149, 152, 154, 158, 161〜165, 171, 189, 192,
　　　205, 226, 292, 294〜296

新水B式　96, 101

人類学・先史学講座　202, 264

西部押型紋土器文化圏　2, 19, 81, 87, 114, 119,
　　　122, 126, 127, 129, 134, 158, 161, 165, 171, 172,
　　　182, 187, 189, 192, 195, 196, 222, 226, 227, 248

泉福寺5層式　241, 244

早水台式　171, 195, 204, 205, 210, 227, 230〜232, 234,
　　　235, 246, 248, 249, 251, 254, 256, 259, 261, 266, 297

た

大新町a式　15, 24, 30, 49, 166

大新町b式　13, 15, 16, 17, 24〜28, 30, 49, 166

大平式　13, 16, 30, 49, 166

竹之内式　40, 48, 49, 52

立野1式　42, 44, 74, 115, 118, 119, 120, 122, 123,
　　　124, 126, 292, 294, 295, 296

立野2式　115, 119, 121, 122, 124〜127, 158, 294〜296

田戸下層1式　13, 30, 53, 54, 182, 187, 296

田戸下層2式　7, 25, 26, 296

田戸下層3式　53, 296, 298

田戸上層1式　54, 93, 95, 296, 298

田戸上層2式　93, 95, 96, 296, 298

田戸上層3式　54, 56, 93〜96, 225, 228, 296, 298

手向山1式　272, 273, 281, 287, 298

手向山2式　221, 272, 274, 277, 281, 290, 291, 298

手向山3式　272, 275, 277, 279, 287, 289, 291, 298

田村式　215, 230, 231, 233〜236, 246, 249, 254〜256,
　　　259, 261, 262, 297, 298

茅山上層式　48

中部押型紋土器文化圏　2, 17, 21, 167, 187, 189,
　　　195〜197

槻ノ木式　12

蔦島式　202, 204

葛籠尾崎1式　134

寺の沢式　26〜29, 166, 195

索　引

天矢場式　40, 47
東部押型紋土器文化圏　2, 59, 99, 109, 114, 122,
　　127, 129, 145, 147, 154, 158, 165~167, 196, 207,
　　227, 228, 248
常世式　93~96, 100, 101, 225
轟B式　268
トロトロ石器　129, 171, 179, 196, 210, 228, 230,
　　236, 298
　な
永山式　268, 269
夏島式　7, 14, 33, 34, 40, 46, 58, 169
7号地海進　199
南北二系統論　6, 7, 9, 11, 17, 30, 31, 47
二系統論　6, 7, 9~11, 17, 30, 31, 35, 37, 47, 57, 75,
　　102, 114, 122, 125~127, 165, 195, 196
日本遠古之文化　7, 201~203
日本考古学年報　207
根井沼式　26~30
野島式　99, 221, 222, 224, 225, 229, 276, 290
　は
ハイドロアイソスタシー　201
羽島下層式　200, 201
波状口縁　29, 49, 54, 94, 130, 131, 145, 146~148,
　　154, 241, 248, 295
花輪台1式　7, 10, 20, 24, 57
花輪台2式　7, 10, 40, 57
花輪台型押型紋　38, 39
播磨灘汽水湖　199, 210
判ノ木山西式　93, 95, 96, 99, 197, 222~229, 289,
　　290
東山式　33, 40, 47, 57, 58
樋沢1式　35, 58, 60, 68, 69, 72, 74, 122~124, 126,
　　292, 294~296
樋沢2式　18, 24, 58, 60, 68, 69, 72, 74, 76, 122~126,
　　292~296
樋沢3式　24, 29, 30, 57, 58, 69, 72, 74, 76, 78, 79,
　　81, 100, 122~124, 126, 292~296
日計式　2, 3, 5~7, 9~25, 27~30, 32, 33, 47~49, 59,
　　72, 81, 87, 89, 100, 161, 166, 167, 173, 182, 189,

195, 196, 293, 295, 296
描線施紋　2, 44, 89, 168, 271, 297
表裏縄紋土器　32, 103, 107, 108, 114, 115, 126,
　　146, 292, 295
平石式　93, 95, 96, 98, 100, 101, 224, 225, 228
平栫式　129, 171, 248, 263, 269, 270, 272, 276, 277,
　　288, 289
平坂型押型紋　40, 41, 52
平底円筒形押型紋　249, 251, 252, 259, 297
備後灘汽水湖　199, 210
二日市下層式　241, 244, 258
二日市上層式　241, 244, 259
吹切沢式　7, 9, 12, 13, 26
普門寺式　38, 40, 49, 58, 164, 189, 236
別府原式　243, 244, 246, 259, 261, 297
変形撚糸紋　251, 254
細久保1式　29, 30, 52, 53, 57, 74, 78, 80~82, 84,
　　89, 92, 100, 122, 124, 125, 127, 145~147, 158,
　　163, 173, 179, 182, 189, 292~296
細久保2式　5, 15, 17~19, 28, 29, 30, 52, 57, 72, 81,
　　83, 85, 87~89, 92, 100, 101, 137, 154, 158, 161,
　　163, 164, 167, 173, 179, 182, 187, 189, 192, 195,
　　196, 207, 227, 235, 248, 259, 263, 292~,296
穂谷式　171, 195, 196, 205, 210, 216, 218, 221, 228,
　　246, 263, 269, 270, 276, 278, 288, 290, 294~298
穂谷・相木式　28, 56, 83, 87, 93, 94, 99, 221, 222,
　　224, 226, 227, 229, 260, 263, 278~291, 298
　ま
前平式　244, 246, 259, 269
松木田式　238, 241, 244, 259
政所式　172, 236, 238, 241, 243, 244, 246, 259, 261,
　　297
ミネルヴァ論争　6, 12, 132, 201, 202, 266
耳状突起　52, 53, 81, 83, 100, 294, 295
妙見式　270, 277
明神裏III式　12
ムシリ式　7, 9, 10
無田原式　254, 259, 297
室屋下層式　14, 248

328

本ノ木論争　12, 132

物見台式　7, 9, 12, 13, 25, 26

文様帯系統論　32, 290

や

吹切沢式　7, 9, 12, 13, 26

ヤトコロ式　171, 230, 231, 233〜236, 246, 251, 254, 256〜260, 297

吉田式　244, 246, 259, 269

ら

螺旋原体　3

〈遺跡名〉

あ

青山勘太山遺跡　15, 16, 25, 182

赤坂遺跡　127, 215

赤御堂貝塚　11

穴神洞穴遺跡　198, 207, 209, 220

穴沢遺跡　96

天ヶ城遺跡　262

天釣山遺跡　147

新井遺跡　31

粟津湖底遺跡　103〜110, 113, 118, 127, 145, 163, 164, 181, 189

飯土井二本松遺跡　182, 184

井草遺跡　31

池尻遺跡　179

池ノ平遺跡　75

井後草里遺跡　215

石敷遺跡　96, 99, 224〜226, 281, 284〜287, 291

石橋遺跡　18, 21, 72, 166, 173

石畑岩陰遺跡　182, 184

井島遺跡　198

井島大浦遺跡　204, 210, 212

石峰遺跡　245, 261

石山貝塚　216, 228, 269, 278, 281, 283, 288, 289

磯山城遺跡　215, 220, 228, 282, 288

坂倉遺跡　103, 105, 106

市ノ原遺跡　243, 252, 261

市場久保遺跡　241, 248

市道遺跡　18, 19, 69, 74, 81, 84, 85, 88, 89, 92, 100, 101, 167, 173, 175, 179

市港遺跡　215

稲荷台遺跡　6, 31, 33, 34, 56, 215, 228

稲荷原遺跡　29, 49

犬島貝塚　192, 205, 207, 208, 210, 212, 227, 228

射原垣内遺跡　109

今郡チカ内遺跡　15, 25, 29

今町共同山遺跡　172, 261

岩井谷遺跡　286, 287

岩井堂洞穴遺跡　13, 24

岩下洞穴遺跡　171, 172, 230, 238, 241〜243, 249, 261

岩清水遺跡　125, 256

石清水遺跡　124, 256

岩瀬遺跡　14

岩の鼻遺跡　134

岩原I遺跡　173

いんべ遺跡　279, 281, 282, 284, 286, 287

上長尾遺跡　215

上ノ台遺跡　54, 55

上ノ段遺跡　186, 187

上ノ原遺跡（島根県）　207, 208

上の原遺跡（熊本県）　245, 247, 261

上野原遺跡（鹿児島県）　245, 247, 251〜253, 255, 260, 261

牛垣内遺跡　65, 147, 179, 180

薄糸平遺跡　262

内城跡　172, 261

内野敷遺跡　261

内原遺跡　40, 41, 47

打馬遺跡　251

卯ノ木遺跡　18, 19, 72, 73, 173, 261

馬取貝塚　109, 127, 192, 206

鵜山遺跡　103, 105〜107, 109, 114, 118, 146, 215

浦江遺跡　261

索　引

江口貝塚　200

襟ノ平遺跡　261

えんぎ山遺跡　49

扇田遺跡　245, 261

大浦遺跡　198, 209, 210, 212

大川遺跡　7, 102, 103, 106 114, 123, 127, 131, 134,
　　135, 145 148, 154, 189, 190, 192, 261

大口坂貝塚　56

大椚Ⅱ遺跡　96

大久保遺跡　241

太田貝塚　200

大戸ノ口第2遺跡　251, 252

大貫貝塚　234

大橋貝塚　200

大鼻遺跡　102, 103, 105, 107, 108, 115, 127, 135

大原遺跡　31, 35, 83, 86, 166, 179, 218, 238

大原D遺跡　172, 238, 239, 241～243, 261

大平山元Ⅰ遺跡　14

大見遺跡　200

大麦田遺跡　281

大谷津遺跡　78, 92

大湯遺跡環状列石　6

岡前遺跡　65, 179, 180

沖ノ島海底遺跡　40, 58

奥谷南遺跡　279

おざか清水遺跡　167, 173

尾崎遺跡　38, 39

小瀬が沢洞穴遺跡　173

小田内沼（4）遺跡　27

小田原遺跡　69, 114～116, 119, 121, 124

落合五郎遺跡　111, 113, 114, 117

小蔦島貝塚　201, 202, 204, 205, 207, 208, 210, 211,
　　213, 215, 227, 228

小の原遺跡　281, 283, 284

男女倉F遺跡　124

表館1遺跡　14

小山遺跡　38, 39, 45, 46, 245, 261

織田井戸遺跡　218

折渡遺跡　215

か

飼小屋岩陰遺跡　135

柿原Ⅰ縄文遺跡　238, 261

学間遺跡　53, 80

カジ屋遺跡　212, 215

柏原K遺跡　248

柏原遺跡　172, 230, 238, 247, 261

川汲遺跡　6, 24, 25, 29

勝毛遺跡　261

勝保沢中ノ山遺跡　78

蒲田遺跡　96

上畔津大崎鼻遺跡　261

上黒岩岩陰遺跡　137, 169, 193, 195, 198, 204, 207,
　　209～211, 213～215, 235, 248, 261

上台Ⅰ遺跡　30

上長者台遺跡　51, 52, 182

上津堂前尻遺跡　103

上ノ原遺跡（宮崎県）　261

上福万遺跡　204, 205, 210, 212, 218, 219, 221, 261,
　　279, 281～283, 287～289, 291

鴨平2遺跡　14

釜生田遺跡　187, 192

唐貝地貝塚　6, 9, 10, 11, 24, 26, 30

唐橋遺跡　154, 281

刈又坂遺跡　15, 16, 166

刈谷我野遺跡　161, 192, 197, 204, 207, 209～212

川上中縄手遺跡　147, 154, 181, 187

川原田岩陰遺跡　231

神鍋遺跡　165, 189, 191, 192, 261, 281, 283

神並遺跡　78, 108, 130 135, 137 146, 148, 154, 162
　　164

貫ノ木遺跡　93, 96

観音洞洞穴遺跡　205, 215, 218

上林中道南遺跡　93, 225

干満遺跡　173

黄島貝塚　7, 200, 203～207, 210, 211, 213～215, 227,
　　228

北貝戸遺跡　103, 105, 107, 108, 115

北宿西遺跡　43, 52

北白川上終町遺跡　158～160, 188

北野遺跡　96

砧中学校遺跡　49, 50

木ノ根遺跡　46, 47

木場A遺跡　261

桐木耳取遺跡　215, 227, 251, 252, 255, 258, 261, 275

桐山和田遺跡　149, 150～152, 154

木脇遺跡　243, 252, 253, 255, 261, 262

黄檗遺跡　14

空港No.7遺跡　52

九合洞穴遺跡　113, 114, 137, 179, 181, 281

櫛引遺跡　14

葛原沢遺跡　43, 44, 78, 100, 215, 227

下り林遺跡　69, 75

椚田遺跡　38, 39

久保ノ坂遺跡　99, 225

熊内遺跡　109, 148, 154, 164

黒島貝塚　200～203, 205, 210, 211, 213, 215

黒田向林遺跡　221, 225

建昌城遺跡　241

小市原遺跡　261

庚塚遺跡　15, 16, 52

鴻ノ木遺跡　110, 137

国府台遺跡　198

弘法滝洞穴遺跡　161, 192, 205～208, 210, 214, 215,
　　　218, 220, 222, 279, 280, 281, 288, 289

弘法原遺跡　230, 249, 250

向陽台遺跡　60, 67～69, 74, 76, 78, 100

小ヶ倉遺跡　244, 261

御座岩岩陰遺跡　69, 96

小坂西遺跡　83, 86, 88

越町遺跡　189, 190

古城遺跡　241, 261

小船渡平遺跡　17

小丸山遺跡　173

小山遺跡　38, 39, 45, 46, 245, 261

御領貝塚　7, 216, 264, 266, 269, 278

小六洞穴遺跡　246, 261

恒川遺跡　281, 284

権現第2遺跡　261

さ

西鹿田中島遺跡　59

西洞遺跡　43, 44, 96

塞ノ神遺跡　19, 88, 89, 92, 173

桜井平遺跡　54, 96, 225, 229

笹子入山遺跡　52

笹見原遺跡　95, 96, 225, 226

郷上遺跡　192, 210, 213

里木貝塚　200

猿川西ノ森遺跡　207, 209, 210, 212, 214

沢遺跡　60, 62～65, 68, 69, 72, 75, 56, 99, 102, 123,
　　　125, 147, 165

三大寺遺跡　262

塩喰岩陰遺跡　16～18, 21, 96, 166

鹿渡遺跡　38, 39, 45, 46

地御前南遺跡　200

獅子内遺跡　15, 17, 21, 30

沈目立山遺跡　241

子母口貝塚　56, 96, 225, 228, 229

清水柳北遺跡　95, 96

下荒田遺跡　87, 93～96, 101, 222

下田遺跡　65

下豊浦遺跡　216

下長久保上野遺跡　78

下根田A遺跡　51, 52, 182, 183

下星野遺跡　261

蛇王洞洞穴遺跡　11～13

寿能遺跡　241

城ノ台南貝塚　2, 53, 54, 95, 228

城・馬場遺跡　261, 274, 275, 291

白木西原遺跡　172, 241, 244, 245, 261

白鳥平B遺跡　261

城ヶ尾遺跡　286, 287

白坂遺跡　264

城ノ台北貝塚　25, 26, 40, 54, 56, 228

城ノ台洞穴遺跡　279, 282

神宮寺遺跡　7, 102, 108, 127, 130, 135～137

新水B遺跡　88, 93, 222, 225

索　引

新堤遺跡　93, 96

新納屋（2）遺跡　24

陣の岩陰遺跡　179

治部の上遺跡　270

嵩山蛇穴洞穴遺跡　181, 187

菅牟田遺跡　234, 248, 254, 256, 261

須刈遺跡　25

杉木原遺跡　261

ズクノ山遺跡　255, 262

菅無田遺跡　232, 247, 249, 272, 276, 281, 291

煤ヶ谷二天王遺跡　53, 54

諏訪ノ木Ⅴ遺跡　18, 51, 52

諏訪原遺跡　16, 17, 30, 241

関川谷内遺跡　167, 173, 174

関川谷内遺跡Ａ地点　173

瀬田裏遺跡　235, 248, 249, 253, 257, 258, 262, 271

禅海塚遺跡　86, 93, 99, 222, 224, 281, 284, 285, 287

戦場ヶ谷遺跡　264

泉福寺洞穴遺跡　171, 230, 238, 241〜243, 261

早水台遺跡　7, 230, 234, 266, 267

反目南遺跡　69, 108, 119

た

帝釈峡遺跡群　198, 204, 210

大新町遺跡　13〜18, 24, 25, 30, 89, 166

大丸遺跡　7, 33

大丸・藤ノ迫遺跡　261

鷹島遺跡　199

高田遺跡　211, 214, 215, 256, 262

高出遺跡　179

鷹ノ巣遺跡　279, 282

高山城跡　96

滝ノ口遺跡　38, 45, 46

竹之内遺跡　17〜19, 25, 30, 35, 43, 44, 50, 52, 78, 94, 96, 166

立野遺跡　7, 102, 116, 119, 127, 128

田戸遺跡　53〜55

棚畑遺跡　179

狸谷遺跡　261, 273, 274

多摩ニュータウンNo.200遺跡　36, 37, 57, 96

多摩ニュータウンNo.205遺跡　35, 36, 37, 57, 126

多摩ニュータウンNo.355遺跡　49, 50

多摩ニュータウンNo.699遺跡　50, 52

多摩ニュータウンNo.740遺跡　43, 44

多摩ニュータウンNo.810遺跡　53

手向山遺跡　261, 264, 265, 279

田村遺跡　234, 235, 254

垂水第2遺跡　247, 261

智頭遺跡　204

千葉県空港No.7遺跡　52

千葉県鶴塚遺跡　30

長七谷地貝塚　11

澄心寺下遺跡　179

丁場遺跡　192, 193

塚奥山遺跡　215, 281

塚田遺跡　87, 93, 94, 96, 222, 281, 283, 287

塚原遺跡　179

鶴塚遺跡　30

低湿地性遺跡　200, 201

寺の前遺跡　254, 256

寺向遺跡　148

寺谷戸遺跡　35, 57

天井平遺跡　215, 220

天道ヶ尾遺跡　270, 273, 291

頭地田口ⅠＡ遺跡　243, 245, 261

頭殿沢遺跡　93

東方遺跡　198

東方第7遺跡　35, 43, 44

東峰御幸畑西遺跡　53〜55

東名遺跡　199

通山遺跡　258, 262

屠牛場遺跡　13, 27

栃原岩陰遺跡　42, 83, 86, 93, 96, 99, 119, 224, 225, 278, 285, 287, 288

扉山遺跡　17, 166, 173

豊松堂面洞穴遺跡　161, 192, 197, 207, 215, 261

取木遺跡　109, 192, 205, 206

鳥浜遺跡　137

鳥林遺跡　42, 119

332

な

長井崎遺跡　185, 187

中後迫遺跡　262

中尾岳洞穴遺跡　172, 197, 243, 261

長崎鼻遺跡　198

中島平遺跡　93, 99, 224, 284

長薗原遺跡　261

仲大地遺跡　43, 44

中棚遺跡　184, 187

中野平遺跡　17, 27, 28

中原遺跡　172, 231, 238, 239, 247, 261

中道遺跡　65, 226

長山馬籠遺跡　205〜207

長山第1遺跡　205

梨子谷遺跡　215

夏島貝塚　7, 33〜35, 52〜55, 203, 205, 228

鍋久保遺跡　93, 96, 225

ナラサス遺跡　95

成瀬西遺跡　58

南入日向遺跡　96

南原遺跡　18, 21

西方遺跡　198

西ヶ洞遺跡　137, 182

西黒石野遺跡　13, 27

西田遺跡　65, 147, 148, 179, 180

西谷A遺跡　25, 26

西出遺跡　103, 105〜107, 109, 110, 111, 113, 228

西之城貝塚　205

西の台遺跡　16

西ノ森遺跡　204, 207, 209, 210, 212, 214

西洞遺跡　43, 44, 96

西輪久道遺跡　241

二宮神社境内遺跡　37, 169

二宮東遺跡　147, 154, 156, 164

西張（2）遺跡　27

二本町遺跡　215

楡木Ⅱ遺跡　42, 57

貫・丸尾遺跡　238

根井沼（1）遺跡　27, 28

根方岩陰遺跡　96

野川遺跡　14

野田山遺跡　241

は

萩平遺跡　113, 114

白蛇洞穴遺跡　172

はけうえ遺跡　35, 49

箱E遺跡　192

羽佐島遺跡　198

羽島貝塚　200

ハタ河原遺跡　83, 86

畑中遺跡　245, 261

八王子貝塚　287

初田遺跡　198

八斗蒔原遺跡　95, 96, 167, 173, 174

はつや遺跡　60, 65, 66, 68

花代遺跡　109, 113, 147, 154

花ノ木遺跡　261

花見山遺跡　198

花輪台貝塚　7, 33, 47, 203

破入遺跡　218, 220

馬場野Ⅱ遺跡　14, 24

浜弓場遺跡　83, 86, 88, 178, 179, 215

林ノ前遺跡　17

早日渡遺跡　257, 262

原遺跡　172, 238, 239, 241, 247, 248, 261

原口遺跡　261

半蔵窪遺跡　222

判ノ木山西遺跡　87, 93, 222, 224, 285, 287

東浦遺跡　93

東千町遺跡　96

東田原八幡遺跡　54〜56, 59

東寺山石神遺跡　38

引谷ヶ戸遺跡　99, 225

樋沢遺跡　7, 58, 60, 68, 69, 72, 74〜77, 79, 80, 83, 100, 165, 248

ひじ山遺跡　65, 179, 180

美女遺跡　114〜120, 124

飛瀬遺跡　103

333

索　引

日向洞穴遺跡　14
樋ノ谷遺跡　137, 146
日計（高館）遺跡　6
百駄刈遺跡　119, 179
平石遺跡　93, 96, 101, 224, 225
平出丸山遺跡　83, 86, 88
平坂貝塚　7, 33, 35, 40, 41, 47, 53, 56, 58, 203, 228
風林遺跡　16
深原遺跡　230, 257, 258
深山田遺跡　83, 86, 215
柊野第1遺跡　261
福沢遺跡　122, 124, 127, 131
福島県松平A遺跡　30
福本遺跡　189, 191, 192, 215
藤の台遺跡　58
伏見遺跡　25, 26
二ツ木向台貝塚　38
二タ俣遺跡　14
二日市洞穴遺跡　171, 231, 232, 241, 242
不動ガ岩洞穴遺跡　198
フミカキ遺跡　243, 261
普門寺遺跡　7, 49, 50, 75, 78, 164, 166, 203
布留遺跡　189, 190, 281, 283
古屋敷遺跡　222
粉洞穴遺跡　261
別所大谷口遺跡　109, 113, 189, 190
別府原遺跡　243, 261
別宮家野遺跡　134, 135, 145, 148, 154
宝伝岩陰遺跡　192, 194, 197, 205〜207, 209
星塚遺跡　270
細久保遺跡　7, 74, 75, 78, 80, 82, 83, 88, 92, 179
穂谷遺跡　278, 281, 283
蛍沢貝塚　148
堀田上遺跡　205, 206, 210, 212, 220
本堂遺跡　172, 241, 245, 261
　ま
真井原遺跡　38, 39
前原遺跡　148
先刈貝塚　198, 199, 216, 218, 228

増野川子石遺跡　108
松尾山遺跡　261
松ヶ峯遺跡No.237　17, 19
松木田遺跡　238, 240
松元遺跡　261
的場遺跡　281, 284
馬渡岩陰遺跡　210, 213〜215, 218
神子柴遺跡　286, 287
三沢西原遺跡　109, 114
三戸遺跡　19, 48, 51〜53, 166, 167, 182, 183
南諏訪原遺跡　16, 17, 30
宮尾遺跡　261
宮崎A遺跡　83
宮滝遺跡　147
宮ノ上遺跡　261
宮ノ下遺跡　65, 68, 72
宮ノ平遺跡　109, 189, 190
宮ノ前遺跡　65, 100, 101, 147, 148, 179, 180
宮林B遺跡　173
深山田遺跡　83, 86, 215
御幸畑東遺跡　54, 55
明星屋敷遺跡　179
向原遺跡　56
向山遺跡　49, 50, 52, 92, 166, 261, 264, 265, 279
ムジナⅡ遺跡　15, 16, 166
ムシリ遺跡　7, 11
無田原遺跡　251, 255
牟田平遺跡　264
村上遺跡　216
村上闇谷遺跡　261
室谷洞穴遺跡　17, 166, 173
元岡遺跡　241, 261
戻場遺跡　176, 179
最中上遺跡　117
物見坂Ⅲ遺跡　24
諸岡遺跡　181, 182
　や
八木沢清水遺跡　38, 72
矢出川遺跡　12

334

索　引

ヤトコロ遺跡　233, 234, 254〜256, 258, 273

八斗蒔原遺跡　95, 96, 167, 173, 174

柳久保遺跡　49, 50, 96

山沢遺跡　215

山の神遺跡　81, 83〜85, 88, 89, 101, 124, 125, 128, 137, 177, 179, 294

山宮遺跡　192, 215, 220

湯倉洞穴遺跡　96, 176, 179

湯屋原遺跡　243, 261, 273

養命酒工場内遺跡　179

与浦遺跡　200

横道遺跡　238, 239, 241, 261

ら

礼田崎貝塚　205, 207, 210, 227, 228

浪人塚遺跡　87

わ

若宮遺跡　43, 44, 131, 147

早稲田貝塚　9

早稲田山遺跡　204〜207, 210, 211

和良比長作遺跡　38, 45, 46

〈人名〉────────────

あ

会田　進　72, 74, 76, 78, 80, 87

相原淳一　6, 15, 20

赤塚　亨　205

麻生　優　230

阿部芳郎　93, 95, 101, 197, 222

池田次郎　203

池田大介　58

池田祐司　241

伊藤忠志　202

上杉彰紀　244

浦　宏　216

江上波夫　6

江坂輝弥　6, 7, 10, 11, 31, 53, 203, 204, 207, 216, 265, 266

大塚達朗　238

小笠原永隆　95, 224

岡本　勇　13, 47

小熊博史　72, 146

乙益重隆　268

か

賀川光夫　231, 234, 241, 251, 254, 266, 267, 297

片岡　肇　80, 173, 216, 268

加藤晋平　9

金関丈夫　266

可児通宏　21

金子直行　48, 114, 224, 229

鎌木義昌　203, 204

神原雄一郎　24, 27

神村　透　37, 75, 83, 125

河口貞徳　254

川崎　保　125

河瀬正利　200

木崎康弘　241, 244

木下　修　230

久保穣二郎　204

熊谷博志　75, 149, 154, 197

小暮信之　21

後藤守一　6, 31

小林久雄　264, 266

小林行雄　202, 216, 266

さ

酒詰仲男　135, 203, 204, 216

坂本嘉弘　231, 256

笹津備洋　10

佐藤達夫　1, 9, 11, 20, 26, 30, 64, 75, 76, 123, 125, 147, 197, 241

佐原　眞　2

島田　暁　203

下村晴文　130

索　引

白崎高保　31
新東晃一　244, 254, 269, 270
杉山寿栄男　201
関野哲夫　131, 164, 197, 218, 227, 288
芹沢長介　6, 7, 9, 11, 12, 31, 34, 53, 203, 204, 228

た

高橋信武　277
高野晋司　230
橘　昌信　231
谷口康浩　168
角鹿扇三　9
角田文衞　202
坪井清足　216, 269, 278
坪井良平　216
寺師見國　264〜267, 271, 290
土肥　孝　127, 164, 288
時実黙水　203
戸沢充則　72, 74, 76, 78
豊　元国　203

な

中越利夫　207, 215, 288
中島　宏　58, 72, 74, 78, 100
中間研志　270
中村孝三郎　72
中村五郎　24, 276, 290
中村貞史　218
二本柳正一　9

は

浜田耕作　202
林　謙作　12, 14, 26, 47
原川雄二　24
原田昌幸　35, 40
樋口清之　201, 216, 265
兵頭　勲　205, 207

平井　勝　204
平川祐介　249
藤森栄一　1, 216

ま

松沢亜生　75, 78, 80
松田真一　134
松舟博満　270
水ノ江和同　235, 249
水原岩太郎　203
三森定男　202, 264
宮崎朝雄　114
守屋豊人　40, 149, 224, 278

や

矢野健一　103, 114, 122, 134, 158, 204, 205, 207, 221, 288
八幡一郎　7, 234, 266
山内清男　1, 3, 6, 7, 12, 15, 31, 32, 54, 89, 201, 203, 215, 228, 236, 264, 290
山崎純男　230, 248
山下大輔　244
山田　猛　102, 108, 114
栁田裕三　279
横手浩二郎　270, 272
吉田　格　10, 53〜56, 228
米倉秀紀　241

ら

領塚正浩　16
レヴィー＝ストロース　1

わ

和島誠一　216
和田長治　165
渡辺兼庸　9
渡邊康行　249
綿貫俊一　231

A Study on Cross-Regional Chronologies of the Pottery with Surface Impressions in Initial Jomon Japan

Table of Contents

Introduction ·· 1

Chapter 1. The Oshigatamon style pottery in northeast Japan: ···················· 6

      The Hibakari type

Chapter 2. The Oshigatamon style pottery in central Japan: ······················ 31

      As a non-local existence

Chapter 3. The Oshigatamon style pottery in the central highlands of Japan: ······ 59

      The Hizawa and Hosokubo types

Chapter 4. The Oshigatamon style pottery in western Japan 1: ··················· 102

      The Ohana and Ohko types

Chapter 5. The Oshigatamon style pottery in western Japan 2: ··················· 129

      The Jinguji and Kiriyamawada types

Chapter 6. The Oshigatamon style pottery in western Japan 3: ··················· 165

      The Lower Stratum Kitashirakawahaiji type

Chapter 7. The Late Oshigatamon style pottery in western Japan: ················· 198

      The Kijima and Kozanji types

Chapter 8. The Oshigatamon style pottery in southern Japan: ···················· 230

      The Oshigatamon style pottery and Shell-incised Cylindrical style pottery

Chapter 9. Disappearance of the Oshigatamon style pottery: ····················· 263

      The Tamukeyama and Hotani-Aiki types

Conclusion ··· 292

Abstract

Abstract

1. The Origin of the Oshigatamon style pottery

Pottery with surface impressions, now referred to as the Oshigatamon style pottery, is presumably originated in the tradition of the Jomon pottery. Instead of pressing cords, the Oshigatamon style rolls the incised stick on the pottery surface. Discussion on whether the incised stick copied its previous style or was derived from the patterns of bilateral Jomon pottery cannot be ignored in order to describe the origin of the Oshigatamon style. In Central Japan (the Kanto region), the pottery decorated with impressions of cord-wrapped stick (referred to as the Yoriitomon style) was dominant when the Oshigatamon style first appeared. In the Yoriitomon style culture, the Oshigatamon style pottery seems to be non-local and does not show much systematical continuity to the Yoriitomon style. Therefore, it is hardly likely that the Oshigatamon style was born out of the tradition of the Yoriitomon culture.

Within the Oshigatamon style are two pattern traditions, concave impressions represented by the Hizawa-Hosokubo type and convex impressions represented by the Ohana-Ohko type, though their old-new relationship is not yet clarified. Previous studies have considered that the pottery with concave impressions (the Ohana-Ohko type) is older than that with convex impressions (the Hizawa-Hosokubo type). However, recent cross-dating analyses have revealed that they are two different types of the Oshigatamon style pottery that actually coexisted. Today, the discussion still continues on whether the origin of the Oshigatamon style took off from the concave or convex impressions.

2. The Oshigatamon style pottery in northeast Japan

The Hibakari type from the Oshigatamon style pottery is distributed from southern Hokkaido island to the mainland Japan north of the Tone River. The number of archaeological sites counts more than 150, which are located mainly in the Tohoku region. This type is generally impressed with pyramid-shaped and diamond-shaped patterns on the surface and is characteristically found along with the Jomon pottery with triangular patterns. The surface patterns are laterally incised using a tool about 1 cm wide and 4 cm long. The pottery clay includes fiber.

The Hibakari type can be classified into three temporal stages and is correlated with other types and styles of pottery in terms of the shared composition of patterns/motifs and hybrid elements, shown as follows:

The Hibakari tradition (the Tohoku region):

Hibakari (initial) type – Hibakari (middle) type – Hibakari (late) type – Shell-incised style pottery

The Chinsenmon tradition (the Kanto region):

Mito-1 type – Mito-2 type – Mito-3 type – Lower Stratum Tado type

The Hizawa-Hosokubo tradition:

Hizawa-3 type – Hosokubo-1 type – Hosokubo-2 type – the latest Oshigatamon style

338

Abstract

3. The Oshigatamon style pottery in central Japan

The Oshigatamon style pottery in the Kanto region coexists with the terminal Yoriitomon culture and is not large in number, showing more non-locality that derives from the Hizawa-Hosokubo type in the central highlands of Japan. It is particularly characterized by vertical impressions.

The Yoriitomon culture that appears along with the Oshigatamon style pottery can be subdivided into smaller types, possibly reflecting regional differences as the culture collapses. Relationship between the transitions of pottery types in the Oshigatamon culture and succeeding Chinsenmon culture (pottery with surface incisions) can be compared and summarized as follows:

The Yoriitomon /Chinsenmon tradition:

Inaridai type – terminal period – Mito-1 type – Mito-2 type – Mito-3 type

The Hizawa-Hosokubo tradition:

Hizawa-1 type – Hizawa-2 type – Hizawa-3 type – Hosokubo-1 type – Hosokubo-2 type

4. The Oshigatamon style pottery in the central highlands of Japan

Two types of the Oshigatamon style pottery are recognized in this region; referred to as the Hizawa-Hosokubo type (local /concave impressions) and the Tachino type (non-local /convex impressions). Previous studies have stated that the Tachino type is older than the Hizawa type, although the temporal and typological evidence suggests that these two should be considered as two different and independent lineages. Their relationship can be summarized as follows:

The Hizawa-Hosokubo tradition:

Hizawa-1 type – Hizawa-2 type – Hizawa-3 type – Hosokubo-1 type – Hosokubo-2 type

The Tachino tradition (non-local):

Tachino-1 type – Tachino-2 type

5. The Oshigatamon style pottery in western Japan: earlier phase

The chronology of the Oshigatamon style pottery with convex impressions begins with the Ohana type, the oldest one in this region, then transitions in the following order; the Ohko-1 type, Ohko-2 type, Jinguji type, and the Kiriyamawada type. The pottery is characterized by horizontal Jomon stripes on the rim and vertical convex impressions on the body. Tracing the temporal evidence backward from the Ohko-2 type, the first appearance of the Ohana type should be dated after the Inaridai type in the Kanto region.

Basic representation of both Ohko-1 and 2 types does not show much difference, although Ohko-1 type shares more characteristics with the previous Ohana type just as much as the Ohko-2 type is resemble to the succeeding Jinguji type. The Ohko-1 type is presumably comparable to the Hizawa-2 type temporally.

The following Jinguji type is temporally parallel to the Hosokubo-1 type and is characterized by thin and convex impressions with straight rim and triangular patterns. The Kiriyamawada type, the last one

339

Abstract

in the convex-impression tradition in western Japan, succeeds the patterns from the previous Jinguji type, yet horizontal impressions become dominant on the body as well as the rim.

The convex-impression tradition:

Ohana type – Ohko-1 type – Ohko-2 type – Jinguji type – Kiriyamawada type

The Tachino tradition (non-local):

Tachino-1 type – Tachino-2 type

The Hizawa-Hosokubo tradition:

Hizawa-1 type – Hizawa-2 type – Hizawa-3 type – Hosokubo-1 type – Hosokubo-2 type

6. The Oshigatamon style pottery in western Japan: later phase

The later phase of the Oshigatamon culture in western Japan, including the Kijima, Kozanji, and the Hotani types, can be temporally compared to the Lower Stratum Tado and to the Upper Stratum Tado types in the Kanto chronology, as the Oshigatamon culture is being taken over by the Chinsenmon culture in eastern Japan.

The Kijima type is presumably comparable to the Lower Stratum Tado type in the Kanto region, although no material evidence is recovered to prove the assumption.

This type can be divided into two sub-types, both showing traditions from the X-shaped patterns and the Oshigataomon style. Shell middens began to be created in islands of the Seto Inland Sea during the time, which became the route for the Kijima type to reach the Kyushu island. The following Kozanji and Hotani types are also divided into three sub-types. The Kozanji type is characterized by thick incised impressions on the inside of the rim while the Hotani type possesses the Oshigatamon style tradition in the same place. These two types are interrelated to the Oshigatamon culture in the Kyushu island as described in the next chapter.

The Oshigatamon tradition:

Kijima-1 type – Kijima-2 type - + - Kozanji-1 type – Kozanji-2 type – Kozanji-3 type

The Chinsenmon tradition:

Lower Stratum Tado-2 type – Lower Stratum Tado-3 type – Upper Stratum Tado-1 type – Upper Stratum Tado-2 type – Upper Stratum Tado-3 type

7. The Oshigatamon style pottery in southern Japan

Previous studies have discussed that the chronology of the Oshigatamon style pottery in the Kyushu island begins with the Kawaharada type, succeeded by into the Inariyama type, then the Souzudai type, Shimosugou B-type, Tamura-type, and lastly, the Yatokoro type.

The Souzudai and the Shimosugou types possess incised impressions and X-shaped patterns inside of the rim and can be compared with the Oshigatamon chronology in mainland Japan. On the other hand, the early types are decorated with horizontal patterns and are not actively developed comparing to the mainland. Likewise in the Kanto region, the Oshigatamon style pottery in the Kyushu island during its

Abstract

earlier appearance was not local, due to the wide-spreading influence of the Shell-incised Cylindrical style pottery culture that dominated. The Oshigatamon culture settles in the region during the time of the Shimosugou-B type, which then develops into the original Tamukeyama type that even influences the Hotani type in mainland Japan. The interrelationship between the Kyushu and western mainland Japan can be summarized as follows:

The southern Kyushu island:

Late Shell-incised Cylindrical style – Uenohara type – Lower Stratum Izumi type – Tamukeyama-1 type

The middle Kyushu island:

Byubaru type – Mandokoro type – Kouboubaru type – Nakaushirozako type – Mutabaru type – Setaura type

The northern Kyushu island:

Kawaharada type – Inariyama type – Souzudai type – Shimosugou-B type – Tamura type – Yatokoro type

Western Japan:

Earlier Oshigatamon style – Kijima-1 type – Kijima-2 type - + - Kozanji type

8. Disappearance of the Oshigatamon style pottery

In order to discuss the history of the Jomon decorations and the transition of the Jomon society, an interpretation for the end of the Oshigatamon culture must be provided.

In eastern Japan, the Oshigatamon culture changes into the pottery with surface incisions, referred to as the Chinsenmon style, starting with the Kanto region and then followed by the Tohoku region. On the other hand, the Oshigatamon culture continues to thrive in western Japan until the Chinsenmon culture disappears in eastern Japan, which coincides with the transition of the Chinsenmon pottery into less-decorated and linear-scared pottery, referred to as the Joukonmon pottery.

In addition to the time difference between eastern and western Japan with regard to the disappearance of the Oshigatamon culture, cross-island influences are characteristically recognized between the Kyushu island and mainland Japan as mentioned in previous chapters, forming the "mountainous culture" in the Kyushu island and the "marine culture" in mainland Japan that coexisted. Disappearance of a culture is generally a complex process. The latest phase of the Oshigatamon culture is suggested and compared between each region as follows, yet there is still a room for further discussion.

The southern Kyushu island:

Lower Stratum Izumi type – Tamukeyama-1 type – Tamukeyama-2 type – Tamukeyama-3 type

The northern Kyushu island:

Tamura type – Yatokoro-1 type – Yatokoro-2 type – Yatokoro-3 type

Western Japan:

+ - Kozanji-1 type – Kozanji-2 type – Kozanji-3 type

Abstract

Eastern Japan:

Upper Stratum Tado-1 type – Upper Stratum Tado-2 type – Upper Stratum Tado-3 type – Shiboguchi type

9. Conclusion

The Oshigatamon culture dominated the entire Japanese archipelago, from the Hokkaido island to the southern end of the Kyushu island, and had created smaller regional characteristics in its pottery. The distribution also overlaps with that of the Torotoro stone tool, which is a symbolic item for the Jomon transportation pass.

Of all the Jomon pottery types, broad-based types and local, regional types would interact with each other to create long-lasting and unique Jomon culture in the entire Japanese archipelago. Pottery types such as the Oshigatamon style in Initial Jomon, the Moroiso and Lower Stratum Kitashirakawa types in Early Jomon, the Daigi, Kasori-E, and the Funamoto types in Middle Jomon, the Shomyoji and Nakatsu types in Late Jomon, the Kamegaoka type in Final Jomon Period are symbolic broad-based ones that represent significant changes or dominancy in wide areas while local types emphasize variety and the process of disappearance of each time period. This is a basic case study of reviewing the transition of Jomon society through the chronology of the Initial Oshigatamon style pottery.

342

■著者紹介 ─────────────

岡本 東三　（おかもと とうぞう　OKAMOTO Tozo）

1947 年生まれ。
明治大学大学院文学研究科修士課程終了。
奈良国立文化財研究所　主任研究官。
文化庁文化財保護部記念物課　文化財調査官。
千葉大学文学部史学科　教 授。
千葉大学名誉教授。
現在、博士（史学）。

〈主要著書〉
『縄文時代』Ⅰ 日本の美術第 189 号、至文堂、1982 年
『生活史』Ⅰ 体系日本史叢書 15、山川出版社、1994 年（共著）
『房総半島の先端から列島史を考える』千葉学ブックレット、千葉日報社、2011 年
『縄紋文化起源論序説』六一書房、2012 年

2017 年 9 月 25 日　初版発行　　　　　　　　　　　　　　《検印省略》

縄紋時代早期　**押型紋土器の広域編年研究**

著　者　岡本東三
発行者　宮田哲男
発行所　株式会社 雄山閣
　　　　東京都千代田区富士見 2-6-9
　　　　Ｔ Ｅ Ｌ　03-3262-3231 / Ｆ Ａ Ｘ　03-3262-6938
　　　　Ｕ Ｒ Ｌ　http://www.yuzankaku.co.jp
　　　　e-mail　info@yuzankaku.co.jp
　　　　振　替：00130-5-1685
印刷・製本　株式会社ティーケー出版印刷

© Tozo OKAMOTO 2017　　　　　　　　ISBN978-4-639-02500-9 C3021
Printed in Japan　　　　　　　　　　N.D.C.210　360p　27cm

付　図

1　押型紋土器の広域編年表

2　押型紋土器の地域性と変遷

3　押型紋土器の広域編年図

1 押型紋土器の

文化圏	西 部 押 型 紋 土 器 文 化 圏						
撚糸紋	前平式 吉田式		二日市場上層 大原 D15 式			大鼻式 大川 1 式	沢式 宮ノ前
沈線紋 I	円筒形条痕紋 倉園 B 式 石坂式	中原式 別府原式 政所式	松木田式 川原田式 稲荷山式	（+） 宝伝式	（+） （+） （+）	大川 2 式 神宮寺式 桐山和田式	宮ノ下 西田 1 西田 2
沈線紋 II	桑ノ丸式 上野原式 <中間式>	弘法原式 中後迫式 無田原式	早水台式 下菅生 B 式 田村式	（+） （+）	黄島 1 式 黄島 2 式 <中間式>	（+） （+） （+）	（+） （+）
沈線紋 III	手向山 1 式 手向山 2 式 手向山 3 式	（+） （+） （+）	ヤトコロ 1 式 ヤトコロ 2 式 （+）	穂谷 1 式 穂谷 2 式 穂谷 3 式	上福万 1 式 上福万 2 式 上福万 3 式	高山寺 1 式 高山寺 2 式 高山寺 3 式	穂谷 1 式 穂谷 2 式 穂谷 3 式
条痕紋	平栫式	（+）	（+）	（+）	（+）	（+）	（+）
地域	（南部）	（中部）	（北部）	四 国	中 国	近 畿	東 海
	九 州						

広域編年表

東部押型紋土器文化圏							時期
	樋沢1式	稲荷台式					押型紋前半期
	樋沢2式	(+)	卯ノ木1式	石橋式			
立野1式	樋沢3式	三戸1式	(+)	竹之内式		日計1式	
立野2式	細久保1式	三戸2式	(+)	(+)	大新町a式	日計2式	
	細久保2式	三戸3式	卯ノ木2式	大平式	大新町b式	日計3式	
(+)	(+)	田戸下層1式			蛇王洞Ⅱ式	白浜式	押型紋後半期
(+)	(+)	田戸下層2式	(+)	(+)	(+)	根井沼式	
	(+)	田戸下層3式			明神裏1式	寺の沢式	
大原式	貫ノ木式	田戸上層1式		大火山式	明神裏2式	物見台1式	
相木式（穂谷2式）	下荒田式	田戸上層2式	(+)	五軒丁2類	(+)	物見台2式	
相木式（穂谷3式）	鍋久保式 平石式	田戸上層3式		常世式	大寺1式	鳥木沢式	
(+)	判ノ木山西式	子母口式		松ヶ平A式	大寺2式	吹切沢式	
信　州		関　東	越　後	（南部）		（北部）	地域
				東　北			